普通高等教育新文科经济管理与航空复合型创新人才培养数字化精品教材

政府与非营利组织会计理论与实务

主 编 ◎ 刘元洪 高美苹 副主编 ◎ 吴 健

华中科技大学出版社
http://press.hust.edu.cn
中国·武汉

内 容 提 要

政府与非营利组织会计在推进国家治理体系和治理能力现代化中发挥着重要作用。党和国家强调，要大力推进政府及非营利组织会计改革，人们对政府及非营利组织会计的重视程度正在不断加深。

本书共分七章，从理论和实务这两个角度介绍政府与非营利组织会计。第一、二章在介绍政府与非营利组织的概念与体系之后，阐述了政府与非营利组织会计的定义与特征、会计规范，以及政府预算管理制度、国库收付制度与政府采购制度；第三、四章对财政总财务会计的资产、负债、净资产、收入和费用，以及财政总预算会计的预算收入、预算支出与预算结余的确认、计量、报告进行了详细的讲解；第五、六章阐述行政事业单位会计资产、负债、净资产、收入、费用，以及预算收入、预算支出和预算结余的确认、计量、报告；第七章介绍民间非营利组织实务。本书框架结构清晰，内容体系新颖，注重理论与实际相结合，体现最新政策精髓。在每一章节之后，本书都安排有知识小结、关键名词、思考与练习题，以供读者阅读和练习，便于梳理重点，理解所学知识，掌握所需技能。

本书可作为高等院校会计学、财务管理、审计学、工商管理、财政学、税收学、行政管理、经济学及MPAcc、MPA等专业学生的课程教材或辅导教材，也可以作为行政事业单位与非营利组织会计人员与工作人员培训、自学的参考用书。

图书在版编目（CIP）数据

政府与非营利组织会计理论与实务/刘元洪，高美苹主编．—武汉：华中科技大学出版社，2023.8
ISBN 978-7-5680-9934-9

Ⅰ.①政⋯ Ⅱ.①刘⋯ ②高⋯ Ⅲ.①单位预算会计-高等学校-教材 Ⅳ.①F810.6

中国国家版本馆CIP数据核字（2023）第153051号

政府与非营利组织会计理论与实务

刘元洪 高美苹 主编

Zhengfu yu Feiyingli Zuzhi Kuaiji Lilun yu Shiwu

| 策划编辑：陈培斌 周晓方 宋 焱 |
| 责任编辑：陈培斌 董 雪 |
| 封面设计：廖亚萍 |
| 版式设计：赵慧萍 |
| 责任校对：张汇娟 |
| 责任监印：周治超 |

出版发行：华中科技大学出版社（中国·武汉）　　电话：(027) 81321913
　　　　　武汉市东湖新技术开发区华工科技园　　　邮编：430223

录　　排：华中科技大学出版社美编室
印　　刷：武汉开心印印刷有限公司
开　　本：787mm×1092mm　1/16
印　　张：23.5　插页：2
字　　数：592千字
版　　次：2023年8月第1版第1次印刷
定　　价：68.00元

本书若有印装质量问题，请向出版社营销中心调换
全国免费服务热线：400-6679-118　竭诚为您服务
版权所有　侵权必究

普通高等教育新文科经济管理与航空复合型创新人才培养数字化精品教材

编委会

主　任

郭正华　孙延鹏

副主任

王龙锋　高长银　王国富　宋　斌

委　员（以姓氏拼音为序）

邓砚谷　胡剑芬　黄　蕾　计宏伟　雷　轶

李文川　刘元洪　陆　音　麦思超　梅晓文

潘建树　邱国斌　舒长江　吴桂平　严　红

于锦荣

主 编 简 介

刘元洪

南昌航空大学经济管理学院教授,兼任江西省普通高校工商与农经管理类本科专业教学指导委员会委员、南昌航空大学教学指导委员会委员。主要从事政府与非营利组织会计、财务分析等课程教学与相关研究。参与完成国家自然科学基金和主持省部级科研项目10余项,发表中英文学术论文30余篇,出版论著1部,主编教材4部。

高美苹

南昌航空大学科技学院讲师,主要从事基础会计、成本会计、管理会计、预算会计等课程教学与相关研究。主持和参与省部级课题3项,发表中英文学术论文多篇,主编教材1部。

总 序 INTRODUCTION

当前,我国高等教育进入了提质、创新的内涵式发展阶段。党的十九届五中全会明确了"建设高质量教育体系"的政策导向和重点要求,并提出到2035年建成教育强国的目标。2019年,教育部、中央政法委、科技部、工业和信息化部等13个部门联合启动"六卓越一拔尖"计划2.0,全面振兴本科教育,大力推动新工科、新医科、新农科、新文科建设。2020年11月,由教育部新文科建设工作组主办的新文科建设工作会议在山东大学威海校区召开,会议发布了《新文科建设宣言》,达成新文科建设的共识,并对新文科建设做出了全面部署。经济管理类专业作为文科的重要组成部分,其专业点数和在校学生数在新文科中占比最高、覆盖面最广,高校应主动在新文科建设中承担历史使命,履行时代责任,培养适应经济社会高质量发展需要的"新经管"人才。

航空产业是国家综合国力的集中体现和重要标志,是推动国防建设、科技创新和经济社会发展的战略性领域。加强航空类专业教育,培养一大批具有航空报国精神、创新意识和创新能力的专业人才,特别是经济管理类人才,以服务于航空类企业管理创新,这是推动我国航空事业高质量发展的重要基础和保障。从20世纪50年代到70年代,我国航空类企业逐步建立和完善了企业管理基础框架;20世纪70年代末到90年代,相关企业开始学习借鉴发达国家的先进管理理念和方法,并开展了多种管理创新活动;进入21世纪以来,为应对经济全球化、数字经济等挑战,提升企业竞争力,持续推进管理创新工作迫在眉睫,各种先进的管理理念、方法和工具在企业内得到了更深入、更全面的应用,各具特色的管理创新活动和实践不断涌现。整体来看,经过70余年的发展,我国航空类企业的创新意识、创新能力和管理水平不断提升并达到较高水准。与此同时,国内航空类高校及职业院校纷纷创办了经济管理类学院,为我国航空类企业管理创新和航空事业快速发展输送了大量经管类人才。为适应"十四五"时期开启全面建设社会主义现代化国家新征程对高等教育、落实新文科建设的教材内容创新等新要求,南昌航空大学等高校立足新阶段、贯彻新理念、服务新格局,围绕新文科背景下经济管理与航空复合型创新人才的培养出版本套教材,旨在打造良好的沟通交流平台,并与业内同仁探讨、分享切实提高新文科经管类人才培养质量和水平的教材体系。

本套教材力求体现四个特色：一是立足中国高等教育"质量革命"大背景，紧扣新文科建设要求，以教材为载体，实现课程知识体系的重构；二是把握数字经济发展趋势和规律，在教材内容设计上体现航空类企业数字化转型升级和管理创新对学生知识和能力的新需求；三是将航空元素、思政元素有机融入课程知识体系和课程资源建设中，深入挖掘其中的思想价值和思想内涵，落实立德树人根本任务；四是打破传统纸质教材的局限，建设富媒体内容，加强学生与学习内容、学习资源的互动，提高学习效率和教学质量。

参与本套教材编写的有南昌航空大学、沈阳航空航天大学、郑州航空工业管理学院、桂林航天工业学院、张家界航空工业职业技术学院等院校的教师，他们具有经济管理和航空类企业管理创新领域丰富的教学和科研经验，并深刻理解高等教育内涵发展和新文科建设要求；同时得到所在高校教务处的大力支持，共同确保高质量地完成本套教材的编写。

2022 年 8 月

前　言

　　党的十八届三中全会以来，着力推进国家治理体系和治理能力现代化，对政府与非营利组织会计、预算制度等进行了重大改革。特别是党的二十大报告明确提出以中国式现代化全面推进中华民族伟大复兴，改革步伐进一步加快。2014年出台《国务院关于批转财政部权责发生制政府综合财务报告制度改革方案的通知》，2017年1月1日起施行《政府会计准则——基本准则》，2019年1月1日施行《政府会计制度——行政事业单位会计科目和报表》，2020年试行《预算管理一体化规范》，2020年6月15日印发《〈民间非营利组织会计制度〉若干问题的解释》，2021年发布《国务院关于进一步深化预算管理制度改革的意见》，2022年9月6日财政部印发了《预算指标核算管理办法（试行）》，2022年11月18日财政部印发的《财政总会计制度》自2023年1月1日起施行。此外，截至2022年12月31日，财政部先后还颁布了10项政府会计具体准则与2项政府会计应用指南。随着财务会计和预算会计适度分离又相互衔接的政府会计核算模式构建成功，民间非营利组织会计制度进一步完善，标志着我国基本建立了一套具有中国特色的政府与非营利组织会计标准体系。

　　在此背景下，我们在总结多年教学经验的基础上，结合最新的政府与非营利组织会计规范，撰写了此书。本书内容体系新颖，框架结构清晰，注重理论与实际相结合，体现最新政策精髓。在每一章节之后，本书都安排有知识小结、关键名词、思考与练习题，便于学生梳理重点，理解所学知识，掌握所需技能。

　　本书分为上、下两篇：

　　上篇，政府与非营利组织会计理论。该篇由第一章和第二章构成，阐述了政府与非营利组织的概念与体系，政府与非营利组织会计的定义与特征、会计目标、会计信息质量要求、会计假设、会计基础、会计要素、会计规范及政府预算管理制度、国库收付制度与政府采购制度等，展现政府与非营利组织会计的最新理论成果。

　　下篇，政府与非营利组织会计实务，又分为财政总会计实务、行政事业单位会计实务与民间非营利组织会计实务三部分。

　　第一部分，财政总会计实务。该部分由第三章和第四章构成，系统介绍了财政总财务会计的资产、负债、净资产、收入和费用，以及财政总预算会计的预算收入、预算支出和预算结余的确认、计量、报告。

第二部分，行政事业单位会计实务。该部分由第五章和第六章构成，结合最新的《政府会计准则》和《政府会计制度》，系统介绍了行政事业单位会计资产、负债、净资产、收入、费用以及预算收入、预算支出和预算结余的确认、计量、报告。

第三部分，民间非营利组织会计实务。该篇由第七章构成，结合最新的《民间非营利组织会计制度》，系统介绍了民间非营利组织资产、负债、净资产、收入和费用的确认、计量以及报告。

本书由南昌航空大学刘元洪教授和南昌航空大学科技学院高美苹担任主编，由第一主编提出编写大纲、统稿和定稿。各章具体分工如下：第一至第六章，刘元洪；第七章，高美苹、何庆芳。南昌航空大学2022级研究生张射馨等同学参与了本书的资料收集与整理工作。

本书可作为高等院校会计学、财务管理、审计学、工商管理、财政学、税收学、行政管理、经济学及MPAcc、MPA等专业学生的课程教材或辅导教材，也可以作为行政事业单位与非营利组织会计人员与工作人员培训、自学的参考用书。

本书是南昌航空大学教学改革研究课题"新文科视域下政府与非营利组织会计课程教学改革与实践"建设的成果，也是南昌航空大学首批课程思政示范课程"政府与非营利组织会计课程"与南昌航空大学经济管理学院"财务会计"教学团队建设的成果。南昌航空大学教务处、经济管理学院等相关部门与华中科技大学出版社、南昌航空大学科技学院也给予了大力支持和帮助，在此表示感谢。

本书参考了政府与非营利组织会计等相关的论文和著作，以及有关部门发布的制度文件，在此特别说明并表示衷心的感谢！

由于水平和时间所限，书中难免有不妥与疏漏之处，敬请广大读者和有关专家学者批评指正。

编　者
2023年5月

目录 CONTENTS

上篇 政府与非营利组织会计理论

第一章 政府与非营利组织会计基本理论 ········ 003
- 第一节 政府与非营利组织的定义及运营环境特征 — 004
- 第二节 政府与非营利组织会计的定义与特征 — 007
- 第三节 政府与非营利组织会计目标与会计信息质量要求 — 009
- 第四节 政府与非营利组织会计假设与会计基础 — 012
- 第五节 政府与非营利组织会计要素的确认、计量与报告 — 014

第二章 政府与非营利组织会计规范及相关制度 ········ 022
- 第一节 政府与非营利组织会计规范 — 023
- 第二节 政府预算管理制度 — 026
- 第三节 国库收付制度 — 034
- 第四节 政府采购制度 — 037

下篇 政府与非营利组织会计实务

第三章 财政总财务会计实务 ········ 047
- 第一节 财政总会计概述 — 048
- 第二节 财政总财务会计的收入核算 — 057
- 第三节 财政总财务会计的费用核算 — 064
- 第四节 财政总财务会计的资产核算 — 074
- 第五节 财政总财务会计的负债核算 — 091
- 第六节 财政总财务会计的净资产核算 — 102
- 第七节 财政总财务会计报表与政府综合财务报告 — 110

第四章 财政总预算会计实务 ········ 136
- 第一节 财政总预算会计的预算收入核算 — 137
- 第二节 财政总预算会计的预算支出核算 — 149
- 第三节 财政总预算会计的预算结余核算 — 160
- 第四节 财政总预算会计报表与政府决算报告 — 170

第五章 行政事业单位财务会计实务 ········· **185**
- 第一节 行政事业单位会计概述 — 186
- 第二节 行政事业单位的收入核算 — 193
- 第三节 行政事业单位的费用核算 — 202
- 第四节 行政事业单位的资产核算 — 210
- 第五节 行政事业单位的负债核算 — 239
- 第六节 行政事业单位的净资产核算 — 253
- 第七节 行政事业单位财务会计报表与部门财务报告 — 260

第六章 行政事业单位预算会计实务 ········· **287**
- 第一节 行政事业单位的预算收入核算 — 288
- 第二节 行政事业单位的预算支出核算 — 295
- 第三节 行政事业单位的预算结余核算 — 306
- 第四节 行政事业单位预算会计报表与部门决算报告 — 321

第七章 民间非营利组织会计实务 ········· **333**
- 第一节 民间非营利组织会计概述 — 334
- 第二节 民间非营利组织的收入核算 — 337
- 第二节 民间非营利组织的费用核算 — 344
- 第三节 民间非营利组织的资产核算 — 348
- 第四节 民间非营利组织的负债核算 — 352
- 第五节 民间非营利组织的净资产核算 — 355
- 第六节 民间非营利组织的财务报告 — 359

主要参考文献 — 370

政府与非营利组织会计理论与实务

上篇 政府与非营利组织会计理论

第一章
政府与非营利组织会计基本理论

学习目标

1. 了解政府与非营利组织的概念与体系、政府与非营利组织会计报告。
2. 理解政府与非营利组织会计的定义与特征。
3. 掌握政府与非营利组织会计目标、会计信息质量要求、会计假设、会计基础与会计要素。

情景导入

中国 2020 年抗疫特别国债

2020 年抗疫特别国债是为应对新冠肺炎疫情影响,由中央财政统一发行的特殊国债,不计入财政赤字,纳入国债余额限额,全部转给地方主要用于公共卫生等基础设施建设和抗疫相关支出,并带有一定财力补助的性质。

2020 年 3 月 27 日,习近平总书记主持召开中共中央政治局会议,分析国内外新冠肺炎疫情防控和经济运行形势,研究部署进一步统筹推进疫情防控和经济社会发展工作,明确发行特别国债。

2020 年 5 月 22 日,国务院总理李克强代表国务院向十三届全国人大三次会议作 2020 年国务院政府工作报告时提出:中央财政发行抗疫特别国债 1 万亿元。

2020 年 6 月 15 日财政部发布通知明确,为筹集财政资金,统筹推进疫情防控和经济社会发展,决定发行 2020 年抗疫特别国债,预计发行总计 1 万亿元。

2020 年 6 月 18 日,财政部采取市场化方式,公开招标发行首批 1000 亿元抗疫特别国债。个人投资者也可参与,且免征利息所得税。根据要求,抗疫特别国债资金将直达市县,支持地方落实帮扶受新冠肺炎疫情冲击最大的中小微企业、个体工商户和困难群众的措施,加强公共卫生等基础设施建设和用于抗疫相关支出等。

自 2020 年 6 月 18 日财政部公开招标发行首批特别国债开始,至 2020 年 7 月 30 日 2020 年抗疫特别国债(四期)第四次续发完毕,财政部共发行了四期 2020 年抗疫特别国债,各期均多次续发行。期限品种以 10 年期为主,其中 5 年期、7 年期、10 年期的发行规模分别为 2000 亿元、1000 亿元、7000 亿元,2020 年抗疫特别国债实现发行总额 1 万亿元。

思考:谈谈你对政府组织的认识?政府组织运营环境有哪些特征?

资料来源:百度百科《2020 年抗疫特别国债》。

第一节 政府与非营利组织的定义及运营环境特征

一、政府的定义与体系

(一)政府的定义

在中国古代典籍中,"政府"一词是指宰相办公的场所,后来"政府"一词所指范围外延扩大,统指官僚办公的场所和机构,其词义近似于"官府""衙门"。戊戌变法前后,国外"政府"的概念传入我国。但是,迄今为止,各领域对"政府"的定义尚未达成一致。不同学科对政府的涵义理解不同,人们主要从政治学、社会学和经济学对政府进行定义。

从政治学角度来看,政府有政权政府与机构政府之分。政权政府是统治阶级行使国家权力和进行阶级统治的机器。机构政府有广义和狭义之分:广义的政府是指通过政治程序建立的特定区域行使立法权、行政权、监察权、审判权和检察权的机关等,即通常所谓的立法机构、行政机构、监察机构、审判机构和检察机构,还包括政党组织等;狭义的政府是行使国家行政权力的实体,仅指行政机构。

从社会学角度来看,政府是指人们为了实现共同的政治目标,将其行为彼此协调与联合起来所形成的社会组织。政府,又称政治目标组织,指那些为保证社会整体目标实现而形成的社会组织,肩负稳定社会秩序、协调社会关系、引导社会发展的社会责任,其社会活动取向是实现社会共同的价值目标,拥有形成和分配社会的权利。

从经济学角度来看,政府是指通过财政政策、货币政策和产业政策来调控经济,保证经济的稳定增长,促进经济结构的优化,对社会财富进行再分配,并提供公共产品和服务的实体。

上述从政治学角度对政府的定义强调了政府的政治职能,从社会学角度对政府的定义强调了政府的社会职能,从经济学角度对政府的定义强调了政府的经济职能,上述定义如果只从单一角度解释则显得过于片面。现代政府同时具有政治职能、社会职能和经济职能。因此，综合考虑三大政府职能，政府可界定为：政府是指国家进行统治和经济社会管理的机器，是国家表示意志、发布命令和处理事务的机构。

1-1 知识扩展

（二）政府的体系

政府的体系指政府的纵向结构与横向结构。

政府的纵向结构是政府的层次结构，指政府包括中央政府与地方政府两大层次。我国政府纵向结构按照层级共划分为中央、省（直辖市、自治区、特别行政区）、市（自治州、地、盟等）、县（自治县、市、区、旗等）、乡（镇、民族乡、街道、苏木等）五级政府。除了中央政府以外，其余四级政府均称为地方政府。所有地方政府都隶属其上一层级政府节制管辖。

政府的横向结构是政府的分工结构，指政府包括立法机构、行政机构、监察机构、审判机构和检察机构等多种职能分工机构。我国政府横向结构，在中央主要包括中国共产党中央委员会、中华人民共和国全国人民代表大会、中华人民共和国国务院（中央人民政府）、中国人民政治协商会议全国委员会、中华人民共和国国家监察委员会、中华人民共和国最高人民法院和中华人民共和国最高人民检察院。地方主要包括中共各级地方党委、地方各级人民代表大会、地方各级人民政府、中国人民政治协商会议各地方委员会、地方各级监察委员会、地方各级人民法院和地方各级人民检察院。在我国，中国共产党是执政党，中国共产党的领导体现在"党政军民学，东西南北中"全覆盖的一切工作中，是领导我们一切事业的核心力量。此外，我国政府横向结构还包括民主党派、人民团体、事业单位等。

二、非营利组织的定义与体系

（一）非营利组织的定义

非营利组织是指不以营利为目的、主要开展各种志愿性的公益或互益活动的社会服务机构。非营利组织包括除政府和以营利为目的的企业之外的一切志愿团体、社会组织或民间协会，是介于政府与营利性企业之间的"第三部门"。因此，非营利组织所涉及的领域非常广，包括艺术、慈善、教育、学术、环保等。在我国，非营利组织主要指民间非营利组织，不包括事业单位等公立非营利组织。

（二）非营利组织的体系

在我国，非营利组织的体系是由社会团体、基金会、民办非企业单位和宗教活动场所构成。

社会团体是指中国公民自愿组成，为实现会员共同意愿，按照其章程开展活动的非营利性社会组织。国家机关以外的组织可以作为单位会员加入社会团体。成立社会团体，应当经其业务主管单位审查同意，并依照法律法规的有关规定在民政部门进行登记。社会团体有学术性社会团体、行业性社会团体、专业性社会团体等种类。

基金会是指利用自然人、法人或者其他组织捐赠的财产，以从事公益事业为目的的非营利性法人。成立基金会，应当经其业务主管单位审查同意，并依照法律法规的有关规定在民政部门进行登记。基金会分为面向公众募捐的基金会（简称公募基金会）和不得面向公众募捐的基金会（简称非公募基金会）。公募基金会按照募捐的地域范围，分为全国性公募基金会和地方性公募基金会。

民办非企业单位是指企业事业单位、社会团体和其他社会力量以及公民个人利用非国有资产举办的，从事非营利性社会服务活动的社会组织。成立民办非企业单位，应当经其业务主管单位审查同意，并依照法律法规的有关规定在民政部门进行登记。民办非企业单位有教育单位、卫生单位、文化单位、科技单位、体育单位、社会中介单位、法律服务单位等种类。

宗教活动场所是指由具有宗教信仰和热心宗教的爱国爱教人士在国家支持下兴办，用来开展宗教活动的寺院、宫观、清真寺、教堂及其他固定宗教活动处所。设立宗教活动场所，应当经宗教事务部门审查同意，并依照法律法规的有关规定在民政部门进行登记。

三、政府与非营利组织运营环境的特征

政府与非营利组织运行环境与企业的运行环境存在显著的差异，主要体现在组织目标、资金来源、约束机制和激励机制等方面。

（一）组织目标的模糊性和多样性

企业以获取利润或收益作为组织目标，而政府与非营利组织的目标则迥然不同。企业追求利润最大化或每股收益最大化，政府与非营利组织的目标更多样化且较为模糊，难以清晰地确定。例如，政府与非营利组织每年不仅要在财务和其他资源允许的范围内提供尽可能多的产品或服务，还承担着促进社会发展的责任等。企业强调经济效益目标，政府与非营利组织追求社会效益目标。经济效益目标相对容易量化，而社会效益目标往往比较模糊。

（二）资金来源的多样化

企业主要是依靠投资者的投资和销售产品或提供服务所获得的收入来筹集财务资金的。政府与非营利组织的财务资金的来源渠道和方式有所不同：政府主要通过税收、向社会公众发行政府债券等方式来筹集财务资金，而非营利组织主要通过捐赠、政府财政补助取得财务资金。

（三）基于法律法规和制度的严格约束机制

我国通常采取更严格的法律法规和其他制度对政府与非营利组织进行约束，避免出现不经济或无效使用公共资源的情况，以确保公共资源被恰当使用。立法机构、主管部门、登记机关等往往制定非常繁多的法律、法规和制度以规范政府与非营利组织的运行，较多的外部监管的存在一定程度上约束并影响了政府与非营利组织的运作和程序，导致政府与非营利组织形成了"规则优先"的运作模式。规则导向使得政府与非营利组织对效率的判断不是基于结果，而是以遵守规则的程度为标准。此外，由于内部有繁多的规则和制度限

制，政府与非营利组织承受着较多的外部影响和压力，使得政府与非营利组织工作人员拥有较少的自主权，一定程度上制约了工作人员的创造性。

(四) 激励机制不足

政府与非营利组织的一个显著特征是没有最终委托人的代理人，不存在"剩余索取权"的激励机制，严格的法律法规和其他制度上的限制约束着工资、职务晋升等外在激励的作用，使作为政府与非营利组织的成员个体的工作或劳动付出得不到与企业同能力水平员工相同的回报，激励机制明显不足。

改革开放以来，我国不断深化对政府与非营利组织作用的认识，持续推进政府职能转变，大力发展非营利组织，社会发展取得了重大成就，为促进我国社会整体和谐与稳定积累了宝贵经验，有力推进了社会主义现代化建设。但也必须看到，现在政府职能转变还不到位，非营利组织作用发挥仍不够充分，距离充分发挥政府与非营利组织作用还有较大的空间。各级政府要做好创造良好发展环境，提供优质公共服务，维护社会公平正义三个方面的工作，在此基础上要明确各级政府的权力边界，处理好政府与市场、政府与社会的关系，推动有效市场和有为政府的更好结合，充分发挥非营利组织作用，形成政府与社会协同治理的能力。

第二节 政府与非营利组织会计的定义与特征

政府与非营利组织会计是会计学的一般原理在政府与非营利组织中的运用，是与企业会计相并列的会计学两大分支之一。政府与非营利组织会计是一个综合的范畴，由政府会计与非营利组织会计两个部分组成。

一、政府会计的定义与体系

(一) 政府会计的定义

政府会计是用于确认、计量、记录和报告政权政府和政府单位资金有关的经济活动或事项及其受托责任的履行情况的专业会计。政府会计的会计主体是政权政府和政府单位，采用的会计方法是确认、计量、记录和报告。确认、计量、记录和报告的内容是资金有关的经济活动或事项及其受托责任的履行情况。

我国的政府会计产生很早。西周时代的官厅会计中以"出""入"作为记账符号，其要求的"岁会""月要"和"日成"相当于现代会计中的年报、月报与旬报，影响了此后几千年的中国官厅会计。近代时期，官厅会计经过了改良。直至新中国成立后，政府会计正式进入到一个快速发展的新时期。改革开放以来，特别是党的十八大以来，我国积极推进政府会计改革，建立起一套具有中国特色的政府会计体系。

（二）政府会计的体系

政府会计并非单一的会计，而是由多层次的会计系统组成的政府会计体系。政府会计按不同的分类标准，有不同的分类。

政府会计既要反映财务状况与运行情况，为经济与财务管理服务，也要反映预算收支执行情况，为预算管理服务。因此，政府会计应当具有财务管理功能和预算管理功能"双功能"。政府会计按照功能的不同，可以划分为政府财务会计和政府预算会计。政府财务会计是指以权责发生制为基础，对政府发生的各项经济业务或事项进行会计核算，反映和监督政府财务状况、运行情况、运行成本和现金流量等信息的会计。政府预算会计是指以收付实现制为基础，对政府预算执行过程中发生的全部收入和全部支出进行会计核算，主要反映和监督预算收支执行情况的会计。政府财务会计和政府预算会计的关系是既"适度区分"又"相互衔接"的。

政府会计按照会计主体类型不同，可以划分为财政总会计（以下简称总会计）和行政事业单位会计。总会计是各级政府财政核算、反映、监督一般公共预算资金、政府性基金预算资金、国有资本经营预算资金、社会保险基金预算资金以及财政专户管理资金、专用基金和代管资金等资金有关的经济活动或事项的专业会计，包括中央总会计、省（直辖市、自治区、特别行政区）总会计、市（自治州、地、盟等）总会计、县（自治县、市、区、旗等）总会计和乡（镇、民族乡等）总会计。行政事业单位会计是核算、反映、监督行政事业单位会计的财务状况、运行情况和预算执行情况的专业会计，包括行政单位会计和事业单位会计。

将上述两个分类标准结合起来，政府会计可以划分为财政总财务会计和财政总预算会计、行政事业单位财务会计和行政事业单位预算会计。行政事业单位财务会计包括行政单位财务会计和事业单位财务会计，行政事业单位预算会计包括行政单位预算会计和事业单位预算会计。

1-2 知识扩展

二、非营利组织会计的定义与体系

（一）非营利组织会计的定义

非营利组织会计是指用于确认、计量、记录和报告非营利组织财务收支活动或事项及其受托责任的履行情况的专业会计。在我国，非营利组织会计仅指民间非营利组织会计。

（二）非营利组织会计的体系

非营利组织会计并非单一的会计，是由多层次的会计系统组成的非营利组织会计体系。

非营利组织会计按照会计主体类型不同，可以划分为社团会计、基金会会计、民办非企业单位会计和宗教活动场所会计等。社团会计是核算、反映和监督社会团体收取的会费等资金有关的经济活动或事项的专业会计；基金会会计是核算、反映和监督基金会接受捐款等资金有关的经济活动或事项的专业会计；民办非企业单位会计是核算、反映和监督民办非企业单位业务活动收入等资金有关的经济活动或事项的专业会计;宗教活动场所会计是核算、反映和监督宗教活动场所资金有关的经济活动或事项的专业会计。

三、政府与非营利组织会计的特征

政府与非营利组织会计与企业会计相比,其核算对象、业务性质与确认基础等方面都不相同,具有自身的特点。

1. 资金的筹集、分配和使用具有限制性

政府与非营利组织对资金的筹集、分配和使用都要受到资金供给者和社会公众的限制。政府与非营利组织资金的供给者涉及纳税人、缴费人、捐赠人等,他们不要求投资回报和资金回收,但要求政府与非营利组织按照其意愿使用这些资金。即使不属于政府与非营利组织资金供给者的其他社会公众,也有权利要求政府与非营利组织按照公众的意愿分配和使用资金。

2. 不进行利润及利润分配的核算

政府与非营利组织的业务活动不以营利为目的,对增加的净资产也不向资金的供给者分配。在政府与非营利组织会计中也进行收入和费用的核算,但是政府与非营利组织的收入减去费用后的差额并不是越大越好,也不像企业那样能反映企业经济活动的经营成果。与企业会计将利润核算作为会计核算的重点不同,在政府与非营利组织会计中,没有利润和所有者权益的概念,也不进行利润和利润分配的核算。

3. 采用双重的会计确认基础

政府与非营利组织会计提供的会计信息不仅需要反映政府预算执行情况,还需要反映政府与非营利组织的财务状况、运行情况和现金流量。以反映政府预算执行情况为目的进行会计核算的对象是政府掌握的现金资源,而以反映财务状况、运行情况和现金流量为目的进行会计核算的对象则是政府掌握的经济资源。在选择会计确认基础时,对现金资源的核算应当采用收付实现制,对经济资源的核算应当采用权责发生制。因此,政府与非营利组织会计采用双重的会计确认基础,既采用收付实现制基础核算,也采用权责发生制基础核算,这与企业会计只采用单一的权责发生制确认基础不同。

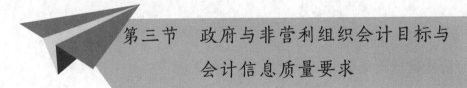

第三节 政府与非营利组织会计目标与会计信息质量要求

一、政府与非营利组织会计目标

会计目标就是设置会计的目的,反映了对会计自身所提供信息方面的要求。换句话说,会计目标是回答应按何种质量要求、以何种方式、于何时向谁提供何种信息。政府与非营利组织会计的总目标,是向政府与非营利组织会计信息使用者提供有用的信息。政府与非营利组织会计信息使用者是指与会计主体有利害关系的团体或个人。政府与非营利组织会计信息使用者与企业会计信息使用者有很大区别，政府与非营利组织会计服务对象的广泛性决定了其会计信息使用者的广泛性。

（一）政府会计目标

目前，我国已经基本建成政府财务会计和政府预算会计的"双系统"模式，政府会计目标也就相应包括了政府财务会计的目标和政府预算会计的目标"双目标"。

政府财务会计的目标是通过编制政府财务报告，向政府财务报告使用者提供与政府的财务状况、运行情况（含运行成本）和现金流量等有关的信息，反映政府会计主体公共受托责任履行情况，有助于政府财务报告使用者作出决策或者进行监督和管理，为政府经济与财务管理服务。政府财务报告使用者包括各级人民代表大会常务委员会、债权人、各级政府及其有关部门、政府会计主体自身和其他利益相关者。

政府预算会计的目标是通过编制政府决算报告，向政府决算报告使用者提供与政府预算执行情况有关的信息，综合反映政府会计主体预算收支的年度执行结果，有助于政府决算报告使用者进行监督和管理，并为编制后续年度预算提供参考和依据，为政府预算管理服务。政府决算报告使用者包括各级人民代表大会及其常务委员会、各级政府及其有关部门、政府会计主体自身、社会公众和其他利益相关者。

（二）非营利组织会计目标

民间非营利组织会计的会计目标是向民间非营利组织会计信息使用者提供民间非营利组织的财务状况、业务活动情况和现金流量等信息，反映民间非营利组织受托责任履行情况，满足民间非营利组织会计信息使用者经济决策和监督管理的需要。民间非营利组织会计属于财务会计的范畴，是对外报告会计。因此，民间非营利组织会计信息使用者主要是捐赠人、会员、监管者等民间非营利组织外部的会计信息使用者。

二、政府与非营利组织会计信息质量要求

向政府与非营利组织会计信息使用者提供有用的信息是政府与非营利组织会计的总目标。要实现这个总目标，就必须要求政府与非营利组织会计信息达到一定的质量要求。会计信息质量要求也称为会计信息质量特征或会计信息质量标准，是指会计报告提供的信息对使用者有用的那些性质。

（一）政府会计信息质量要求

我国政府会计信息质量要求包括可靠性、全面性、相关性、及时性、可比性、可理解性、实质重于形式七个方面的要求。

1. 可靠性

可靠性也称真实性或客观性，是指政府会计主体应当以实际发生的经济业务或者事项为依据进行会计核算，如实反映各项会计要素的情况和结果，保证会计信息真实可靠。会计核算应当以实际发生的经济业务为依据，客观真实地记录、反映各项业务活动的实际情况和结果。

2. 全面性

全面性是指政府会计主体应当将发生的各项经济业务或者事项统一纳入会计核算，确保会计信息能够全面反映政府会计主体预算执行情况、财务状况、运行情况和现金流量等。

3. 相关性

相关性也称有用性，是指政府会计主体提供的会计信息，应当与反映政府会计主体公共受托责任履行情况以及报告使用者决策、监督和管理的需要相关，有助于报告使用者对政府会计主体过去、现在或者未来的情况作出评价或者预测。

4. 及时性

及时性是指政府会计主体对已经发生的经济业务或者事项，应当及时进行会计核算，不得提前或者延后。政府会计主体在持续开展经济业务活动的过程中，每天都有大量的经济业务发生，及时性要求在业务活动发生或完成时能及时进行账务处理。

5. 可比性

可比性是指政府会计主体提供的会计信息应当具有可比性。同一政府会计主体不同时期发生的相同或者相似的经济业务或者事项，应当采用一致的会计政策，不得随意变更。确需变更的，应当将变更的内容、理由及其影响在附注中予以说明。不同政府会计主体发生的相同或者相似的经济业务或者事项，应当采用一致的会计政策，确保政府会计信息口径一致，相互可比。

6. 可理解性

可理解性也称明晰性，是指政府会计主体提供的会计信息应当清晰明了，便于报告使用者理解和使用。信息能否被使用者理解，取决于信息本身是否清晰易懂，会计人员应尽可能表达、传递容易被使用者理解的会计信息。

7. 实质重于形式

实质重于形式是指政府会计主体应当按照经济业务或者事项的经济实质进行会计核算，不限于以经济业务或者事项的法律形式为依据。在经济业务或事项的经济实质和法律形式不一致的情况下，要求按照其经济实质进行会计处理。

（二）非营利组织会计信息质量要求

《民间非营利组织会计制度》没有使用单独章节集中对民间非营利组织财务信息的质量要求进行规范，但是上述政府会计信息质量要求的相似表述分散在《民间非营利组织会计制度》具体的制度条款中，这里不再赘述。此外，《民间非营利组织会计制度》还对其会计信息质量提出了谨慎性、重要性等要求。

1. 谨慎性

谨慎性原则是指合理核算可能发生的损失和费用，不得多计资产或收益，少计负债或费用。换句话说，在某些经济业务有几种不同会计处理方法和程序可供选择时，在不影响合理选择的前提下，宁可预计可能的损失，不可预计可能的收益。谨慎性原则可防止抬高资产和收益，压低负债和费用，并起到预警风险和化解风险的作用。

2. 重要性

会计核算应当遵循重要性原则，对资产、负债、净资产、收入、费用等有较大影响，并进而影响财务会计报告使用者据以做出合理判断的重要会计事项，必须按照规定的会计方法和程序进行处理，并在财务会计报告中予以充分披露；对于非重要的会计事项，在不影响会计信息真实性和不至于误导会计信息使用者做出正确判断的前提下，可适当简化处理。

1-3 知识扩展

第四节 政府与非营利组织会计假设与会计基础

一、政府与非营利组织会计假设

会计假设也称为会计的基本前提，它是组织会计工作必须具备的前提条件。政府与非营利组织会计假设包括会计主体、持续运行、会计分期和货币计量。这四个假设缺一不可，共同为政府与非营利组织会计核算工作的开展奠定基础。

（一）会计主体

会计主体是指会计工作服务的特定组织或单位。会计主体界定了会计核算的空间范围，对于会计人员来说，开展会计工作首先需要确定会计主体，即明确哪些经济业务应当进行会计处理，哪些不应当包括在会计核算的范围内。

政府与非营利组织的会计主体包括中央政府、地方各级政府、各级行政单位、各类事业单位以及各种民间非营利组织。财政总会计的会计主体是各级政权政府，而不是各级政府财政部门，因为政府财政部门只是代表政府进行预算管理和财务管理。行政单位会计、事业单位会计及各类非营利组织会计的会计主体是会计工作为之服务的行政单位、事业单位和各类民间非营利组织。

1-4 知识扩展

（二）持续运行

持续运行是指政府与非营利组织会计主体的经济业务活动将无限期持续不断地进行下去。实际上，政府与非营利组织会计核算所采用的会计程序和一系列的会计处理方法都是建立在以各级政府、各行政单位、各事业单位和各民间非营利组织经济业务活动持续正常地进行为前提的基础上的。如果没有经济业务活动持续运行的前提条件，一些会计程序和公认的会计处理方法将无法被采用。也就是说，政府与非营利组织会计主体通常是以经济业务活动持续运行作为前提去处理、加工数据并传递信息的。

（三）会计分期

会计分期是指把政府与非营利组织会计主体的持续运行过程划分为较短的相对等距的会计期间。会计分期的目的在于通过划分会计期间，分期结算账目，按规定编制会计报表和报告，从而及时地向有关会计信息使用者提供会计信息，满足使用者的需要。政府与非营利组织会计期间至少分为年度和月度。会计年度、月度等会计期间的起讫日期采用公历日期。只有正确地划分会计期间，政府与非营利组织会计信息才具有可比性。

（四）货币计量

货币计量是指政府与非营利组织会计主体在会计核算过程中应以货币作为计量单位记录、反映政府与非营利组织会计主体的运营情况。货币计量假设包括两个层次，一个是货币计量单位统一，另一个是货币的币值具有稳定性。因为只有采用统一的币值稳定的货币才具备可加总性，才能够将各种经济业务活动全面、综合、客观地反映出来。但是货币不是唯一的计量单位，实物、劳动、时间等计量单位也可以使用，但这些计量单位不占主要地位，在会计核算中只起辅助作用。在我国，政府与非营利组织会计核算以人民币作为记账本位币，发生外币业务时，应当将有关外币金额折算为人民币金额计量。

二、政府与非营利组织会计基础

（一）收付实现制与权责发生制

会计基础是指会计事项的记账基础，是会计确认的某种标准方式，是在确认和处理一定会计期间单位收入和支出、费用的确认的标准。运用的会计基础不同，会计核算出现的结果也不同。会计基础有两种：一种是收付实现制，另一种是权责发生制。

收付实现制，又称现金制，是指以现金的实际收付为标志来确定本期收入和支出的会计核算基础。凡在当期实际收到的现金收入和支出，均应作为当期的收入和支出；反之，凡是不属于当期的现金收入和支出，均不应当作为当期的收入和支出。在收付实现制下，核算手续虽然比较简单，但本期的收入和支出缺乏合理的配比。

权责发生制，又称应收应付制、应计制，是指以取得收取款项的权利或支付款项的义务为标志来确定本期收入和费用的会计核算基础。凡是当期已经实现的收入和已经发生的或应当负担的费用，不论款项是否收付，都应当作为当期的收入和费用；反之，凡是不属于当期的收入和费用，即使款项已在当期收付，也不应当作为当期的收入和费用。在权责发生制下，每个会计期末，应对各项跨期收入和费用做出调整，核算手续虽然较为麻烦，但能使各个期间的收入和费用实现合理的配比。

（二）政府与非营利组织会计基础

具体到我国政府与非营利组织会计，由于政府财务会计以如实反映政府财务状况和运行情况作为主要会计目标，因此，政府财务会计采用权责发生制基础。具体来说，财政总财务会计和行政事业单位财务会计采用权责发生制基础进行会计核算；由于政府预算会计以如实反映预算执行情况作为主要会计目标，因此，政府预算会计采用收付实现制基础。具体来说，财政总预算会计和行政事业单位预算会计采用收付实现制基础进行会计核算，国务院另有规定的，依照其规定；财政总会计和行政事业单位会计同时采用收付实现制基础和权责发生制基础，实行平行记账的会计核算方法。

民间非营利组织会计以如实反映财务受托责任的履行情况为主要会计目标，因此，采用权责发生制会计核算基础。

第五节 政府与非营利组织会计要素的确认、计量与报告

一、会计要素的确认

（一）会计对象与会计要素的概念

会计对象是指会计所核算和监督的内容，即会计工作的客体。由于会计以货币为主要计量单位，对一定会计主体的经济活动进行核算和监督，并不能核算和监督社会再生产过程中的所有经济活动，所以凡是特定主体能够以货币表现的经济活动，都是会计核算和监督的内容，也就是会计的对象。以货币表现的经济活动通常又称为价值运动或资金运动。因此，政府与非营利组织会计的对象也就是政府与非营利组织的价值运动或资金运动。

会计要素就是对会计对象的具体内容所做的分类，是根据会计对象的经济特征所作的最基本分类，也是会计核算对象的具体化。政府与非营利组织会计要素有政府财务会计要素、政府预算会计要素和民间非营利组织会计要素之分。

（二）政府财务会计要素

政府财务会计要素包括资产、负债、净资产、收入和费用。

1. 资产

资产是指政府会计主体过去的经济业务或者事项形成的，由政府会计主体控制的，预期能够产生服务潜力或者带来经济利益流入的经济资源。服务潜力是指政府会计主体利用资产提供公共产品和服务以履行政府职能的潜在能力。经济利益流入表现为现金及现金等价物的流入，或者现金及现金等价物流出的减少。政府会计主体的资产按照流动性，分为流动资产和非流动资产。符合资产定义的经济资源，在同时满足以下条件时，确认为资产：① 与该经济资源相关的服务潜力很可能实现或者经济利益很可能流入政府会计主体；② 该经济资源的成本或者价值能够可靠地计量。

2. 负债

负债是指政府会计主体过去的经济业务或者事项形成的，预期会导致经济资源流出政府会计主体的现时义务。现时义务是指政府会计主体在现行条件下已承担的义务。未来发生的经济业务或者事项形成的义务不属于现时义务，不应当确认为负债。政府会计主体的负债按照流动性，分为流动负债和非流动负债。符合负债定义的义务，在同时满足以下条件时，确认为负债：① 履行该义务很可能导致含有服务潜力或者经济利益的经济资源流出政府会计主体；② 该义务的金额能够可靠地计量。

3. 净资产

净资产是指政府会计主体资产扣除负债后的净额。

4. 收入

收入是指报告期内导致政府会计主体净资产增加的、含有服务潜力或者经济利益的经济资源的流入。收入的确认应当同时满足以下条件：① 与收入相关的含有服务潜力或者经济利益的经济资源很可能流入政府会计主体；② 含有服务潜力或者经济利益的经济资源流入会导致政府会计主体资产增加或者负债减少；③ 流入金额能够可靠地计量。

5. 费用

费用是指报告期内导致政府会计主体净资产减少的、含有服务潜力或者经济利益的经济资源的流出。费用的确认应当同时满足以下条件：① 与费用相关的含有服务潜力或者经济利益的经济资源很可能流出政府会计主体；② 含有服务潜力或者经济利益的经济资源流出会导致政府会计主体资产减少或者负债增加；③ 流出金额能够可靠地计量。

（三）政府预算会计要素

政府预算会计要素包括预算收入、预算支出与预算结余。

1. 预算收入

预算收入是指政府会计主体在预算年度内依法取得的并纳入预算管理的现金流入。预算收入一般在实际收到时予以确认。

2. 预算支出

预算支出是指政府会计主体在预算年度内依法发生并纳入预算管理的现金流出。预算支出一般在实际支付时予以确认。

3. 预算结余

预算结余是指政府会计主体预算年度内预算收入扣除预算支出后的资金余额，以及历年滚存的资金余额。预算结余包括结余资金和结转资金。结余资金是指年度预算执行终了，预算收入实际完成数扣除预算支出和结转资金后剩余的资金。结转资金是指预算安排项目的支出年终尚未执行完毕或者因故未执行，且下年需要按原用途继续使用的资金。

（四）民间非营利组织会计要素

民间非营利组织会计要素由资产、负债、净资产、收入和费用构成。

1. 资产

资产是指民间非营利组织过去的交易或者事项形成并由民间非营利组织拥有或者控制的资源，该资源预期会给民间非营利组织带来经济利益或者服务潜力。

2. 负债

负债是指民间非营利组织过去的交易或者事项形成的现时义务，履行该义务预期会导致含有经济利益或者服务潜力的资源流出民间非营利组织。

3. 净资产

净资产是指民间非营利组织资产减去负债后的余额。民间非营利组织净资产按照其是否受到限制，可分为限定性净资产和非限定性净资产等。

4. 收入

收入是指民间非营利组织开展业务活动取得的、导致本期净资产增加的经济利益或者服务潜力的流入。

5. 费用

费用是指民间非营利组织为开展业务活动发生的、导致本期净资产减少的经济利益或者服务潜力的流出。

（五）政府与非营利组织会计等式

会计要素之间存在一定的内在联系，可以通过数学表达式来描述，这种表达会计要素之间基本关系的数学表达式就叫会计等式，也称为会计平衡式、会计恒等式。

1. 政府财务会计与民间非营利组织会计的会计等式

政府财务会计与民间非营利组织会计均有资产、负债、净资产、收入和费用五个会计要素，它们之间存在如下会计等式。

会计期初或期末：

$$资产＝负债＋净资产$$

会计期间：

$$收入－费用＝盈余$$
$$资产＝负债＋净资产＋（收入－费用）$$

2. 政府预算会计等式

政府预算会计要素包括预算收入、预算支出与预算结余，它们之间存在如下会计等式。

$$预算收入－预算支出＝预算结余$$

二、会计要素的计量

政府与非营利组织会计要素的计量主要包括资产的计量和负债的计量，净资产金额取决于资产和负债的计量。

（一）资产的计量

资产的计量属性主要包括历史成本、重置成本、现值、公允价值和名义金额。

1. 历史成本计量

在历史成本计量下，资产按照取得时支付的现金金额或者支付对价的公允价值计量。

2. 重置成本计量

在重置成本计量下，资产按照现在购买相同或者相似资产所需支付的现金金额计量。

3. 现值计量

在现值计量下，资产按照预计从其持续使用和最终处置中所产生的未来净现金流入量的折现金额计量。

4. 公允价值计量

在公允价值计量下，资产按照市场参与者在计量日发生的有序交易中，出售资产所能收到的价格计量。

5. 名义金额计量

无法采用上述计量属性的，采用名义金额（即人民币1元）计量。

政府与非营利组织会计主体在对资产进行计量时，一般应当采用历史成本。采用重置成本、现值、公允价值计量的，应当保证所确定的资产金额能够持续、可靠计量。

（二）负债的计量

负债的计量属性主要包括历史成本、现值和公允价值。

1. 历史成本计量

在历史成本计量下，负债按照因承担现时义务而实际收到的款项或者资产的金额，或者承担现时义务的合同金额，或者按照为偿还负债预期需要支付的现金计量。

2. 现值计量

在现值计量下，负债按照预计期限内需要偿还的未来净现金流出量的折现金额计量。

3. 公允价值计量

在公允价值计量下，负债按照市场参与者在计量日发生的有序交易中，转移负债所需支付的价格计量。

政府会计主体在对负债进行计量时，一般应当采用历史成本。采用现值、公允价值计量的，应当保证所确定的负债金额能够持续、可靠计量。

1-5 知识扩展

三、政府与非营利组织会计报告

会计报告是综合反映政府与非营利组织会计主体一定时期预算执行情况、财务状况、运行情况和现金流量等信息的书面文件。会计报告是对政府与非营利组织会计主体经济业务活动进行会计核算的最终结果。

（一）政府会计报告

政府会计主体采用"双报告"模式，同时编写政府财务报告与政府决算报告。

1. 政府财务报告

政府财务报告是反映政府会计主体某一特定日期的财务状况和某一会计期间的运行情况和现金流量等信息的文件。政府财务报告的编制主要以权责发生制为基础，以财务会计核算生成的数据为准。政府财务报告应当包括财务报表和其他应当在财务报告中披露的相关信息和资料。

政府财务报告包括政府综合财务报告和政府部门财务报告。政府综合财务报告是指由政府财政部门编制的，反映各级政府整体财务状况、运行情况和财政中长期可持续性的报告。政府部门财务报告是指政府各部门、各单位按规定编制的财务报告。

2. 政府决算报告

政府决算报告是综合反映政府会计主体年度预算收支执行结果的文件。政府决算报告的编制主要以收付实现制为基础，以预算会计核算生成的数据为准。政府决算报告应当包括决算报表和其他应当在决算报告中反映的相关信息和资料，通常由部门决算报表和部门决算说明与分析组成。

（二）民间非营利组织财务报告

民间非营利组织财务报告是反映民间非营利组织某一特定日期的财务状况和某一

会计期间的运行情况和现金流量等信息的文件。根据《民间非营利组织会计制度》规定，民间非营利组织的会计报告由会计报表、会计报表附注和财务情况说明书三部分组成。

本章小结

政府是指国家进行统治和经济社会管理的机器，是国家表示意志、发布命令和处理事务的机构。非营利组织是指不以营利为目的、主要开展各种志愿性的公益或互益活动的社会服务机构。政府与非营利组织运行环境与企业的运行环境存在显著的差异，主要体现在组织目标、资金来源、约束机制与激励机制等方面。

政府与非营利组织会计是一个综合的范畴，由政府会计与非营利组织会计两个部分组成。政府会计是用于确认、计量、记录和报告政权政府和政府单位资金有关的经济活动或事项及其受托责任的履行情况的专业会计。政府会计按照功能的不同，可以划分为政府财务会计和政府预算会计。政府会计按照会计主体类型不同，可以划分为财政总会计和行政事业单位会计。非营利组织会计是指用于确认、计量、记录和报告非营利组织财务收支活动或事项及其受托责任的履行情况的专业会计。非营利组织会计按照会计主体类型不同，可以划分为社团会计、基金会会计、民办非企业单位会计和宗教活动场所会计等。政府与非营利组织会计与企业会计相比，其核算对象、业务性质与确认基础等方面都不相同，具有自身的特点。

政府与非营利组织会计的总目标，是向政府与非营利组织会计信息使用者提供有用的信息。会计信息质量要求也称为会计信息质量特征、会计信息质量标准，是指会计报告提供的信息对使用者有用的那些性质。我国政府会计信息质量要求包括可靠性、全面性、相关性、及时性、可比性、可理解性、实质重于形式七个方面的要求。此外，《民间非营利组织会计制度》还对其会计信息质量提出了谨慎性、重要性等要求。

会计假设也称为会计的基本前提，它是组织会计工作必须具备的前提条件。政府与非营利组织会计假设包括会计主体、持续运行、会计分期和货币计量。这四个假设缺一不可，共同为政府与非营利组织会计核算工作的开展奠定基础。会计基础是指会计事项的记账基础，是会计确认的某种标准方式，是在确认和处理一定会计期间单位收入和支出、费用的确认的标准。政府财务会计和民间非营利组织会计采用权责发生制基础，政府预算会计采用收付实现制基础。

政府财务会计要素和民间非营利组织会计要素均包括资产、负债、净资产、收入和费用五个会计要素。政府预算会计要素包括预算收入、预算支出与预算结余三个会计要素。政府与非营利组织会计要素的计量主要包括资产的计量和负债的计量。净资产金额取决于资产和负债的计量。资产的计量属性主要包括历史成本、重置成本、现值、公允价值和名义金额。负债的计量属性主要包括历史成本、现值和公允价值。会计报告是对政府与非营利组织会计主体经济业务活动进行会计核算的最终结果。政府会计主体采用"双报告"模式,同时编写政府财务报告与政府决算报告。民间非营利组织的会计报告由会计报表、会计报表附注和财务情况说明书三部分组成。

关键名词

政府;非营利组织;政府会计;非营利组织会计;政府与非营利组织会计;政府财务会计;政府预算会计;财政总会计;行政事业单位会计;会计目标;会计假设;会计主体;持续运行;会计分期;货币计量;会计信息质量要求;会计基础;收付实现制;权责发生制;会计对象;会计要素;会计等式;会计报告;政府财务报告;政府决算报告

思考与练习题

一、简述题

1. 什么是政府与非营利组织?政府与非营利组织运营环境有哪些特征?
2. 什么是政府与非营利组织会计?政府与非营利组织会计体系是怎样的?
3. 谈谈你对政府与非营利组织会计目标的理解。政府与非营利组织会计信息质量有哪些要求?
4. 政府与非营利组织会计有哪几个会计假设?政府与非营利组织会计具体采用的会计基础是怎样的?
5. 政府财务会计要素有哪些?政府预算会计要素有哪些?民间非营利组织会计要素有哪些?
6. 政府与非营利组织会计等式有哪几个?
7. 政府与非营利组织会计的资产和负债的计量属性各有哪些?
8. 政府与非营利组织会计报告体系是怎样的?

二、单项选择题

1. 根据社会组织类型与会计目标的不同,我国的会计体系划分为两大分支,一个分支是企业会计,另一分支是(   )。

A. 财务会计　　　　　　　　　　B. 非营利组织会计
　　C. 政府会计　　　　　　　　　　D. 政府与非营利组织会计
　2. 作为政府会计的主体，政府的概念是广义的，我国政府会计的主体范围主要包括（　　）。
　　A. 立法机关、行政机关、司法机关、政党组织、政协、人民团体和事业单位
　　B. 立法机关、行政机关、司法机关
　　C. 行政机关、公益组织和司法机关
　　D. 立法机关、行政机关和国有企业
　3. 作为非营利组织会计的主体，我国的非营利组织是指（　　）。
　　A. 政府机构　　　　　　　　　　B. 事业单位
　　C. 民间非营利组织　　　　　　　D. 公立非营利组织
　4. 与企业会计相比较，政府与非营利组织会计的特点表现在（　　）。
　　A. 会计核算对象的非限定性　　　B. 会计确认基础具有多样化
　　C. 需要反映会计主体的财务状况　D. 需要反映会计主体的运营情况
　5. 根据《政府会计准则——基本准则》，我国的政府会计由"双系统"构成，其内容是（　　）。
　　A. 政府预算会计和政府财务会计　B. 政府预算会计和政府管理会计
　　C. 政府成本会计和政府财务会计　D. 政府财务会计和政府管理会计
　6. 我国政府会计体系中，主要反映和监督政府会计主体的预算收支执行情况和结果的会计为（　　）。
　　A. 政府财务会计　　　　　　　　B. 政府管理会计
　　C. 政府预算会计　　　　　　　　D. 政府成本会计
　7. 我国政府会计体系中，主要反映和监督政府会计主体的财务状况、运行情况和现金流量等的会计为（　　）。
　　A. 政府财务会计　　　　　　　　B. 政府管理会计
　　C. 政府预算会计　　　　　　　　D. 政府成本会计
　8. 下列不属于我国政府会计信息质量要求的是（　　）。
　　A. 可靠性　　　　　　　　　　　B. 相关性
　　C. 谨慎性　　　　　　　　　　　D. 及时性
　9. 只采用权责发生制基础的会计为（　　）。
　　A. 行政单位会计　　　　　　　　B. 事业单位会计
　　C. 财政总会计　　　　　　　　　D. 民间非营利组织会计
　10. 下列属于政府预算会计要素的是（　　）。
　　A. 收入　　　　　　　　　　　　B. 预算收入
　　C. 资产　　　　　　　　　　　　D. 净资产

三、多项选择题

　1. 政府与非营利组织会计要素资产的计量属性包括（　　）。
　　A. 历史成本　　　　　　　　　　B. 重置成本

C. 现值　　　　　　　　　　　　D. 公允价值
E. 名义金额
2. 将资产、负债、净资产、收入和费用作为会计要素的会计有（　　　）
   A. 政府财务会计　　　　　　　B. 政府管理会计
   C. 政府预算会计　　　　　　　D. 政府成本会计
   E. 民间非营利组织会计
3. 下列社会组织中，属于政府会计主体的有（　　　）。
   A. 行政机关　　　　　　　　　B. 人大机关
   C. 人民法院　　　　　　　　　D. 政党组织
   E. 检察机关
4. 政府与非营利组织是社会组织的重要组成部分，与以营利为目的的企业组织相比较，其特征有（　　　）。
   A. 组织目标不同　　　　　　　B. 资金来源不同
   C. 受托责任不同　　　　　　　D. 约束与激励机制不同
   E. 业绩评价不同
5. 下列社会组织的会计属于政府与非营利组织会计范畴的有（　　　）。
   A. 公益组织会计　　　　　　　B. 慈善基金会计
   C. 人民法院会计　　　　　　　D. 国有企业会计
   E. 政党组织会计

四、判断题

1. 政府与非营利组织会计是会计学的一般原理在政府与非营利组织中的运用。（　　　）
2. 政府与非营利组织会计是与营利性企业会计相并列的会计学两大分支之一。（　　　）
3. 民间非营利组织会计主体采用"双报告"模式。（　　　）
4. 政府与非营利组织经济活动的内在动因主要是由投资者等财务资源的提供者予以推动的，推动的主要方法是要求政府与非营利组织面向市场，在市场竞争中获取最大的利润。（　　　）
5. 政府会计可以由财政总会计、行政事业单位会计和民间非营利组织会计组成。（　　　）
6. 在政府与非营利组织会计各组成部分中，行政单位会计居主导地位。（　　　）
7. 政府与非营利组织没有明确的所有者权益，因此，政府与非营利组织会计要素中没有所有者权益要素。（　　　）
8. 政府与非营利组织财务资源的提供者不能对政府与非营利组织的净资产提出进行分配的要求。（　　　）
9. 政府组织会计主体包括政权政府组织和政府单位两个层次。（　　　）
10. 我国的非营利组织会计即是公立非营利组织会计。（　　　）

1-6 参考答案

第二章
政府与非营利组织会计规范及相关制度

学习目标

1. 了解国外政府与非营利组织会计规范。
2. 理解我国政府与非营利组织会计规范。
3. 掌握我国政府与非营利组织会计相关的政府预算管理制度、国库收付制度与政府采购制度的基本内容。

情景导入

财政部颁布《行政事业单位划转撤并相关会计处理规定》

为进一步落实财务、资产管理有关要求,规范行政事业单位划转撤并的会计处理,更好地服务党和国家机构改革,根据《中华人民共和国会计法》《行政事业性国有资产管理条例》《行政单位财务规则》《事业单位财务规则》和政府会计准则制度等相关规定,财政部制定了《行政事业单位划转撤并相关会计处理规定》。

划转撤并,包括划转、合并、分立、撤销和改制五种情形:

1. 划转,是指单位隶属关系改变,成建制划归相关单位。
2. 合并,是指两个或两个以上单位重组为一个单位。
3. 分立,是指一个单位分为两个或两个以上单位。
4. 撤销,是指单位被宣布解散或终止,不含合并、分立情形中被合并或被分立单位注销法人资格的情形。
5. 改制,是指单位性质发生变化,具体包括以下两种情形:一是单位转为企业(以下简称转企改制);二是单位由行政单位转为事业单位或由事业单位转为行政单位(以下简称非转企改制)。

其中，单位划转、合并、分立涉及单位性质发生变化的，除按照本规定中关于划转、合并、分立情形进行会计处理外，还应当遵循本规定中关于改制情形的相关会计处理规定。单位性质没有发生变化，但执行的财务管理制度发生变化的，参照本规定关于改制的情形进行会计处理。

思考：如何理解政府与非营利组织会计规范及相关制度变迁的意义？

资料来源：财政部关于印发《行政事业单位划转撤并相关会计处理规定》的通知（财会〔2022〕29号）。

第一节 政府与非营利组织会计规范

会计规范是指导和约束会计工作的法律、行政法规、部门规章、会计准则、会计制度和政策的总称。政府与非营利组织征集、使用公共财政资源或财务资源，都必须依据国家的法律、法规、规章及准则等进行，因此，对政府组织公共财政活动或非营利组织业务活动的情况和结果进行反映的会计行为，当然也必须以相应的法律、法规、规章及准则等进行规范。完善的会计规范体系是政府与非营利组织会计工作的准绳。

一、我国政府与非营利组织会计规范

我国政府与非营利组织现行的会计规范按层次划分，主要包括会计法律法规、会计准则和会计制度三个层次。

（一）会计法律法规

会计法律法规由会计法律和会计行政法规组成。会计法律是指由全国人民代表大会及其常务委员会制定和颁布的有关调整会计、财务关系的规范性文件。会计行政法规是指由国务院或者国务院有关部门依据宪法和国家法律与法规的规定，根据授权制定与颁布的，调整某些方面会计、财务关系的规范性文件，也是会计法律的具体化规定。会计法律法规是政府与非营利组织会计最高层次的会计规范。

目前，我国规范政府与非营利组织会计的法律主要有《中华人民共和国会计法》（以下简称《会计法》）、《中华人民共和国预算法》（以下简称《预算法》）和《中华人民共和国政府采购法实施条例》（以下简称《政府采购法》）。其中，《会计法》是规范会计活动行为的基本法律，任何会计规范都必须以《会计法》为依据，不能与其相抵触。《预算法》是规范政府与非营利组织财务活动行为的基本法律，规范政府与非营利组织必须按照《预算法》的规定组织财务收支活动，并接受立法机构、有关部门和社会公众的监督。《政府采购法》规范政府采购行为，提高政府采购资金的使用效益，维护国家利益和社会公共

利益，保护政府采购当事人的合法权益，促进廉政建设。

我国现行规范政府与非营利组织会计的行政法规种类较多，但可以将其分为两类：一类是以国务院名义颁布的会计行政法规，主要有《中华人民共和国预算法实施细则》《中华人民共和国政府采购法实施条例》《中华人民共和国国家金库条例》《国务院关于批转财政部权责发生制政府综合财务报告制度改革方案的通知》《国务院关于进一步深化预算管理制度改革的意见》《行政事业性国有资产管理条例》等；另一类是由财政部等政府主管部门颁布的会计行政法规，主要有《权责发生制政府综合财务报告制度改革方案》《预算管理一体化规范》《预算指标核算管理办法》《行政事业单位内部控制规范》《行政单位财务规则》《事业单位财务规则》《高等学校财务制度》等。

（二）会计准则

会计准则，是会计人员从事会计工作必须遵循的基本原则，是会计核算工作的规范，包括会计观念、会计方法、会计程序和会计实务处理规则等。会计准则是财务会计规范的重要组成部分。按照制定机构不同，会计准则分为法规型会计准则、自律型会计准则和混合型会计准则等类型。法规型会计准则是由政府主管部门制定的会计准则；自律型会计准则是以会计职业组织为主的民间机构制定的会计准则；混合型会计准则是由政府主管部门和会计职业机构共同制定的会计准则，它介于法规型会计准则与自律型会计准则之间。按照使用组织的性质，会计准则分为企业会计准则、政府会计准则等类型。

我国的政府会计准则体系由基本准则、具体准则和应用指南组成。

政府会计基本准则界定了整个政府会计准则体系的概念框架，为具体准则的制定提供指导。为了规范政府的会计核算，保证会计信息质量，2015年10月23日，中华人民共和国财政部颁布了《政府会计准则——基本准则》，自2017年1月1日起施行。

政府会计具体准则用于规范政府发生的具体经济业务或事项的会计处理。截至2022年12月31日，中华人民共和国财政部已经颁布了《政府会计准则第1号——存货》《政府会计准则第2号——投资》《政府会计准则第3号——固定资产》《政府会计准则第4号——无形资产》《政府会计准则第5号——公共基础设施》《政府会计准则第6号——政府储备物资》《政府会计准则第7号——会计调整》《政府会计准则第8号——负债》《政府会计准则第9号——财务报表编制和列报》《政府会计准则第10号——政府和社会资本合作项目合同》，共10项政府会计具体准则。

政府会计应用指南是对政府会计具体准则的实际应用做出的操作性规定。截至2022年12月31日，中华人民共和国财政部已经颁布了《〈政府会计准则第3号——固定资产〉应用指南》《〈政府会计准则第10号——政府和社会资本合作项目合同〉应用指南》，共2项政府会计应用指南。

2-1 知识扩展

（三）会计制度

会计制度是对会计主体经济业务或者事项的具体会计核算所做出的操作性规范，包括会计科目及其使用说明、会计报表格式及其编制说明等。会计制度指导会计人员的具体操作，便于会计人员进行日常核算和期末编制报表。

我国政府会计采用"会计准则"加"会计制度"模式。

为加强财政预算管理,提升国家财政治理效能,进一步规范各级政府财政总会计核算,保证会计信息质量,充分发挥财政总会计职能作用,根据深化预算管理制度改革、政府会计改革工作要求,2022年11月18日,中华人民共和国印发了《财政总会计制度》,自2023年1月1日起施行。

为了适应权责发生制政府综合财务报告制度改革需要,规范行政事业单位会计核算,提高会计信息质量,2017年10月24日,中华人民共和国财政部印发了《政府会计制度——行政事业单位会计科目和报表》,自2019年1月1日起施行。国有林场和苗圃、高等学校、中小学、科学事业单位、医院、基层医疗卫生机构和彩票机构等特殊行业事业单位,还应当执行财政部颁布的"补充规定"。

为了进一步健全和完善政府会计准则制度,确保政府会计准则制度有效实施,还需要对政府会计准则制度进行解释。截至2022年12月31日,中华人民共和国财政部先后印发了《政府会计准则制度解释第1号》《政府会计准则制度解释第2号》《政府会计准则制度解释第3号》《政府会计准则制度解释第4号》《政府会计准则制度解释第5号》。

对于民间非营利组织,没有会计准则,目前采用"会计制度"模式,依照会计制度进行会计核算。2004年8月18日,中华人民共和国财政部发布了《民间非营利组织会计制度》,自2005年1月1日起实施。2020年6月15日,为了进一步明确民间非营利组织有关经济业务或事项的会计处理,提高会计信息质量,中华人民共和国财政部又印发了《〈民间非营利组织会计制度〉若干问题的解释》,自公布之日起施行。

二、国外政府与非营利组织会计规范

在国外,政府与非营利组织会计与财务报告规范体系基本都包括法律规章和公认会计原则这两个层次。

(一)法律规章

法律规章是各国政府与非营利组织会计与财务报告最早遵循的主要规范,各个国家都颁布了针对政府及非营利组织的法律、法规。如美国的《预算与会计法》;英国的《财政部和审计部门法案1866》《财政部和审计部门法案1921》以及《政府资源和会计法案2000》,是规范英国政府会计管理工作的三个重要法案。

(二)公认会计原则

公认会计原则(Generally Accepted Accounting Principles,简称GAAP)是由相关机构制定,会计实务界普遍接受,权威机构认可的一系列会计惯例、准则和规则的总称。

1. 国际公共部门会计准则

国际公共部门会计准则(International Public Sector Accounting Standards,简称IPSAS)是由国际会计师联合会(International Federation of Accountants,简称IFAC)下属组织国际公共部门会计准则委员会(The International Public Sector Accounting Standards Board,简称IPSASB)制定的公共部门会计准则。IPSASB专注于国家、地区和地方政府、相关政府附属机构及其所服务的选民在会计和财务报告方面的需求。通过

发布基准性指引并推动其使用，以促进会计师与公共部门工作人员以及依赖其工作的人员之间的信息交流来满足这些需求。IPSASB在制定公告时，遵循一套严格的程序。其考虑的信息来自IPSASB的咨询顾问组、政府机构、国际会计师联合会成员机构及其会员以及社会公众。提议公告的征求意见稿发布于IFAC网站上。所有IPSASB正式公告均可从IFAC网上书店免费下载。目前，IPSASB已发布30多项国际公共部门会计准则。

2. 英美的政府与非营利组织会计准则

英美两国是世界上较早实施政府会计改革的国家，两国的政府与非营利组织会计准则体系比较相似。

在英国，中央政府与地方政府分别遵循不同机构制定的政府会计准则。英国中央政府主要遵守《政府财务报告手册》（GFREM）。《政府财务报告手册》的制定主要与两个机构相关，一是财务报告咨询委员会（Financial Reporting Advisory Board，简称FRAB）；另一是英国财政部。《政府财务报告手册》通常由英国财政部对外发布实施，但是在对外发布之前必须经财务报告咨询委员会讨论通过。地方政府会计实务操作则主要遵守特许公共财务与会计师执业协会（Chartered Institute of Public Finance and Accountancy，简称CIPFA）制定的会计准则。英国的非营利组织会计准则和企业会计准则都由英国会计准则理事会（Accounting Standards Board，简称ASB）负责制定，且强制要求非营利组织和企业执行。非营利组织会计准则并不自成体系，它只是针对非营利组织特有的会计事项制定的相关准则，对于非营利组织与企业相同的会计事项，则遵循企业会计准则的规定。在此基础上，一些非营利组织的行业协会根据其行业特点，研究并制定非营利组织的会计实务公告（Statement of Standand Accounting Practice，简称SSAP）和会计实务指南，其中会计实务公告比会计准则低一层次，但也强制要求非营利组织执行，并且发布前需经英国会计准则理事会批准。

在美国，联邦政府与州和地方政府也分别有各自的政府会计准则，由不同机构负责制定。美国联邦政府会计准则由美国联邦政府会计准则委员会（Federal Accounting Standards Advisory Board，简称FASAB）制定，州和地方政府会计准则由政府会计准则委员会（Governmental Accounting Standards Board，简称GASB）制定。美国的非营利组织会计准则和企业会计准则都由美国财务会计准则委员会（Financial Accounting Standards Board，简称FASB）制定。

第二节　政府预算管理制度

预算是一个组织或单位对于未来一定时期内的收入和支出所作的预计。根据组织或单位的性质和类型不同，预算可以划分为政府预算、行政单位预算、事业单位预算、企业预算等种类。政府会计与政府预算联系紧密，这里介绍政府预算。

一、政府预算的概念与分类

(一) 政府预算的概念

政府预算也称为国家预算，它是由政府按照一定的法律程序编制和执行的一个国家或政府在一定时期的年度财政收支计划，是政府组织和规范财政分配活动的重要工具。从形式上看，政府预算是按资金的性质分门别类地将财政资金编制在多个财政收支表格中；就内容来说，政府预算反映政府活动的范围、方向和规模；就其效力而言，政府预算必须经过同级人民代表大会的审批才能生效，具有法律效力，是最重要的文件之一。总之，政府预算是政府活动货币化、书面化、程序化、法制化的正式表达形式，可以规范政府收支行为，强化预算约束，保障经济社会的健康发展。政府预算是政府管理的关键，能为政府业绩评价提供一个基准。如果事前没有政府预算，事后也难以对政府业绩做出真实评价。因此，政府预算体现国家的战略和政策，反映政府的活动范围和方向，是推进国家治理体系和治理能力现代化的重要支撑，是宏观调控的重要手段。

(二) 政府预算的分类

政府预算可以按照不同的标准进行分类，通常有以下几种分类。

1. 总预算和分预算

按照预算的编制层次不同，政府预算可以分为总预算和分预算。总预算和分预算都有多种不同的理解，总预算一般指一级政府预算与下辖各级政府预算汇总编制的预算，但也可指对各项财政收支项目汇总编制的预算等；分预算既可指各行政机构申报的单位预算，也可指各财政收支项目的专项预算等。

2. 功能预算和部门预算

按照预算编制的基础不同，政府预算可以分为功能预算和部门预算。功能预算是指按照政府支出所要实现的功能或达到的目的，列示支出项目的预算；部门预算是政府各部门根据其行使职能的需要，由其本身及下辖单位预算汇总编制的部门收支的总预算。

3. 普通预算、临时预算和特别预算

按照预算的编制时间不同，政府预算可以分为普通预算、临时预算和特别预算。普通预算是指政府对每年度预计的财政收支编成正式的预算，经立法机构批准后公布执行的预算；临时预算是指年度正式的财政预算尚未完成立法程序前编制的一种预算；特别预算是指为达到特定的目的而编制的对财政资金有特别需要的一种预算。

4. 经常预算和资本预算

按照预算资金的用途不同，政府预算可以分为经常预算和资本预算。经常预算是指用于维持政府日常事务运转的需要而编制的经常性支出预算；资本预算是指政府对公共基础设施及偿还债务本息等方面的资本性支出所编制的预算，又称为投资预算。

5. 单式预算和复式预算

按照预算形式的不同，可以分为单式预算和复式预算。单式预算是政府所有的公共收支计划通过一个统一的表格来反映，不区分各项公共收支经济性质的预算；复式预算是将同一预算年度内的全部收入和支出按性质划分，分别汇编成两个或两个以上的收支对照表，以特定的预算收入来源来对应和保证特定的预算支出，并使两者具有相时稳定的对应关系。

2-2 知识扩展

二、政府预算管理体系与管理体制

（一）政府预算管理体系

政府预算管理体系指根据国家政权结构、行政区划和财政管理体制的要求而确定的政府预算组织结构。根据《中华人民共和国预算法》的规定国家实行一级政府一级预算，设立中央，省、自治区、直辖市，设区的市、自治州，县、自治县、不设区的市、市辖区，乡、民族乡、镇五级预算。

全国预算由中央预算和地方预算组成。中央预算由中央各部门（含直属单位）的预算组成，地方预算由各省、自治区、直辖市总预算组成。地方各级总预算由本级预算和汇总的下一级总预算组成。下一级只有本级预算的，下一级总预算即指下一级的本级预算；没有下一级预算的，总预算即指本级预算。各部门是指与本级政府财政部门直接发生预算缴拨款关系的国家机关、军队、政党组织、事业单位、社会团体和其他单位。本级预算由本级政府各部门（含直属单位）的预算组成。各部门预算由本部门所属各单位预算组成。

（二）政府预算管理体制

政府预算管理体制是指一个国家通过一定的方式调节各级政府间财力分配的基本制度。具体地说，它是国家在中央与地方及地方各级政府之间，划分预算收支范围和预算管理权限与职责的一项根本制度。政府预算管理体制是以制度的形式处理各级政府间集中与分散的预算管理权限与职责的关系，主要解决各级政府间集权与分权的问题。集权与分权问题，主要是通过在各级政府之间的收支划分来解决。因此，在各级政府之间的收支划分就成为政府预算管理体制的首要事宜。《中华人民共和国预算法》规定，国家实行中央和地方分税制，实行财政转移支付制度。

分税制是指在合理划分各级政府事权范围的基础上，主要按税收来划分各级政府的预算收入，并确定各自的支出范围，各级政府预算相对独立，负有明确的平衡责任。我国从1994年起实行分税制。在分税制预算管理体制下，将所有税收按税种划分为中央税、地方税和共享税三类，明确了中央与地方的预算收支和事权划分。

财政转移支付是以各级政府之间存在的财政能力差异为基础，以实现各地公共服务水平的均等化为主旨，而实行的一种财政资金转移或财政平衡制度。财政转移支付包括中央对地方财政转移支付和地方上级财政对下级财政转移支付。

分税制是一种较理想的预算管理体制，与我国行政管理体制相适应，有力地促进了政府职能转变，推动了经济社会发展。分税制预算管理体制的本质在于中央与地方及地方各级政府财政自收自支、自求平衡。当前，按照深化财税体制改革和建立现代财政制度的总体要求，应进一步顺政府间财政关系，加快健全权责配置更为合理、收入划分更加规范、财力分布相对均衡、基层保障更加有力的政府预算管理体制，加快建设全国统一大市场，推进基本公共服务均等化，推动高质量发展，为全面建设社会主义现代化国家提供坚实保障。

三、政府预算的内容

我国政府预算包括一般公共预算、政府性基金预算、国有资本经营预算、社会保险基金预算。四项预算应当保持完整、独立，政府性基金预算、国有资本经营预算、社会保险基金预算应当与一般公共预算相衔接。

（一）一般公共预算

一般公共预算是对以税收为主体的财政收入，安排用于保障和改善民生、推动经济社会发展、维护国家安全、维持国家机构正常运转等方面的收支预算。中央一般公共预算包括中央各部门（含直属单位）的预算和中央对地方的税收返还、转移支付预算。地方各级一般公共预算包括本级各部门（含直属单位）的预算和税收返还、转移支付预算。一般公共预算包括一般公共预算收入和一般公共预算支出两方面。

（二）政府性基金预算

政府性基金预算是对依照法律、行政法规的规定在一定期限内向特定对象征收、收取或者以其他方式筹集的资金，专项用于特定公共事业发展的收支预算，包括参照政府性基金管理或列入基金预算、具有特定用途的专项债券等财政资金。政府性基金预算由政府性基金收入预算和政府性基金支出预算组成。

（三）国有资本经营预算

国有资本经营预算是对国有资本收益做出支出安排的收支预算。国有资本经营预算由国有资本经营收入预算和国有资本经营支出预算组成。

（四）社会保险基金预算

社会保险基金预算是将社会保险缴款、一般公共预算安排和其他方式筹集的资金，专项用于社会保险的收支预算。目前，我国社会保险基金包括企业职工基本养老保险、失业保险、城镇职工基本医疗保险（含生育保险）、工伤保险、城乡居民基本养老保险、城乡居民基本医疗保险和机关事业单位基本养老保险等七项基金。社保基金预算由社保基金收入预算和社保基金支出预算组成。

四、政府预算收支分类科目

政府收支分类科目是政府收入和支出的类别名称，它包括收入经济分类科目、支出功能分类科目和支出经济分类科目。政府收支分类科目是各类政府预算编制、执行、决算与财政总会计核算的重要依据。根据财政部关于印发《2023年政府收支分类科目》的通知，政府收支的具体分类如下。

（一）收入经济分类

收入经济分类主要反映政府收入的来源和经济性质，说明政府的钱是从哪里来的。将各类政府收入按其经济性质进行分类，可以全面、准确、明细地反映政府收入的总量、结构及来源情况。政府收入分为类、款、项、目四级。根据目前我国政府收入构成情况，分为税收收入、非税收入、债务收入、转移性收入和社会保险基金收入。

1. 税收收入

税收收入包括增值税、消费税、企业所得税、企业所得税退税、个人所得税、资源税、城市维护建设税、房产税、印花税、城镇土地使用税、土地增值税、车船税、船舶吨税、车辆购置税、关税、耕地占用税、契税、烟叶税、环境保护税和其他税收二十个款级科目。如：101010101为税收收入（101类）增值税（01款）国内增值税（01项）国有企业增值税（01目）。税收收入全部纳入一般公共预算收入管理。

2. 非税收入

非税收入包括纳入一般公共预算收入管理的专项收入、行政事业性收费收入、罚没收入、国有资本经营收入、国有资源（资产）有偿使用收入、捐赠收入、政府住房基金收入、其他收入八个款级科目，还包括纳入政府性基金预算收入管理的政府性基金收入、专项债券对应项目专项收入两个款级科目，以及纳入国有资本经营预算收入管理的国有资本经营收入一个款级科目。如：103010201为非税收入（103类）政府性基金收入（01款）农网还贷资金收入（02项）中央农网还贷资金收入（01目）；1030110为非税收入（103类）政府性基金收入（01款）民航发展基金收入（10项）。

3. 债务收入

债务收入包括纳入一般公共预算管理的中央政府债务收入、地方政府债务收入两个款级科目，还包括纳入政府性基金预算管理的地方政府债务收入一个款级科目。

4. 转移性收入

转移性收入包括纳入一般公共预算收入管理的返还性收入、一般性转移支付收入、专项转移支付收入、上解收入、上年结余收入、调入资金、债务转贷收入、动用预算稳定调节基金、区域间转移性收入九个款级科目；包括纳入政府性基金预算收入管理的政府性基金转移支付收入、上解收入、上年结余收入、调入资金、债务转贷收入五个款级科目；包括纳入国有资本经营预算收入管理的国有资本经营预算转移支付收入、上解收入、上年结余收入三个款级科目；包括纳入社会保险基金预算收入管理的上年结余收入、调入资金、社会保险基金转移收入、社会保险基金上级补助收入、社会保险基金下级上解收入五个款级科目。

5. 社会保险基金收入

社会保险基金收入全部纳入社会保险基金收入预算管理，包括企业职工基本养老保险基金收入、失业保险基金收入、职工基本医疗保险基金收入、工伤保险基金收入、城乡居民基本养老保险基金收入、机关事业单位基本养老保险基金收入、城乡居民基本医疗保险基金收入、国库待划转社会保险费利息收入、其他社会保险基金收入共九个款级科目。

（二）支出功能分类

支出功能分类主要根据政府职能对政府支出进行分类，反映政府各项职能活动及其政策目标，显示的是政府的钱"干了什么"，起到了"什么样的"社会作用。政府支出按功能可分为类、款、项三级。

1. 一般公共预算管理支出

纳入一般公共预算支出管理的包括一般公共服务支出、外交支出、国防支出、公共安全支出、教育支出、科学技术支出、文化旅游体育与传媒支出、社会保障和就业支出、卫生健康支出、节能环保支出、城乡社区支出、农林水支出、交通运输支出、资源勘探工业信息等支出、商业服务业等支出、金融支出、援助其他地区支出、自然资源海洋气象等支出、住房保障支出、粮油物资储备支出、灾害防治及应急管理支出、预备费、其他支出、转移性支出、债务还本支出、债务付息支出、债务发行费用支出共二十七个类级科目。

2. 政府性基金预算支出

纳入政府性基金预算支出管理的包括科学技术支出、文化旅游体育与传媒支出、社会保障和就业支出、节能环保支出、城乡社区支出、农林水支出、交通运输支出、资源勘探工业信息等支出、金融支出、其他支出、转移性支出、债务还本支出、债务付息支出、债务发行费用支出、抗疫特别国债安排的支出共十五个类级科目。

3. 国有资本经营预算支出

纳入国有资本经营预算支出管理的包括社会保障和就业支出、国有资本经营预算支出共两个类级科目。

4. 社会保险基金预算支出

纳入社会保险基金预算支出管理的包括社会保险基金预算支出、转移性支出共两个类级科目。

（三）支出经济分类

支出经济分类是按经济性质对政府支出进行分类，主要反映政府各项支出的具体用途。支出经济分类科目区分政府财政和政府部门或单位，相应设置"政府预算经济分类"和"部门预算经济分类"两套科目。支出功能分类与支出经济分类相配合，可对任何一项财政支出进行"多维"定位，清楚地说明政府的钱"干了什么事"，最终"用到了什么地方"。

1. 政府预算经济分类

各级政府财政部门按"政府预算经济分类"的要求设置经济分类科目，主要用于政府财政预算的编制、执行、决算、公开和财政总会计核算。政府预算经济分类设置类、款两级科目，具体类级科目包括机关工资福利支出、机关商品和服务支出、机关资本性支出（一）、机关资本性支出（二）、对事业单位经常性补助、对事业单位资本性补助、对企业补助、对企业资本性支出、对个人和家庭的补助、对社会保障基金补助、债务利息及费用支出、债务还本支出、转移性支出、预备费及预留、其他支出共十五个类级科目。

2. 部门预算经济分类

各级政府部门（单位）按"部门预算经济分类"的要求设置经济分类科目。部门预算经济分类主要用于部门预算编制、执行、决算、公开和部门（单位）会计核算。部门预算经济分类设置类、款两级科目，具体类级科目包括工资福利支出、商品和服务支出、对个人和家庭的补助、债务利息及费用支出、资本性支出（基本建设）、资本性支出、对企业补助（基本建设）、对企业补助、对社会保障基金补助、其他支出共十个类级科目。

五、预算管理一体化

过去，各级财政预算管理的业务规则和信息系统"各自搭台、分头唱戏"，没有进行一体化设计、一体化推进，不能实现一体化管理，难以发挥合力。因此，预算管理一体化改革既是深化预算制度改革的重要内容，也是保障预算管理制度改革有效实施的必要手段。为此，国务院发布了《国务院关于进一步深化预算管理制度改革的意见》，财政部制定发布了《预算管理一体化规范》《预算管理一体化系统技术标准》和《预算指标核算管理办法》等文件，以推进预算管理一体化。

预算管理一体化是以统一预算管理规则为核心，以预算管理一体化系统为主要载体，将统一的管理规则嵌入信息系统，提高项目储备、预算编审、预算调整和调剂、资金支付、会计核算、决算和报告等工作的标准化、自动化水平，实现对预算管理全流程的动态反映和有效控制，保证各级预算管理规范、高效。预算管理一体化涵盖基础信息管理、项目库管理、预算编制、预算批复、预算调整和调剂、预算执行、会计核算、决算和报告等主要环节。

（一）基础信息管理

基础信息管理主要规范单位信息、人员信息、资产信息、地方政府债务信息、支出标准、绩效指标、政府收支分类科目、会计科目、政府非税收入项目信息、政府采购基础信息、账户信息、财政区划等基础信息的具体内容、管理流程和规则等。将预算管理各环节使用的基础信息集中管理，确保预算管理一体化系统中基础信息来源的一致性，便于统一控制要素并开展联动分析。

（二）项目库管理

项目库管理主要明确项目库管理框架，规范预算项目的分类，以及各类项目的管理流程、管理规则和管理要素等。将预算项目作为预算管理的基本单元，全部预算支出都以预算项目的形式纳入项目库，实施项目全生命周期管理。项目库常态化开展项目储备工作，预算编制时从预算储备项目中选取项目并按顺序安排，项目实施过程中要动态记录和反映项目预算下达、预算调整调剂、预算执行等情况，项目结束和终止时要予以标记。将预算项目按照支出性质和用途分为人员类项目、运转类项目、特定目标类项目三类。人员类项目支出、运转类项目中的公用经费项目支出对应部门预算中的基本支出；特定目标类项目支出、运转类项目中的其他运转类项目支出对应部门预算中的项目支出。人员类项目、运转类项目中的公用经费项目根据部门和单位有关基础信息测算，直接纳入项目库作为预算储备项目；特定目标类项目、运转类项目中的其他运转类项目由部门和单位提前研究谋划，经财政部门审核通过后作为预算储备项目。

（三）预算编制

预算编制主要规范政府预算、部门预算、单位预算的编制原则、编制内容、管理流程和规则。政府预算包括一般公共预算、政府性基金预算、国有资本经营预算、社会保险基金预算。一般公共预算支出总额控制一般公共预算安排的本级部门预算支出、转移支付预算支出和预备费规模。政府预算项目原则上和部门预算项目、转移支付项目保持一致，暂无法分解到具体实施项目、实施单位、地区的，编入财政待分配项目并在执行中细化分解，保证落实到具体实施项目、实施单位、地区。要求各级财政要按规定提前下达转移支付预计数，下级编制转移支付预算时，原则上按照上级提前下达的预计数编列一般性转移支付预算收入。各部门预算由本部门及其所属各单位预算组成，部门不得代编应由所属单位实施的预算项目。各部门和各单位应当按规定将所有收入及其安排的支出编入预算，包括财政拨款收入、财政专户管理资金收入和单位资金收入，保证部门和单位预算完整性。

（四）预算批复

预算批复主要规范政府预算批准、转移支付预算下达、部门预算批复、政府和部门预算公开的管理流程和规则。政府预算批准后，系统登记预算指标账，相应生成收入和支出预算指标；部门、单位预算批复后在系统中生成各单位财政拨款预算指标、财政专户管理资金预算指标和单位资金预算指标，用于控制资金支付。地方各级分解下达转移支付预算时，一般公共预算安排的共同财政事权转移支付和专项转移支付、政府性基金预算安排的转移支付、国有资本经营预算安排的转移支付应关联上级下达的转移支付项目，保证上级可以全程追踪转移支付资金预算下达和执行情况。规定报送人民代表大会和公开的预算报表基本样式，并明确除涉及国家秘密外，单位预算应当公开到具体项目，提高预算公开的规范性和透明度。

（五）预算调整和调剂

预算调整和调剂主要规范预算执行中预算调整和调剂的管理流程和规则。明确预算执行中，上下级政府间的转移支付预算下达、上解，可不作为预算调整事项，暂由财政部门按照预算调剂事项处理。还对预算法规定的部门、单位预算资金调剂事项的概念、情形、权限、程序等做出具体规定，全面规范部门预算调剂管理。

（六）预算执行

预算执行主要规范政府和部门收支预算执行的管理流程和规则。进一步完善国库集中支付运行机制，严格预算指标对资金支付的控制，同时简化、整合资金支付流程，构建高效的资金支付机制。单位在系统中向财政部门申请支付，财政部门按照项目预算指标账控制支付，系统对预算指标账控制要素及支付涉及的政府采购合同（协议）等相关信息自动校验通过后，将支付凭证发送代理银行直接办理支付。加强单位资金预算执行管理，财政部门通过系统从单位会计账、单位实有资金账户开户银行或财政代管资金财政专户开户银行获取单位资金实际收入数据，用于加强收入管理；单位资金支付依据单位资金支出预算在系统中向财政部门申请支付，支付申请通过预算指标账校验后发送开户银行办理支付，保证单位资金支出严格按照预算执行。

（七）会计核算

会计核算主要规范财政总会计核算、单位会计核算、预算指标会计核算的管理流程和

规则：财政总会计核算部分规定了财政部门对财政各项经济业务或事项进行会计核算的流程和规则。单位会计核算部分规定了行政和事业单位对其发生的经济业务或事项进行会计核算的流程和规则；预算指标会计核算采用会计复式记账法记录和反映预算批复、预算调整调剂、预算执行等业务环节的指标状态，并控制资金支付，强化预算指标的控制和反映功能。单位应当按照财政部门有关规定及时将会计核算信息传送同级财政部门。财政部门按照会计法要求，加强对各单位的会计监督。财政总会计、单位会计和预算指标会计均核算到项目库中的项目。单位对财政资金的核算结果与财政总会计核算结果保持衔接，记账凭证所载的预算项目信息要完整、全面。

（八）决算和报告

预算执行的结果如何，是实现了预算平衡，还是预算支出大于预算收入（赤字），只有通过决算才能准确地反映出来。决算和报告主要规范财政总决算、部门决算、部门财务报告、政府综合财务报告、行政事业单位国有资产报告的管理流程和规则，决算、财务报告和资产报告的相关数据由一体化系统自动从预算指标账、财政总会计账、单位会计账、基础信息等获取，保证账表一致，提高决算、财务报告、资产报告编制效率和数据准确性。

预算管理一体化按系统化思维，全流程整合预算管理制度，构建现代信息技术条件下"制度＋技术"的管理机制，贯通中央、省、市、县各级财政预算管理，实现政府预算、部门预算、单位预算之间以及上下级预算之间的业务环节无缝衔接和有效控制，提高预算编制水平，硬化支出预算执行约束，严控预算追加事项，严禁违反预算规定乱开口子，有利于提升财政资金配置效率和使用效益。

第三节 国库收付制度

一、国库体系与其他政府预算收支管理机构

（一）国库体系

1. 国库的概念与职责

国库是国家金库的简称，是办理预算收入的收纳、划分、留解、退付和库款支拨的出纳机构。国库工作是国家预算执行工作的重要组成部分，是办理国家预算收支的重要基础工作。各级国库在实现国家预算收支任务中，要充分发挥执行作用、促进作用和监督作用。国库的基本职责要求如下：

（1）准确及时地收纳各项国家预算收入。根据国家财政管理体制规定的预算收入级次和上级财政机关确定的分成留解比例或确定的定额上解数额、期限，正确、及时地办理各级财政库款的划分和留解，以保证各级财政预算资金的运用。

（2）按照财政制度的有关规定和银行的开户管理办法，为各级财政机关开立账户。根据财政机关填发的拨款凭证，及时办理同级财政库款的支拨。

（3）对各级财政库款和预算收支进行会计账务核算。按期向上级国库和同级财政、征收机关报送日报、旬报、月报和年度决算报表，定期同财政、征收机关对账，以保证数字准确一致。

（4）协助财政、征收机关组织预算收入及时缴库；根据征收机关填发的凭证核收滞纳金；根据国家税法协助财税机关扣收个别单位屡催不缴的应缴预算收入；按照国家财政制度的规定办理库款的退付。

（5）组织管理和检查指导下级国库和国库经收处的工作，总结交流经验，及时解决存在的问题。

（6）办理国家交办的同国库有关的其他工作。

2. 国库体系

国库分为中央国库和地方国库。中央国库业务由中国人民银行经理。未设中国人民银行分支机构的地区，由中国人民银行会商财政部后，委托有关银行业金融机构办理；地方国库业务由中国人民银行分支机构经理。未设中国人民银行分支机构的地区，由上级中国人民银行分支机构会商有关地方政府财政部门后，委托有关银行业金融机构办理。中央国库业务应当接受财政部的指导和监督，对中央财政负责。地方国库业务应当接受本级政府财政部门的指导和监督，对地方财政负责。

（二）预算收入的征收机构

国家预算收入分别由各级财政机关、税务机关、海关以及国家指定的机关负责管理、组织征收或监交。这些机关通称"征收机关"。财政部门负责征收部分非税收收入，主要包括国有资产经营收益、行政规费收入等。税务部门分为国家税务机构与地方税务机构，负责征收工商企业税收及个人税收，包括增值税、消费税、所得税等。海关负责征收进出口关税、船舶吨税及由海关代征的进口产品增值税、消费税及海关罚没等。除上述机构外，行政单位、事业单位收取的各项收费也构成政府的预算收入。

（三）财政国库管理机构与支付执行机构

财政国库管理机构在财政部是国库司，在地方财政部门是国库处、国库科、国库股等，负责本级财政预算资金的调度、账户管理与会计核算。各级财政国库管理机构应当设置专门的国库支付执行机构，即国库支付中心或国库支付局，其职责是按规定办理财政资金的拨付，审核、监督财政资金，向财政国库管理机构报告财政资金的支付情况，与国库、代理银行进行资金清算。

2-3 知识扩展

二、国库集中收付制度

（一）国库集中收付制度的含义

国库集中收付制度也称国库单一账户制度，是指政府在国库或国库指定的代理银行开设账户，集中收纳和支付财政性资金的一种结算制度。国库集中支付制度和国库集中收缴制度共同构成了国库集中收付制度。这种制度要求，政府将所有财政性资金都纳入国库单一账户体系管理，政府所有的财政收入直接缴入国库，财政支出通过国库单一账户体系支付到商品和劳务供应者或用款单位。

（二）国库单一账户体系

根据《财政国库管理制度改革试点方案》及相关补充规定，我国的国库单一账户体系包括以下类型。

1. 国库单一账户

各级财政部门在中国人民银行及分支机构开设国库单一账户，用于记录、核算和反映纳入预算管理的财政收入和支出活动，并用于与财政部门在商业银行开设的零余额账户（包括财政零余额账户和单位零余额账户）进行清算，实现财政资金的支付。

2. 财政零余额账户

各级财政部门按资金使用性质在商业银行开设财政零余额账户，用于财政支付和与国库单一账户支出清算。开设财政零余额账户的商业银行也称为财政零余额代理银行，接受财政部门的委托办理财政直接支付的资金结算业务。

3. 单位零余额账户

单位零余额账户，又称预算单位零余额账户。各预算单位经财政部门审核批准后，在商业银行开设单位零余额账户，用于财政支付和与国库单一账户支出清算。预算单位零余额账户可以办理转账、提取现金等业务。开设单位零余额账户的商业银行也称为单位零余额代理银行，接受预算单位的委托办理财政支付的资金结算业务。

4. 财政专户

财政专户（或称财政资金专户）是各级财政部门为核算具有专门用途的资金，在商业银行及其他金融机构开设的资金账户。

三、国库集中收付

（一）政府收入的集中收缴

政府收入的集中收缴方式有直接缴库和集中汇缴两种方式。

1. 直接缴库

直接缴库方式是由预算单位和缴款人按规定，直接将收入缴入国库单一账户。直接缴库的税收收入，由纳税人或税务代理人提出纳税申报，经征收机关审核无误后，由纳税人通过开户银行将税款缴入国库单一账户。直接缴库的其他收入，比照上述程序缴入国库单一账户或财政专户

2. 集中汇缴

集中汇缴方式由征收机关和依法享有征收权限的单位按规定，将所收取的应缴收入汇总缴入国库单一账户或财政专户。小额零星税收和法律另有规定的应缴收入，由征收机关于收缴收入的当日汇入国库单一账户。非税收入中的现金缴款，比照本程序缴入国库单一账户或财政专户。

（二）政府支出的集中支付

政府支出的集中支付应当通过预算管理一体化系统办理。预算单位办理资金支付业务时，应当通过预算管理一体化系统填报资金支付申请。财政部门（国库管理子部门）对资金支付申请集中校验（审核）后，向代理银行发送支付凭证。代理银行根据支付凭证支付资金，不再对预算单位资金支付进行额度控制。预算单位原则上应当通过预算单位零余额账户支付资金，未开设预算单位零余额账户的预算单位通过财政零余额账户支付资金。具体流程如下：

首先，预算单位按规定通过预算管理一体化系统填报资金支付申请。通过预算单位零余额账户支付资金的，预算单位在提交资金支付申请时预生成支付凭证并按规定加盖电子签章（签名）。

其次，财政部门根据预算指标和批复的用款计划对预算单位资金支付申请进行控制。预算指标的基本控制口径为：单位、指标类型、资金性质、支出功能分类科目（底级）、政府预算支出经济分类科目（类级）、预算项目、金额。用款计划的基本控制口径为：单位、支出功能分类科目、资金性质、支付方式、指标类型、金额。

再次，预算管理一体化系统根据预设的校验规则对资金支付申请进行校验，校验不通过的，转为人工审核。

最后，校验（审核）通过后，财政部门（国库管理子部门）将支付凭证发送代理银行。代理银行支付资金后，向财政部门和预算单位发送国库集中支付凭证回单，作为财政总预算会计和单位会计核算的依据。

第四节　政府采购制度

政府采购（government procurement）也称为公共采购，是指各级国家机关、事业单位和团体组织，使用财政性资金采购依法制定的集中采购目录以内的或者采购限额标准以上的货物、工程和服务的行为。政府采购在一定程度上反映了政府机构履行职能的方式方法，对政府提供公共服务及日常政务活动具有重要意义，同时也是政府进行交易行为的基础。政府采购并不单纯是指政府的采购行为，而更是注重对采购行为进行规范管理的一种制度。

 一、政府采购制度概述

（一）政府采购制度的含义

政府采购制度是对政府采购的行为进行规范的管理制度。政府一般通过制定一系列的法律、规章、制度等，对政府采购的采购方式、采购程序、管理机构、资金拨付等进行规范。我国于2002年颁布《中华人民共和国政府采购法》对政府采购方式、采购政策、采购资金管理等进行了规范，自 2003 年 1 月 1 日起实施。2014 年 8 月 31 日第十二届全国人民代表大会常务委员会第十次会议《关于修改中华人民共和国保险法等五部法律的决定》对《中华人民共和国政府采购法》等相关法规进行了修正。2022 年 7 月 15 日，《中华人民共和国政府采购法（修订草案征求意见稿）》再次向社会公开征求意见。

2-4 知识扩展

（二）政府采购制度的意义

政府采购制度是财政管理制度的组成部分，其管理对象是公共支出，主要解决由谁提供货物、如何提高财政资金使用效率和效益等问题。政府采购制度就是通过对政府资金的严格管理和监控，提升政府资金的使用效益，从而实现政府投资成本效益的整体优化，进而节约财政资金。政府采购制度也是政府掌握的特殊宏观经济调节利器。由于政府采购支出的金额巨大，通常能够支持政府完成宏观发展目标并实施具体的宏观经济政策，如调整产业结构、扶持中小企业、引导技术创新、落实环境保护等。利用政府采购制度，可适时增加或调减社会生产总规模，提早或推迟政府采购措施来调控社会的总需求，以便对国家经济发展进行宏观调控，实现经济平稳运行，保持经济良好发展态势。

二、政府采购的适用范围与当事方

（一）政府采购制度的适用范围

在中华人民共和国境内，各级国家机关、事业单位和团体组织，使用财政性资金采购依法制定的集中采购目录以内的或者采购限额标准以上的货物、工程和服务的行为，均适用政府采购制度。

政府集中采购目录和采购限额标准通常同财政部门制定。采购是指以合同方式有偿取得货物、工程和服务的行为，包括购买、租赁、委托、雇用等。货物是指各种形态和种类的物品，包括原材料、燃料、设备、产品等；工程是指建设工程，包括建筑物和构筑物的新建、改建、扩建、装修、拆除、修缮等；服务是指除货物和工程以外的其他政府采购对象。其中，金额达到政府或财政部规定的限额标准以上的采购项目，应当实行公开招标或邀请招标的采购方式。因特殊原因需要实行竞争性谈判、询价和单一来源等采购方式的，应当在采购活动开始前，报经同级财政部门批准。在同一年度，各采购机关对同一采购项目不得采购两次以上。对低于限额标准的采购项目，按同级财政部门的有关规定执行。

（二）政府采购当事方

政府采购当事人是指在政府采购活动中享有权利和承担义务的各类主体，包括采购人、供应商和集中采购机构等。

1. 采购人

采购人是指依法进行政府采购的国家机关、事业单位和团体组织。

2. 供应商

供应商是指向采购人提供货物、工程或者服务的法人、其他组织或者自然人。供应商参加政府采购活动应当具备下列条件：

(1) 具有独立承担民事责任的能力；
(2) 具有良好的商业信誉和健全的财务会计制度；
(3) 具有履行合同所必需的设备和专业技术能力；
(4) 有依法缴纳税收和社会保障资金的良好记录；
(5) 参加政府采购活动前三年内，在经营活动中没有重大违法记录；
(6) 法律、行政法规规定的其他条件。

3. 集中采购机构

设区的市、自治州以上人民政府根据本级政府采购项目组织集中采购的需要设立集中采购机构。集中采购机构是非营利事业法人，根据采购人的委托办理采购事宜。集中采购机构进行政府采购活动，应当符合采购价格低于市场平均价格、采购效率更高、采购质量优良和服务良好的要求。采购人采购纳入集中采购目录的政府采购项目，必须委托集中采购机构代理采购；采购未纳入集中采购目录的政府采购项目，可以自行采购，也可以委托集中采购机构在委托的范围内代理采购。纳入集中采购目录属于通用的政府采购项目的，应当委托集中采购机构代理采购；属于本部门、本系统有特殊要求的项目，应当实行部门集中采购；属于本单位有特殊要求的项目，经省级以上人民政府批准，可以自行采购。采购人可以委托集中采购机构以外的采购代理机构，在委托的范围内办理政府采购事宜。采购人有权自行选择采购代理机构，任何单位和个人不得以任何方式为采购人指定采购代理机构。采购人依法委托采购代理机构办理采购事宜的，应当由采购人与采购代理机构签订委托代理协议，依法确定委托代理的事项，约定双方的权利义务。

三、政府采购的模式与方式

（一）政府采购的模式

政府采购的模式有政府集中采购和分散采购两种模式。

1. 政府集中采购

政府集中采购是由政府集中采购管理部门统一组织采购的方式。各级国家机关、事业单位和团体组织使用财政性资金购买列入政府采购集中采购目录或金额超过集中采购限额标准的货物、工程和服务，均属于政府集中采购的范围。政府集中采购必须按照政府采购法确定的采购方式和采购程序进行。

2. 分散采购

分散采购是由预算单位自行组织采购的方式。凡未纳入集中采购目录，或数额在采购限额标准以下的货物、工程和服务，可由预算单位分散采购。分散采购包括部门统一采购和单位分散采购两种方式。

（二）政府采购的方式

政府采购方式按其是否具备招标性质，可分为招标性采购和非招标性采购两大类，其划分的重要标准之一是采购的金额。招标性采购主要采用公开招标采购和邀请招标采购等采购方式；非招标性采购包括竞争性谈判采购、询价采购、单一来源采购等采购方式。

1. 公开招标采购

公开招标采购是指采购机关或其委托的政府采购业务代理机构（统称招标人）以招标公告的方式邀请不特定的供应商（统称投标人）投标，招标人根据某种事先确定并公布的标准从所有投标中评选出中标商，并与之签订合同的一种采购方式。

2. 邀请招标采购

邀请招标采购是指招标人以投标邀请书的方式邀请5个以上的供应商投标，招标人根据某种事先确定并公布的标准从所有投标中评选出中标商，并与之签订合同的一种采购方式。

3. 竞争性谈判采购

竞争性谈判采购是指采购机关直接邀请3家以上的供应商就采购事宜进行谈判的采购方式。该方法适用于紧急情况下的采购或涉及高科技应用产品或服务的采购。

4. 询价采购

询价采购是指对3家以上的供应商提供的报价进行比较，以确保价格具有竞争性的采购方式。该方法仅适用于采购现货或价值较小的标准规格的设备，或者小型、简单的土建工程。

5. 单一来源采购

单一来源采购即没有竞争的采购，它是指达到了竞争性谈判采购金额标准，但所购商品的来源渠道单一，或属专利、首次制造、合同追加等特殊情况，因此，只能由一家供应商供货。单一来源采购也称为直接采购，即采购机关向供应商直接购买。

四、政府采购的基本流程与资金拨付

（一）政府采购的程序

政府采购的程序包括编制政府采购预算、汇编政府采购计划、确定并执行采购方式、订立及履行合同、验收和结算等步骤。

政府采购预算是反映采购机关年度政府采购项目及资金的计划，是部门预算（或单位财务收支计划）的组成部分。采购机关应当按照财政部门的要求，编制政府采购预算，经主管部门审核汇总，报同级财政部门审核。财政部门的政府采购主管机构依据批复的部门预算，按项目或项目汇总编制本级政府采购计划，列明当年集中采购目录、采购机关，各采购项目的采购组织、采购形式、资金支付办法等事项，批复给各个机关；采购机关的主管部门应在接到财政部门批复的政府采购计划后，向同级财政部门提交集中采购项目的采购清单（内容包括采购项目的详细品名、技术规格和数量、预算和资金构成、交货时间等）。采购清单由财政部门根据预算和政府采购计划核对无误后，交由集中采购机关实施。

集中采购机关应当按照政府采购计划中确定的采购范围和方式组织采购活动，与中标供应商签订合同。在合同履行过程中，需要变更有关条款的，合同当事人各方应协商一致。

政府采购合同的验收，应当依照合同的约定进行；合同履行质量的验收，应由第三方负责。财政部门的政府采购主管机构不得参加验收工作。

支付采购资金时，采购机关应当依照有关规定，向财政部门报送拨款申请书及有关文件。最后，财政部门和采购单位对采购机关报送的拨款申请书及有关文件进行审核。审核无误后，按照合同约定的金额和采购进度向中标供应商付款。

(二) 政府采购资金的拨付

政府采购应该编制政府采购预算，其资金支付申请应当匹配政府采购合同。预算管理一体化系统校验政府采购合同中的收款人信息、合同金额等信息，校验不通过的原则上不允许支付资金。

本章小结

会计规范是指导和约束会计工作的法律、行政法规、部门规章、会计准则、会计制度和政策的总称。我国政府与非营利组织现行的会计规范按层次划分，主要包括会计法律法规、会计准则和会计制度三个层次。会计法律法规由会计法律和会计行政法规组成。我国政府会计采用"会计准则"加"会计制度"模式。在国外，政府与非营利组织会计与财务报告规范体系基本都包括法律规章和公认会计原则这两个层次。

我国实行一级政府一级预算。国家预算由中央预算和地方预算组成。我国政府预算管理体制包括中央和地方分税制，以及财政转移支付制度。我国政府预算包括一般公共预算、政府性基金预算、国有资本经营预算、社会保险基金预算。政府收支分类科目是政府收入和支出的类别名称，包括收入经济分类科目、支出功能分类科目和支出经济分类科目，是各类政府预算编制、执行、决算与财政总会计核算的重要依据。预算管理一体化是以统一预算管理规则为核心，以预算管理一体化系统为主要载体，将统一的管理规则嵌入信息系统，涵盖基础信息管理、项目库管理、预算编制、预算批复、预算调整和调剂、预算执行、会计核算、决算和报告等主要环节。

国库是国家金库的简称，是办理预算收入的收纳、划分、留解、退付和库款支拨的出纳机构。国库分为中央国库和地方国库。财政部门设有国库管理机构与国库支付执行机构。国库集中收付制度也称国库单一账户制度，是指政府在国库或国库指定的代理银行开设账户，集中收纳和支付财政性资金的一种结算制度。我国的国库单一账户体系包括国库单一账户、财政零余额账户、单位零余额账户和财政专户等。政府收入的集中收缴方式有直接缴库和集中汇缴两种方式。政府支出的集中支付应当通过预算管理一体化系统办理。

政府采购制度是对政府采购的行为进行规范的管理制度。在中华人民共和国境内，各级国家机关、事业单位和团体组织，使用财政性资金采购依法制定的集中采购目录以内的或者采购限额标准以上的货物、工程和服务的行为，均适用政府采购制度。政府采购当事人是指在政府采购活动中享有权利和承担义务的各类主体，包括采购人、供应商和集中采购机构等。政府采购模式有政府集中采购与分散采购两种。政府采购方式按其是否具备招标性质，可分为招标性采购和非招标性采购；招标性采购主要采用公开招标采购和邀请招标采购等方式；非招标性采购包括竞争性谈判采购、询价采购、单一来源采购等方式。政府采购的程序包括编制政府采购预算、汇编政府采购计划、确定并执行采购方式、订立及履行合同、验收和结算等步骤。政府采购资金支付申请应当匹配政府采购合同，通过预算管理一体化系统办理。

关键名词

会计规范；会计法律法规；会计准则；会计制度；公认会计原则；政府预算；政府预算管理体系；政府预算管理体制；分税制；财政转移支付；一般公共预算；政府性基金预算；国有资本经营预算；社会保险基金预算；政府收支分类科目；预算管理一体化；国库；国库集中收付制度；政府采购；政府采购制度；政府集中采购

思考与练习题

一、简述题

1. 何为会计规范？我国政府与非营利组织会计规范体系是怎样的？
2. 何为政府预算管理体系与政府预算管理体制？我国政府预算管理体系与政府预算管理体制是怎样的？
3. 我国政府预算的内容有哪些？政府预算收支分类科目有哪些？
4. 如何理解预算管理一体化？预算管理一体化涵盖哪些主要环节？
5. 如何理解国库集中收付制度？国库单一账户体系是怎样的？
6. 政府收入的集中收缴方式有哪些？政府支出的集中支付如何办理？
7. 什么是政府采购？什么是政府采购制度？政府采购制度的适用范围是什么？
8. 政府采购方式有哪些？政府采购的程序是怎样的？

二、单项选择题

1. 为了规范政府的会计核算，财政部颁布了《政府会计准则——基本准则》，其开始实施时间为（　　）。
   A. 2015 年 1 月 1 日   B. 2016 年 1 月 1 日
   C. 2017 年 1 月 1 日   D. 2018 年 1 月 1 日
2. 2022 年 11 月 18 日，中华人民共和国财政部印发了《财政总会计制度》，自何时起施行？（　　）
   A. 2022 年 11 月 18 日   B. 2023 年 1 月 1 日
   C. 2023 年 11 月 18 日   D. 2024 年 1 月 1 日
3. 2017 年 10 月 24 日，中华人民共和国财政部印发了《政府会计制度——行政事业单位会计科目和报表》，自何时起施行？（　　）
   A. 2018 年 1 月 1 日   B. 2018 年 7 月 1 日
   C. 2019 年 1 月 1 日   D. 2020 年 1 月 1 日
4. 政府会计规范体系中，规范会计科目的名称与使用方法、会计报表的格式与编制方法等操作层面内容的会计规范为（　　）。
   A. 会计制度   B. 基本准则
   C. 具体准则   D. 会计法律
5. 我国政府财政总预算管理体系的组成内容是（　　）。
   A. 中央预算和地方预算   B. 中央预算和部门预算
   C. 中央预算和单位预算   D. 地方预算和部门预算
6. 根据《政府收支分类科目》的规定，预算支出可以划分为工资福利支出、商品和服务支出、对个人和家庭的补助支出等类别，此分类是（　　）。
   A. 支出的用途分类   B. 支出的经济分类
   C. 支出的功能分类   D. 支出的项目分类
7. 预算管理一体化是以（　　）为核心，以预算管理一体化系统为主要载体，将统一的管理规则嵌入信息系统。
   A. 统一预算管理规则   B. 分级预算管理规则
   C. 集中预算管理规则   D. 分散预算管理规则
8. 在国库集中收付下，财政部门为预算单位设立的用于财政授权支付的账户是（　　）。
   A. 国库单一账户   B. 银行存款账户
   C. 财政零余额账户   D. 单位零余额账户
9. 政府在国库或国库指定的代理银行开设账户，集中收纳和支付财政性资金的结算制度为（　　）。
   A. 国库集中收入制度   B. 国库集中支付制度
   C. 国库集中收付制度   D. 国库集中核算制度
10. 竞争性谈判采购要求供应商不少于（　　）家。
    A. 10   B. 5
    C. 3   D. 1

三、多项选择题

1. 我国现行预算管理体制的主要特征是（　　　）。
   A. 分税制　　　　　　　　　　　　B. 统收统支中央集权体制
   C. 上解递增包干　　　　　　　　　D. 定额上解
   E. 财政转移支付制度

2. 按照预算编制的基础不同，政府预算可以分为（　　　）。
   A. 总预算　　　　　　　　　　　　B. 分预算
   C. 功能预算　　　　　　　　　　　D. 部门预算
   E. 特别预算

3. 我国政府预算包括（　　　）。
   A. 单式预算　　　　　　　　　　　B. 一般公共预算
   C. 政府性基金预算　　　　　　　　D. 国有资本经营预算
   E. 社会保险基金预算

4. 我国的国库单一账户体系包括（　　　）。
   A. 国库单一账户　　　　　　　　　B. 财政零余额账户
   C. 单位零余额账户　　　　　　　　D. 财政专户
   E. 特别提款权账户

5. 政府采购按其是否具备招标性质，可分为招标性采购和非招标性采购。下列属于非招标性采购方式的有（　　　）。
   A. 询价采购　　　　　　　　　　　B. 单一来源采购
   C. 公开招标采购　　　　　　　　　D. 邀请招标采购
   E. 竞争性谈判采购

四、判断题

1. 按照预算形式的不同，可以分为单式预算和复式预算。（　　　）
2. 预算管理体系是划分预算收支范围和预算管理职责与权限的一项根本制度。（　　　）
3. 在国库集中收付制度下，收入的收缴主要采用直接缴库和集中汇缴两种方式。（　　　）
4. 实行国库集中收付制度后，预算单位的支出全部由财政通过国库直接支付。（　　　）
5. 购买列入政府集中采购目录的商品必须公开招标。（　　　）
6. 财政部门负责征收部分非税收入。（　　　）
7. 部门预算就是单位预算。（　　　）
8. 我国采用的国库体制是独立国库制。（　　　）
9. 预算管理一体化按系统化思维，全流程整合预算管理制度，构建现代信息技术条件下"制度＋技术"的管理机制。（　　　）
10. 预算管理一体化硬化支出预算执行约束，再也不允许预算调整和调剂。（　　　）

2-5 参考答案

政府与非营利组织会计理论与实务

下篇　政府与非营利组织会计实务

第三章
财政总财务会计实务

学习目标

1. 了解财政总会计的含义与适用范围。
2. 了解政府综合财务报告。
3. 理解财政总会计体系与会计核算的特点。
4. 理解财政总财务会计报表的编制。
5. 掌握财政总财务会计的收入与费用核算。
6. 掌握财政总财务会计的资产、负债与净资产核算。

情景导入

江西财政紧盯"三个方面"不断提升总会计管理水平

2022年,江西省财政厅按照进一步深化预算管理制度改革的总体部署和要求,结合预算管理一体化系统建设和财政总会计制度改革工作,不断夯实财政总会计基础,提升财政总会计管理水平。

一、严格支出预算约束,规范暂付性款项管理

一是根据《财政部办公厅关于加强地方财政暂付款监测警示有关事项的通知》(财办库〔2022〕84号)部署,建立暂付款动态监测机制、预警督导机制、核查检查机制,严格暂付款管理。二是开展暂付款清零试点,建立市县财政暂付性款项动态清零机制,引导激励地方全面消化存量暂付性款项。三是以落实审计监督和财会监督整改为契机,对基层存量暂付款进行再摸底、再排查。四是严格执行财政对外借款流程,规范其他财政应收款管理,采取切实有效措施,清理存量借款,严控新增借款,确保财政资金安全。

二、扎实做好库款管理，助力兜牢"三保"底线

一是依托预算管理一体化系统，建立健全库款保障和"三保"资金监测预警机制，对库款保障水平偏低地区自动预警、每日提示、按月通报。二是科学精准调度库款，提高资金调度频次，加快中央直达资金特别是留抵退税补助资金、债券资金等调拨进度，债券收入入库当日即下达地方，针对部分因留抵退税等原因而导致库款较低的地区予以专门支持。三是探索"三保"资金管理新机制，对"三保"支出指标补录热点标识，改造基层"三保"资金拨付业务流程，通过制度机制约束和技术系统支撑，确保基层"三保"资金兜牢兜实。

三、深度挖掘执行数据，及时研判财经运行

一是强化收支运行情况分析，加强与税务局、人民银行的密切联系，建立信息相互沟通、数据相互交流、情况相互通报的工作机制，随时掌握收入执行变化。同时，加强与业务处室、预算单位的协调配合，定期通报预算执行情况，加快财政支出进度，充分发挥财政资金效益。二是强化经济运行情况分析，充分利用总会计账务数据，密切关注财政收支数据动态情况，加强对分行业税收收入、一般公共预算支出等数据的分析，深入分析经济运行态势，准确把握经济运行特点，及时发现经济运行中存在的倾向性、苗头性问题，为领导制定决策提供重要参考。

思考：财政总会计在国民经济和社会发展的作用是什么？

资料来源：财政部国库司《江西财政紧盯"三个方面"不断提升总会计管理水平》。

第一节　财政总会计概述

财政总会计是我国政府会计的重要组成部分。本节主要介绍我国财政总会计的含义、适用范围、体系与核算特点，为学习财政总财务会计实务、财政总预算会计实务奠定基础。

一、财政总会计的概述

（一）财政总会计的概念

财政总会计是各级政府财政核算、反映、监督一般公共预算资金、政府性基金预算资金、国有资本经营预算资金、社会保险基金预算资金以及财政专户管理资金、专用基金和

代管资金等资金有关的经济活动或事项的专业会计。财政总会计以各级人民政府为会计主体，由各级政府财政部门负责组织。财政总会计的核算目标是向会计信息使用者提供政府财政预算执行情况、财务状况、运行情况和现金流量等会计信息，反映政府财政受托责任履行情况。财政总会计的会计信息使用者包括人民代表大会、政府及其有关部门、政府财政部门自身和其他会计信息使用者。

财政总会计属于政府会计，应当遵循《政府会计准则——基本准则》，以及相关具体准则、应用指南和会计制度。目前，财政总会计执行《财政总会计制度》，该制度于2022年11月18日由财政部发布，自2023年1月1日起实施。

由于社会保险基金预算资金会计核算执行《社会保险基金会计制度》，未纳入《财政总会计制度》规范的范围。因此，本教材阐述的财政总会计以财政性资金为核算对象，包括一般公共预算资金、政府性基金预算资金、国有资本经营预算资金以及财政专户管理资金、专用基金和代管资金等资金，不包括社会保险基金预算资金。

（二）财政总会计的适用范围

财政部门是政府的理财机构，负责管理政府财政资金，组织财政总会计核算。财政总会计体系与政府预算管理体系一致，一级政府设立一级财政预算，设立一级财政总会计。《财政总会计制度》适用于中央，省、自治区、直辖市及新疆生产建设兵团，设区的市、自治州、县、自治县、不设区的市、市辖区、乡、民族乡、镇等各级政府财政部门总会计。

中央政府财政总会计设在财政部，负责核算中央政府财政各项预算收支、资产负债以及财政运行情况。地方政府财政总会计设在地方各级政府的财政厅、财政局等，负责核算本级政府财政各项预算收支、资产负债以及财政运行情况。各级政府财政部门应当根据工作需要，设置与其工作任务相适应的财政总会计机构，配备一定数量的专职财政总会计人员，负责组织与管理财政总会计工作。财政总会计通常设置在各级政府财政部门的国库管理机构，如中央财政的国库司、地方财政的国库处、国库科等。

（三）财政总会计的职责

财政总会计的职责主要包括：

第一，进行会计核算。办理政府财政各项预算收支、资产负债以及财政运行的会计核算工作，反映政府财政预算执行情况、财务状况、运行情况和现金流量等。

第二，严格财政资金收付调度管理。组织办理财政资金的收付、调拨，在确保资金安全性、规范性、流动性前提下，合理调度管理资金，提高资金使用效益。

第三，规范账户管理。加强对国库单一账户、财政专户、零余额账户和预算单位银行账户等的管理。

第四，实行会计监督，参与预算管理和财务管理。通过会计核算和反映，进行预算执行情况、财务状况、运行情况和现金流量情况分析，并对财政、部门及其所属单位的预算执行和财务管理情况实行会计监督。

第五，协调预算收入征收部门、国家金库、国库集中收付代理银行、财政专户开户银行和其他有关部门之间的业务关系。

第六，组织本地区财政总决算、部门决算、政府财务报告编审和汇总工作。

第七，组织和指导下级财政总会计工作。

二、财政总会计体系

财政总会计应当具备财务会计与预算会计双重功能，实现财务会计与预算会计适度区分并相互衔接，全面清晰反映政府财政财务信息和预算执行信息。因此，财政总会计体系由财政总财务会计和财政总预算会计构成。

（一）财政总财务会计

财政总财务会计是以权责发生制为基础，对政府财政发生的各项经济业务或事项进行核算，反映和监督政府财政的财务状况、运行情况、运行成本和现金流量等信息。财政总财务会计编制政府综合财务报告，提供有助于政府综合财务报告使用者做出决策或进行监督和管理的信息。

（二）财政总预算会计

财政总预算会计是以收付实现制为基础，对政府财政预算执行过程中发生的收入和支出进行核算，反映和监督预算收支执行情况。财政总预算会计编制政府决算报告，向政府决算报告使用者提供与政府预算执行情况有关的信息，综合反映政府预算收支的年度执行结果。

三、财政总会计的会计要素与会计科目

（一）财政总会计的会计要素

财政总会计的会计要素包括财务会计要素和预算会计要素。财务会计要素包括资产、负债、净资产、收入和费用；预算会计要素包括预算收入、预算支出和预算结余。

资产具体包括财政存款、国库现金管理资产、有价证券、应收非税收入、应收股利、应收及暂付款项、借出款项、预拨经费、在途款、应收转贷款、股权投资等。

负债具体包括应付政府债券、应付国库集中支付结余、应付及暂收款项、应付代管资金、应付利息、借入款项、应付转贷款、其他负债等。

净资产是指本级政府财政总会计核算的资产扣除负债后的净额。净资产包括累计盈余、本期盈余、预算稳定调节基金、预算周转金、权益法调整、以前年度盈余调整等。

收入包括税收收入、非税收入、投资收益、转移性收入、其他收入、财政专户管理资金收入和专用基金收入等。

费用包括政府机关商品和服务拨款费用、政府机关工资福利拨款费用、对事业单位补助拨款费用、对企业补助拨款费用、对个人和家庭补助拨款费用、对社会保障基金补助拨款费用、资本性拨款费用、其他拨款费用、财务费用、转移性费用、其他费用、财政专户管理资金支出、专用基金支出等。

预算收入包括一般公共预算收入、政府性基金预算收入、国有资本经营预算收入、财政专户管理资金收入、专用基金收入、转移性预算收入、动用预算稳定调节基金、债务预算收入、债务转贷预算收入和待处理收入等。

预算支出包括一般公共预算支出、政府性基金预算支出、国有资本经营预算支出、财政专户管理资金支出、专用基金支出、转移性预算支出、安排预算稳定调节基金、债务还本预算支出、债务转贷预算支出和待处理支出等。

预算结余是指预算年度内政府预算收入扣除预算支出后的余额，以及历年滚存的库款和专户资金余额。预算结余包括一般公共预算结转结余、政府性基金预算结转结余、国有资本经营预算结转结余、财政专户管理资金结余、专用基金结余、预算稳定调节基金、预算周转金和资金结存等。

（二）财政总会计的会计科目

与上述财政总会计的会计要素相对应，财政总会计的会计科目也分为财务会计科目和预算会计科目。财务会计科目包括资产类、负债类、净资产类、收入类和费用类会计科目；预算会计科目包括预算收入类、预算支出类和预算结余类会计科目。具体会计科目类别、编号和名称如表 3-1 所示。

表 3-1　财政总会计科目

序号	科目编号	会计科目名称
一、财务会计科目		
（一）资产类		
1	1001	国库存款
2	1002	其他财政存款
3	1003	国库现金管理资产
	100301	商业银行定期存款
	100399	其他国库现金管理资产
4	1011	有价证券
5	1021	应收非税收入
6	1022	应收股利
7	1031	借出款项
8	1032	与下级往来
9	1033	预拨经费
10	1034	在途款
11	1035	其他应收款
12	1041	应收地方政府债券转贷款
	104101	应收本金
	104102	应收利息

续表

序号	科目编号	会计科目名称
13	1042	应收主权外债转贷款
	104201	应收本金
	104202	应收利息
14	1061	股权投资
	106101	国际金融组织股权投资
	106102	政府投资基金股权投资
	106103	企业股权投资
	（二）负债类	
15	2001	应付短期政府债券
	200101	应付国债
	200102	应付地方政府一般债券
	200103	应付地方政府专项债券
16	2011	应付国库集中支付结余
17	2012	与上级往来
18	2013	其他应付款
19	2014	应付代管资金
20	2015	应付利息
	201501	应付国债利息
	201502	应付地方政府债券利息
	201503	应付地方政府主权外债利息
21	2021	应付长期政府债券
	202101	应付国债
	202102	应付地方政府一般债券
	202103	应付地方政府专项债券
22	2022	借入款项
23	2031	应付地方政府债券转贷款
	203101	应付本金
	203102	应付利息
24	2032	应付主权外债转贷款
	203201	应付本金
	203202	应付利息

续表

序号	科目编号	会计科目名称
25	2041	其他负债
（三）净资产类		
26	3001	累计盈余
	300101	预算管理资金累计盈余
	300102	财政专户管理资金累计盈余
	300103	专用基金累计盈余
27	3011	本期盈余
	301101	预算管理资金本期盈余
	301102	财政专户管理资金本期盈余
	301103	专用基金本期盈余
28	3021	预算稳定调节基金
29	3022	预算周转金
30	3041	权益法调整
31	3051	以前年度盈余调整
	305101	预算管理资金以前年度盈余调整
	305102	财政专户管理资金以前年度盈余调整
	305103	专用基金以前年度盈余调整
（四）收入类		
32	4001	税收收入
33	4002	非税收入
34	4011	投资收益
35	4021	补助收入
36	4022	上解收入
37	4023	地区间援助收入
38	4031	其他收入
39	4041	财政专户管理资金收入
40	4042	专用基金收入
（五）费用类		
41	5001	政府机关商品和服务拨款费用
42	5002	政府机关工资福利拨款费用
43	5003	对事业单位补助拨款费用

续表

序号	科目编号	会计科目名称
44	5004	对企业补助拨款费用
45	5005	对个人和家庭补助拨款费用
46	5006	对社会保障基金补助拨款费用
47	5007	资本性拨款费用
48	5008	其他拨款费用
49	5011	财务费用
	501101	利息费用
	501102	债务发行兑付费用
	501103	汇兑损益
50	5021	补助费用
51	5022	上解费用
52	5023	地区间援助费用
53	5031	其他费用
54	5041	财政专户管理资金支出
55	5042	专用基金支出

二、预算会计科目

（一）预算收入类

序号	科目编号	会计科目名称
56	6001	一般公共预算收入
57	6002	政府性基金预算收入
58	6003	国有资本经营预算收入
59	6005	财政专户管理资金收入
60	6007	专用基金收入
61	6011	补助预算收入
	601101	一般公共预算补助收入
	601102	政府性基金预算补助收入
	601103	国有资本经营预算补助收入
	601111	上级调拨
62	6012	上解预算收入
	601201	一般公共预算上解收入
	601202	政府性基金预算上解收入
	601203	国有资本经营预算上解收入

续表

序号	科目编号	会计科目名称
63	6013	地区间援助预算收入
64	6021	调入预算资金
	602101	一般公共预算调入资金
	602102	政府性基金预算调入资金
65	6031	动用预算稳定调节基金
66	6041	债务预算收入
	604101	国债收入
	604102	一般债务收入
	604103	专项债务收入
67	6042	债务转贷预算收入
	604201	一般债务转贷收入
	604202	专项债务转贷收入
68	6051	待处理收入
	605101	库款资金待处理收入
	605102	专户资金待处理收入
（二）预算支出类		
69	7001	一般公共预算支出
70	7002	政府性基金预算支出
71	7003	国有资本经营预算支出
72	7005	财政专户管理资金支出
73	7007	专用基金支出
74	7011	补助预算支出
	701101	一般公共预算补助支出
	701102	政府性基金预算补助支出
	701103	国有资本经营预算补助支出
	701111	调拨下级
75	7012	上解预算支出
	701201	一般公共预算上解支出
	701202	政府性基金预算上解支出
	701203	国有资本经营预算上解支出
76	7013	地区间援助预算支出

续表

序号	科目编号	会计科目名称
77	7021	调出预算资金
	702101	一般公共预算调出资金
	702102	政府性基金预算调出资金
	702103	国有资本经营预算调出资金
78	7031	安排预算稳定调节基金
79	7041	债务还本预算支出
	704101	国债还本支出
	704102	一般债务还本支出
	704103	专项债务还本支出
80	7042	债务转贷预算支出
	704201	一般债务转贷支出
	704202	专项债务转贷支出
81	7051	待处理支出
	（三）预算结余类	
82	8001	一般公共预算结转结余
83	8002	政府性基金预算结转结余
84	8003	国有资本经营预算结转结余
85	8005	财政专户管理资金结余
86	8007	专用基金结余
87	8031	预算稳定调节基金
88	8033	预算周转金
89	8041	资金结存
	804101	库款资金结存
	804102	专户资金结存
	804103	在途资金结存
	804104	集中支付结余结存
	804105	上下级调拨结存
	804106	待发国债结存
	804107	零余额账户结存
	804108	已结报支出
	804109	待处理结存

四、财政总会计核算的特点

财政总会计由财政总财务会计和财政总预算会计构成,作为我国政府会计的一个分支,其会计核算具有自身的特点。

(一)双功能

财政总会计核算具有财政总财务会计与财政总预算会计双重功能。财政总财务会计全面、清晰反映政府财政的资产、负债、净资产、收入、费用等财务信息;财政总预算会计全面、清晰反映政府财政的预算收入、预算支出和预算结余等预算执行信息。两者在功能上适度分离,但在内容上又相互衔接,在同一会计信息系统中,共同全面、清晰反映政府财政财务信息和预算执行信息。

(二)双基础

财政总财务会计与财政总预算会计对会计信息有不同的核算要求,应当采用不同的确认基础。财政总财务会计实行权责发生制。财政总预算会计实行收付实现制,国家法律法规等另有规定的,依照其规定。因此,财政总会计采用了权责发生制与收付实现制"双基础"进行会计核算。

(三)双报告

财政总财务会计与财政总预算会计有着不同的报告目标,应当编制不同的会计报告。财政总财务会计为政府财政的财务管理服务,提供与政府财政的财务状况、运行情况等有关的信息,应当编制财务报表,提供年度财务报告;财政总预算会计为政府财政的预算管理服务,提供与政府财政预算执行情况有关的信息,应当编制决算报表,提供年度决算报告。因此,财政总会计主体需要编制财务报告与决算报告"双报告"。

3-1 知识扩展

(四)平行记账

财政总会计实现财务会计与预算会计适度区分并相互衔接,并不是建立预算会计和财务会计两套账,而是相互协调、平行记账。对于纳入预算管理的财政资金收支业务,在采用预算会计核算的同时应当进行财务会计核算;对于不同预算类型资金间的调入调出、待发国债等业务,仅需进行预算会计核算;对于其他业务,仅需进行财务会计核算。

第二节 财政总财务会计的收入核算

收入包括税收收入、非税收入、投资收益、转移性收入、其他收入、财政专户管理资金收入和专用基金收入等。收入应当按照开具票据金额或实际取得金额进行计量。

一、税收收入

(一) 概念

税收收入是指政府财政筹集的纳入本级财政管理的税收收入。税收收入包括增值税、消费税、企业所得税、企业所得税退税、个人所得税、资源税、城市维护建设税、房产税、印花税、城镇土地使用税、土地增值税、车船税、船舶吨税、车辆购置税、关税、耕地占用税、契税、烟叶税、环境保护税和其他税收收入。

(二) 账户设置

财政总财务会计设置"税收收入"科目,核算政府财政筹集的纳入本级财政管理的税收收入。本科目应参照《政府收支分类科目》中"税收收入"科目进行明细核算。期末结转后,本科目应无余额。

(三) 主要账务处理

税收收入在收到款项时,根据当日收入日报表所列本级税收收入数,借记"国库存款"科目,贷记"税收收入"科目。年终转账时,"税收收入"科目贷方余额转入本期盈余,借记"税收收入"科目,贷记"本期盈余——预算管理资金本期盈余"科目。

【例 3-1】 某省政府财政收到收入日报表,列示纳入税收收入的国有企业增值税收入为 3 500 000 元、国有航空工业所得税收入为 2 500 000 元。省财政总财务会计账务处理如下:

```
借:国库存款                          6 000 000
    贷:税收收入——增值税                      3 500 000
              ——所得税                      2 500 000
```

二、非税收入

(一) 概念

非税收入是指政府财政筹集的纳入本级财政管理的非税收入,主要包括专项收入、行政事业收费收入、罚没收入、国有资源(资产)有偿使用收入、政府性基金收入、国有资本经营收入等。非税收入是政府以征税以外的方式取得的收入。

(二) 账户设置

财政总财务会计设置"非税收入"科目,核算政府财政筹集的纳入本级财政管理的非税收入。本科目应参照《政府收支分类科目》中"非税收入"科目进行明细核算。期末结转后,本科目应无余额。

(三) 主要账务处理

在确认取得非税收入时,按照实际收到的非税收入金额,借记"国库存款"科目,贷记"非税收入"科目。在全部实行非税收入电子化管理且非税收入管理部门具备条件提供已开具缴款票据、尚未缴入本级国库的非税收入数据的地区，按照本级应收的非税收入金额，借记"应收非税收入"科目，贷记"非税收入"科目。期末，非税收入管理部门应提供已列应收非税收入中确认不能缴库的金额，借记"非税收入"科目，贷记"应收非税收入"科目。

3-2 知识扩展

年终转账时，"非税收入"科目贷方余额转入本期盈余，借记"非税收入"科目，贷记"本期盈余——预算管理资金本期盈余"科目。

【例3-2】某省全部实行非税收入电子化管理，省政府财政收到报表，列示国库实际收到的非税收入金额700 000元，其中，行政事业收费收入500 000元，罚没收入200 000元；非税收入管理部门提供了已开具缴款票据但尚未缴入本级国库的非税收入数据为1 000 000元，其中，政府性基金收入400 000元，国有资本经营收入600 000元。省财政总财务会计账务处理如下：

```
借：国库存款                              700 000
    贷：非税收入——行政事业收费收入              500 000
             ——罚没收入                       200 000
借：应收非税收入                          1 000 000
    贷：非税收入——政府性基金收入                400 000
             ——国有资本经营收入                600 000
```

三、投资收益

（一）概念

投资收益是指政府持有股权投资所实现的收益或发生的损失，包括政府持有的国际金融组织股权投资、政府投资基金股权投资和企业股权投资等所实现的收益或发生的损失。股权投资在持有期间，通常采用权益法进行核算。

（二）账户设置

财政总财务会计设置"投资收益"科目，核算政府股权投资所实现的收益或发生的损失。本科目可根据管理需要，按照被投资主体进行明细核算。期末结转后，本科目应无余额。

（三）主要账务处理

1. 采用权益法核算

（1）股权投资持有期间，被投资主体实现净损益的，根据股权管理部门提供的资料，按照应享有或应分担的被投资主体实现净损益的份额，借记或贷记"股权投资（损益调整）"科目，贷记或借记"投资收益"科目。

（2）处置股权投资时，根据股权管理部门提供的资料，按照处置收回的金额，借记"国库存款"科目，按照已宣告尚未领取的现金股利或利润，贷记"应收股利"科目，按照被处置股权投资的账面余额，贷记"股权投资（投资成本、损益调整）"科目，按照借贷方差额，贷记或借记"投资收益"科目；同时，按照被处置股权投资对应的"权益法调整"科目账面余额，借记或贷记"权益法调整"科目，贷记或借记"股权投资（其他权益变动）"科目。

（3）企业破产清算时，按照缴入国库清算收入的金额，借记"国库存款"科目，按照破产清算股权投资的账面余额，贷记"股权投资（投资成本、损益调整）"科目，按照其差额，借记或贷记"投资收益"科目；同时，按照破产清算企业股权投资对应的"权益法调整"科目账面余额，借记或贷记"权益法调整"科目，贷记或借记"股权投资（其他权益变动）"科目。

2. 采用成本法核算

（1）股权投资持有期间，被投资主体宣告发放现金股利或利润的，根据股权管理部门提供的资料，按照应上缴政府财政的部分，借记"应收股利"科目，贷记"投资收益"科目。

（2）收到现金股利或利润时，按照实际收到的金额，借记"国库存款"科目，贷记"应收股利"科目；按照实际收到金额中未宣告发放的现金股利或利润，借记"应收股利"科目，贷记"投资收益"科目。

（3）处置股权投资时，按照收回的金额，借记"国库存款"科目，按照已宣告尚未领取的现金股利或利润，贷记"应收股利"科目，按照股权投资账面余额，贷记"股权投资（投资成本）"科目，按照借贷方差额，贷记或借记"投资收益"科目。

（4）企业破产清算时，根据股权管理部门提供的资料，按照缴入国库清算收入的金额，借记"国库存款"科目，按照破产清算股权投资的账面余额，贷记"股权投资（投资成本）"科目，按照其差额，借记或贷记"投资收益"科目。

3. 年终转账

年终转账时，本科目余额转入本期盈余，借记或贷记"投资收益"科目，贷记或借记"本期盈余——预算管理资金本期盈余"科目。

【例3-3】 某省政府为推动经济高质量发展，设立由省财政出资60%带动社会资本出资40%运营创新创业投资引导基金的股份公司甲公司。当年，甲公司就实现净收益10 000 000元。该项股权投资采用权益法进行核算。省财政总财务会计账务处理如下：

借：股权投资——甲公司（损益调整）　　　　　　6 000 000
　　贷：投资收益——甲公司　　　　　　　　　　　　　　6 000 000

四、转移性收入

（一）概念

转移性收入是指在各级政府财政之间进行资金调拨所形成的收入，包括补助收入、上解收入和地区间援助收入等。

1. 补助收入

补助收入是指上级政府财政按照财政体制规定或专项需要补助给本级政府财政的款项，包括税收返还收入、转移支付收入等。转移支付收入又包括体制补助收入、专项补助收入等。体制补助收入主要是1994年分税制改革时保留下来的原体制补助收入，专项补助收入是明确规定了专门用途的专项补助收入。

2. 上解收入

上解收入是指按照财政体制规定或专项需要由下级政府财政上交给本级政府财政的款项。上解收入包括体制上解收入、专项上解收入等。体制上解收入主要是1994年分税制改革时保留下来的原体制上解收入，专项上解收入是明确规定了专门用途的专项上解收入。

3. 地区间援助收入

地区间援助收入是指受援方政府财政收到援助方政府财政转来的可统筹使用的各类援助、捐赠等资金收入。

（二）账户设置

1. 补助收入

财政总财务会计设置"补助收入"科目，核算上级政府财政按照财政体制规定或专项需要补助给本级政府财政的款项。本科目无规定的明细科目，但可根据管理需要，按照补助收入类别等进行明细核算。期末结转后，本科目应无余额。

2. 上解收入

财政总财务会计设置"上解收入"科目，核算按照财政体制规定或专项需要由下级政府财政上交给本级政府财政的款项。本科目可根据管理需要，按照上解地区进行明细核算。期末结转后，本科目应无余额。

3. 地区间援助收入

财政总财务会计设置"地区间援助收入"科目，核算受援方政府财政收到援助方政府财政转来的可统筹使用的各类援助、捐赠等资金收入。援助方政府已列"地区间援助费用"科目的援助、捐赠等资金，受援方通过"地区间援助收入"科目核算。本科目可根据管理需要，按照援助地区等进行明细核算。期末结转后，本科目应无余额。

（三）主要账务处理

1. 补助收入

年终与上级政府财政结算时，按照结算确认的应当由上级政府补助的收入数，借记"与上级往来"科目，贷记"补助收入"科目。退还或核减补助收入时，借记"补助收入"科目，贷记"与上级往来"科目。年终转账时，"补助收入"科目贷方余额转入本期盈余，借记"补助收入"科目，贷记"本期盈余——预算管理资金本期盈余"科目。

【例3-4】某省政府财政年终与中央财政进行结算时，确认尚未收到的列入一般公共预算的教育专项补助收入款金额为650 000元。省财政总财务会计账务处理如下：

借：与上级往来 650 000
　　贷：补助收入——一般公共预算转移支付收入
　　　　　　　　——专项转移支付收入 650 000

2. 上解收入

年终与下级政府财政结算时，按照结算确认的应上解金额，借记"与下级往来"科目，贷记"上解收入"科目。退还或核减上解收入时，借记"上解收入"科目，贷记"与下级往来"科目。年终转账时，本科目贷方余额转入本期盈余，借记"上解收入"科目，贷记"本期盈余——预算管理资金本期盈余"科目。

【例 3-5】 某省政府财政年终与下辖 A 市政府财政进行结算时，确认尚未收到的体制上解款金额为 350 000 元。省财政总财务会计账务处理如下：

借：与下级往来——A 市财政　　　　　　　　　　　350 000
　　贷：上解收入——A 市财政　　　　　　　　　　　　　　350 000

3. 地区间援助收入

收到援助方政府财政转来的资金时，借记"国库存款"科目，贷记"地区间援助收入"科目。年终转账时，"地区间援助收入"科目贷方余额转入本期盈余，借记"地区间援助收入"科目，贷记"本期盈余——预算管理资金本期盈余"科目。

【例 3-6】 某省政府财政收到乙省政府财政转来的一笔洪水灾害过后住房重建援助资金 1 600 000 元。省财政总财务会计账务处理如下：

借：国库存款　　　　　　　　　　　　　　　　　　1 600 000
　　贷：地区间援助收入——乙省财政　　　　　　　　　　1 600 000

五、财政专户管理资金收入

（一）概念

财政专户管理资金收入是指政府财政纳入财政专户管理的教育收费等资金收入。

（二）账户设置

财政总财务会计设置"财政专户管理资金收入"科目，核算政府财政纳入财政专户管理的教育收费等资金收入。本科目可根据管理需要，按照预算单位等进行明细核算。期末结转后，本科目应无余额。

（三）主要账务处理

收到财政专户管理资金时，借记"其他财政存款"科目，贷记"财政专户管理资金收入"科目。年终转账时，"财政专户管理资金收入"科目贷方余额转入本期盈余，借记"财政专户管理资金收入"科目，贷记"本期盈余——财政专户管理资金本期盈余"科目。

【例 3-7】 某省财政收到纳入财政专户管理的省属 N 航空大学学费收入 2 800 000 元。省财政总财务会计账务处理如下：

借：其他财政存款　　　　　　　　　　　　　　　　2 800 000
　　贷：财政专户管理资金收入——N 航空大学　　　　　　　2 800 000

六、专用基金收入

(一) 概念

专用基金收入是指政府财政根据法律法规等规定设立的各项专用基金(包括粮食风险基金等)取得的资金收入。

(二) 账户设置

财政总财务会计设置"专用基金收入"科目,核算政府财政按照法律法规和国务院、财政部规定设置或取得的粮食风险基金等专用基金收入。本科目可根据管理需要,按照专用基金的种类进行明细核算。期末结转后,本科目应无余额。

(三) 主要账务处理

取得专用基金收入转入财政专户时,借记"其他财政存款"科目,贷记"专用基金收入"科目。退回取得的专用基金收入时,借记"专用基金收入"科目,或"以前年度盈余调整——专用基金以前年度盈余调整"科目,贷记"其他财政存款"科目。通过费用安排取得专用基金收入仍留存国库的,借记有关费用科目,贷记"专用基金收入"科目。年终转账时,"专用基金收入"科目贷方余额转入本期盈余,借记"专用基金收入"科目,贷记"本期盈余——专用基金本期盈余"科目。

【例3-8】 某省财政取得粮食风险基金,并转入财政专户5 200 000元。省财政总财务会计账务处理如下:

借:其他财政存款　　　　　　　　　　　　　　　　　5 200 000
　　贷:专用基金收入——粮食风险基金　　　　　　　　　　　　5 200 000

七、其他收入

(一) 概念

其他收入是指政府财政从其他渠道调入资金、豁免主权外债偿还责任,以及无偿取得股权投资等产生的收入。

(二) 账户设置

财政总财务会计设置"其他收入"科目,核算政府财政除税收收入、非税收入、投资收益、补助收入、上解收入、地区间援助收入、财政专户管理资金收入、专用基金收入以外的各项收入,包括从其他渠道调入资金、豁免主权外债偿还责任以及无偿取得股权投资等产生的收入。本科目可根据管理需要,按照其他收入类别等进行明细核算。期末结转后,本科目应无余额。

(三) 主要账务处理

从其他渠道调入资金时,按照调入的金额,借记"国库存款"科目,贷记"其他收入"科目。债权人豁免政府财政承担的主权外债时,政府财政按照减少的债务金额,借记"借入款项"等科目,贷记"其他收入"科目。年终转账时,"其他收入"科目贷方余额转入本期盈余。借记"其他收入"科目,贷记"本期盈余——预算管理资金本期盈余"科目。

【例3-9】 某省政府财政从其他渠道调入资金1 800 000元。省财政总财务会计账务处理如下:

借:国库存款　　　　　　　　　　　　　　　　　　1 800 000
　贷:其他收入——从其他渠道调入资金　　　　　　　　　　　1 800 000

第三节　财政总财务会计的费用核算

费用包括政府机关商品和服务拨款费用、政府机关工资福利拨款费用、对事业单位补助拨款费用、对企业补助拨款费用、对个人和家庭补助拨款费用、对社会保障基金补助拨款费用、资本性拨款费用、其他拨款费用、财务费用、转移性费用、其他费用、财政专户管理资金支出、专用基金支出等。费用应当按照承担支付义务金额或实际发生金额进行计量。

一、政府机关商品和服务拨款费用

(一) 概念

政府机关商品和服务拨款费用是指本级政府财政拨给机关和参照公务员法管理的事业单位(以下简称参公事业单位)购买商品和服务的各类费用,包括办公经费、会议费、培训费、专用材料购置费、委托业务费、公务接待费、因公出国(境)费用、公务用车运行维护费、维修(护)费等费用,不包括用于购置固定资产、战略性和应急性物资储备等资本性拨款费用。

(二) 账户设置

财政总财务会计设置"政府机关商品和服务拨款费用"科目,核算本级政府财政拨付给机关和参公事业单位购买商品和服务的各类费用,不包括用于购置固定资产、战略性和应急性物资储备等资本性拨款费用。本科目可根据管理需要,参照《政府收支分类科目》中支出经济分类科目,按照预算单位和项目等进行明细核算。期末结转后,本科目应无余额。

(三) 主要账务处理

实际发生政府机关商品和服务拨款费用时,借记"政府机关商品和服务拨款费用"科目,贷记"国库存款"科目。

当年政府机关商品和服务拨款费用发生退回时,按照实际收到的退回金额,借记"国库存款"科目,贷记"政府机关商品和服务拨款费用"科目。

年终转账时,"政府机关商品和服务拨款费用"科目借方余额转入本期盈余,借记"本期盈余——预算管理资金本期盈余"科目,贷记"政府机关商品和服务拨款费用"科目。

【例3-10】 某省政府财政给有统一着装要求的公安厅的夏季被装购置费拨款580 000元,列入专用材料购置费。省财政总财务会计账务处理如下:

借:政府机关商品和服务拨款费用——公安厅

——专用材料购置费 580 000

贷:国库存款 580 000

二、政府机关工资福利拨款费用

(一) 概念

政府机关工资福利拨款费用是指本级政府财政拨付给机关和参公事业单位在职职工和编制外长期聘用人员的各类劳动报酬及为上述人员缴纳的各项社会保险费等费用,包括工资奖金津贴补贴、社会保障缴费、住房公积金等费用。

(二) 账户设置

财政总财务会计设置"政府机关工资福利拨款费用"科目,核算本级政府财政拨付给机关和参公事业单位在职职工和编制外长期聘用人员的各类劳动报酬及为上述人员缴纳的各项社会保险费等费用。本科目可根据管理需要,参照《政府收支分类科目》中支出经济分类科目,按照预算单位和项目等进行明细核算。期末结转后,本科目应无余额。

(三) 主要账务处理

实际发生政府机关工资福利拨款费用时,借记"政府机关工资福利拨款费用"科目,贷记"国库存款"科目。当年政府机关工资福利拨款费用发生退回时,按照实际收到的退回金额,借记"国库存款"科目,贷记"政府机关工资福利拨款费用"科目。年终转账时,"政府机关工资福利拨款费用"科目借方余额转入本期盈余,借记"本期盈余——预算管理资金本期盈余"科目,贷记"政府机关工资福利拨款费用"科目。

【例3-11】 某省政府财政为教育厅发放基本工资、奖金、津贴补贴拨款700 000元。省财政总财务会计账务处理如下:

借:政府机关工资福利拨款费用——教育厅

——工资奖金津补贴 700 000

贷:国库存款 700 000

三、对事业单位补助拨款费用

(一) 概念

对事业单位补助拨款费用是指本级政府财政拨付的对事业单位（不含参公事业单位）的经常性补助费用，包括工资福利支出、商品和服务支出等费用，不包括对事业单位的资本性拨款费用。

(二) 账户设置

财政总财务会计设置"对事业单位补助拨款费用"科目，核算本级政府财政拨付的对事业单位（不含参公事业单位）的经常性补助费用，不包括对事业单位的资本性拨款费用。本科目可根据管理需要，参照《政府收支分类科目》中支出经济分类科目，按照预算单位和项目等进行明细核算。期末结转后，本科目应无余额。

(三) 主要账务处理

实际发生对事业单位补助拨款费用时，借记"对事业单位补助拨款费用"科目，贷记"国库存款"科目。当年对事业单位补助拨款费用发生退回时，按照实际收到的退回金额，借记"国库存款"科目，贷记"对事业单位补助拨款费用"科目。年终转账时，"对事业单位补助拨款费用"科目借方余额转入本期盈余，借记"本期盈余——预算管理资金本期盈余"科目，贷记"对事业单位补助拨款费用"科目。

【例 3-12】 某省政府财政给省属 N 航空大学人工智能飞行模拟驾驶技术培训项目拨款 2 280 000 元。省财政总财务会计账务处理如下：

借：对事业单位补助拨款费用——N 航空大学
　　　　　　　　　　　——商品和服务支出　　2 280 000
　贷：国库存款　　　　　　　　　　　　　　　　　　　　　2 280 000

四、对企业补助拨款费用

(一) 概念

对企业补助拨款费用是指本级政府财政拨付的对各类企业的补助费用，包括费用补贴、利息补贴等费用，不包括对企业的资本金注入和资本性拨款费用。

(二) 账户设置

财政总财务会计设置"对企业补助拨款费用"科目，核算本级政府财政拨付的对各类企业的补助费用，不包括对企业的资本金注入和资本性拨款费用。本科目可根据管理需要，参照《政府收支分类科目》中支出经济分类科目，按照预算单位和项目等进行明细核算。期末结转后，本科目应无余额。

(三) 主要账务处理

实际发生对企业补助拨款费用时,借记"对企业补助拨款费用"科目,贷记"国库存款"科目。当年对企业补助拨款费用发生退回时,按照实际收到的退回金额,借记"国库存款"科目,贷记"对企业补助拨款费用"科目。年终转账时,"对企业补助拨款费用"科目借方余额转入本期盈余,借记"本期盈余——预算管理资金本期盈余"科目,贷记"对企业补助拨款费用"科目。

【例 3-13】 某省政府财政给雄宇航空有限公司新型无人机研发贷款利息补贴拨款 1 000 000 元。省财政总财务会计账务处理如下:

借:对企业补助拨款费用——雄宇航空有限公司
　　　　　　　　　　——利息补贴　　　　1 000 000
　贷:国库存款　　　　　　　　　　　　　　　　　1 000 000

五、对个人和家庭补助拨款费用

(一) 概念

对个人和家庭补助拨款费用是指本级政府财政拨付的对个人和家庭的补助费用,包括社会福利和救助、助学金、个人农业生产补贴、离退休费等费用。

(二) 账户设置

财政总财务会计设置"对个人和家庭补助拨款费用"科目,核算本级政府财政拨付的对个人和家庭的补助费用。本科目可根据管理需要,参照《政府收支分类科目》中支出经济分类科目,按照预算单位和项目等进行明细核算。期末结转后,本科目应无余额。

(三) 主要账务处理

实际发生对个人和家庭补助拨款费用时,借记"对个人和家庭补助拨款费用"科目,贷记"国库存款"科目。当年对个人和家庭补助拨款费用发生退回时,按照实际收到的金额,借记"国库存款"科目,贷记"对个人和家庭补助拨款费用"科目。年终转账时,"对个人和家庭补助拨款费用"科目借方余额转入本期盈余,借记"本期盈余——预算管理资金本期盈余"科目,贷记"对个人和家庭补助拨款费用"科目。

【例 3-14】 某省政府财政给省属 B 航空大学助学金拨款 350 000 元。省财政总财务会计账务处理如下:

借:对个人和家庭补助拨款费用——B 航空大学——助学金　350 000
　贷:国库存款　　　　　　　　　　　　　　　　　　　　　350 000

六、对社会保障基金补助拨款费用

（一）概念

对社会保障基金补助拨款费用是指本级政府财政拨付的对社会保险基金补助，以及补充全国社会保障基金的费用，还包括对机关事业单位职业年金的补助等费用。

（二）账户设置

财政总财务会计设置"对社会保障基金补助拨款费用"科目，核算本级政府财政拨付的对社会保险基金的补助费用，以及补充全国社会保障基金的费用。本科目可根据管理需要，参照《政府收支分类科目》中支出经济分类科目，按照预算单位和项目等进行明细核算。期末结转后，本科目应无余额。

（三）主要账务处理

实际发生对社会保障基金补助拨款费用时，借记"对社会保障基金补助拨款费用"科目，贷记"国库存款"科目。当年对社会保障基金补助拨款费用发生退回时，按照实际收到的金额，借记"国库存款"科目，贷记"对社会保障基金补助拨款费用"科目。年终转账时，"对社会保障基金补助拨款费用"科目借方余额转入本期盈余，借记"本期盈余——预算管理资金本期盈余"科目，贷记"对社会保障基金补助拨款费用"科目。

【例3-15】 某省政府财政将对基本养老保险基金的财政补助3 900 000元拨付给省人力资源和社会保障厅。省财政总财务会计账务处理如下：

借：对社会保障基金补助拨款费用——省人力资源和社会保障厅
　　　　　　　　　　　　　　——对社会保险基金补助　3 900 000
　　贷：国库存款　　　　　　　　　　　　　　　　　　　　3 900 000

七、资本性拨款费用

（一）概念

资本性拨款费用是指本级政府财政拨付给行政事业单位和企业的资本性费用，包括房屋建筑物购建、基础设施建设、公务用车购置、土地征迁补偿和安置支出、设备购置、大型修缮等费用，不包括对企业的资本金注入。

（二）账户设置

财政总财务会计设置"资本性拨款费用"科目，核算政府财政拨付给行政事业单位和企业的资本性拨款费用，不包括对企业的资本金注入。本科目可根据管理需要，参照《政府收支分类科目》中支出经济分类科目，按照预算单位和项目等进行明细核算。期末结转后，本科目应无余额。

（三）主要账务处理

实际发生资本性拨款费用时，借记"资本性拨款费用"科目，贷记"国库存款"科目。当年资本性拨款费用发生退回时，按照实际退回的金额，借记"国库存款"科目，贷记"资本性拨款费用"科目。年终转账时，"资本性拨款费用"科目借方余额转入本期盈余，借记"本期盈余——预算管理资金本期盈余"科目，贷记"资本性拨款费用"科目。

3-3 知识扩展

【例3-16】 某省政府财政给省属N航空大学研究飞行器周围气体流动情况的风洞实验设备建设项目拨款9 190 000元。省财政总财务会计账务处理如下：

借：资本性拨款费用——N航空大学（对事业单位资本性补助） 9 190 000

贷：国库存款 9 190 000

八、其他拨款费用

（一）概念

其他拨款费用是指本级政府财政拨付的经常性赠与、国家赔偿费用、对民间非营利组织和群众性自治组织补贴等费用。

（二）账户设置

财政总财务会计设置"其他拨款费用"科目，核算本级政府财政拨付的经常性赠与、国家赔偿费用、对民间非营利组织和群众性自治组织补贴等拨款费用。本科目可根据管理需要，参照《政府收支分类科目》中支出经济分类科目，按照预算单位和项目等进行明细核算。期末结转后，本科目应无余额。

（三）主要账务处理

实际发生其他拨款费用时，借记"其他拨款费用"科目，贷记"国库存款"科目。当年其他拨款费用发生退回时，按照实际收到的退回金额，借记"国库存款"科目，贷记"其他拨款费用"科目。年终转账时，"其他拨款费用"科目借方余额转入本期盈余，借记"本期盈余——预算管理资金本期盈余"科目，贷记"其他拨款费用"科目。

【例3-17】 某省政府财政给省民政厅拨款5 000 000元，专门用于对民间非营利组织和群众性自治组织补贴。省财政总财务会计账务处理如下：

借：其他拨款费用——民政厅——其他支出 5 000 000

贷：国库存款 5 000 000

九、财务费用

(一) 概念

财务费用是指本级政府财政用于偿还政府债务的利息费用,政府债务发行、兑付、登记费用,以外币计算的政府资产及债务由于汇率变化产生的汇兑损益等。

(二) 账户设置

财政总财务会计设置"财务费用"科目,核算本级政府财政用于偿还政府债务利息费用,政府债务发行、兑付、登记费用,以外币计算的政府资产及债务由于汇率变化产生的汇兑损益等。本科目应设置"利息费用""债务发行兑付费用""汇兑损益"明细科目。期末结转后,本科目应无余额。

(三) 主要账务处理

1. 利息费用

按期计提利息费用时,根据债务管理部门计算确定的本期应支付利息金额,借记"财务费用"科目,贷记"应付利息""应付地方政府债券转贷款——应付利息""应付主权外债转贷款——应付利息"等科目。提前赎回已发行的政府债券、债权人豁免政府财政承担的主权外债应付利息时,按照减少的当年已计提应付利息金额,借记"应付利息""应付地方政府债券转贷款——应付利息""应付主权外债转贷款——应付利息"等科目,贷记"财务费用"科目。

2. 债务发行兑付费用

支付政府债务发行、兑付、登记款项时,按照实际支付的金额,借记"财务费用"科目,贷记"国库存款"科目。收到或扣缴下级政府财政应承担的政府债务发行、兑付、登记款项时,按照实际收到或扣缴的金额,借记"国库存款""其他财政存款""与下级往来"等科目,贷记"财务费用"科目。

3. 汇兑损益

期末,将所有以外币计算的政府资产按期末汇率折算为人民币金额,折算后的金额小于账面余额时,按照折算差额,借记"财务费用"科目,贷记"其他财政存款""应收主权外债转贷款"等科目;折算后的金额大于账面余额时,按照折算差额,借记"其他财政存款""应收主权外债转贷款"科目,贷记"财务费用"科目。期末,将所有以外币计算的借入款项、政府债券、主权外债转贷款、应付利息等政府负债按期末汇率折算为人民币金额,折算后的金额小于账面余额时,按照折算差额,借记"借入款项""应付长期政府债券""应付主权外债转贷款""应付利息"等科目,贷记"财务费用"科目;折算后的金额大于账面余额时,按照折算差额,借记"财务费用"科目,贷记"借入款项""应付长期政府债券""应付主权外债转贷款""应付利息"等科目。

4. 年终转账

年终转账时,"财务费用"科目借方或贷方余额转入本期盈余,借记或贷记"本期盈余——预算管理资金本期盈余"科目,贷记或借记"财务费用"科目。

【例 3-18】 某省政府财政按期计提应付地方政府债券转贷款的应付利息 500 000 元。省财政总财务会计账务处理如下：

借：财务费用 500 000
　　贷：应付地方政府债券转贷款——应付利息 500 000

十、转移性费用

（一）概念

转移性费用是指在各级政府财政之间进行资金调拨形成的费用，包括补助费用、上解费用、地区间援助费用等。

1. 补助费用

补助费用是指本级政府财政按照财政体制规定或专项需要补助给下级政府财政的费用，包括对下级的税收返还、一般性转移支付和专项转移支付等费用。

2. 上解费用

上解费用是指本级政府财政按照财政体制规定或专项需要上交给上级政府财政的费用。

3. 地区间援助费用

地区间援助费用是指援助方政府财政安排用于受援方政府财政统筹使用的各类援助、补偿、捐赠等费用。

（二）账户设置

1. 补助费用

财政总财务会计设置"补助费用"科目，核算本级政府财政按财政体制规定或专项需要补助给下级政府财政的款项。本科目可根据管理需要，按照补助地区进行明细核算。期末结转后，本科目应无余额。

2. 上解费用

财政总财务会计设置"上解费用"科目，核算本级政府财政按照财政体制规定或专项需要上解给上级政府财政的款项。本科目可根据管理需要按照项目等进行明细核算。期末结转后，本科目应无余额。

3. 地区间援助费用

财政总财务会计设置"地区间援助费用"科目，核算援助方政府财政安排用于受援方政府财政统筹使用的各类援助、补偿、捐赠等。本科目可根据管理需要，按照受援地区等进行明细核算。期末结转后，本科目应无余额。

（三）主要账务处理

1. 补助费用

年终与下级政府财政结算时，按照结算确认的应当补助下级政府的费用数，借记"补助费用"科目，贷记"与下级往来"科目。退还或核减补助费用时，借记"与下级往来"科目，贷记"补助费用"科目。专项转移支付资金实行特设专户管理的，根据有关支出管理部门下达的预算文件和拨款依据确认费用,借记"补助费用"科目或"与下级往来"科目;资金由本级政府财政拨付给下级的,贷记"其他财政存款"等科目;资金由上级政府财政直接拨给下级的,贷记"与上级往来"或"补助收入"科目。年终转账时,"补助费用"科目借方余额转入本期盈余,借记"本期盈余——预算管理资金本期盈余"科目,贷记"补助费用"科目。

【例3-19】 某省政府财政年终与下辖B市政府财政进行结算时,确认应当补助B市革命老区的一般转移支付费用850 000元尚未拨付。省财政总财务会计账务处理如下:

借:补助费用——B市财政　　　　　　　　　　　　850 000
　　贷:与下级往来　　　　　　　　　　　　　　　　　　　　850 000

2. 上解费用

年终与上级政府财政结算时,按照结算确认的应当上解费用数,借记"上解费用"科目,贷记"与上级往来"科目。退还或核减上解费用时,借记"与下级往来"科目,贷记"上解费用"科目。年终转账时,"上解费用"科目借方余额转入本期盈余,借记"本期盈余——预算管理资金本期盈余"科目,贷记"上解费用"科目。

【例3-20】 某省政府财政年终与中央财政结算时,发现专项上解费用1 000 000元尚未上交。省财政总财务会计账务处理如下:

借:上解费用——专项上解费用　　　　　　　　　1 000 000
　　贷:与上级往来　　　　　　　　　　　　　　　　　　　　1 000 000

3. 地区间援助费用

发生地区间援助费用时,借记"地区间援助费用"科目,贷记"国库存款"科目。年终转账时,"地区间援助费用"科目借方余额转入本期盈余,借记"本期盈余——预算管理资金本期盈余"科目,贷记"地区间援助费用"科目。

【例3-21】 某省政府财政援助丙省财政一笔台风灾害过后住房重建资金1 500 000元。省财政总财务会计账务处理如下:

借:地区间援助费用——丙省财政　　　　　　　　1 500 000
　　贷:国库存款　　　　　　　　　　　　　　　　　　　　　1 500 000

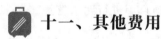

十一、其他费用

(一) 概念

其他费用是指政府财政无偿划出股权投资以及确认其他负债等产生的费用。

(二) 账户设置

财政总财务会计设置"其他费用"科目,核算本级政府财政无偿划出股权投资时产生的投资损失、政府财政承担支出责任的其他负债等。本科目可根据管理需要,按照类别进行明细核算。期末结转后,本科目应无余额。

(三) 主要账务处理

政府财政无偿划出股权投资时,根据股权管理部门提供的资料,按照被划出股权投资对应的"权益法调整"科目账面余额,借记或贷记"权益法调整"科目,贷记或借记"股权投资(其他权益变动)"科目;按照被划出股权投资的账面余额,借记"其他费用"科目,贷记"股权投资(投资成本、损益调整)"科目。政府财政承担支出责任的其他负债,按照确定应承担的负债金额,借记"其他费用"科目,贷记"其他负债"科目。年终转账时,"其他费用"科目借方余额转入本期盈余,借记"本期盈余——预算管理资金本期盈余"科目,贷记"其他费用"科目。

【例3-22】 某省政府财政接到该省国资委通知,为更好发挥国有经济的战略支撑作用,加快战略性新兴产业布局和国企重组整合,提升资源配置效率,由省国资委持有的X集团的75%股权已全部无偿划转至国务院国资委持有,工商变更登记手续已办理完成。该股权投资采用权益法核算,相关的会计科目及金额如下:"权益法调整"科目贷方金额100 000元,"股权投资(其他权益变动)"科目借方金额100 000元,"股权投资(投资成本)"科目借方金额34 500 000元,"股权投资(损益调整)"科目借方金额1 200 000元。省财政总财务会计账务处理如下:

借:权益法调整　　　　　　　　　　　　　　　　100 000
　　贷:股权投资——X集团(其他权益变动)　　　　　　100 000
借:其他费用　　　　　　　　　　　　　　　　35 700 000
　　贷:股权投资——X集团(投资成本)　　　　　　34 500 000
　　　　　　——X集团(损益调整)　　　　　　　1 200 000

 ## 十二、财政专户管理资金支出

(一) 概念

财政专户管理资金支出是指政府财政用纳入财政专户管理的教育收费等资金安排的支出。

(二) 账户设置

财政总财务会计设置"财政专户管理资金支出"科目,核算本级政府财政用纳入财政专户管理的教育收费等资金安排的支出。本科目可根据管理需要,按照预算单位等进行明细核算。期末结转后,本科目应无余额。

(三) 主要账务处理

发生财政专户管理资金支出时,借记"财政专户管理资金支出"科目,贷记"其他财政存款"等科目。当年记入的财政专户管理资金支出发生退回时,按照实际退回的金额,借记"其他财政存款"科目,贷记"财政专户管理资金支出"科目。以前年度财政专户管理资金支出发生退回时,按照实际退回的金额,借记"其他财政存款"科目,贷记"以前年度盈余调整——财政专户管理资金以前年度盈余调整"科目。年终转账时,"财政专户管理资金支出"科目借方余额转入本期盈余,借记"本期盈余——财政专户管理资金本期盈余"科目,贷记"财政专户管理资金支出"科目。

【例 3-23】 某省政府财政通过财政专户向省属 N 航空大学拨付教育收费 753 000 元。省财政总财务会计账务处理如下:

借:财政专户管理资金支出——N 航空大学　　　　753 000
　　贷:其他财政存款　　　　　　　　　　　　　　　　　753 000

十三、专用基金支出

(一) 概念

专用基金支出是指政府财政用专用基金收入安排的支出。

(二) 账户设置

财政总财务会计设置"专用基金支出"科目,核算本级政府财政用专用基金收入安排的支出。本科目可根据管理需要,按照专用基金种类、预算单位等进行明细核算。期末结转后,本科目应无余额。

(三) 主要账务处理

发生专用基金支出时,借记"专用基金支出"科目,贷记"其他财政存款"等科目。当年专用基金支出发生退回时,按照实际退回的金额,借记"其他财政存款"等科目,贷记"专用基金支出"科目。以前年度专用基金支出发生退回时,按照实际退回的金额,借记"其他财政存款"等科目,贷记"以前年度盈余调整——专用基金以前年度盈余调整"科目。年终转账时,"专用基金支出"科目借方余额转入本期盈余,借记"本期盈余——专用基金本期盈余"科目,贷记"专用基金支出"科目。

【例 3-24】 某省政府财政使用粮食风险基金对省储备粮油管理有限公司进行补贴,从粮食风险基金财政专户拨付资金 5 180 000 元。省财政总财务会计账务处理如下:

借:专用基金支出——粮食风险基金
　　　　　　　　——省储备粮油管理有限公司　　5 180 000
　　贷:其他财政存款　　　　　　　　　　　　　　　　　5 180 000

第四节　财政总财务会计的资产核算

财政总财务会计核算的资产具体包括财政存款、国库现金管理资产、有价证券、应收非税收入、应收股利、应收及暂付款项、借出款项、预拨经费、在途款、应收转贷款、股权投资等。资产应当按照取得或发生时的实际金额进行计量。资产按照流动性，分为流动资产和非流动资产。流动资产是指预计在1年内（含1年）耗用或者可以变现的资产；非流动资产是指流动资产以外的资产。除应收转贷款和股权投资通常属于非流动资产外，其他属于流动资产。

一、财政存款

（一）概念

财政存款是指政府财政部门代表政府管理的国库存款和其他财政存款等。财政存款的支配权属于同级政府财政部门，并由财政总会计负责管理，统一在国库或选定的银行开立存款账户，统一收付，不得透支，不得提取现金。财政存款属于流动资产，包括国库存款、其他财政存款。

1. 国库存款

国库存款是指政府财政存放在国库单一账户的资金。政府财政资金，一般在同级国库开立账户，通过国库单一账户统一收付。

2. 其他财政存款

其他财政存款是指在国库存款以外，政府财政存放在商业银行财政专户的财政资金。根据职能安排和收支结算的需要，政府财政需要在商业银行开设账户，收纳和支付部分财政资金。其他财政存款主要对应于其他财政资金的收支，如财政专户管理资金收支、专用基金收支等。

（二）账户设置

1. 国库存款

财政总财务会计设置"国库存款"科目，核算政府财政存放在国库单一账户的款项。本科目无规定的明细科目，期末借方余额反映政府财政国库存款的结存数。

2. 其他财政存款

财政总财务会计设置"其他财政存款"科目，核算政府财政未列入"国库存款"科目反映的各项财政存款。本科目应按照存款资金的性质和存款银行等进行明细核算，期末借方余额反映政府财政持有的其他财政存款。财政资金的收支，主要通过国库存款核算。但有些财政资金收支业务，如专项转移支付、未设国库乡（镇）的财政资金收支，需要通过其他财政存款核算。

（三）主要账务处理

1. 国库存款

国库存款增加时，按照实际收到的金额，借记"国库存款"，贷记"税收收入"等科目。国库存款减少时，按照实际支付的金额，借记"政府机关商品和服务拨款费用"等科目，贷记"国库存款"。

【例3-25】 某省政府财政收到收入日报表，列示本日税收收入为600 000元，非税收入为 150 000 元。省财政总财务会计账务处理如下：

  借：国库存款   750 000
   贷：税收收入   600 000
     非税收入   150 000

2. 其他财政存款

  财政专户收到款项时，按照实际收到的金额，借记"其他财政存款"，贷记有关科目。其他财政存款产生的利息收入，除规定作为专户资金收入外，其他利息收入都应缴入国库。取得其他财政存款利息收入时，按照实际获得的利息金额，根据以下两种情况分别处理。第一种情况按规定作为专户资金收入的，借记"其他财政存款"，贷记"应付代管资金"或有关收入科目。第二种情况按规定应缴入国库的，借记"其他财政存款"，贷记"其他应付款"科目；将其他财政存款利息收入缴入国库时，借记"其他应付款"科目，贷记"其他财政存款"科目；同时，借记"国库存款"科目，贷记"非税收入"科目。其他财政存款减少时，按照实际支付的金额，借记有关科目，贷记"其他财政存款"。

【**例 3-26**】 某省政府财政在建设银行某支行开设专户，统一管理教育收费收入。根据教育行政部门开出的"非税收入一般缴款书"和开户银行的入账凭证，学生学费共计 1 900 000 元已经缴入专户。省财政总财务会计账务处理如下：

  借：其他财政存款——财政专户管理资金（建设银行××支行） 1 900 000
   贷：财政专户管理资金收入   1 900 000

 二、国库现金管理资产

（一）概念

  国库现金管理资产是指政府财政在确保支付需要前提下，将暂时闲置的国库存款存放商业银行或者投资于货币市场形成的资产，包括国库现金管理商业银行定期存款以及国库现金管理其他资产。国库现金管理商业银行定期存款是指将国库现金存放在商业银行，商业银行以国债为质押获得存款并向财政部门支付利息。国库现金管理其他资产包括买回的国债等。有效配置国库现金管理资产，要在确保财政国库支付需要前提下，以实现国库现金余额最小化和投资收益最大化为目标。

（二）账户设置

  财政总财务会计设置"国库现金管理资产"科目，核算政府财政将暂时闲置的国库存款存放商业银行或者投资于货币市场形成的资产。本科目应按照业务种类设置"商业银行定期存款""其他国库现金管理资产"明细科目，可根据管理需要进行明细核算。期末借方余额反映政府财政开展国库现金管理业务形成的资产。

（三）主要账务处理

1. 商业银行定期存款

  根据国库现金管理有关规定开展商业银行定期存款时，将国库存款转存商业银行，按照存入商业银行的金额，借记"国库现金管理资产"科目，贷记"国库存款"科目。商业银行定期存款收回国库时，按照实际收回的金额，借记"国库存款"科目，按照原存入商业银行的存款本金金额，贷记"国库现金管理资产"科目，按照其差额，贷记"非税收入"科目。

2. 其他国库现金管理资产

其他国库现金管理业务可根据管理条件和管理需要，参照商业银行定期存款的账务处理。

3-4 知识扩展

【例3-27】 某省政府财政实行国库现金管理业务，本期闲置的国库存款为 10 000 000 元，存款期限 6 个月。某商业银行通过定期存款业务招投标系统中标，中标年利率为 4.00%。省财政总财务会计账务处理如下：

（1）开具划款凭证，将款项转入商业银行账户。

借：国库现金管理资产　　　　　　　　　　　　　10 000 000
　　贷：国库存款　　　　　　　　　　　　　　　　　　　　10 000 000

（2）实行国库现金管理的存款到期收回本金，并收到支付的利息 200 000 元。

借：国库存款　　　　　　　　　　　　　　　　　10 200 000
　　贷：国库现金管理资产　　　　　　　　　　　　　　　　10 000 000
　　　　非税收入　　　　　　　　　　　　　　　　　　　　　　200 000

三、有价证券

（一）概念

有价证券是指政府财政按照有关规定取得并持有的有价证券。各级政府财政如果财政资金有结余，可以按规定购买有价证券，获取投资收益。

（二）账户设置

财政总财务会计设置"有价证券"科目，核算政府财政按照有关规定取得并持有的有价证券。本科目应按照有价证券种类进行明细核算。期末借方余额反映政府财政持有的有价证券金额。

（三）主要账务处理

购入有价证券时，按照实际支付的金额，借记"有价证券"科目，贷记"国库存款""其他财政存款"等科目。转让或到期兑付有价证券时，按照实际收到的金额，借记"国库存款""其他财政存款"等科目，按照该有价证券的账面余额，贷记"有价证券"科目，按照其差额，贷记或借记有关收入或费用科目。

【例3-28】 某省政府财政用暂时闲置的国库存款 500 000 元购买 Y 政府债券。6 个月之后，将该政府债券转让，收到款项合计 510 000 元。省财政总财务会计账务处理如下：

（1）购入有价证券时，

借：有价证券——Y政府债券　　　　　　　　　500 000
　　贷：国库存款　　　　　　　　　　　　　　　　　　500 000

（2）转让有价证券时，

借：国库存款　　　　　　　　　　　　　　　　510 000
　　贷：有价证券——Y政府债券　　　　　　　　　　　500 000
　　　　非税收入　　　　　　　　　　　　　　　　　　 10 000

四、应收非税收入

（一）概念

应收非税收入是指政府财政应向缴款人收取但实际尚未缴入国库的非税收入款项。应当严格依法征收非税收入，确保应收尽收，不得多征、少征或者擅自减征、免征、缓征，维护和规范市场秩序。期末，非税收入管理部门应对未入库的应收非税收入进行全面核查，总会计根据核查结果对应收非税收入余额进行确认，确保应收非税收入核算准确。

（二）账户设置

财政总财务会计设置"应收非税收入"科目，核算实际尚未缴入国库的非税收入款项。本科目应参照《政府收支分类科目》中"非税收入"科目进行明细核算，同时可根据管理需要，参照实际情况，按执收部门（单位）进行明细核算。期末借方余额反映政府财政尚未入库的应收非税收入。对于非税收入管理部门不能提供已开具非税收入缴款票据、尚未缴入本级国库的非税收入数据的地区，可暂不使用本科目核算。

（三）主要账务处理

确认取得非税收入时，按照非税收入管理部门提供的已开具缴款票据、尚未缴入本级国库的非税收入金额，借记"应收非税收入"科目，贷记"非税收入"科目。实际收到非税收入款项时，按照实际收到的非税收入金额，借记"国库存款"科目，已列应收非税收入部分金额，贷记"应收非税收入"科目；未列入应收非税收入部分金额，贷记"非税收入"科目。

【例3-29】　某省政府财政实际收到已经缴入国库的非税收入款项1 200 000元。其中，1 000 000元为【例3-2】中已列应收非税收入款项，其余200 000元为未列入应收非税收入的新增政府性基金收入。省财政总财务会计账务处理如下：

借：国库存款　　　　　　　　　　　　　　　1 200 000
　　贷：应收非税收入　　　　　　　　　　　　　　　1 000 000
　　　　非税收入——政府性基金收入　　　　　　　　　200 000

五、应收股利

(一) 概念

应收股利是指政府因持有股权投资应当收取的现金股利或应当分得的利润。股权投资是政府持有的各类股权投资资产。持有股权投资期间,如果被投资主体宣告现金股利或利润的分配方案,政府财政享有取得现金股利或利润的权利。

(二) 账户设置

财政总财务会计设置"应收股利"科目,核算政府因持有股权投资应当收取的现金股利或应当分得的利润。本科目应根据管理需要,按照被投资主体进行明细核算。期末借方余额反映政府财政应当收取但尚未收到的现金股利或利润。

(三) 主要账务处理

1. 采用权益法核算

持有股权投资期间,被投资主体宣告发放现金股利或利润的,根据股权管理部门提供的资料,按照应上缴政府财政的部分,借记"应收股利"科目,贷记"股权投资(损益调整)"科目;收到现金股利或利润时,按照实际收到的金额,借记"国库存款"科目,贷记"应收股利"科目;按照实际收到金额中未宣告发放的现金股利或利润,借记"应收股利"科目,贷记"股权投资(损益调整)"科目。

2. 采用成本法核算

持有股权投资期间,被投资主体宣告发放现金股利或利润时,根据股权管理部门提供的资料,按照应上缴政府财政的部分,借记"应收股利"科目,贷记"投资收益"科目。收到现金股利或利润时,按照实际收到的金额,借记"国库存款"科目,贷记"应收股利"科目;按照实际收到金额中未宣告发放的现金股利或利润,借记"应收股利"科目,贷记"投资收益"科目。

【例3-30】 接【例3-3】某省政府财政持有甲公司60%的股份。① 甲公司宣告发放现金股利5 000 000元。其中,归于省政府财政的部分为3 000 000元。② 省政府财政收到甲公司发放的现金股利3 000 000元,已经缴入国库。采用权益法核算,省财政总财务会计账务处理如下:

(1) 甲公司宣告发放现金股利时,

借:应收股利——甲公司　　　　　　　　　　　　　3 000 000
　　贷:股权投资——甲公司(损益调整)　　　　　　　　　　　　3 000 000

(2) 收到发放的现金股利时,

借:国库存款　　　　　　　　　　　　　　　　　3 000 000
　　贷:应收股利——甲公司　　　　　　　　　　　　　　　　　3 000 000

六、应收及暂付款项

（一）概念

应收及暂付款项是指政府财政业务活动中形成的债权，包括与下级往来和其他应收款等。应收及暂付款项应当及时清理结算，不得长期挂账。

1. 与下级往来

与下级往来是指本级政府财政与下级政府财政的往来待结算款项。与下级往来反映本级政府财政与下级政府财政之间的债权债务关系，既核算本级政府财政与下级政府财政之间的债权，也核算本级政府财政与下级政府财政之间的债务。上下级政府财政之间的债权、债务关系，主要有两种情况。一是上下级政府财政之间的资金借贷关系。下级政府财政如果在一定期间出现了收支不平衡，可以向上级政府财政申请短期借款；上级政府财政也可以向有结余的下级政府财政借入款项。二是上下级政府财政由于体制补助、上解产生的结算关系。根据财政体制的安排，下级政府财政取得的税收收入需要按一定比例上缴上级政府财政；上级政府财政需要对下级政府财政进行税收返还，或对下级政府财政进行专项补助。

2. 其他应收款

其他应收款是指政府财政业务活动临时发生的应收及暂付款项，主要包括应收款项、暂付款项和垫付款项，以及政府财政履行担保责任，为项目单位代偿的外国政府和国际金融组织贷款的本息费。

（二）账户设置

1. 与下级往来

财政总财务会计设置"与下级往来"科目，核算本级政府财政与下级政府财政的往来待结算款项。本科目应当按照下级政府财政进行明细核算。与下级往来属于双重性质账户，借方记录债权的增加或债务的减少；贷方记录债权的减少或债务的增加。期末借方余额反映下级政府财政欠本级政府财政的款项，期末贷方余额反映本级政府财政欠下级政府财政的款项。

2. 其他应收款

财政总财务会计设置"其他应收款"科目，核算政府财政临时发生的其他应收、暂付、垫付款项。项目单位拖欠外国政府和国际金融组织贷款本息和有关费用导致有关政府财政履行担保责任，代偿的贷款本息费，也通过本科目核算。本科目应按照资金类别、债务单位等进行明细核算。其他应收款应及时清理结算，期末原则上应无余额。

（三）主要账务处理

1. 与下级往来

拨付下级政府财政款项时，借记"与下级往来"科目，贷记"国库存款"科目。有主权外债业务的财政部门，贷款资金由下级政府财政同级部门（单位）使用，且贷款的最终还款责任由本级政府财政承担的，本级政府财政部门支付贷款资金时，借记"与下级往来"科目或"补助费用"科目，贷记"国库存款""其他财政存款"等科目；外方将贷款资金直接支付给供应商或用款单位时，借记"与下级往来"科目或"补助费用"科目，贷记"借入款项"或"应付主权外债转贷款"科目。两级财政年终结算时，确认应当由下级政府财政上交的收入数，借记"与下级往来"科目，贷记"上解收入"科目。两级财政年终结算时，确认应补助下级政府财政的费用数，借记"补助费用"科目，贷记"与下级往来"科目。收到下级政府财政缴入国库的往来待结算款项时，借记"国库存款"科目，贷记"与下级往来"科目。扣缴下级政府财政资金时，借记"与下级往来"科目，贷记"其他应付款"等科目。

【例3-31】 某省政府财政与下辖C市政府财政发生如下往来待结算款项，省财政总财务会计账务处理如下：

（1）通过国库向下辖C市政府财政拨付上年度已经确认的应当补助C市革命老区的一般转移支付费用880 000元。

借：与下级往来——C市财政 880 000
　　贷：国库存款 880 000

（2）下辖C市政府利用世界银行贷款资金50 000 000元开展红色旅游景区建设，贷款的最终还款责任由省政府财政承担且上年度已经列入补助费用，世界银行直接将此笔主权外债转贷款资金支付给C市政府财政部门的其他财政存款账户上。

借：与下级往来——C市财政 50 000 000
　　贷：应付主权外债转贷款 50 000 000

（3）某省财政年终与下辖C市政府财政进行结算时，确认尚未收到的体制上解款金额为1 500 000元。

借：与下级往来——C市财政 1 500 000
　　贷：上解收入——C市财政 1 500 000

（4）某省政府财政年终与下辖C市政府财政进行结算时，确认应当补助C市革命老区的一般转移支付费用950 000元尚未拨付。

借：补助费用——C市财政 950 000
　　贷：与下级往来——C市财政 950 000

（5）经过两级财政年终结算，"与下级往来——C市政府财政"科目存在借方余额550 000元，因此，省政府财政收到C市政府财政缴入国库的往来待结算款项550 000元。

借：国库存款 550 000
　　贷：与下级往来——C市财政 550 000

（6）C市政府因财政困难，暂时无法支付由其承担还款责任的一笔主权外债转贷款利息6 000 000元，省政府财政相应扣缴C市政府财政资金。

借：与下级往来——C市财政 6 000 000
　　贷：应收主权外债转贷款 6 000 000

2. 其他应收款

发生其他应收款项时，借记"其他应收款"科目，贷记"国库存款""其他财政存款"等科目。收回其他应收款项时，借记"国库存款""其他财政存款"科目，贷记"其他应收款"科目。其他应收款项转列费用时，借记有关费用科目，贷记"其他应收款"科目。

政府财政对使用外国政府和国际金融组织贷款资金的项目单位履行担保责任，代偿贷款本息费时，借记"其他应收款"科目，贷记"国库存款""其他财政存款"等科目。政府财政行使追索权，收回项目单位贷款本息费时，借记"国库存款""其他财政存款"等科目，贷记"其他应收款"科目。政府财政最终未收回项目单位贷款本息费，经核准转列费用时，借记有关费用科目，贷记"其他应收款"科目。

【例 3-32】 某省政府财政为 H 项目单位的外国政府贷款承担担保责任，省财政总财务会计账务处理如下：

（1）H 项目单位拖欠外国政府贷款，省政府财政履行担保责任，通过国库账户支付贷款本息费共计 12 600 000 元。

借：其他应收款——H 项目单位　　　　　　　　12 600 000
　　贷：国库存款　　　　　　　　　　　　　　　　　　　12 600 000

（2）省政府财政行使追索权，收回 H 项目单位贷款本息费 11 800 000 元，最终未收回的款项 800 000 元经核准转列为对企业补助拨款费用。

借：国库存款　　　　　　　　　　　　　　　　11 800 000
　　对企业补助拨款费用　　　　　　　　　　　　　800 000
　　贷：其他应收款——H 项目单位　　　　　　　　　　　12 600 000

七、借出款项

（一）概念

借出款项是指政府财政按照对外借款管理有关规定借给预算单位临时急需，并按期收回的款项。借出款项仅限于政府财政对纳入本级预算管理的一级预算单位（不含企业）安排借款，不得经预算单位再转借企业。借款资金仅限于临时性资金周转或应对社会影响较大突发事件的临时急需垫款，借款期限不得超过一年，借款时应明确还款来源。

（二）账户设置

财政总财务会计设置"借出款项"科目，核算政府财政借给预算单位的款项。本科目应当按照借款单位等进行明细核算。期末借方余额反映政府财政借给预算单位尚未收回的款项。

（三）主要账务处理

将款项借出时，按照实际支付的金额，借记"借出款项"科目，贷记"国库存款"等科目。收回借款时，按照实际收到的金额，借记"国库存款"等科目，贷记"借出款项"科目。本科目期末借方余额反映政府财政借给预算单位尚未收回的款项。

【例 3-33】 某省政府财政根据借款管理的有关规定，借给省水利厅临时用款 1 700 000 元，作为防洪设施改造用款。省财政总财务会计账务处理如下：

（1）借出款项时，

借：借出款项——水利厅　　　　　　　　　　　1 700 000
　　贷：国库存款　　　　　　　　　　　　　　　　　　　1 700 000

(2) 收回借款时，
借：国库存款　　　　　　　　　　　　　　　　　　　　1 700 000
　　贷：借出款项——水利厅　　　　　　　　　　　　　　　　　　　1 700 000

八、预拨经费

（一）概念

预拨经费是指政府财政在本级人民代表大会批准年度预算前，可以提前预拨已经列入年度预算的各部门基本支出、项目支出和对下级转移支付支出，以及法律规定必须履行支付义务的支出和用于自然灾害等突发事件处理的支出。除上述支出事项及财政部另有规定外，其他支出均不得提前预拨。预拨经费（不含预拨下年度预算资金）应在年终前转列费用或清理收回。

（二）账户设置

财政总财务会计设置"预拨经费"科目，核算政府财政按照预拨经费管理有关规定预拨给预算单位尚未列为费用的款项。本科目应当按照预算单位进行明细核算。期末借方余额反映政府财政年末尚未转列费用或尚待收回的预拨经费款项。

（三）主要账务处理

财政总财务会计在拨出款项时，借记"预拨经费"科目，贷记"国库存款"等科目。财政总财务会计在预拨经费款项转列费用时，借记有关费用科目，贷记"预拨经费"科目。财政总财务会计在收回预拨款项时，借记"国库存款"等科目，贷记"预拨经费"科目。

【例3-34】　某省政府财政在本省人民代表大会批准年度预算前，提前预拨已经列入年度预算的省属N航空大学春秋开学前校舍维修资金1 600 000元。在本省人民代表大会批准年度预算后，上述资金转列为资本性拨款费用。省财政总财务会计账务处理如下：

(1) 拨出款项时，
借：预拨经费——N航空大学　　　　　　　　　　　　1 600 000
　　贷：国库存款　　　　　　　　　　　　　　　　　　　　　　　1 600 000
(2) 转列费用时，
借：资本性拨款费用——对事业单位资本性补助
　　　　　　　　　　——N航空大学　　　　　　　　1 600 000
　　贷：预拨经费——N航空大学　　　　　　　　　　　　　　　　1 600 000

九、在途款

（一）概念

在途款是指报告清理期和库款报解整理期内发生的需要通过过渡处理的属于上年度收

入、费用等业务的款项。在新年度收到了属于上一年度的收入，或收回了属于上一年度的费用，致使收入或费用的收付期间（新年度）与收入或费用所属期间（上年度）不一致。为准确核算与反映收入或费用，需要在年初设置一个过渡期处理涉及上年收入或费用的事项。政府财政设置的过渡期为"报告清理期"，国库设置的过渡期为"库款报解整理期"，这一期间通常在 10 天左右。在报告清理期和库款报解整理期内收到属于上年度的收入，或收回属于上年度的费用，视为在途款，应当列入上一财政年度。财政总财务会计对年终报告清理期和库款报解整理期内发生的会计事项，应当划清会计年度。属于清理上年度的会计事项，记入上年度会计账；属于新年度的会计事项，记入新年度会计账。

（二）账户设置

财政总财务会计设置"在途款"科目，核算报告清理期和库款报解整理期内发生的需要通过本科目过渡处理的属于上年度收入、费用等业务的款项。期末借方余额反映政府财政持有的在途款。在报告清理期和库款报解整理期内，同时开放上年度账本和本年度账本进行账务处理。

（三）主要账务处理

财政总财务会计在报告清理期和库款报解整理期内收到属于上年度收入等款项时，在上年度账务中，借记"在途款"科目，贷记有关收入科目或"应收非税收入"科目；收回属于上年度费用等款项时，在上年度账务中，借记"在途款"科目，贷记"预拨经费"或有关费用科目。财政总财务会计在冲转在途款时，在本年度账务中，借记"国库存款"科目，贷记"在途款"科目。

【例 3-35】 某省政府财政在报告清理期和库款报解整理期内收到收入日报表，列示收到属于上一年度的本级政府财政税收收入 900 000 元。省财政总财务会计账务处理如下：

(1) 上年账，

借：在途款　　　　　　　　　　　　　　　　　900 000
　　贷：税收收入　　　　　　　　　　　　　　　　　　900 000

(2) 本年账，

借：国库存款　　　　　　　　　　　　　　　　900 000
　　贷：在途款　　　　　　　　　　　　　　　　　　　900 000

十、应收转贷款

（一）概念

应收转贷款是指政府财政将借入的资金转贷给下级政府财政的款项，包括应收地方政府债券转贷款、应收主权外债转贷款等。《中华人民共和国预算法》规定，中央政府财政、省级政府财政可以举借债务筹措资金，省级以下政府财政不允许直接举借债务，但可以通过上级政府财政转贷的形式取得债务资金。应收转贷款通常属于非流动资产。

1. 应收地方政府债券转贷款

应收地方政府债券转贷款是指本级政府财政转贷给下级政府财政的地方政府债券资金而产生的应收款项，包括应收转贷地方政府债券的本金和利息。因为转贷的是地方政府债券，所以转贷方一般为省级政府财政，被转贷方为省级以下政府财政。

2. 应收主权外债转贷款

应收主权外债转贷款是指本级政府财政转贷给下级政府财政的外国政府、国际金融组织贷款等主权外债资金而产生的应收款项，包括应收转贷主权外债的本金和利息。因为转贷的是主权外债，所以转贷方一般为中央政府财政，被转贷方为省级或省级以下政府财政。

（二）账户设置

1. 应收地方政府债券转贷款

财政总财务会计设置"应收地方政府债券转贷款"科目，核算本级政府财政转贷给下级政府财政的地方政府债券资金的本金及利息。本科目应设置"应收本金"和"应收利息"明细科目，并按照转贷对象进行明细核算，其下应根据管理规定设置"一般债券""专项债券"等明细科目。其中，"应收利息"科目通常应根据债务管理部门计算并提供的政府债券转贷款的应收利息情况，按期进行核算。期末借方余额反映政府财政应收未收的地方政府债券转贷款本金及利息。

2. 应收主权外债转贷款

财政总财务会计设置"应收主权外债转贷款"科目，核算本级政府财政转贷给下级政府财政的外国政府、国际金融组织贷款等主权外债资金的本金及利息。本科目应设置"应收本金"和"应收利息"明细科目，并按照转贷对象进行明细核算。其中，"应收利息"科目通常应根据债务管理部门计算并提供的主权外债转贷款的应收利息情况，按期进行核算。期末借方余额反映政府财政应收未收的主权外债转贷款本金及利息。

（三）主要账务处理

1. 应收地方政府债券转贷款

（1）向下级政府财政转贷地方政府债券资金时，按照转贷的本金，借记"应收地方政府债券转贷款"科目，按照实际拨付的金额或债务管理部门确认的转贷金额，贷记"国库存款"或"与下级往来"等科目，按照其差额，借记或贷记有关费用科目。

（2）按期确认地方政府债券转贷款的应收利息时，根据债务管理部门计算确认的转贷款本期应收未收利息金额，借记"应收地方政府债券转贷款"科目，贷记"财务费用——利息费用"等科目。

（3）收到下级政府财政偿还的地方政府债券转贷款本息时，按照收到的金额，借记"国库存款""其他财政存款"等科目，贷记"应收地方政府债券转贷款"科目。扣缴下级政府财政应偿还的地方政府债券转贷款本息时，按照扣缴的金额，借记"与下级往来"等科目，贷记"应收地方政府债券转贷款"科目。

（4）豁免下级政府财政应偿还的地方政府债券转贷款本息时，根据债务管理部门转来的有关资料及有关预算文件，按照豁免金额，借记"补助费用""与下级往来"等科目，贷记"应收地方政府债券转贷款"科目。

【例 3-36】 某省财政经批准发行的一批一般地方政府债券向所下辖 D 市财政转贷 60 000 000 元,用以支持该市的一座过江大桥建设。该转贷款年利率为 3.6%,转贷期限为 4 年,每年支付一次利息。省财政总财务会计账务处理如下:

(1) 向下级政府财政转贷地方政府债券资金时,

借:应收地方政府债券转贷款——应收本金——一般债券
　　　　　　　　——D 市财政　　　60 000 000
　贷:国库存款　　　　　　　　　　　　　　　　60 000 000

(2) 每年按期确认地方政府债券转贷款的应收利息时,

借:应收地方政府债券转贷款——应收利息——一般债券
　　　　　　　　——D 市财政　　　2 160 000
　贷:财务费用——利息费用　　　　　　　　　　2 160 000

(3) 前三年每年收到下级政府财政偿还的地方政府债券转贷款利息时,

借:国库存款　　　　　　　　　　　2 160 000
　贷:应收地方政府债券转贷款——应收利息——一般债券
　　　　　　　　——D 市财政　　　　　　　　　2 160 000

(4) 最后一年收到 D 市财政偿还的地方政府债券转贷款本息时,

借:国库存款　　　　　　　　　　　62 160 000
　贷:应收地方政府债券转贷款——应收本金——一般债券
　　　　　　　　——D 市财政　　　　　　　　　60 000 000
　　　　　　　　——应收利息——一般债券
　　　　　　　　——D 市财政　　　　　　　　　2 160 000

2. 应收主权外债转贷款

(1) 向下级政府财政转贷主权外债资金,且主权外债最终还款责任由下级政府财政承担的,应当分别按照以下情况处理:第一种情况,本级政府财政支付转贷资金时,借记"应收主权外债转贷款"科目,贷记"国库存款""其他财政存款"科目;第二种情况,外方或上级政府财政将贷款资金直接拨付给用款单位或供应商时,根据债务管理部门转来的有关资料,按照实际拨付的金额,借记"应收主权外债转贷款"科目,贷记"借入款项"或"应付主权外债转贷款"科目。

(2) 按期确认主权外债转贷款的应收利息时,根据债务管理部门计算确认的转贷款本期应收未收利息金额,借记"应收主权外债转贷款"科目,贷记"财务费用——利息费用"等科目。收回下级政府财政偿还的主权外债转贷款本息时,按照收回的金额,借记"国库存款""其他财政存款"等科目,贷记"应收主权外债转贷款"科目。

(3) 扣缴下级政府财政应偿还的主权外债转贷款本息时,按照扣缴的金额,借记"与下级往来"等科目,贷记"应收主权外债转贷款"科目。

(4) 债权人豁免下级政府财政应偿还的主权外债转贷款本息时,根据债务管理部门转来的有关资料及有关预算文件,按照豁免转贷款的金额,借记"应付主权外债转贷款""借入款项""应付利息"等科目,贷记"应收主权外债转贷款"科目。本级政府财政豁免下级政府财政应偿还的主权外债转贷款本息时,根据债务管理部门转来的有关资料及有关预算文件，按照豁免金额，借记"补助费用""与下级往来"等科目，贷记"应收主权外债转贷款"科目。

（5）年末，根据债务管理部门提供的应收主权外债转贷款因汇率变动产生的期末人民币余额与账面余额之间的差额资料，借记或贷记"财务费用——汇兑损益"科目，贷记或借记"应收主权外债转贷款"科目。本级政府财政首次确认以前年度转贷给下级政府财政的主权外债时，根据债务管理部门提供的有关资料，按照转贷主权外债本息余额，借记"应收主权外债转贷款"科目，贷记"以前年度盈余调整"科目。

【例3-37】 某省政府经批准通过财政部向亚洲基础设施投资银行贷款 10 000 000 美元，当年1月1日收到贷款后随即全部转贷给所下辖D市财政，用以支持该市的一条地铁线路建设，收到贷款当天汇率为1美元＝6.8元人民币。该转贷款最终还款责任由D市财政承担，年利率为2.4%，转贷期限为3年，每年支付一次利息，利息和到期本金均支付给省财政，3年末汇率分别为1美元兑付6.75、6.81、6.77元人民币。省财政总财务会计账务处理如下：

(1) 向下级政府财政转贷主权外债转贷款资金时，
借：应收主权外债转贷款——应收本金——D市财政　　68 000 000
　　贷：国库存款　　　　　　　　　　　　　　　　　　　　　　68 000 000

(2) 第1年按期确认主权外债转贷款的应收利息、汇兑损益和收到转贷款利息时，
应收利息＝10 000 000×2.4%×6.75＝1 620 000（元）
借：应收主权外债转贷款——应收利息——D市财政　　1 620 000
　　贷：财务费用——利息费用　　　　　　　　　　　　　　　　　1 620 000
汇兑损益＝10 000 000×（6.8－6.75）＝500 000（元）
借：应收主权外债转贷款——应收本金——D市财政　　500 000
　　贷：财务费用——汇兑损益　　　　　　　　　　　　　　　　　500 000
收到转贷款利息，
借：国库存款　　　　　　　　　　　　　　　　　　　　1 620 000
　　贷：应收主权外债转贷款——应收利息——D市财政　　　　　1 620 000

(3) 第2年按期确认主权外债转贷款的应收利息、汇兑损益和收到转贷款利息时，
应收利息＝10 000 000×2.4%×6.81＝1 634 400（元）
借：应收主权外债转贷款——应收利息——D市财政　　1 634 400
　　贷：财务费用——利息费用　　　　　　　　　　　　　　　　　1 634 400
汇兑损益＝10 000 000×（6.75－6.81）＝－600 000（元）
借：财务费用——汇兑损益　　　　　　　　　　　　　　600 000
　　贷：应收主权外债转贷款——应收本金——D市财政　　　　　600 000
收到转贷款利息，
借：国库存款　　　　　　　　　　　　　　　　　　　　1 634 400
　　贷：应收主权外债转贷款——应收利息——D市财政　　　　　1 634 400

(4) 第3年按期确认主权外债转贷款的应收利息、汇兑损益时，
应收利息＝10 000 000×2.4%×6.77＝1 624 800（元）

借：应收主权外债转贷款——应收利息——D市财政　　1 624 800
　　贷：财务费用——利息费用　　　　　　　　　　　　　　　1 624 800
汇兑损益＝10 000 000×（6.81－6.77）＝400 000（元）
借：应收主权外债转贷款——应收本金——D市财政　　400 000
　　贷：财务费用——汇兑损益　　　　　　　　　　　　　　　　400 000
（5）最后一年收到D市财政偿还的主权外债转贷款本息时，
借：国库存款　　　　　　　　　　　　　　　　　　69 324 800
　　贷：应收主权外债转贷款——应收本金——D市财政　　　67 700 000
　　　　　　　　　　　　——应收利息——D市财政　　　　1 624 800

十一、股权投资

（一）概念

股权投资是指政府持有的各类股权投资，包括国际金融组织股权投资、政府投资基金股权投资和企业股权投资等。股权投资在持有期间，通常采用权益法进行核算。政府无权决定被投资主体的财务和经营政策或无权参与被投资主体的财务和经营政策决策的，应当采用成本法进行核算。股权投资通常属于非流动资产。

（二）账户设置

财政总财务会计设置"股权投资"科目，核算政府持有的各类股权投资。包括国际金融组织股权投资、政府投资基金股权投资和企业股权投资等。本科目应当按照"国际金融组织股权投资""政府投资基金股权投资""企业股权投资"设置一级明细科目，在一级明细科目下，分别设置"投资成本""损益调整""其他权益变动"明细科目，同时应根据管理需要，按照被投资主体进行明细核算。期末借方余额反映政府持有的各类股权投资的价值。

（三）主要账务处理

1. 采用权益法核算

（1）政府财政以现金取得股权投资时，按照实际支付的金额，借记"股权投资（投资成本）"科目，贷记"国库存款"科目。实际支付的金额中包含的已宣告但尚未发放的现金股利，应当单独确认为应收股利。政府财政以现金以外其他资产置换取得股权投资时，按照股权管理部门确认的金额，借记"股权投资（投资成本）"科目，贷记相关资产类科目。

（2）通过清查发现以前年度取得、尚未纳入财政总会计核算的股权投资时，根据股权管理部门提供的资料，按照股权投资的投资成本，借记"股权投资（投资成本）"科目，按照以前年度实现的损益中应享有的份额，借记"股权投资（损益调整）"科目，按照二者合计金额贷记"以前年度盈余调整"科目；按照确定的其他权益变动金额，借记"股权投资（其他权益变动）"科目，贷记"权益法调整"科目。已宣告但尚未发放的现金股利，应当单独确认为应收股利。

（3）无偿划入股权投资时，根据股权管理部门提供的资料，按照股权投资的投资成本，借记"股权投资（投资成本）"科目，按照以前年度实现的损益中应享有的份额，借记"股权投资（损益调整）"科目，按照二者合计金额贷记"其他收入"科目；按照确定的其他权益变动金额，借记"股权投资（其他权益变动）"科目，贷记"权益法调整"科目。

（4）被投资主体实现净利润的，根据股权管理部门提供的资料，按照应享有的份额，借记"股权投资（损益调整）"科目，贷记"投资收益"科目。被投资主体发生净亏损的，根据股权管理部门提供的资料，按照应分担的份额，借记"投资收益"科目，贷记"股权投资（损益调整）"科目，但以"股权投资"的账面余额减记至零为限。发生亏损的被投资主体以后年度又实现净利润的，按照收益分享额弥补未确认的亏损分担额等后的金额，借记"股权投资（损益调整）"科目，贷记"投资收益"科目。

（5）被投资主体宣告发放现金股利或利润的，根据股权管理部门提供的资料，按照应上缴政府财政的部分，借记"应收股利"科目，贷记"股权投资（损益调整）"科目。收到现金股利或利润时，按照实际收到的金额，借记"国库存款"科目，贷记"应收股利"科目；按照实际收到金额中未宣告发放的现金股利或利润，借记"应收股利"科目，贷记"股权投资（损益调整）"科目。

（6）被投资主体发生除净损益和利润分配以外的所有者权益变动的，根据股权管理部门提供的资料，按照应享有或应分担的份额，借记或贷记"股权投资（其他权益变动）"科目，贷记或借记"权益法调整"科目。

（7）股权投资持有期间，被投资主体以收益转增投资的，根据股权管理部门提供的资料，按照收益转增投资的金额，借记"股权投资（投资成本）"科目，贷记"股权投资（损益调整）"科目。

（8）处置股权投资时，根据股权管理部门提供的资料，按照被处置股权投资对应的"权益法调整"科目账面余额，借记或贷记"权益法调整"科目，贷记或借记"股权投资（其他权益变动）"科目；按照处置收回的金额，借记"国库存款"科目，按照已宣告尚未领取的现金股利或利润，贷记"应收股利"科目，按照被处置股权投资的账面余额，贷记"股权投资（投资成本、损益调整）"科目，按照其差额，贷记或借记"投资收益"科目。

（9）无偿划出股权投资时，根据股权管理部门提供的资料，按照被划出股权投资对应的"权益法调整"科目账面余额，借记或贷记"权益法调整"科目，贷记或借记"股权投资（其他权益变动）"科目；按照被划出股权投资的账面余额，借记"其他费用"科目，贷记"股权投资（投资成本、损益调整）"科目。

（10）企业破产清算时，根据股权管理部门提供的资料，按照破产清算企业股权投资对应的"权益法调整"科目账面余额，借记或贷记"权益法调整"科目，贷记或借记"股权投资（其他权益变动）"科目；按照缴入国库清算收入的金额，借记"国库存款"科目，按照破产清算股权投资的账面余额，贷记"股权投资（投资成本、损益调整）"科目，按照其差额，借记或贷记"投资收益"科目。

2. 采用成本法核算

（1）政府财政以现金取得股权投资时，按照实际支付的金额，借记"股权投资（投资成本)"科目,贷记"国库存款"科目。实际支付的金额中包含的已宣告但尚未发放的现金股利,应当单独确认为应收股利。政府财政以现金以外其他资产置换取得股权投资时,按照股权管理部门确认的金额,借记"股权投资(投资成本)"科目,贷记相关资产类科目。

(2) 通过清查发现以前年度取得、尚未纳入财政总会计核算的股权投资时,根据股权管理部门提供的资料,按照其确定的投资成本,借记"股权投资(投资成本)"科目,贷记"以前年度盈余调整"科目。

(3) 已宣告但尚未发放的现金股利,应当单独确认为应收股利。无偿划入股权投资时,根据股权管理部门提供的资料,按照其确定的投资成本,借记"股权投资(投资成本)"科目,贷记"其他收入"科目。

(4) 处置股权投资时,按照收回的金额,借记"国库存款"科目,按照已宣告尚未领取的现金股利或利润,贷记"应收股利"科目,按照被处置股权投资账面余额,贷记"股权投资(投资成本)"科目,按照其差额,贷记或借记"投资收益"科目。

(5) 无偿划出股权投资时,按照被划出股权投资的账面余额,借记"其他费用"科目,贷记"股权投资(投资成本)"科目。

(6) 企业破产清算时,根据股权管理部门提供的资料,按照缴入国库清算收入的金额,借记"国库存款"科目,按照破产清算股权投资的账面余额,贷记"股权投资(投资成本)"科目,按照其差额,借记或贷记"投资收益"科目。

3. 成本法与权益法的转换

(1) 对股权投资的核算从成本法改为权益法的,应按照成本法下"股权投资(投资成本)"科目账面余额与追加投资成本的合计金额,借记"股权投资(投资成本)"科目,按照成本法下"股权投资(投资成本)"科目账面余额,贷记"股权投资(投资成本)"科目,按照追加投资的金额,贷记"国库存款"科目。

(2) 对股权投资的核算从权益法改为成本法的,按照"权益法调整"科目账面余额,借记或贷记"权益法调整"科目,贷记或借记"股权投资(其他权益变动)"科目;按照权益法下"股权投资(投资成本、损益调整)"科目账面余额作为成本法下投资成本账面余额,借记"股权投资(投资成本)"科目,贷记"股权投资(投资成本、损益调整)"科目。其后,被投资单位宣告分派现金股利或利润时,属于已记入投资成本账面余额的部分,按照应分得的现金股利或利润份额,借记"应收股利"科目,贷记"股权投资(投资成本)"科目。

【例3-38】 某省政府为推动经济高质量发展,批准设立运营创新创业投资引导基金的股份公司甲公司。省财政出资的 60 000 000 元已经从国库拨付给甲公司,占甲公司总股本的 60%。该项股权投资采用权益法进行核算。省财政总财务会计账务处理如下:

借:股权投资——政府投资基金股权投资——甲公司(投资成本)
                     60 000 000
 贷:国库存款   60 000 000

股权投资的其他常见核算参见【例3-3】【例3-22】【例3-30】。

第五节　财政总财务会计的负债核算

负债具体包括应付政府债券、应付国库集中支付结余、应付及暂收款项、应付代管资金、应付利息、借入款项、应付转贷款、其他负债等。负债按照流动性，分为流动负债和非流动负债。流动负债是指预计在1年内（含1年）偿还的负债，包括应付国库集中支付结余、应付及暂收款项、应付代管资金、应付利息等；非流动负债是指流动负债以外的负债，包括借入款项、应付转贷款、其他负债等。

一、应付政府债券

（一）概念

应付政府债券是指政府财政以政府名义发行的国债和地方政府债券的应付本金。其中，国债包括中央政府财政发行的国内政府债券和境外发行的主权债券等；地方政府债券是指经国务院批准，由省（自治区、直辖市）政府财政发行的政府债券。应付政府债券按债券期限分为应付短期政府债券和应付长期政府债券，应付短期政府债券属于流动负债，应付长期政府债券通常属于非流动负债。

1. 应付短期政府债券

应付短期政府债券是指政府财政以政府名义发行的期限不超过1年（含1年）的国债和地方政府债券的应付本金，不包括国债和地方政府债券的应付利息。

2. 应付长期政府债券

应付长期政府债券是指政府财政以政府名义发行的期限超过1年的国债和地方政府债券的应付本金，不包括国债和地方政府债券的应付利息。

（二）账户设置

1. 应付短期政府债券

财政总财务会计设置"应付短期政府债券"科目核算应付短期政府债券。本科目应设置"应付国债""应付地方政府一般债券""应付地方政府专项债券"明细科目。债务管理部门应当设置辅助明细账，主要包括政府债券金额、种类、期限、发行日、到期日、票面利率、偿还本金及付息情况等内容，并按期计算债券存续期应付利息情况。期末贷方余额反映政府财政尚未偿还的短期政府债券本金。

2. 应付长期政府债券

财政总财务会计设置"应付长期政府债券"科目核算应付长期政府债券。本科目应设置"应付国债""应付地方政府一般债券""应付地方政府专项债券"明细科目。债务管理部门应设置辅助明细账，主要包括政府债券金额、种类、期限、发行日、到期日、票面利率、实际偿还本金及付息情况等内容，并按期计算债券存续期应负担的利息金额。期末贷方余额反映政府财政尚未偿还的长期政府债券本金。

(三) 主要账务处理

1. 应付短期政府债券

实际收到短期政府债券发行收入时，按照实际收到的金额，借记"国库存款"科目，按照短期政府债券实际发行额，贷记"应付短期政府债券"科目，按照发行收入和发行额的差额，借记或贷记有关费用科目。实际偿还本级政府财政承担的短期政府债券本金时，借记"应付短期政府债券"科目，贷记"国库存款"等科目。

3-5 知识扩展

【例 3-39】 根据国家国债发行的有关规定，财政部发行 20×× 年记账式贴现国债，实际发行面值金额 100 亿元，国债期限 182 天，经招标确定的发行价格为 99.057 元/百元面值，折合年收益率为 1.91%。20×× 年 1 月 15 日，经确认实际收到的金额为 99.057 亿元。20×× 年 1 月 16 日开始计息，招标结束后至 1 月 16 日进行分销，1 月 18 日起上市交易。此国债低于票面面值贴现发行，20×× 年 7 月 17 日按面值偿还。中央财政总财务会计账务处理如下：

（1）实际收到短期政府债券发行收入时，

借：国库存款　　　　　　　　　　　　　　　　　9 905 700 000
　　财务费用——债务发行兑付费用　　　　　　　　　94 300 000
　　贷：应付短期政府债券——应付国债　　　　　　　　　　10 000 000 000

（2）实际偿付短期政府债券本金时，

借：应付短期政府债券——应付国债　　　　　　10 000 000 000
　　贷：国库存款　　　　　　　　　　　　　　　　　　　　10 000 000 000

2. 应付长期政府债券

实际收到长期政府债券发行收入时，按照实际收到的金额，借记"国库存款""其他财政存款"科目，按照长期政府债券实际发行额，贷记"应付长期政府债券"科目，按照其差额，借记或贷记有关费用科目。实际偿还长期政府债券本金时，借记"应付长期政府债券"科目，贷记"国库存款""其他财政存款"等科目。

【例 3-40】 某省财政发行一批 5 年期记账式固定利率附息地方政府一般债券，面值 2 亿元，募集资金全部用于省本级一般公共预算的交通基础设施建设资金。该债券每年支付一次利息，到期偿还本金并支付最后一年利息，发行后上市交易。债券面值 100 元，投资者认购债券数量为 100 元面值的整数倍，发行价格为 100.00 元/百元面值，票面利率为 2.68%。省财政向相关债券承销团成员按承销债券面值的 0.2% 支付债券发行手续费。省财政总财务会计账务处理如下：

（1）实际收到长期政府债券发行收入时，

借：国库存款　　　　　　　　　　　　　　　　　199 600 000
　　财务费用——债务发行兑付费用　　　　　　　　　　400 000
　　贷：应付长期政府债券——应付地方政府一般债券　　　　200 000 000

(2) 期末确认长期政府债券的应付利息时，
借：财务费用——利息费用　　　　　　　　　　　　　5 360 000
　　贷：应付利息——应付地方政府债券利息　　　　　　　　　　5 360 000
(3) 前4年支付长期政府债券的应付利息时，
借：应付利息——应付地方政府债券利息　　　　　　　5 360 000
　　贷：国库存款　　　　　　　　　　　　　　　　　　　　　5 360 000
(4) 实际偿付长期政府债券本息时，
借：应付长期政府债券——应付地方政府一般债券　　 200 000 000
　　应付利息——应付地方政府债券利息　　　　　　　5 360 000
　　贷：国库存款　　　　　　　　　　　　　　　　　　　　205 360 000

二、应付国库集中支付结余

（一）概念

应付国库集中支付结余是指省级以上（含省级）政府财政国库集中支付中应列为当年费用，但年末未支付需结转下一年度支付的款项。

（二）账户设置

省级以上（含省级）财政总财务会计设置"应付国库集中支付结余"科目核算应付国库集中支付结余，省级以下财政总财务会计不设置"应付国库集中支付结余"科目。本科目应按照预算单位进行明细核算；同时可根据管理需要，参照《政府收支分类科目》中支出经济分类科目进行明细核算。期末贷方余额反映政府财政尚未支付的国库集中支付结余。

（三）主要账务处理

年末，对当年发生的应付国库集中支付结余，借记有关费用科目，贷记"应付国库集中支付结余"科目。实际支付应付国库集中支付结余资金时，借记"应付国库集中支付结余"科目，贷记"国库存款"科目。收回尚未支付的应付国库集中支付结余时，借记"应付国库集中支付结余"科目，贷记"以前年度盈余调整"等科目。

【例3-41】　年末，某省商务厅企业海外商务服务专项任务，由于外部情况变化等因素没有全部按计划完成，相应尚未使用的国库集中支付结余资金799 000元，资金性质为一般公共预算资金。省财政经分析后决定该笔结余资金799 000元由省商务厅在次年继续用于企业海外商务服务专项任务。次年初，省商务厅使用该笔结余资金派出职工陪同企业负责人包机去国外招商。省财政总财务会计账务处理如下：
(1) 年末，当年发生应付国库集中支付结余时，
借：政府机关商品和服务拨款费用——商务厅
　　　　　　　　　　　　　　——因公出国（境）费用　　　799 000
　　贷：应付国库集中支付结余——商务厅——因公出国（境）费用　　799 000

(2) 实际支付应付国库集中支付结余资金时，

借：应付国库集中支付结余——商务厅——因公出国（境）费用　　799 000
　　贷：国库存款　　　　　　　　　　　　　　　　　　　　　　　799 000

三、应付及暂收款项

（一）概念

应付及暂收款项是指政府财政业务活动中形成的支付义务，包括与上级往来和其他应付款等。应付及暂收款项应当及时清理结算。

1. 与上级往来

与上级往来是指本级政府财政与上级政府财政的往来待结算款项。与上级往来反映本级政府财政与上级政府财政之间的债权债务关系，既核算本级政府财政与上级政府财政之间的债务，也核算本级政府财政与上级政府财政之间的债权。

2. 其他应付款

其他应付款是指政府财政业务活动中临时发生的暂收及应付款项，包括收到的不明性质款项、收回的结转结余资金、税务机关代征入库的社会保险费等。

（二）账户设置

1. 与上级往来

财政总财务会计设置"与上级往来"科目，核算本级政府财政与上级政府财政的往来待结算款项。本科目可根据管理需要，按照往来款项的类别和项目等进行明细核算。期末贷方余额反映本级政府财政欠上级政府财政的款项；借方余额反映上级政府财政欠本级政府财政的款项。本级政府财政的"与上级往来"和上级政府财政的"与下级往来"相对应。

2. 其他应付款

财政总财务会计设置"其他应付款"科目，核算政府财政临时发生的暂收、应付、收到的不明性质款项和收回的结转结余资金等。税务机关代征入库的社会保险费，也通过本科目核算。本科目应按照债权人或资金来源等进行明细核算。其他应付款应当及时清理结算，期末贷方余额反映政府财政尚未结清的其他应付款项。

（三）主要账务处理

1. 与上级往来

（1）收到上级政府财政拨付的款项时，借记"国库存款""其他财政存款"科目，贷记"与上级往来"科目。

（2）有主权外债业务的财政部门，贷款资金由本级政府财政同级部门使用，且贷款的最终还款责任由上级政府财政承担的，本级政府财政收到贷款资金时，借记"国库存款""其他财政存款"等科目，贷记"与上级往来"科目或"补助收入"科目；外方或上级政府财政将贷款资金直接支付给供应商或用款单位时，借记有关费用科目，贷记"与上级往来"科目或"补助收入"科目。

(3) 两级财政年终结算中确认的应当上交上级政府财政的款项，借记"上解费用"科目，贷记"与上级往来"科目。两级财政年终结算中确认的应当由上级政府财政补助的款项，借记"与上级往来"科目，贷记"补助收入"科目。归还上级政府财政的往来性款项时，按照实际归还的金额，借记"与上级往来"科目，贷记"国库存款""其他财政存款"等科目。上级政府财政扣缴有关款项时，借记有关科目，贷记"与上级往来"科目。

【例 3-42】 与【例 3-31】相联系，C 市政府财政与上级某省政府财政发生如下往来待结算款项。

(1) C 市政府财政通过国库收到省政府财政拨付上年度已经确认的应当补助 C 市革命老区的一般转移支付费用 880 000 元。C 市财政总财务会计账务处理如下：

借：国库存款 880 000
    贷：与上级往来——一般性转移支付收入
           ——革命老区转移支付收入 880 000

(2) C 市政府利用世界银行贷款资金 50 000 000 元开展红色旅游景区建设，贷款的最终还款责任由省政府财政承担且上年度已经列入补助收入，世界银行直接将此笔主权外债转贷款资金支付给 C 市政府财政部门的其他财政存款账户上。账务处理如下：

借：其他财政存款 50 000 000
    贷：与上级往来——专项转移支付收入
           ——文化旅游体育与传媒 50 000 000

(3) C 市政府财政年终与省财政进行结算时，确认尚未支付的体制上解款金额为 1 500 000 元。账务处理如下：

借：上解费用——体制上解费用 1 500 000
    贷：与上级往来——体制上解 1 500 000

(4) C 市政府财政年终与省财政进行结算时，确认尚未收到省财政应当补助 C 市革命老区的一般转移支付收入 950 000 元。账务处理如下：

借：与上级往来——一般性转移支付收入
           ——革命老区转移支付收入 950 000
    贷：补助收入——一般性转移支付收入 950 000

(5) 经过两级财政年终结算，"与上级往来"科目存在借方余额 550 000 元，因此，C 市政府财政通过国库归还省政府财政往来性款项 550 000 元。账务处理如下：

借：与上级往来 550 000
    贷：国库存款 550 000

(6) C 市政府因财政困难，暂时无法支付由其承担还款责任的一笔主权外债转贷款利息 6 000 000 元，省政府财政相应扣缴 C 市政府财政资金。账务处理如下：

借：应付主权外债转贷款——应付利息 6 000 000
    贷：与上级往来 6 000 000

2. 其他应付款

(1) 收到不明性质款项及收回结转结余资金时，借记"国库存款""其他财政存款"等科目，贷记"其他应付款"科目。

(2) 将有关款项清理退还、划转、转作收入时，借记"其他应付款"科目，贷记"国库存款""其他财政存款"或有关收入科目。社会保险费代征入库时，借记"国库存款"科目，贷记"其他应付款"科目。

（3）入库的社会保险费划转社保基金专户时，借记"其他应付款"科目，贷记"国库存款"科目。

（4）收回的结转结余资金，财政部门按原预算科目使用的，实际安排支出时，借记"其他应付款"科目，贷记"国库存款""其他财政存款"等科目。收回的结转结余资金，财政部门调整预算科目使用的，实际安排支出时，借记"其他应付款"科目，贷记"以前年度盈余调整——预算管理资金以前年度盈余调整"等科目；同时，借记有关费用科目，贷记"国库存款"等科目。

（5）有关款项确认冲减当年费用时，借记"其他应付款"科目，贷记有关费用科目；有关款项确认冲减以前年度有关费用事项的，借记"其他应付款"科目，贷记"以前年度盈余调整——预算管理资金以前年度盈余调整"等科目。

【例3-43】 某省政府财政收到国库报送的收入日报表，列示的款项中性质不明的数额为1 080 000元，作暂收款处理。省财政总财务会计账务处理如下：

借：国库存款　　　　　　　　　　　　　　　　　　　　　　1 080 000
　　贷：其他应付款——性质不明款项　　　　　　　　　　　　　　　　1 080 000

四、应付代管资金

（一）概念

应付代管资金是指政府财政代为管理的，使用权属于被代管主体的资金。

（二）账户设置

财政总财务会计设置"应付代管资金"科目，核算政府财政代为管理的使用权属于被代管主体的资金。本科目应根据管理需要进行相关明细核算。期末贷方余额反映政府财政尚未支付的代管资金。

（三）主要账务处理

收到代管资金时，借记"其他财政存款"等科目，贷记"应付代管资金"科目。支付代管资金时，借记"应付代管资金"科目，贷记"其他财政存款"等科目。代管资金产生的利息收入按照有关规定仍属于代管资金的，借记"其他财政存款"等科目，贷记"应付代管资金"科目。

【例3-44】 某省政府财政代管一项社会慈善基金，现收到社会慈善捐赠款项3 600 000元，存入财政专户。省财政总财务会计账务处理如下：

借：其他财政存款　　　　　　　　　　　　　　　　　　　　3 600 000
　　贷：应付代管资金——代管慈善基金　　　　　　　　　　　　　　　3 600 000

五、应付利息

（一）概念

应付利息是指政府财政以政府名义发行的政府债券及借入款项应支付的利息。

（二）账户设置

财政总财务会计设置"应付利息"科目，核算政府财政以政府名义发行的政府债券应支付的利息，以及以政府名义借入款项本期应承担的利息等。本科目应根据管理需要设置"应付国债利息""应付地方政府债券利息""应付地方政府主权外债利息"明细科目。本科目应根据债务管理部门计算并提供的政府债券及借入款项的应付利息情况，按期进行核算。期末贷方余额反映政府财政应付未付的利息金额。

（三）主要账务处理

根据债务管理部门计算确定的本期应付未付利息金额，借记"财务费用——利息费用"科目，贷记"应付利息"科目。实际支付利息时，支付金额中已计提的部分，借记"应付利息"科目，未计提的部分，借记"财务费用——利息费用"科目，贷记"国库存款""其他财政存款"等科目。

提前赎回已发行的政府债券、豁免政府财政承担的主权外债应付利息时，按照减少的当年已计提应付利息金额，借记"应付利息"科目，贷记"财务费用——利息费用"等科目。减少以前年度已计提但尚未支付的利息金额，借记"应付利息"科目，贷记"以前年度盈余调整"科目。

期末，政府发行的以外币计价的政府债券及借入款项由于汇率变化产生的应付利息折算差额，借记或贷记"财务费用——汇兑损益"科目，贷记或借记"应付利息"科目。

应付利息核算的举例请参阅应付长期政府债券核算的举例【例3-40】。

六、借入款项

（一）概念

借入款项是指政府财政以政府名义向外国政府和国际金融组织等借入的款项，以及经国务院批准的其他方式借入的款项。

（二）账户设置

财政总财务会计设置"借入款项"科目，核算政府财政以政府名义向外国政府、国际金融组织等借入的款项，以及经国务院批准的其他方式借入的款项。本科目应按照债权人进行明细核算。债务管理部门应设置辅助明细账，主要包括借入款项对应的项目、期限、借入日期、实际偿还及付息情况等内容，并按期计算借款存续期应负担的利息金额。期末贷方余额反映本级政府财政尚未偿还的借入款项本金。

（三）主要账务处理

本级政府财政收到借入的主权外债资金时，按照实际收到的金额借记"国库存款""其他财政存款"科目，按照实际承担的债务金额贷记"借入款项"科目，按照实际收到的金额与承担的债务之间的差额，借记或贷记有关费用科目。偿还主权外债本金时，按照实际支付的金额，借记"借入款项"科目，贷记"国库存款""其他财政存款"等科目。债权人豁免本级政府财政承担偿还责任的借入主权外债本金时，根据债务管理部门转来的有关资料，按照被豁免的本金，借记"借入款项"科目，贷记"其他收入"等科目。年末，根据债务管理部门提供借入款项因汇率变动产生的期末人民币余额与账面余额之间的差额资料，借记或贷记"财务费用——汇兑损益"科目，贷记或借记"借入款项"科目。

【例 3-45】 某省政府财政经国务院批准从世界银行借入 90 000 000 美元用于该省省会城市民用机场建设，款项已经转入财政专户，按照当日中国人民银行公布的美元汇率中间价为 6.9012 计算，折算为人民币的金额为 621 108 000 元。省财政总财务会计账务处理如下：

借：其他财政存款　　　　　　　　　　　　　　　621 108 000
　　贷：借入款项——应付本金——世界银行　　　　　　　621 108 000

七、应付转贷款

（一）概念

应付转贷款是指政府财政从上级政府财政借入的债务转贷款的本金和利息，包括应付地方政府债券转贷款和应付主权外债转贷款等。省级以下政府财政不允许直接举借债务，但经过批准可以通过上级政府财政转贷的形式取得债务资金。应付转贷款通常属于非流动负债。

1. 应付地方政府债券转贷款

应付地方政府债券转贷款是指本级政府财政因借入上级政府财政发行的地方债券转贷资金而形成的应付款项，包括转贷的地方政府债券贷款本金和利息。本级政府财政作为地方政府债券的被转贷方，通常为省级以下政府财政。转贷方通常为省级政府财政。

2. 应付主权外债转贷款

应付主权外债转贷款是指因借入上级政府财政的主权外债转贷资金而形成的应付款项，包括转贷的主权外债贷款本金和利息。本级政府财政作为主权外债的被转贷方，通常为省级及省级以下政府财政，转贷方通常为中央政府财政。

（二）账户设置

1. 应付地方政府债券转贷款

财政总财务会计设置"应付地方政府债券转贷款"科目，核算地方政府财政从上级政府财政借入地方政府债券转贷款的本金和利息。本科目应设置"应付本金"和"应付利息"明细科目,其下可根据管理规定设置"地方政府一般债券""地方政府专项债券"等明细科目。其中,"应付利息"科目通常应根据债务管理部门计算并提供的政府债券转贷款的应付利息情况,按期进行核算。期末贷方余额反映本级政府财政尚未偿还的地方政府债券转贷款本金和利息。

2. 应付主权外债转贷款

财政总财务会计设置"应付主权外债转贷款"科目,核算本级政府财政从上级政府财政借入主权外债转贷款的本金和利息。本科目应设置"应付本金"和"应付利息"明细科目。债务管理部门应当设置辅助明细账,主要包括应付主权外债对应的项目、期限、借入日期、实际偿还及付息情况等内容,并按期计算外债存续期应负担的利息金额。期末贷方余额反映本级政府财政尚未偿还的主权外债转贷款本金和利息。

(三) 主要账务处理

1. 应付地方政府债券转贷款

(1) 上级政府财政转贷地方政府债券资金时,按照实际收到的金额或债务管理部门转来的相关资料,借记"国库存款"或"与上级往来"等科目,按照转贷本金金额,贷记"应付地方政府债券转贷款"科目,按照其差额,借记或贷记有关费用科目。

(2) 按期确认地方政府债券转贷款的应付利息时,根据债务管理部门计算确定的本期应付未付利息金额,借记"财务费用——利息费用"科目,贷记"应付地方政府债券转贷款"科目。

(3) 偿还本级政府财政承担的地方政府债券转贷款本息时,借记"应付地方政府债券转贷款"科目,贷记"国库存款"等科目。

(4) 上级政府财政扣缴地方政府债券转贷款本息时,借记"应付地方政府债券转贷款"科目,贷记"与上级往来"等科目。上级政府财政豁免转贷款本息时,根据债务管理部门转来的有关资料及有关预算文件,按照豁免金额,借记"应付地方政府债券转贷款"科目,贷记"补助收入"或"与上级往来"等科目。

【例3-46】 与【例3-36】相关联,某省财政经批准发行的一批一般地方政府债券向所下辖D市财政转贷60 000 000元,用以支持该市的一座过江大桥建设。该转贷款年利率为3.6%,转贷期限为4年,每年支付一次利息,利息和到期本金支付给省财政,转贷款本息均列入了D市一般公共预算。D市财政总财务会计账务处理如下:

(1) 上级政府财政转贷地方政府债券资金时,

借:国库存款 60 000 000

  贷:应付地方政府债券转贷款——应付本金

          ——地方政府一般债券 60 000 000

(2) 每年按期确认地方政府债券转贷款的应付利息时,

借:财务费用——利息费用 2 160 000

  贷:应付地方政府债券转贷款——应付利息

          ——地方政府一般债券 2 160 000

(3) 前三年每年偿还本级政府财政承担的地方政府债券转贷款利息时,

借：应付地方政府债券转贷款——应付利息
　　　　　　　　　　　　　　——地方政府一般债券　2 160 000
　　贷：国库存款　　　　　　　　　　　　　　　　　　　　2 160 000

(4) 最后一年偿还本级政府财政承担的地方政府债券转贷款本息时,

借：应付地方政府债券转贷款——应付本金
　　　　　　　　　　　　　　——地方政府一般债券　60 000 000
　　　　　　　　　　　　　　——应付利息
　　　　　　　　　　　　　　——地方政府一般债券　2 160 000
　　贷：国库存款　　　　　　　　　　　　　　　　　　　　62 160 000

2. 应付主权外债转贷款

(1) 收到上级政府财政转贷的主权外债资金时，按照实际收到的金额借记"国库存款""其他财政存款"科目，按照实际承担的债务金额贷记"应付主权外债转贷款"科目，按照实际收到的金额和承担的债务金额之间的差额，借记或贷记有关费用科目。

(2) 从上级政府财政借入主权外债转贷款，且由外方或上级政府财政将贷款资金直接支付给用款单位或供应商时，应根据以下情况分别处理：第一种情况，本级政府财政承担还款责任，贷款资金由本级政府财政同级部门使用的，根据债务管理部门转来的有关资料，借记有关费用科目，贷记"应付主权外债转贷款"科目；第二种情况，本级政府财政承担还款责任，贷款资金由下级政府财政同级部门使用的，根据债务管理部门转来的有关资料及有关预算文件，借记"补助费用"或"与下级往来"等科目，贷记"应付主权外债转贷款"科目；第三种情况，下级政府财政承担还款责任，贷款资金由下级政府财政同级部门使用的，根据债务管理部门转来的有关资料，借记"应收主权外债转贷款"科目，贷记"应付主权外债转贷款"科目。

(3) 按期确认主权外债转贷款的应付利息时，根据债务管理部门计算确认的转贷款本期应付未付利息金额，借记"财务费用——利息费用"科目，贷记"应付主权外债转贷款"科目。偿还主权外债转贷款的本息时，借记"应付主权外债转贷款"科目，贷记"国库存款""其他财政存款"等科目。上级政府财政扣缴借入主权外债转贷款的本息时，借记"应付主权外债转贷款"科目，贷记"与上级往来"科目。

(4) 上级政府财政豁免主权外债转贷款本息时，根据以下情况分别处理：第一种情况，豁免本级政府财政承担偿还责任的主权外债转贷款本息时，根据债务管理部门转来的有关资料及有关预算文件，按照豁免转贷款的金额，借记"应付主权外债转贷款"科目，贷记"补助收入"或"与上级往来"等科目；第二种情况，豁免下级政府财政承担偿还责任的主权外债转贷款本息时，根据债务管理部门转来的有关资料及有关预算文件，按照豁免转贷款的金额，借记"应付主权外债转贷款"科目，贷记"应收主权外债转贷款"科目，同时借记"补助费用"或"与下级往来"等科目，贷记"补助收入"或"与上级往来"科目。

(5) 年末，根据债务管理部门提供的应付主权外债转贷款因汇率变动产生的期末人民币余额与账面余额之间的差额资料，借记或贷记"财务费用——汇兑损益"科目，贷记或借记"应付主权外债转贷款"科目。本级政府财政首次确认以前年度转贷的主权外债时，根据债务管理部门提供的有关资料,按照转贷主权外债本息余额,借记"以前年度盈余调整"科目,贷记"应付主权外债转贷款"科目。

【例 3-47】 与【例 3-37】相关联,某省政府经批准通过财政部向亚洲基础设施投资银行贷款 10 000 000 美元,当年 1 月 1 日收到贷款后随即全部转贷给所下辖 D 市财政,用以支持该市的一条地铁线路建设,D 市财政专户收到贷款当天汇率为 1 美元=6.8 元人民币。该转贷款最终还款责任由 D 市财政承担,年利率为 2.4%,转贷期限为 3 年,每年支付一次利息,利息和到期本金支付给省财政,转贷款本息均列入了 D 市政府性基金预算。3 年末汇率分别为 1 美元兑付 6.75、6.81、6.77 元人民币。D 市财政总财务会计账务处理如下:

(1) 收到上级政府财政转贷的主权外债资金时,
借:其他财政存款　　　　　　　　　　　　　　　68 000 000
　　贷:应付主权外债转贷款——应付本金　　　　　　　　68 000 000
(2) 第 1 年按期确认主权外债转贷款的应付利息、汇兑损益和支付转贷款利息时,
应付利息=10 000 000×2.4‰×6.75=1 620 000(元)
借:财务费用——利息费用　　　　　　　　　　　1 620 000
　　贷:应付主权外债转贷款——应付利息　　　　　　　　1 620 000
汇兑损益=10 000 000×(6.8-6.75)=500 000(元)
借:应付主权外债转贷款——应付本金　　　　　　500 000
　　贷:财务费用——汇兑损益　　　　　　　　　　　　　500 000
支付转贷款利息,
借:应付主权外债转贷款——应付利息　　　　　　1 620 000
　　贷:其他财政存款　　　　　　　　　　　　　　　　　1 620 000
(3) 第 2 年按期确认主权外债转贷款的应付利息、汇兑损益和支付转贷款利息时,
应付利息=10 000 000×2.4‰×6.81=1 634 400(元)
借:财务费用——利息费用　　　　　　　　　　　1 634 400
　　贷:应付主权外债转贷款——应付利息　　　　　　　　1 634 400
汇兑损益=10 000 000×(6.75-6.81)=-600 000(元)
借:财务费用——汇兑损益　　　　　　　　　　　600 000
　　贷:应付主权外债转贷款——应付本金　　　　　　　　600 000
支付转贷款利息,
借:应付主权外债转贷款——应付利息　　　　　　1 634 400
　　贷:其他财政存款　　　　　　　　　　　　　　　　　1 634 400
(4) 第 3 年按期确认主权外债转贷款的应付利息、汇兑损益时,
应付利息=10 000 000×2.4‰×6.77=1 624 800(元)
借:财务费用——利息费用　　　　　　　　　　　1 624 800
　　贷:应付主权外债转贷款——应付利息　　　　　　　　1 624 800
汇兑损益=10 000 000×(6.81-6.77)=400 000(元)
借:应付主权外债转贷款——应付本金　　　　　　400 000
　　贷:财务费用——汇兑损益　　　　　　　　　　　　　400 000

(5) 最后一年偿还主权外债转贷款本息时：

借：应付主权外债转贷款——应付本金　　　　67 700 000
　　　　　　　　　　　　——应付利息　　　　 1 624 800
　　贷：其他财政存款　　　　　　　　　　　　　　　　　　　69 324 800

八、其他负债

（一）概念

其他负债是指政府财政因有关政策明确要求其承担支出责任的事项而形成的支付义务。

（二）账户设置

财政总财务会计设置"其他负债"科目，核算政府财政因有关政策明确要求其承担支出责任的事项而形成的支付义务。本科目可根据管理需要，按照项目等进行明细核算。贷方余额反映政府财政承担的尚未支付的其他负债余额。

（三）主要账务处理

政策明确由政府财政承担支出责任的其他负债，按照确定应承担的负债金额，借记"其他费用"科目，贷记"其他负债"科目。期末，根据债务管理部门转来的其他负债期末余额与账面余额的差额，借记或贷记"其他负债"科目，贷记或借记"其他费用"科目。

【例3-48】　D市政府根据省政府相关政策已明确D市政府财政承担的应付未付支出责任，确定应承担的负债金额2 000 000元。D市财政总财务会计账务处理如下：

借：其他费用　　　　　　　　　　　　　　　　2 000 000
　　贷：其他负债　　　　　　　　　　　　　　　　　　　　2 000 000

第六节　财政总财务会计的净资产核算

净资产是指本级政府财政总会计核算的资产扣除负债后的净额。净资产包括本期盈余、累计盈余、预算稳定调节基金、预算周转金、权益法调整、以前年度盈余调整等。

一、本期盈余

（一）概念

本期盈余是指政府财政一般公共预算资金、政府性基金预算资金、国有资本经营预算资金、财政专户管理资金、专用基金本期各项收入、费用分别相抵后的余额。

(二）账户设置

财政总财务会计设置"本期盈余"科目，核算政府财政纳入一般公共预算资金、政府性基金预算资金、国有资本经营预算资金、财政专户管理资金、专用基金本期各项收入、费用分别相抵后的余额。设置补充和动用预算稳定调节基金，设置补充预算周转金产生的盈余变动事项，也通过本科目核算。本科目应设置"预算管理资金本期盈余""财政专户管理资金本期盈余""专用基金本期盈余"明细科目。期末结转后，本科目及明细科目应无余额。

（三）主要账务处理

1. "预算管理资金本期盈余"明细科目的账务处理

（1）年终转账时，将纳入一般公共预算、政府性基金预算、国有资本经营预算管理的各类收入科目本年发生额转入"本期盈余——预算管理资金本期盈余"科目的贷方，借记"税收收入""非税收入""投资收益""补助收入""上解收入""地区间援助收入""其他收入"科目，贷记"本期盈余——预算管理资金本期盈余"科目；将纳入一般公共预算、政府性基金预算、国有资本经营预算管理的各类费用科目本年发生额转入"本期盈余——预算管理资金本期盈余"科目的借方，借记"本期盈余——预算管理资金本期盈余"科目，贷记"政府机关商品和服务拨款费用""政府机关工资福利拨款费用""对事业单位补助拨款费用""对企业补助拨款费用""对个人和家庭补助拨款费用""对社会保障基金补助拨款费用""资本性拨款费用""其他拨款费用""财务费用""补助费用""上解费用""地区间援助费用""其他费用"科目。

（2）设置或补充预算稳定调节基金时，借记"本期盈余——预算管理资金本期盈余"科目，贷记"预算稳定调节基金"科目；动用预算稳定调节基金时，借记"预算稳定调节基金"科目，贷记"本期盈余——预算管理资金本期盈余"科目。

（3）设置或补充预算周转金时，借记"本期盈余——预算管理资金本期盈余"科目，贷记"预算周转金"科目。

（4）完成上述结转后，将"本期盈余——预算管理资金本期盈余"科目余额转入累计盈余。如为借方余额，贷记"本期盈余——预算管理资金本期盈余"科目，借记"累计盈余——预算管理资金累计盈余"科目；如为贷方余额，借记"本期盈余——预算管理资金本期盈余"科目，贷记"累计盈余——预算管理资金累计盈余"科目。

2. "财政专户管理资金本期盈余"明细科目的账务处理

（1）年终转账时，将财政专户管理资金收入的本年发生额转入"本期盈余——财政专户管理资金本期盈余"科目的贷方，借记"财政专户管理资金收入"科目，贷记"本期盈余——财政专户管理资金本期盈余"科目；将财政专户管理资金支出的本年发生额转入"本期盈余——财政专户管理资金本期盈余"科目的借方，借记"本期盈余——财政专户管理资金本期盈余"科目，贷记"财政专户管理资金支出"科目。

（2）完成上述结转后，将"本期盈余——财政专户管理资金本期盈余"科目余额转入累计盈余。借记或贷记"本期盈余——财政专户管理资金本期盈余"科目，贷记或借记"累计盈余——财政专户管理资金累计盈余"科目。

3. "专用基金本期盈余"明细科目的账务处理

(1) 年终转账时,将专用基金收入的本年发生额转入"本期盈余——专用基金本期盈余"科目的贷方,借记"专用基金收入"科目,贷记"本期盈余——专用基金本期盈余"科目;将专用基金支出的本年发生额转入"本期盈余——专用基金本期盈余"科目的借方,借记"本期盈余——专用基金本期盈余",贷记"专用基金支出"科目。

(2) 完成上述结转后,将"本期盈余——专用基金本期盈余"科目余额转入累计盈余。借记或贷记"本期盈余——专用基金本期盈余"科目,贷记或借记"累计盈余——专用基金累计盈余"科目。

【例 3-49】 20××年 12 月 31 日,某省财政有关收入科目余额如表 3-2 所示。

表 3-2 相关收入科目余额表　　　　　　　　　　(单位:千元)

科目	贷方余额
税收收入	380 000
非税收入	120 000
投资收益	8 000
补助收入	62 750
上解收入	35 150
地区间援助收入	6 600
其他收入	5 900
财政专户管理资金收入	9 970
专用基金收入	9 600

省财政总财务会计账务处理如下:

```
借:税收收入                              380 000 000
   非税收入                              120 000 000
   投资收益                                8 000 000
   补助收入                               62 750 000
   上解收入                               35 150 000
   地区间援助收入                          6 600 000
   其他收入                                5 900 000
   贷:本期盈余——预算管理资金本期盈余              618 400 000
借:财政专户管理资金收入                    9 970 000
   贷:本期盈余——财政专户管理资金本期盈余           9 970 000
借:专用基金收入                            9 600 000
   贷:本期盈余——专用基金本期盈余                   9 600 000
```

【例3-50】 20××年12月31日，某省财政有关费用科目余额如表3-3所示。

表3-3 相关费用科目余额表 （单位：千元）

科目	借方余额
政府机关商品和服务拨款费用	11 200
政府机关工资福利拨款费用	95 450
对事业单位补助拨款费用	255 000
对企业补助拨款费用	7 800
对个人和家庭补助拨款费用	3 790
对社会保障基金补助拨款费用	99 990
资本性拨款费用	8 200
其他拨款费用	10 000
财务费用	7 200
补助费用	16 710
上解费用	7 000
地区间援助费用	3 300
其他费用	51 600
财政专户管理资金支出	9 270
专用基金支出	8 400

省财政总财务会计账务处理如下：
借：本期盈余——预算管理资金本期盈余　　　577 240 000
　　贷：政府机关商品和服务拨款费用　　　　　　11 200 000
　　　　政府机关工资福利拨款费用　　　　　　　95 450 000
　　　　对事业单位补助拨款费用　　　　　　　 255 000 000
　　　　对企业补助拨款费用　　　　　　　　　　 7 800 000
　　　　对个人和家庭补助拨款费用　　　　　　　 3 790 000
　　　　对社会保障基金补助拨款费用　　　　　　99 990 000
　　　　资本性拨款费用　　　　　　　　　　　　 8 200 000
　　　　其他拨款费用　　　　　　　　　　　　　10 000 000
　　　　财务费用　　　　　　　　　　　　　　　 7 200 000
　　　　补助费用　　　　　　　　　　　　　　　16 710 000
　　　　上解费用　　　　　　　　　　　　　　　 7 000 000
　　　　地区间援助费用　　　　　　　　　　　　 3 300 000
　　　　其他费用　　　　　　　　　　　　　　　51 600 000
借：本期盈余——财政专户管理资金本期盈余　　 9 270 000
　　贷：财政专户管理资金支出　　　　　　　　　 9 270 000

借：本期盈余——专用基金本期盈余　　　　　　　　　　8 400 000
　　贷：专用基金支出　　　　　　　　　　　　　　　　　　　　　8 400 000

二、以前年度盈余调整

（一）概念

以前年度盈余调整是指政府财政调整以前年度盈余的事项。主要包括调整增加或减少以前年度收入、调整增加或减少以前年度费用、在本年初次确认政府以前年度取得的资产或承担的负债等。

（二）账户设置

财政总财务会计设置"以前年度盈余调整"科目，核算政府财政调整以前年度盈余的事项。本科目应设置"预算管理资金以前年度盈余调整""财政专户管理资金以前年度盈余调整""专用基金以前年度盈余调整"明细科目。期末结转后，本科目应无余额。

（三）主要账务处理

调整增加以前年度收入时，按照调整增加的金额，借记有关科目，贷记"以前年度盈余调整"科目；调整减少的，做相反会计分录。调整增加以前年度费用时，按照调整增加的金额，借记"以前年度盈余调整"科目，贷记有关科目；调整减少的，做相反会计分录。对于政府以前年度取得的资产或承担的负债，在本年初次确认时，借记有关资产科目或贷记有关负债科目，贷记或借记"以前年度盈余调整"科目。年终转账时，将"以前年度盈余调整"科目余额转入累计盈余，借记或贷记"累计盈余"科目，贷记或借记"以前年度盈余调整"科目。

【例3-51】　某省政府财政20××年5月27日，发现去年通过国库拨付的科技厅办公楼物业管理费370 000元，错误记为37 000元（政府机关商品和服务拨款费用——科技厅——办公经费）。因此，省政府财政需要调整增加以前年度费用333 000元。省财政总财务会计账务处理如下：
借：以前年度盈余调整——预算管理资金以前年度盈余调整　　333 000
　　贷：国库存款　　　　　　　　　　　　　　　　　　　　　　333 000

三、预算稳定调节基金

（一）概念

预算稳定调节基金是指政府财政为保持年度间预算的衔接和稳定而设置的储备性资金。通过预算稳定调节基金，在一定程度上可实现政府财政的长期平衡和可持续发展。

（二）账户设置

财政总财务会计设置"预算稳定调节基金"科目，核算本级政府财政为保持年度间预算的衔接和稳定而设置的储备性资金。期末贷方余额反映预算稳定调节基金的累计规模。

(三) 主要账务处理

设置或补充预算稳定调节基金时,借记"本期盈余——预算管理资金本期盈余"科目,贷记"预算稳定调节基金"科目。动用预算稳定调节基金时,借记"预算稳定调节基金"科目,贷记"本期盈余——预算管理资金本期盈余"科目。

3-6 知识扩展

【例 3-52】 某省政府财政年中动用预算稳定调节基金 9 000 000 元。省财政总财务会计账务处理如下:

借:预算稳定调节基金　　　　　　　　　　　　　9 000 000
　　贷:本期盈余——预算管理资金本期盈余　　　　　　　　　9 000 000

【例 3-53】 某省政府财政预计发生财政超收,即财政收入大于财政支出,决定将一部分超收补充预算稳定调节基金,补充金额为 10 000 000 元。省财政总财务会计账务处理如下:

借:本期盈余——预算管理资金本期盈余　　　　　10 000 000
　　贷:预算稳定调节基金　　　　　　　　　　　　　　　　10 000 000

四、预算周转金

(一) 概念

预算周转金是指政府财政为调剂预算年度内季节性收支差额,保证及时用款而设置的库款周转资金。预算周转金是一种供周转使用的资金,可保证年度内预算收支的正常进行,避免收支在时间上脱节。

(二) 账户设置

财政总财务会计设置"预算周转金"科目,核算政府财政设置的用于调剂预算年度内季节性收支差额周转使用的资金。期末贷方余额反映预算周转金的累计规模。

(三) 主要账务处理

设置或补充预算周转金时,借记"本期盈余——预算管理资金本期盈余"科目,贷记"预算周转金"科目。将预算周转金调入预算稳定调节基金时,借记"预算周转金"科目,贷记"预算稳定调节基金"科目。

【例 3-54】 某省政府财政年终发生财政超收,即财政收入大于财政支出,决定将一部分超收补充预算周转金,补充金额为 827 000 元。省财政总财务会计账务处理如下:

借:本期盈余——预算管理资金本期盈余　　　　　827 000
　　贷:预算周转金　　　　　　　　　　　　　　　　　　　827 000

【例3-55】 某省政府财政年终将一部分预算周转金调入预算稳定调节基金,调入金额为600 000元。财政总财务会计账务处理如下:

借:预算周转金　　　　　　　　　　　　　　　　　　　600 000
　　贷:预算稳定调节基金　　　　　　　　　　　　　　　　　　600 000

五、累计盈余

(一) 概念

累计盈余是指政府财政一般公共预算资金、政府性基金预算资金、国有资本经营预算资金、财政专户管理资金、专用基金历年实现的盈余滚存的金额。

(二) 账户设置

财政总财务会计设置"累计盈余"科目,核算政府财政纳入一般公共预算、政府性基金预算、国有资本经营预算管理的预算资金、财政专户管理资金、专用基金历年实现的盈余滚存的金额。本科目应设置"预算管理资金累计盈余""财政专户管理资金累计盈余""专用基金累计盈余"明细科目。

(三) 主要账务处理

1. "预算管理资金累计盈余"明细科目的主要账务处理

年终转账时,将"本期盈余——预算管理资金本期盈余"科目余额转入"累计盈余——预算管理资金累计盈余"科目,借记或贷记"本期盈余——预算管理资金本期盈余"科目,贷记或借记"累计盈余——预算管理资金累计盈余"科目。年终转账时,将"以前年度盈余调整——预算管理资金以前年度盈余调整"科目余额转入"累计盈余——预算管理资金累计盈余"科目,借记或贷记"以前年度盈余调整——预算管理资金以前年度盈余调整"科目,贷记或借记"累计盈余——预算管理资金累计盈余"科目。"累计盈余——预算管理资金累计盈余"科目期末余额反映预算管理资金累计盈余的累计数。

2. "财政专户管理资金累计盈余"明细科目的主要账务处理

年终转账时,将"本期盈余——财政专户管理资金本期盈余"科目余额转入"累计盈余——财政专户管理资金累计盈余"科目,借记或贷记"本期盈余——财政专户管理资金本期盈余"科目,贷记或借记"累计盈余——财政专户管理资金累计盈余"科目。年终转账时,将"以前年度盈余调整——财政专户管理资金以前年度盈余调整"科目余额转入"累计盈余——财政专户管理资金累计盈余"科目,借记或贷记"以前年度盈余调整——财政专户管理资金以前年度盈余调整"科目,贷记或借记"累计盈余——财政专户管理资金累计盈余"科目。"累计盈余——财政专户管理资金累计盈余"科目期末余额反映财政专户管理资金累计盈余的累计数。

3. "专用基金累计盈余"明细科目的主要账务处理

年终转账时,将"本期盈余——专用基金本期盈余"科目的余额转入"累计盈余——专用基金累计盈余"科目,借记或贷记"本期盈余——专用基金本期盈余"科目,贷记或借记"累计盈余——专用基金累计盈余"科目。年终转账时,将"以前年度盈余调整——

专用基金以前年度盈余调整"科目的余额转入"累计盈余——专用基金累计盈余"科目，借记或贷记"以前年度盈余调整——专用基金以前年度盈余调整"科目，贷记或借记"累计盈余——专用基金累计盈余"科目。"累计盈余——专用基金累计盈余"科目期末余额反映专用基金累计盈余的累计数。

【例 3-56】 与【例 3-49】至【例 3-54】相关联，某省政府财政年终转账时，"本期盈余——预算管理资金本期盈余"科目的贷方余额为 39 333 000 元（618 400 000－577 240 000＋9 000 000－10 000 000－827 000），"本期盈余——财政专户管理资金本期盈余"科目的贷方余额为 700 000 元（9 970 000－9 270 000），"本期盈余——专用基金本期盈余"科目的贷方余额为 1 200 000 元（9 600 000－8 400 000），"以前年度盈余调整——预算管理资金以前年度盈余调整"科目的借方余额为 333 000 元，将以上科目的余额转入"累计盈余"科目。省财政总财务会计账务处理如下：

  借：本期盈余——预算管理资金本期盈余   39 333 000
      ——财政专户管理资金本期盈余   700 000
      ——专用基金本期盈余   1 200 000
   贷：以前年度盈余调整——预算管理资金以前年度盈余调整   333 000
     累计盈余——预算管理资金累计盈余   39 000 000
      ——财政专户管理资金累计盈余   700 000
      ——专用基金累计盈余   1 200 000

六、权益法调整

（一）概念

权益法调整是指政府财政按照持股比例计算应享有的被投资主体除净损益和利润分配以外的所有者权益变动的份额。

（二）账户设置

财政总财务会计设置"权益法调整"科目，核算政府财政按照持股比例计算应享有的被投资主体除净损益和利润分配以外的所有者权益变动的份额。本科目应根据管理需要，按照被投资主体进行明细核算。期末余额反映政府财政在被投资主体除净损益和利润分配以外的所有者权益变动中累计享有（或分担）的份额。

（三）主要账务处理

被投资主体发生除净损益和利润分配以外的其他权益变动时，按照政府财政持股比例计算应享有的部分，借记或贷记"股权投资（其他权益变动）"科目，贷记或借记"权益法调整"科目。处置股权投资或因企业破产清算导致股权投资减少时，按照相应的"权益法调整"账面余额，借记或贷记"权益法调整"科目，贷记或借记"股权投资（其他权益变动）"科目。无偿划出股权投资时，根据股权管理部门提供的资料，按照被划出股权投资对应的"权益法调整"科目账面余额，借记或贷记"权益法调整"科目，贷记或借记

"股权投资（其他权益变动）"科目；按照被划出股权投资的账面余额，借记"其他费用"科目，贷记"股权投资（投资成本、损益调整）"科目。由于管理需要，股权投资的核算由权益法改为成本法的，按照"权益法调整"科目账面余额，借记或贷记"权益法调整"科目，贷记或借记"股权投资（其他权益变动）"科目；按照权益法下"股权投资（投资成本、损益调整）"科目账面余额作为成本法下"股权投资（投资成本）"账面余额，借记"股权投资（投资成本）"科目，贷记"股权投资（投资成本、损益调整）"科目。

权益法调整的有关核算参见【例 3-22】。

第七节 财政总财务会计报表与政府综合财务报告

一、财政总财务会计报表

财政总财务会计报表是反映政府财政的财务状况、运行情况和现金流量等情况的书面报告，包括会计报表和附注等。会计报表包括资产负债表、收入费用表、现金流量表、本年预算结余与本期盈余调节表等。收入费用表应当按月度和年度编制，资产负债表、现金流量表、本年预算结余与本期盈余调节表和附注应当至少按年度编制。财政总财务会计应当编制并提供真实、完整的会计报表，切实做到账表一致，不得估列代编、弄虚作假。

（一）资产负债表

资产负债表是反映政府财政在某一特定日期财务状况的报表。通过资产负债表，可以了解政府财政在某一特定日期全部资产、负债和净资产的情况。资产负债表如表 3-4 所示。

表 3-4 资产负债表

总会财 01 表

编制单位： 年 月 日 单位：元

资产	年初余额	期末余额	负债和净资产	年初余额	期末余额
流动资产：			**流动负债：**		
国库存款			应付短期政府债券		
其他财政存款			应付国库集中支付结余		
国库现金管理资产			与上级往来		
有价证券			其他应付款		
应收非税收入			应付代管资金		
应收股利			应付利息		

续表

资　产	年初余额	期末余额	负债和净资产	年初余额	期末余额
借出款项			一年内到期的非流动负债		
与下级往来			**流动负债合计**		
预拨经费			**非流动负债：**		
在途款			应付长期政府债券		
其他应收款			借入款项		
应收利息			应付地方政府债券转贷款		
一年内到期的非流动资产			应付主权外债转贷款		
流动资产合计			其他负债		
非流动资产：			**非流动负债合计**		
应收地方政府债券转贷款			**负债合计**		
应收主权外债转贷款			**净资产：**		
股权投资			累计盈余		
非流动资产合计			预算稳定调节基金		
			预算周转金		
			权益法调整		
			净资产合计		
资产总计			**负债和净资产总计**		

编制资产负债表时，表中"年初余额"栏内各项数字，应当根据上年年末资产负债表"期末余额"栏内数字填列。如果本年度资产负债表规定的各个项目的名称和内容同上年度不一致，应对上年年末资产负债表各项目的名称和数字按照本年度的规定进行调整，填入表中"年初余额"栏内。表中"期末余额"栏各项目的内容和填列方法如下：

1. 资产类项目

（1）"国库存款"项目，反映政府财政期末存放在国库单一账户的款项金额。本项目应当根据"国库存款"科目的期末余额填列。

（2）"其他财政存款"项目，反映政府财政期末持有的其他财政存款金额。本项目应当根据"其他财政存款"科目的期末余额填列。

（3）"国库现金管理资产"项目，反映政府财政期末实行国库现金管理业务等持有的资产金额。本项目应当根据"国库现金管理资产"科目的期末余额填列。

（4）"有价证券"项目，反映政府财政期末持有的有价证券金额。本项目应当根据"有价证券"科目的期末余额填列。

（5）"应收非税收入"项目，反映政府财政期末向缴款人收取但尚未缴入国库的非税收入。本项目应当根据"应收非税收入"科目的期末余额填列。

（6）"应收股利"项目，反映政府财政期末尚未收回的现金股利或利润金额。本项目应当根据"应收股利"科目的期末余额填列。

（7）"借出款项"项目，反映政府财政期末借给预算单位尚未收回的款项金额。本项目应当根据"借出款项"科目的期末余额填列。

（8）"与下级往来"项目，正数反映下级政府财政欠本级政府财政的款项金额；负数反映本级政府财政欠下级政府财政的款项金额。本项目应当根据"与下级往来"科目的期末余额填列，期末余额如为借方则以正数填列，如为贷方则以负数填列。

（9）"预拨经费"项目，反映政府财政期末尚未转列支出或尚待收回的预拨经费金额。本项目应当根据"预拨经费"科目的期末余额填列。

（10）"在途款"项目，反映政府财政期末持有的在途款金额。本项目应当根据"在途款"科目的期末余额填列。

（11）"其他应收款"项目，反映政府财政期末尚未收回的其他应收款的金额。本项目应当根据"其他应收款"科目的期末余额填列。

（12）"应收利息"项目，反映政府财政期末应收未收的转贷款利息金额。本项目应当根据"应收地方政府债券转贷款""应收主权外债转贷款"科目下的"应收利息"明细科目期末余额填列。

（13）"一年内到期的非流动资产"项目，反映政府财政期末非流动资产项目中距离偿还本金日期1年以内（含1年）的转贷款本金。本项目应当根据"应收地方政府债券转贷款""应收主权外债转贷款"科目下的"应收本金"明细科目期末余额及债务管理部门提供的资料分析填列。

（14）"流动资产合计"项目，反映政府财政期末流动资产的合计数。本项目应当根据本表中"国库存款""其他财政存款""国库现金管理资产""有价证券""应收非税收入""应收股利""借出款项""与下级往来""预拨经费""在途款""其他应收款""应收利息""一年内到期的非流动资产"项目金额的合计数填列。

（15）"应收地方政府债券转贷款"项目，反映政府财政期末尚未收回的距离偿还本金日期超过1年的地方政府债券转贷款的本金金额。本项目应当根据"应收地方政府债券转贷款"科目下的"应收本金"明细科目期末余额及债务管理部门提供的资料分析填列。

（16）"应收主权外债转贷款"项目，反映政府财政期末尚未收回的距离偿还本金日期超过1年的主权外债转贷款的本金金额。本项目应当根据"应收主权外债转贷款"科目下的"应收本金"明细科目期末余额及债务管理部门提供的资料分析填列。

（17）"股权投资"项目，反映政府期末持有股权投资的金额。本项目应当根据"股权投资"科目的期末余额填列。

（18）"非流动资产合计"项目，反映政府财政期末非流动资产的合计数。本项目应当根据本表中"应收地方政府债券转贷款""应收主权外债转贷款""股权投资"项目金额的合计数填列。

（19）"资产总计"项目，反映政府财政期末资产的合计数。本项目应当根据本表中"流动资产合计""非流动资产合计"项目金额的合计数填列。

2. 负债类项目

（1）"应付短期政府债券"项目，反映政府财政期末尚未偿还的发行期不超过1年（含1年）的国债和地方政府债券本金金额。本项目应当根据"应付短期政府债券"科目的期末余额填列。

(2)"应付国库集中支付结余"项目,反映政府财政期末尚未支付的国库集中支付结余金额。本项目应当根据"应付国库集中支付结余"科目的期末余额填列。

(3)"与上级往来"项目,正数反映本级政府财政期末欠上级政府财政的款项金额;负数反映上级政府财政欠本级政府财政的款项金额。本项目应当根据"与上级往来"科目的期末余额填列,期末余额如为贷方则以正数填列,如为借方则以负数填列。

(4)"其他应付款"项目,反映政府财政期末尚未支付的其他应付款的金额。本项目应当根据"其他应付款"科目的期末余额填列。

(5)"应付代管资金"项目,反映政府财政期末尚未支付的代管资金金额。本项目应当根据"应付代管资金"科目的期末余额填列。

(6)"应付利息"项目,反映政府财政期末尚未支付的利息金额。省级以上(含省级)政府财政应当根据"应付利息"科目的期末余额填列;市县政府财政应当根据"应付地方政府债券转贷款""应付主权外债转贷款"科目下的"应付利息"明细科目的期末余额填列。

(7)"一年内到期的非流动负债"项目,反映政府财政期末承担的距离偿还本金日期1年以内(含1年)的非流动负债。省级以上(含省级)政府财政应当根据"应付长期政府债券""借入款项"科目余额,市县政府财政应当根据"应付地方政府债券转贷款""应付主权外债转贷款"科目下的"应付本金"明细科目的期末余额及债务管理部门提供的资料分析填列。

(8)"流动负债合计"项目,反映政府财政期末流动负债合计数。本项目应当根据本表"应付短期政府债券""应付国库集中支付结余""与上级往来""其他应付款""应付代管资金""应付利息""一年内到期的非流动负债"项目金额的合计数填列。

(9)"应付长期政府债券"项目,反映政府财政期末承担的距离偿还本金日期超过1年的国债和地方政府债券本金金额。本项目应当根据"应付长期政府债券"科目的期末余额及债务管理部门提供的资料分析填列。

(10)"借入款项"项目,反映政府财政期末承担的距离偿还本金日期超过1年的借入款项的本金金额。省级以上(含省级)政府财政应当根据"借入款项"科目的期末余额及债务管理部门提供的资料分析填列。

(11)"应付地方政府债券转贷款"项目,反映政府财政期末承担的距离偿还本金日期超过1年的地方政府债券转贷款的本金金额。本项目应当根据"应付地方政府债券转贷款"科目下的"应付本金"明细科目的期末余额及债务管理部门提供的资料分析填列。

(12)"应付主权外债转贷款"项目,反映政府财政期末承担的距离偿还本金日期超过1年的主权外债转贷款的本金金额。本项目应当根据"应付主权外债转贷款"科目下的"应付本金"明细科目的期末余额及债务管理部门提供的资料分析填列。

(13)"其他负债"项目,反映中央政府财政期末承担的其他负债金额。本项目应当根据"其他负债"科目的期末余额填列。

(14)"非流动负债合计"项目,反映政府财政期末非流动负债合计数。本项目应当根据本表中"应付长期政府债券""借入款项""应付地方政府债券转贷款""应付主权外债转贷款""其他负债"项目金额的合计数填列。

（15）"负债合计"项目，反映政府财政期末负债的合计数。本项目应当根据本表中"流动负债合计""非流动负债合计"项目金额的合计数填列。

3. 净资产类项目

（1）"累计盈余"项目，反映政府财政纳入一般公共预算、政府性基金预算、国有资本经营预算管理的预算资金，财政专户管理资金、专用基金历年实现的盈余滚存的金额。本项目应当根据"预算管理资金累计盈余""财政专户管理资金累计盈余""专用基金累计盈余"科目的期末余额填列。

（2）"预算稳定调节基金"项目，反映政府财政期末预算稳定调节基金的余额。本项目应当根据"预算稳定调节基金"科目的期末余额填列。

（3）"预算周转金"项目，反映政府财政期末预算周转金的余额。本项目应当根据"预算周转金"科目的期末余额填列。

（4）"权益法调整"项目，反映政府财政按照持股比例计算应享有的被投资主体除净损益和利润分配以外的其他权益变动的份额。本项目根据"权益法调整"科目的期末余额填列。

（5）"净资产合计"项目，反映政府财政期末净资产合计数。本项目应当根据本表中"累计盈余""预算稳定调节基金""预算周转金""权益法调整"项目金额的合计数填列。

（6）"负债和净资产总计"项目，应当根据本表中"负债合计""净资产合计"项目金额的合计数填列。

（二）收入费用表

收入费用表是反映政府财政在一定会计期间运行情况的报表。通过收入费用表，可以了解政府财政在某一会计期间内发生的收入、费用及当期盈余情况。收入费用表如表3-5所示。

表3-5 收入费用表

总会财02表

编制单位：　　　　　　　　　　　年　　月　　　　　　　　　　　单位：元

项目	预算管理资金		财政专户管理资金		专用基金	
	本月数	本年累计数	本月数	本年累计数	本月数	本年累计数
收入合计						
税收收入			—	—	—	—
非税收入					—	—
投资收益						
补助收入						
上解收入					—	—

续表

项　　目	预算管理资金		财政专户管理资金		专用基金	
	本月数	本年累计数	本月数	本年累计数	本月数	本年累计数
地区间援助收入			—	—	—	—
其他收入			—	—	—	—
财政专户管理资金收入	—	—			—	—
专用基金收入	—	—	—	—		
费用合计						
政府机关商品和服务拨款费用						
政府机关工资福利拨款费用						
对事业单位补助拨款费用						
对企业补助拨款费用						
对个人和家庭补助拨款费用						
对社会保障基金补助拨款费用						
资本性拨款费用						
其他拨款费用						
财务费用						
补助费用						
上解费用						
地区间援助费用						
其他费用						
财政专户管理资金支出	—	—			—	—
专用基金支出	—	—	—	—		
本期盈余（本年收入与费用的差额）						

注：表中有"—"的部分不必填列。

编制收入费用表时，表中"本月数"栏反映各项目的本月实际发生数。在编制年度收入费用表时，应将"本月数"栏改为"上年数"栏，反映上年度各项目的实际发生数；如果本年度收入费用表规定的各个项目的名称和内容同上年度不一致，应对上年度收入费用表各项目的名称和数字按照本年度的规定进行调整，填入本年度收入费用表的"上年数"栏。表中"本年累计数"栏反映各项目自年初起至报告期末止的累计实际发生数。编制年度收入费用表时，应当将"本年累计数"栏改为"本年数"。表中"本月数"栏各项目的内容和填列方法如下。

1. 收入类项目

（1）"收入合计"项目，反映政府财政本期取得的各项收入合计金额。其中，预算管理资金的"收入合计"应当根据属于预算管理资金的"税收收入""非税收入""投资收益""补助收入""上解收入""地区间援助收入""其他收入"项目金额的合计填列；财政专户管理资金的"收入合计"应当根据"财政专户管理资金收入"项目的金额填列；专用基金的"收入合计"应当根据"专用基金收入"项目的金额填列。

（2）"税收收入"项目，反映政府财政本期取得的税收收入金额。本项目根据"税收收入"科目本期发生额填列。

（3）"非税收入"项目，反映政府财政本期取得的各项非税收入金额。本项目根据"非税收入"科目本期发生额填列。

（4）"投资收益"项目，反映政府财政本期取得的各项投资收益金额。本项目根据"投资收益"科目本期发生额填列。

（5）"补助收入"项目，反映政府财政本期取得的各类资金的补助收入金额。本项目根据"补助收入"科目本期发生额填列。

（6）"上解收入"项目，反映政府财政本期取得的各类资金的上解收入金额。本项目根据"上解收入"科目本期发生额填列。

（7）"地区间援助收入"项目，反映政府财政本期取得的地区间援助收入金额。本项目应当根据"地区间援助收入"科目本期发生额填列。

（8）"其他收入"项目，反映政府财政本期取得的除"税收收入""非税收入""投资收益""补助收入""上解收入""地区间援助收入""财政专户管理资金收入""专用基金收入"以外的收入金额。本项目应当根据"其他收入"科目本期发生额填列。

（9）"财政专户管理资金收入"项目，反映政府财政本期取得的教育收费等资金收入金额。本项目根据"财政专户管理资金收入"科目本期发生额填列。

（10）"专用基金收入"项目，反映政府财政本期取得的粮食风险基金等资金收入金额。本项目根据"专用基金收入"科目本期发生额填列。

2. 费用类项目

（1）"费用合计"项目，反映政府财政本期发生的各类费用合计金额。其中，预算管理资金的"费用合计"应当根据属于预算管理资金的"政府机关商品和服务拨款费用""政府机关工资福利拨款费用""对事业单位补助拨款费用""对企业补助拨款费用""对个人和家庭补助拨款费用""对社会保障基金补助拨款费用""资本性拨款费用""其他拨款费用""财务费用""补助费用""上解费用""地区间援助费用""其他费用"项目金额的合计填列；财政专户管理资金的"费用合计"应当根据"财政专户管理资金支出"项目的金额填列；专用基金的"费用合计"应当根据"专用基金支出"项目的金额填列。

（2）"政府机关商品和服务拨款费用"项目，反映政府财政本期发生的购买商品和服务的各类费用金额。本项目根据"政府机关商品和服务拨款费用"科目本期发生额填列。

（3）"政府机关工资福利拨款费用"项目，反映政府财政本期发生的支付给职工和长期聘用人员的各类劳动报酬及为上述人员缴纳的各项社会保险费等费用。本项目根据"政府机关工资福利拨款费用"科目本期发生额填列。

(4)"对事业单位补助拨款费用"项目,反映政府财政本期发生的对事业单位的经常性补助费用金额。本项目根据"对事业单位补助拨款费用"科目本期发生额填列。

(5)"对企业补助拨款费用"项目,反映政府财政本期发生的对企业补助拨款费用金额。本项目根据"对企业补助拨款费用"科目本期发生额填列。

(6)"对个人和家庭补助拨款费用"项目,反映政府财政本期发生的对个人和家庭补助拨款费用金额。本项目根据"对个人和家庭补助拨款费用"科目本期发生额填列。

(7)"对社会保障基金补助拨款费用"项目,反映政府财政本期发生的对社会保险基金的补助拨款以及补充全国社会保障基金费用的拨款金额。本项目根据"对社会保障基金补助拨款费用"科目本期发生额填列。

(8)"资本性拨款费用"项目,反映政府财政本期发生的对行政事业单位的房屋建筑物购建、基础设施建设、公务用车购置、设备购置、物资储备等方面资本性拨款费用金额。本项目根据"资本性拨款费用"科目本期发生额填列。

(9)"其他拨款费用"项目,反映政府财政未列入以上拨款费用项目的财政拨款费用金额。本项目根据"其他拨款费用"科目本期发生额填列。

(10)"财务费用"项目,反映政府财政本期发生的偿还政府债务利息及支付政府债务发行、兑付、登记相关费用及汇兑损益金额。本项目根据"财务费用"科目本期发生额填列。

(11)"补助费用"项目,反映政府财政本期发生的各类资金的补助费用金额。本项目根据"补助费用"科目本期发生额填列。

(12)"上解费用"项目,反映政府财政本期发生的上缴上级各类资金产生的费用金额。本项目根据"上解费用"科目本期发生额填列。

(13)"地区间援助费用"项目,反映政府财政本期发生的地区间援助费用金额。本项目根据"地区间援助费用"科目的本期发生额填列。

(14)"其他费用"项目,反映政府财政本期股权划出、其他负债变动形成的费用金额。本项目根据"其他费用"科目的本期发生额填列。

(15)"财政专户管理资金支出"项目,反映政府财政本期使用纳入财政专户管理的教育收费等资金产生的费用金额。本项目根据"财政专户管理资金支出"科目本期发生额填列。

(16)"专用基金支出"项目,反映政府财政本期使用专用基金产生的费用金额。本项目根据"专用基金支出"科目本期发生额填列。

3."本期盈余"项目

"本期盈余"项目,反映政府财政本年末收入减去费用的金额。本项目根据本表"收入合计"减去"费用合计"的差额填列。

(三)现金流量表

现金流量表是反映政府财政在一定会计期间现金流入和流出情况的报表。现金流量表应当按照日常活动、投资活动、筹资活动的现金流量分别反映。通过现金流量表,可以了解政府财政在某一会计年度内现金流入和流出的信息。现金流量表如表3-6所示。

表 3-6 现金流量表

总会财 03 表

编制单位：　　　　　　　　　年　月　　　　　　　　　　　单位：元

项　目	本年金额	上年金额
一、日常活动产生的现金流量		
组织税收收入收到的现金		
组织非税收入收到的现金		
组织财政专户管理资金收入收到的现金		
组织专用基金收入收到的现金		
上下级政府财政资金往来收到的现金		
收回暂付性款项相关的现金		
其他日常活动所收到的现金		
现金流入小计		
政府机关商品和服务拨款所支付的现金		
政府机关工资福利拨款所支付的现金		
对事业单位补助拨款所支付的现金		
对企业补助拨款所支付的现金		
对个人和家庭补助拨款所支付的现金		
对社会保障基金补助拨款所支付的现金		
财政专户管理资金支出所支付的现金		
专用基金支出所支付的现金		
上下级政府财政资金往来所支付的现金		
资本性拨款所支付的现金		
暂付性款项所支付的现金		
其他日常活动所支付的现金		
现金流出小计		
日常活动产生的现金流量净额		
二、投资活动产生的现金流量		
收回股权投资所收到的现金		
取得股权投资收益收到的现金		
收到其他与投资活动有关的现金		
现金流入小计		
取得股权投资所支出的现金		
支付其他与投资活动有关的现金		

续表

项　　目	本年金额	上年金额
现金流出小计		
投资活动产生的现金流量净额		
三、筹资活动产生的现金流量		
发行政府债券收到的现金		
借入款项收到的现金		
取得政府债券转贷款收到的现金		
取得主权外债转贷款收到的现金		
收回转贷款本金收到的现金		
收到下级上缴转贷款利息相关的现金		
其他筹资活动收到的现金		
现金流入小计		
转贷地方政府债券所支付的现金		
转贷主权外债所支付的现金		
支付债务本金相关的现金		
支付债务利息相关的现金		
其他筹资活动支付的现金		
现金流出小计		
筹资活动产生的现金流量净额		
四、汇率变动对现金的影响额		
五、现金净增加额		

现金流量表的编制说明：

本表中现金，是指政府财政的国库存款、其他财政存款及国库现金管理资产中的商业银行定期存款。本表中现金流量，是指现金的流入和流出。

本表应当按照日常活动、投资活动、筹资活动的现金流量分别反映。

本表"本年金额"栏反映各项目的本年实际发生数。本表"上年金额"栏反映各项目的上年实际发生数，应当根据上年现金流量表中"本年金额"栏内所列数字填列。

本表"本年金额"栏各项目的填列方法如下：

1. 日常活动产生的现金流量

1）现金流入项目

"组织税收收入收到的现金"项目，反映政府财政本年取得税收收入收到的现金。本项目应当根据会计账簿中"税收收入""在途款"科目发生额分析填列。

"组织非税收入收到的现金"项目，反映政府财政本年取得非税收入收到的现金。本项目应当根据会计账簿中"非税收入""应收非税收入""在途款"科目发生额分析填列。

"组织财政专户管理资金收入收到的现金"项目,反映政府财政本年取得财政专户管理资金收入收到的现金。本项目根据会计账簿中"财政专户管理资金收入"科目发生额分析填列。

"组织专用基金收入收到的现金"项目,反映政府财政本年取得专用基金收入收到的现金。本项目根据会计账簿中"专用基金收入"科目发生额分析填列。

"上下级政府财政资金往来收到的现金"项目,反映政府财政本年收到上下级政府财政转移支付、清算欠款、临时调度款等相关的现金。本项目根据会计账簿中"补助收入""上解收入""与下级往来""与上级往来"科目贷方发生额分析填列。

"收回暂付性款项相关的现金"项目,反映政府财政本年收回暂付性款项相关的现金。本项目根据会计账簿中"预拨经费""借出款项""其他应收款"科目贷方发生额分析填列。

"其他日常活动所收到的现金"项目,反映政府财政收到的除以上项目外与日常活动相关的现金。本项目根据会计账簿中"地区间援助收入""其他收入""其他应付款""应付代管资金""在途款""以前年度盈余调整"等科目贷方发生额分析填列。

2) 现金流出项目

"政府机关商品和服务拨款所支付的现金"项目,反映政府财政本年在日常活动中用于购买商品、接受劳务支付的现金。本项目根据会计账簿中"政府机关商品和服务拨款费用"科目和"应付国库集中支付结余"科目借方发生额分析填列。

"政府机关工资福利拨款所支付的现金"项目,反映政府财政本年承担职工劳务报酬及社会保险费等支付的现金。本项目根据会计账簿中"政府机关工资福利拨款费用"科目和"应付国库集中支付结余"科目借方发生额分析填列。

"对事业单位补助拨款所支付的现金"项目,反映政府财政本年对事业单位经常性补助所支付的现金。本项目根据会计账簿中"对事业单位补助拨款费用"科目和"应付国库集中支付结余"科目借方发生额分析填列。

"对企业补助拨款所支付的现金"项目,反映政府财政本年对企业资本性投资外的其他补助所支付的现金。本项目根据会计账簿中"对企业补助拨款费用"科目和"应付国库集中支付结余"科目借方发生额分析填列。

"对个人和家庭补助拨款所支付的现金"项目,反映政府财政本年对个人和家庭的补助所支付的现金。本项目根据会计账簿中"对个人和家庭补助拨款费用"科目和"应付国库集中支付结余"科目借方发生额分析填列。

"对社会保障基金补助拨款所支付的现金"项目,反映政府财政本年对社会保险基金的补助,以及补充全国社会保障基金所支付的现金。本项目根据会计账簿中"对社会保障基金补助拨款费用"科目和"应付国库集中支付结余"科目借方发生额分析填列。

"财政专户管理资金支出所支付的现金"项目,反映政府财政本年从财政专户管理资金中安排各项支出所支付的现金。本项目根据会计账簿中"财政专户管理资金支出"科目借方发生额分析填列。

"专用基金支出所支付的现金"项目,反映政府财政用专用基金收入安排的支出所支付的现金。本项目根据会计账簿中"专用基金支出"科目借方发生额分析填列。

"上下级政府财政资金往来所支付的现金"项目,反映政府财政本年支付上下级政府财政转移支付、清算欠款、临时调度款等相关的现金。本项目根据会计账簿中"补助费用""上解费用""与下级往来""与上级往来"科目借方发生额分析填列。

"资本性拨款所支付的现金"项目,反映政府财政本年支付行政事业单位和企业用于房屋建筑物构建、基础设施建设、公务用车购置、设备购置、物资储备等相关的现金。本项目根据会计账簿中"资本性拨款费用"科目和"应付国库集中支付结余"科目借方发生额分析填列。

"暂付性款项所支付的现金"项目,反映政府财政本年安排暂付性款项所支付的现金。本项目根据会计账簿中"预拨经费""借出款项""其他应收款"科目借方发生额分析填列。

"其他日常活动所支付的现金"项目,反映政府财政本年支付除以上项目外与日常活动相关的现金。本项目根据会计账簿中"其他拨款费用""地区间援助费用""其他应付款""应付代管资金""应付国库集中支付结余""在途款""以前年度盈余调整"等科目借方发生额分析填列。

3) 日常活动产生的现金流量净额

本项目根据现金流入项目合计数减去现金流出项目合计数差额填列,差额小于零则以负数填列。

2. 投资活动产生的现金流量

1) 现金流入项目

"收回股权投资所收到的现金"项目,反映政府财政本年出售、转让、处置股权等收回投资而收到的现金。本项目根据会计账簿中"股权投资"科目下"投资成本""损益调整"明细科目贷方发生额分析填列。

"取得股权投资收益收到的现金"项目,反映政府财政本年因被投资单位分配股利、利润或处置股权、企业破产清算等产生收益而收到的现金。本项目根据会计账簿中"应收股利""投资收益"科目贷方发生额分析填列。

"收到的其他与投资活动有关的现金"项目,反映政府财政本年收到除以上项目外与投资活动相关的现金。本项目根据会计账簿中"有价证券""应收股利"等科目贷方发生额分析填列。

2) 现金流出项目

"取得股权投资所支出的现金"项目,反映政府财政本年取得股权投资而支付的现金。本项目根据会计账簿中"股权投资"科目借方发生额分析填列。

"支付其他与投资活动有关的现金"项目,反映政府财政本年支付除以上项目外与投资活动相关的现金。本项目根据会计账簿中"有价证券"等科目借方发生额分析填列。

3) 投资活动产生的现金流量净额

本项目根据现金流入项目合计数减去现金流出项目合计数差额填列,差额小于零则以负数填列。

3. 筹资活动产生的现金流量

1) 现金流入项目

"发行政府债券收到的现金"项目,反映政府财政本年发行国债和地方政府债券收到

的现金。本项目根据会计账簿中"应付短期政府债券""应付长期政府债券"科目贷方发生额分析填列。

"借入款项收到的现金"项目,反映政府财政本年借入款项收到的现金。本项目根据会计账簿中"借入款项"科目贷方发生额分析填列。

"取得政府债券转贷款收到的现金"项目,反映政府财政本年取得政府债券转贷款收到的现金。本项目根据会计账簿中"应付地方政府债券转贷款"科目下"应付本金"明细科目贷方发生额分析填列。

"取得主权外债转贷款收到的现金"项目,反映政府财政本年取得主权外债转贷款收到的现金。本项目根据会计账簿中"应付主权外债转贷款"科目下"应付本金"明细科目贷方发生额分析填列。

"收回转贷款本金收到的现金"项目,反映政府财政本年收到下级政府财政归还政府债券转贷款及主权外债转贷款本金相关的现金。本项目根据会计账簿中"应收地方政府债券转贷款""应收主权外债转贷款"科目下"应收本金"明细科目贷方发生额分析填列。

"收到下级上缴转贷款利息相关的现金"项目,反映政府财政本年收到下级政府财政上缴政府债券转贷款及主权外债转贷款利息相关的现金。本项目根据会计账簿中"应收地方政府债券转贷款""应收主权外债转贷款"科目下"应收利息"明细科目贷方发生额分析填列。

"其他筹资活动收到的现金"项目,反映政府财政本年收到的其他与筹资活动相关的现金。本项目根据会计账簿中"其他应付款""其他应收款"等科目贷方发生额分析填列。

2)现金流出项目

"转贷地方政府债券所支付的现金"项目,反映政府财政本年对下级政府财政转贷地方政府债券所支付的现金。本项目根据会计账簿中"应收地方政府债券转贷款"科目下"应收本金"明细科目借方发生额分析填列。

"转贷主权外债所支付的现金"项目,反映政府财政本年下级政府财政转贷主权外债所支付的现金。本项目根据会计账簿中"应收主权外债转贷款"科目下"应收本金"明细科目借方发生额分析填列。

"支付债务本金相关的现金"项目,反映政府财政本年偿还政府债务本金所支付的现金。省级以上(含省级)政府财政根据会计账簿中"应付短期政府债券""应付长期政府债券""借入款项"科目借方发生额分析填列;市县政府财政根据会计账簿中"应付地方政府债券转贷款""应付主权外债转贷款"科目下"应付本金"明细科目借方发生额分析填列。

"支付债务利息相关的现金"项目,反映政府财政本年支付政府债务利息相关的现金。省级以上(含省级)政府财政根据会计账簿中"应付利息"科目借方发生额分析填列;市县政府财政根据会计账簿中"应付地方政府债券转贷款""应付主权外债转贷款"科目下"应付利息"明细科目、"财务费用"科目借方发生额分析填列。

"其他筹资活动支付的现金"项目,反映政府财政本年支付的政府债券发行、兑付、登记费用等其他与筹资活动相关的现金。本项目根据会计账簿中"财务费用""其他应付款""其他应收款"等科目借方发生额分析填列。

3）筹资活动产生的现金流量净额

本项目根据现金流入项目合计数减去现金流出项目合计数差额填列，差额小于零则以负数填列。

4. 汇率变动对现金的影响额

反映政府财政外币现金流量折算为人民币时，所采用的即期汇率折算的人民币金额与期末汇率折算的人民币金额之间的差额。本项目根据"财务费用"科目下的"汇兑损益"明细科目发生额分析填列。

5. 现金净增加额

本项目反映政府财政本年现金变动的净额，根据本表中"日常活动产生的现金流量净额""投资活动产生的现金流量净额""筹资活动产生的现金流量净额""汇率变动对现金的影响额"项目金额的合计数填列，金额小于零则以负数填列。

（四）本年预算结余与本期盈余调节表

本年预算结余与本期盈余调节表是反映政府财政在某一会计年度内预算结余与本期盈余差异调整情况的报表。本年预算结余与本期盈余调节表如表 3-7 所示。

表 3-7　本年预算结余与本期盈余调节表

总会财 04 表

编制单位：　　　　　　　　　　　　　年　　　　　　　　　　　　　　单位：元

项　目	金额
本年预算结余（本年预算收入与支出差额）：	
日常活动产生的差异：	
加：1. 当期确认为收入但没有确认为预算收入	
当期应收未缴库非税收入	
减：2. 当期确认为预算收入但没有确认为收入	
当期收到上期应收未缴库非税收入	
3. 当期确认为预算支出收回但没有确认为费用收回	
（1）当期收到退回以前年度已列支资金	
（2）当期将以前年度国库集中支付结余收回预算	
投资活动产生的差异：	
加：1. 当期确认为收入但没有确认为预算收入	
（1）当期投资收益或损失	
（2）当期无偿划入股权投资	
2. 当期确认为预算支出但没有确认为费用	
（1）当期股权投资增支	
（2）当期股权投资减支	

续表

项　　目	金额
减：3. 当期确认为预算收入但没有确认为收入	
（1）当期收到利润收入和股利股息收入	
（2）当期收到清算、处置股权投资的收入	
4. 当期确认为费用但没有确认为预算支出	
当期无偿划出股权投资费用	
筹资活动产生的差异：	
加：1. 当期确认为预算支出但没有确认为费用	
（1）当期转贷款支出	
（2）当期债务还本支出	
（3）拨付上年计提债务利息	
减：2. 当期确认为预算收入但没有确认为收入	
（1）当期债务收入	
（2）当期转贷款收入	
3. 当期确认为费用但没有确认为预算支出	
当期计提未拨付债务利息	
其他差异事项	
当期汇兑损益净额	
本期盈余（本年收入与费用的差额）	

表中有关项目编制说明如下。

1. "本年预算结余（本年预算收入与支出差额）"项目

本项目根据本年预算收入与预算支出的差额填列。

2. 日常活动产生的差异

（1）"当期确认为收入但没有确认为预算收入"项目。主要为"当期应收未缴库非税收入"项目。本项目反映政府财政本年已确认非税收入但缴款人尚未缴入国库的各项非税款项。根据会计账簿中"应收非税收入"以及"非税收入"科目发生额分析填列。

（2）"当期确认为预算收入但没有确认为收入"项目。主要为"当期收到上期应收未缴库非税收入"项目。本项目反映政府财政本年收到的上年应收非税收入。根据会计账簿中"应收非税收入"科目贷方发生额以及"国库存款"科目借方发生额分析填列，不含以前年度盈余调整事项和新增确认的非税收入。

（3）"当期确认为预算支出收回但没有确认为费用收回"项目。①"当期收到退回以前年度已列支资金"项目。本项目反映政府财政收到退回的以前年度已列支资金而冲减预算支出的事项。根据会计账簿中"国库存款""其他财政存款"科目借方发生额以及"以前年度盈余调整"科目贷方发生额分析填列。②"当期将以前年度国库集中支付结余收回预算"项目。本项目反映政府财政将以前年度应付国库集中支付结余资金收回预算而冲减预算支出的事项。根据会计账簿中"应付国库集中支付结余"科目借方发生额以及"以前年度盈余调整"科目贷方发生额分析填列。

3. 投资活动产生的差异

（1）"当期确认为收入但没有确认为预算收入"项目。①"当期投资收益或损失"项目。本项目反映政府财政本年确认的股权投资收益。根据会计账簿中"投资收益"科目发生额分析填列。其中，投资损失以负数填列，不含清算、处置股权投资增加的收益。②"当期无偿划入股权投资"项目。本项目反映政府财政本年接受无偿划入的股权投资。根据会计账簿中"股权投资"科目下"投资成本"明细科目借方发生额、"其他收入"科目贷方发生额分析填列。

（2）"当期确认为预算支出但没有确认为费用"项目。①"当期股权投资增支"项目。本项目反映政府财政本年新增股权投资增加的支出。根据会计账簿中"股权投资"科目下"投资成本"明细科目借方发生额以及"国库存款"科目贷方发生额分析填列，不含无偿划入或权益法调整增加的股权投资以及补记以前年度股权投资。②"当期股权投资减支"项目。本项目反映政府财政本年退出、清算、处置股权投资减少的支出。根据会计账簿中"股权投资"科目下"投资成本"明细科目贷方发生额以及"国库存款"科目借方发生额分析，以负数填列，不含无偿划出或权益法调整减少的股权投资额。

（3）"当期确认为预算收入但没有确认为收入"项目。①"当期收到利润收入和股利股息收入"项目。本项目反映政府财政本年收到被投资主体上缴以前年度利润和股利股息。根据会计账簿中"资金结存——库款资金结存"科目借方发生额以及"一般公共预算收入——利润收入、股利股息收入""国有资本经营预算收入——利润收入、股利股息收入"贷方发生额分析填列，不含清算、处置股权投资增加的收益。②"当期收到清算、处置股权投资的收入"项目。本项目反映政府财政本年清算、处置股权投资发生的收入，需根据"投资收益"和"国库存款"科目借方发生额、"股权投资"等科目贷方发生额分析填列。

（4）"当期确认为费用但没有确认为预算支出"项目。主要为"当期无偿划出股权投资费用"项目。本项目反映政府财政本年无偿划出的股权投资。根据会计账簿中"股权投资"科目下"投资成本"明细科目贷方发生额、"其他费用"科目借方发生额分析填列。

4. 筹资活动产生的差异

（1）"当期确认为预算支出但没有确认为费用"项目。①"当期转贷款支出"项目。反映政府财政本年转贷下级政府财政的政府债券、主权外债资金。根据会计账簿中"债务转贷预算支出"科目借方发生额分析填列。②"当期债务还本支出"项目。反映本级政府财政本年偿还的债务本金。根据会计账簿中"债务还本预算支出"科目借方发生额分析填列。③"拨付上年计提债务利息"项目。反映政府财政本年偿还上年已计提的债务利息。根据会计账簿中"应付利息"科目年初贷方余额填列；市县政府财政根据会计账簿中"应付地方政府债券转贷款"和"应付主权外债转贷款"科目下"应付利息"明细科目年初贷方余额填列。

（2）"当期确认为预算收入但没有确认为收入"项目。①"当期债务收入"项目。反映省级以上（含省级）政府财政本年发行政府债券、借入主权外债的收入。根据会计账簿中"债务预算收入"科目贷方发生额分析填列。②"当期转贷款收入"项目。反映市县政府财政本年收到的地方政府债券、主权外债转贷款收入。根据会计账簿中"债务转贷预算收入"贷方发生额分析填列。

（3）"当期确认为费用但没有确认为预算支出"项目。主要为"当期计提未拨付债务利息"项目。本项目反映政府财政本年已计提需在下一年度支付的利息。省级以上（含省级）政府财政根据会计账簿中"应付利息"科目年末贷方余额填列；市县政府财政根据会计账簿中"应付地方政府债券转贷款——应付利息"以及"应付主权外债转贷款——应付利息"科目年末贷方余额填列。

5．"其他差异事项"项目

本项目反映政府财政其他活动事项产生的差异。其中，减少预算结余和增加本期盈余事项以正数反映，增加预算结余和减少本期盈余事项以负数反映。中央财政计提其他负债产生的费用也在本项目反映。

6．"当期汇兑损益净额"项目

本项目根据"财务费用——汇兑损益"发生额分析填列，汇兑损失以负数反映，汇兑收益以正数反映。

7．"本期盈余（本年收入与费用的差额）"项目

本项目根据本表"当期预算结余""投资活动产生的差异""日常活动产生的差异""筹资活动产生的差异""其他差异事项""当期汇兑损益净额"金额汇总填列。本项目与"收入费用表"本期盈余合计数一致。

（五）附注

附注是指对在会计报表中列示项目的文字描述或明细资料，以及对未能在会计报表中列示项目的说明。

总会计财务会计报表附注应当至少披露下列内容：遵循《财政总会计制度》的声明；本级政府财政财务状况的说明；会计报表中列示的重要项目的进一步说明，包括其主要构成、增减变动情况等；政府财政承担担保责任负债情况的说明；有助于理解和分析会计报表的其他需要说明的事项。

二、政府综合财务报告

政府综合财务报告是指由县级以上财政部门应按规定编制的，反映各级政府财务状况、运行情况和财政中长期可持续性的报告。按照编报范围的不同，政府综合财务报告包括本级政府综合财务报告与行政区政府综合财务报告。政府综合财务报告制度是现代预算制度的基础和组成部分。编制政府综合财务报告，全面准确反映政府财务状况和运行情况，有利于提升财政财务管理水平、提高财政透明度、改进政府绩效管理、服务国家治理体系和治理能力现代化。政府综合财务报告通常由导言、政府综合财务报表、政府财政经济分析和政府财政财务管理情况等构成。

政府综合财务报告采取自下而上方式逐级编制与报送。政府综合财务报告要使用预算管理一体化系统进行编报，加强数据报送管理，确保数据真实、完整、准确。

（一）导言

导言是财政部门组织编制政府综合财务报告的简要情况说明。其内容通常有政府综合财务报告编制基本情况与政府财务状况和运行简况。政府综合财务报告编制基本情况要概述政府综合财务报告的编制依据、编制基础、主要内容、合并范围、合并方法等。政府财务状况和运行简况要简要说明政府资产负债情况和收入费用情况，内容涉及资产、负债、净资产、收入、费用总额及主要项目金额、占比以及变化情况，本年盈余总额与资产负债率、收入费用率及其较上年增长或下降情况，以及收入费用与决算报告反映的收入支出的主要差异情况。

（二）政府综合财务报表

政府综合财务报表是政府综合财务报告的主要内容，包括会计报表及会计报表附注。

1. 会计报表

会计报表主要包括资产负债表与收入费用表等。会计报表属于合并会计报表，是在汇总本级政府和行政区所辖下级政府财政总财务会计报表等被合并主体报表基础上，采用抵销、调整等方法合并编制形成。

1）资产负债表

资产负债表是年度本级和行政区政府的合并资产负债表，按照资产、负债和净资产分类分项列示，反映政府整体年末财务状况。

2）收入费用表

收入费用表是年度本级和行政区政府的合并收入费用表，按照收入、费用和盈余分类分项列示，反映政府整体年度运行情况。

2. 会计报表附注

会计报表附注包括会计报表编制基础、遵循相关制度规定的声明、会计报表包含的主体范围、重要会计政策与会计估计变更情况、会计报表重要项目明细信息及说明，以及需要说明的其他事项。其中，会计报表重要项目明细信息及说明通常以资产负债表的附表与收入费用表的附表形式展示，限于篇幅，这里不列示附表。需要说明的其他事项包括本级政府社保基金情况、资产负债表日后重大事项、政府部门管理的公共基础设施等重要资产的种类和实物量等相关信息、在建工程中土地收储项目及面积等情况、政府或有事项的事由和金额、资产负债表项目年初数调整情况和其他未在会计报表中列示但对政府财务状况有重大影响的事项。

（三）政府财政经济分析

政府财政经济分析以政府综合财务报表为依据，结合宏观经济形势，分析政府财务状况、运行情况，以及财政中长期可持续性等。分析政府财政经济状况时，可采取比较分析法、比率分析法、趋势分析法和因素分解法等方法。

1. 政府财务状况分析

（1）资产情况。分析政府资产总额变化情况及原因；重点分析政府资产的构成及分布，对于货币资金、应收及预付款项、长期投资、固定资产、在建工程、公共基础设施、政府储备物资、保障性住房等重要项目，分析各项目比重、变化趋势以及对于政府偿债能力和公共服务能力的影响；其他资产/总资产若高于10%，公共基础设施净值、保障性住房净值较上年增减变动幅度超过20%，需单独分析原因。

（2）负债情况。分析政府负债总额变化情况及原因；重点分析政府负债规模及结构，分析各项目比重以及变化趋势；其他负债/总负债若高于10%，需单独分析原因。

（3）净资产情况。分析政府净资产总额变化情况及原因；净资产总额年末数若为负数，需单独分析原因。

（4）财务状况指标分析。通过政府资产负债率、现金比率、流动比率等指标，分析政府财务风险及可控程度、需要采取的措施等。

资产负债率反映政府偿付全部债务本息的能力。

$$资产负债率 = 负债总额/资产总额$$

现金比率反映政府利用现金及现金等价物偿还短期债务的能力。

$$现金比率 = 货币资金/流动负债$$

流动比率反映政府流动资产用于偿还流动负债的能力。

$$流动比率 = 流动资产/流动负债$$

2. 政府运行情况分析

（1）收入情况。分析政府收入总额变化情况及原因；重点分析政府收入规模、结构及来源分布、重点收入项目的比重及变化趋势，特别是宏观经济运行、相关行业发展、税收政策、非税收入政策等对政府收入变动的影响；其他收入/总收入若高于10%，需单独分析原因。

（2）费用情况。分析政府费用总额变化情况及原因；重点按照经济分类分析政府费用规模及构成，特别是政府投融资情况对政府费用变动的影响；其他费用/总费用若高于10%，需单独分析原因。

（3）运行情况指标分析。运用政府收入费用率、税收收入比重等指标，分析政府财政财务运行质量和效率。

收入费用率反映政府收入与费用的比例情况。

$$收入费用率 = 年度总费用/年度总收入$$

税收收入比重是表明税收占财政收入中地位的指标，又称税性比重或税性收入比重。

$$税收收入比重 = 年度税收收入/年度总收入$$

3. 财政中长期可持续性分析

基于当前政府财政财务状况和运行情况，结合本地区经济形势、重点产业发展趋势、财政体制、财税政策、社会保障政策、通货膨胀率等，全面分析政府未来中长期收入支出变化趋势、预测财政收支缺口等。

（四）政府财政财务管理情况

政府财政财务管理情况主要反映政府财政财务管理的政策要求、主要措施和取得成效等。主要包括三个方面：政府预算管理情况、政府资产负债管理情况和政府收支管理情况等。

3-7 知识巩固

本章小结

财政总会计是各级政府财政核算、反映、监督一般公共预算资金、政府性基金预算资金、国有资本经营预算资金、社会保险基金预算资金以及财政专户管理资金、专用基金和代管资金等资金有关的经济活动或事项的专业会计。一级政府设立一级财政总会计。财政总会计体系由财政总财务会计和财政总预算会计构成。财政总会计的会计要素包括财务会计要素和预算会计要素。财务会计要素包括资产、负债、净资产、收入和费用；预算会计要素包括预算收入、预算支出和预算结余。财政总财务会计有55个一级会计科目，财政总预算会计有34个一级会计科目。财政总会计核算的特点是双功能、双基础、双报告和平行记账。

收入包括税收收入、非税收入、投资收益、转移性收入、其他收入、财政专户管理资金收入和专用基金收入等。收入应当按照开具票据金额或实际取得金额进行计量。

费用包括政府机关商品和服务拨款费用、政府机关工资福利拨款费用、对事业单位补助拨款费用、对企业补助拨款费用、对个人和家庭补助拨款费用、对社会保障基金补助拨款费用、资本性拨款费用、其他拨款费用、财务费用、转移性费用、其他费用、财政专户管理资金支出、专用基金支出等。费用应当按照承担支付义务金额或实际发生金额进行计量。

资产具体包括财政存款、国库现金管理资产、有价证券、应收非税收入、应收股利、应收及暂付款项、借出款项、预拨经费、在途款、应收转贷款、股权投资等。资产应当按照取得或发生时实际金额进行计量。资产按照流动性，分为流动资产和非流动资产。

负债具体包括应付政府债券、应付国库集中支付结余、应付及暂收款项、应付代管资金、应付利息、借入款项、应付转贷款、其他负债等。负债按照流动性，分为流动负债和非流动负债。

净资产是指本级政府财政总会计核算的资产扣除负债后的净额。净资产包括本期盈余、累计盈余、预算稳定调节基金、预算周转金、权益法调整、以前年度盈余调整等。期末，各收入和费用科目的本期发生额转入"本期盈余"科目。扣除设置或补充预算稳定调节基金与预算周转金的金额，年末，再将"本期盈余"科目余额转入"累计盈余"科目。年末，"以前年度盈余调整"科目余额也转入"累计盈余"科目。

财政总财务会计报表是反映政府财政的财务状况、运行情况和现金流量等情况的书面报告，包括会计报表和附注等。会计报表包括资产负债表、收入费用表、现金流量表、本年预算结余与本期盈余调节表等。政府综合财务报告是指由县级以上财政部门应按规定编制的、反映各级政府财务状况、运行情况和财政中长期可持续性的报告。按照编报范围的不同,政府综合财务报告包括本级政府综合财务报告与行政区政府综合财务报告。政府综合财务报告通常由导言、政府综合财务报表、政府财政经济分析和政府财政财务管理情况等构成。

关键名词

财政总会计;财政总财务会计;财政总预算会计;税收收入;非税收入;转移性收入;财政专户管理资金收入;专用基金收入;政府机关商品和服务拨款费用;政府机关工资福利拨款费用;对事业单位补助拨款费用;对企业补助拨款费用;对个人和家庭补助拨款费用;对社会保障基金补助拨款费用;资本性拨款费用;转移性费用;财政专户管理资金支出;专用基金支出;财政存款;国库现金管理资产;预拨经费;在途款;应收转贷款;股权投资;应付政府债券;应付国库集中支付结余;应付转贷款;净资产;本期盈余;累计盈余;预算稳定调节基金;预算周转金;财政总财务会计报表;政府综合财务报告

思考与练习题

一、简述题

1. 什么是财政总会计?财政总会计体系是怎样的?
2. 简述财政总会计的适用范围、会计要素与核算特点。
3. 财政总财务会计的收入有哪些种类?如何进行账务处理?
4. 财政总财务会计的费用有哪些种类?如何进行账务处理?
5. 财政总财务会计的资产有哪些种类?如何进行账务处理?
6. 财政总财务会计的负债有哪些种类?如何进行账务处理?
7. 财政总财务会计的净资产有哪些种类?如何进行账务处理?
8. 财政总财务会计报表与政府综合财务报告包括哪些组成部分?

二、单项选择题

1. (   )会计核算未纳入《财政总会计制度》规范的范围。
   A. 社会保险基金预算资金　　　　B. 财政专户管理资金
   C. 专用基金　　　　　　　　　　D. 代管资金
2. 非税收入不包括(   )。
   A. 行政事业性收费收入　　　　　B. 国有资本经营有关收入

C. 罚没收入 D. 上级补助收入

3. "投资收益"科目余额年终应当转入（   ）。
A. "一般公共预算结转结余"科目 B. "政府性基金预算结转结余"科目
C. "本期盈余"科目 D. "累计盈余"科目

4. 政府机关商品和服务拨款费用不包括（   ）。
A. 专用材料购置费 B. 购置应急性物资储备费用
C. 办公经费 D. 会议费

5. 下列各项中，通常属于财政总财务会计资产类会计科目的有（   ）。
A. 与下级往来 B. 与上级往来
C. 调入预算资金 D. 调出预算资金

6. 财政总财务会计"其他财政存款"科目核算的内容不包括（   ）。
A. 专用基金存款 B. 人民银行国库存款
C. 特设账户存款 D. 财政专户管理的资金存款

7. 下列设置"应付国库集中支付结余"科目的是（   ）。
A. 乡镇级财政总财务会计 B. 县级财政总财务会计
C. 设区的市级财政总财务会计 D. 省级以上（含省级）财政总财务会计

8. "本期盈余"科目的对应科目不会是（   ）。
A. "累计盈余" B. "投资收益"
C. "国库存款" D. "补助费用"

9. 财政总会计中，政府财政为保持年度间预算的衔接和稳定而设置的储备性资金为（   ）。
A. 预算周转金 B. 财政周转金
C. 预算储备调节基金 D. 预算稳定调节基金

10. 下列不属于财政总财务会计要求编制的会计报表的是（   ）。
A. 资产负债表 B. 收入费用表
C. 现金流量表 D. 预算收入支出表

三、多项选择题

1. 下列属于财政总会计核算的特点的有（   ）。
A. 两套账 B. 双功能
C. 双基础 D. 双报告
E. 平行记账

2. 转移性收入包括（   ）。
A. 补助收入 B. 上解收入
C. 地区间援助收入 D. 财政专户管理资金收入
E. 其他收入

3. 下列不属于"对企业补助拨款费用"科目核算范围的有（   ）。
A. 对企业的费用补贴 B. 对企业的利息补贴
C. 对企业的资本金注入 D. 对企业的资本性拨款费用

E. 财务费用

4. 下列各项中，属于财政总财务会计负债类会计科目的有（　　）。
A. 预拨经费　　　　　　　　　B. 与上级往来
C. 在途款　　　　　　　　　　D. 借出款项
E. 借入款项

5. 应收转贷款包括的具体项目有（　　）。
A. 应收主权外债转贷款　　　　B. 应收地方政府债券转贷款
C. 应付主权外债转贷款　　　　D. 应付地方政府债券转贷款
E. 预算稳定调节基金

四、判断题

1. 财政总会计只设置了资产、负债、净资产、收入和费用五个会计要素。（　　）
2. 财政总会计中，补助费用不包括对事业单位补助拨款费用。（　　）
3. 财政总会计中的各项财政存款可以提取现金。（　　）
4. 财政总会计的股权投资一般采用权益法进行核算。（　　）
5. 财政总会计中，"与上级往来"项目列示在资产负债表中的资产类中。（　　）
6. 财政总会计中，借入款项是指上下级财政间之外的各种代付款项。（　　）
7. 财政总会计中，在途款是指财政总会计各种结算在途的款项。（　　）
8. 财政总会计中，应付利息包括对企业单位的利息补贴。（　　）
9. 粮食风险基金收入不属于财政专户管理资金收入。（　　）
10. 政府综合财务报告包括本级政府综合财务报告与行政区政府综合财务报告。（　　）

五、编制财政总财务会计的会计分录

1. 20××年12月，某市财政发生以下收入与费用相关经济业务，编制相应财政总财务会计的会计分录：

（1）收到收入日报表，列示纳入税收收入的国有企业增值税收入为1 500 000元、国有航空工业所得税收入为500 000元。

（2）实际收到的非税收入金额300 000元，其中，行政事业收费收入200 000元，罚没收入100 000元；非税收入管理部门提供了已开具缴款票据但尚未缴入本级国库的非税收入数据为700 000元，其中，政府性基金收入300 000元，国有资本经营收入400 000元。

（3）年终与省财政进行结算时，确认尚未收到的列入一般公共预算的教育专项补助收入款金额为150 000元。

（4）年终与下辖B县政府财政进行结算时，确认尚未收到的体制上解款金额为50 000元。

（5）收到纳入财政专户管理的市属育才航空学校学费收入700 000元。

（6）取得粮食风险基金，并转入财政专户600 000元。

（7）给有统一着装要求的市税务局的夏季被装购置费拨款 160 000 元，列入专用材料购置费。

（8）市文旅游局发放基本工资、奖金、津贴补贴拨款 90 000 元。

（9）给育才航空学校教师赴北京航空航天大学培训项目拨款 100 000 元。

（10）给本市新锐汽车有限公司新能源汽车研发贷款利息补贴拨款 800 000 元。

（11）给育才航空学校助学金拨款 150 000 元。

（12）将对基本养老保险基金的财政补助 600 000 元拨付市人力资源和社会保障局。

（13）给育才航空学校智慧教室建设项目拨款 500 000 元。

（14）年终与下辖 C 县政府财政进行结算时，确认应当补助 C 县革命老区的一般转移支付费用 270 000 元尚未拨付。

（15）年终与省财政结算时，发现专项上解费用 230 000 元尚未上交。

（16）通过财政专户向育才航空学校拨付教育收费 269 000 元。

（17）使用粮食风险基金对市储备粮油管理有限公司进行补贴，从粮食风险基金财政专户拨付资金 290 000 元。

2. 20××年 12 月，某省财政发生以下资产与负债相关经济业务，编制相应财政总财务会计的会计分录：

（1）收到收入日报表，列示当日税收收入为 800 000 元，非税收入为 170 000 元。

（2）省政府财政实行国库现金管理业务，本期存款为 1 000 000 元，存款期限 3 个月。某商业银行通过定期存款业务招投标系统中标，中标年利率为 4.00%。① 开具划款凭证，将款项转入商业银行账户。② 实行国库现金管理的存款到期收回本金，并收到支付的利息 10 000 元。

（3）省财政实际收到已经缴入国库的非税收入款项 1 500 000 元。其中，800 000 元为已列应收非税收入款项，其余 700 000 元为未列入应收非税收入的新增政府性基金收入。

（4）省财政发生如下股权投资相关业务。① 省财政通过国库转出资金 60 000 000 元，创办创新创业投资引导基金股份公司 M 公司，占 M 公司总股本的 60%。② 当年，M 公司就实现净收益 2 000 000 元。③ M 公司宣告发放现金股利 1 000 000 元。其中，归于省政府财政的部分为 600 000 元。④ 省政府财政收到 M 公司发放的现金股利 600 000 元，已经缴入国库。该项股权投资采用权益法进行核算。

（5）省财政经批准按面值发行一批 5 年期记账式固定利率附息地方政府一般债券 50 000 000 元，年利率为 3.6%，期限为 5 年，每年支付一次利息。要求写出债券全生命周期的财务会计分录。

（6）省财政经批准将上述 5 年期记账式固定利率附息地方政府一般债券 50 000 000 元转贷给所下辖 F 市财政，用以支持该市的一座过江大桥建设。该转贷款年利率为 3.6%，转贷期限为 5 年，每年支付一次利息，转贷款本息均列入了 F 市一般公共预算。要求写出省财政与 F 市财政债券转贷全过程的财务会计分录。

3. 20××年 12 月，某省财政发生以下净资产相关经济业务，编制相应财政总财务会计的会计分录：

（1）20××年 12 月 31 日，省财政有关收入科目余额如表 3-8 所示。

表 3-8　相关收入科目余额表　　　　　　　　　单位：千元

科目	贷方余额
税收收入	400 000
非税收入	150 000
投资收益	9 000
补助收入	40 050
上解收入	10 250
地区间援助收入	1 600
其他收入	3 900
财政专户管理资金收入	7 850
专用基金收入	6 800

将有关收入科目余额分别转入"本期盈余——预算管理资金本期盈余"科目、"本期盈余——财政专户管理资金本期盈余"科目、"本期盈余——专用基金本期盈余"科目。

(2) 20××年12月31日，省财政有关费用科目余额如表3-9所示。

表 3-9　相关费用科目余额表　　　　　　　　　单位：千元

科目	借方余额
政府机关商品和服务拨款费用	10 300
政府机关工资福利拨款费用	86 350
对事业单位补助拨款费用	217 000
对企业补助拨款费用	5 800
对个人和家庭补助拨款费用	2 450
对社会保障基金补助拨款费用	86 950
资本性拨款费用	9 150
其他拨款费用	8 950
财务费用	6 800
补助费用	39 350
上解费用	4 900
地区间援助费用	3 150
其他费用	42 700
财政专户管理资金支出	7 300
专用基金支出	6 500

将有关费用科目余额分别转入"本期盈余——预算管理资金本期盈余"科目、"本期盈余——财政专户管理资金本期盈余"科目、"本期盈余——专用基金本期盈余"科目。

(3) 20××年，省政府财政发现去年通过国库拨付给省教育厅的办公楼物业管理费 550 000 元，错误记为 55 000 元（政府机关商品和服务拨款费用——科技厅——办公经费）。因此，省政府财政需要调整增加以前年度费用 495 000 元。

(4) 省政府财政年中动用预算稳定调节基金 7 000 000 元。

(5) 省政府财政预计发生财政超收，即财政收入大于财政支出，决定将一部分超收补充预算稳定调节基金，补充金额为 12 000 000 元。

(6) 省政府财政年终发生财政超收，即财政收入大于财政支出，决定将一部分超收补充预算周转金，补充金额为 900 000 元。

(7) 某省政府财政年终将一部分预算周转金调入预算稳定调节基金，调入金额为 800 000 元。

(8) 上述与（1）至（7）相关联，省政府财政年终转账时，将"本期盈余——预算管理资金本期盈余"科目的贷方余额，"本期盈余——财政专户管理资金本期盈余"科目的贷方余额，"本期盈余——专用基金本期盈余"科目的贷方余额，"以前年度盈余调整——预算管理资金以前年度盈余调整"科目的贷方余额转入"累计盈余"科目。

3-8 参考答案

第四章
财政总预算会计实务

✈ 学习目标

1. 了解政府决算报告。
2. 理解财政总预算会计报表的编制。
3. 掌握财政总预算会计的预算收入与预算支出核算。
4. 掌握财政总预算会计的预算结余核算。

✈ 情景导入

2022年全国预算执行情况

2022年一季度经济开局比较平稳，全国一般公共预算收入增长8.6%。进入二季度后，受疫情反复、国际形势变化等影响，经济下行压力陡然加大，叠加实施大规模增值税留抵退税政策，财政收入大幅下滑，4月份全国一般公共预算收入下降41.3%。随着稳经济一揽子政策和接续措施出台实施，经济下滑势头得到遏制，5、6月份财政收入降幅分别收窄至32.5%、10.5%，加上大规模留抵退税政策上半年大头落地，下半年财政收入形势好转，增速8月份开始由负转正、增长5.6%，9月份以后进一步回升。预算执行中，财政部门坚决落实党中央、国务院决策部署，主动作为、应变克难，加强经济形势和财政收支分析研判，强化财政资源统筹，多渠道盘活国有资产资源，及时清理收回结转结余资金，科学调度国库库款，严格落实过紧日子要求，全力保障民生等重点支出需要，进一步严肃财经纪律，全年全国预算执行情况和经济发展状况基本匹配，中央财政收支符合预算、支出略有结余，为高效统筹疫情防控和经济社会发展提供了必要的财力支撑。

全国一般公共预算收入 203703.48 亿元，为预算的 96.9%，比 2021 年增长 0.6%。其中，税收收入 166613.96 亿元，下降 3.5%；非税收入 37089.52 亿元，增长 24.4%，主要是盘活存量资源资产，国有资源（资产）有偿使用收入等增加较多。加上从预算稳定调节基金、政府性基金预算、国有资本经营预算调入资金及使用结转结余 24541 亿元，收入总量为 228244.48 亿元。全国一般公共预算支出 260609.17 亿元，完成预算的 97.6%，增长 6.1%。加上补充中央预算稳定调节基金 1185.31 亿元、向政府性基金预算调出 150 亿元，支出总量为 261944.48 亿元。收支总量相抵，赤字 33700 亿元，与预算持平。

全国政府性基金预算收入 77879.34 亿元，为预算的 79%，下降 20.6%，主要是国有土地使用权出让收入减少。加上 2021 年结转收入 354.68 亿元、地方政府发行专项债券筹集收入 36500 亿元、从一般公共预算调入 150 亿元以及特定国有金融机构和专营机构上缴利润 18100 亿元，收入总量为 132984.02 亿元。全国政府性基金预算支出 110583.28 亿元，完成预算的 79.6%，下降 2.5%，主要是国有土地使用权出让收入减少，支出相应减少。

全国国有资本经营预算收入 5688.6 亿元，为预算的 110.9%，增长 10%，主要是 2021 年国有企业利润高于预期。全国国有资本经营预算支出 3395.32 亿元，完成预算的 96.5%，增长 29.5%，主要是保产业链供应链稳定等支出增加。

全国社会保险基金预算收入 101522.98 亿元，为预算的 101.2%，增长 4.8%。其中，保险费收入 73169.74 亿元，增长 5.9%；财政补贴收入 23682.17 亿元，增长 4.8%。全国社会保险基金预算支出 91453.11 亿元，完成预算的 99%，增长 5.5%。当年收支结余 10069.87 亿元，年末滚存结余 114789.46 亿元。

思考：从 2022 年全国预算执行情况分析全国预算收入与支出的结构和规模，并谈谈你对 2022 年全国预算执行情况的看法。

资料来源：财政部《关于 2022 年中央和地方预算执行情况与 2023 年中央和地方预算草案的报告》。

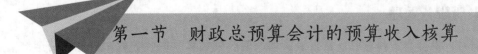

第一节　财政总预算会计的预算收入核算

财政总会计体系由财政总财务会计和财政总预算会计构成。对于纳入预算管理的财政资金收支业务，在采用预算会计核算的同时应当进行财务会计核算；对于不同预算类型资金间的调入调出、待发国债等业务，仅需进行预算会计核算；对于其他业务，仅需进行财务会计核算。上一章介绍了财政总财务会计，本章介绍财政总预算会计。财政总预算会计要素包括预算收入、预算支出和预算结余。

政府的预算收入是指政府在预算年度内通过一定的形式和程序，依法筹措到的归政府支配的资金，是实现政府职能的财力保证。预算收入包括一般公共预算收入、政府性基金预算收入、国有资本经营预算收入、财政专户管理资金收入、专用基金收入、转移性预算收入、动用预算稳定调节基金、债务预算收入、债务转贷预算收入和待处理收入等。财政总预算会计以收付实现制为会计基础，预算收入一般在实际取得时予以确认，以实际取得的金额计量。一般公共预算收入、政府性基金预算收入、国有资本经营预算收入、财政专户管理资金收入和专用基金收入应当按照实际收到的金额入账。中央政府财政年末可按有关规定对部分预算收入事项采用权责发生制核算。转移性预算收入应当按照财政体制的规定和预算管理需要，按实际发生的金额入账。债务预算收入应当按照实际发行额或借入的金额入账，债务转贷预算收入应当按照实际收到的转贷金额入账。待处理收入应当按照实际收到的金额入账。

政府财政部门应当加强各项预算收入的管理，严格会计核算手续。对于各项预算收入的账务处理必须以审核无误的国库入账凭证、预算收入日报表、专户资金入账凭证和其他合法凭证为依据。发现错误，应当按照有关规定及时通知有关单位共同更正。

 一、一般公共预算收入

（一）概念

一般公共预算收入是指政府财政筹集纳入本级一般公共预算管理的税收收入和非税收入。税收收入指增值税、消费税、企业所得税、企业所得税退税、个人所得税、资源税、城市维护建设税、房产税、印花税、城镇土地使用税、土地增值税、车船税、船舶吨税、车辆购置税、关税、耕地占用税、契税、烟叶税、环境保护税和其他税收收入。纳入本级一般公共预算管理的非税收入主要包括专项收入、行政事业收费收入、罚没收入、国有资源（资产）有偿使用收入等。

（二）账户设置

财政总预算会计设置"一般公共预算收入"科目，核算政府财政筹集的纳入本级一般公共预算管理的税收收入和非税收入。本科目应根据《政府收支分类科目》中"一般公共预算收入"科目进行明细核算。期末结转后，本科目应无余额。

（三）主要账务处理

收到款项时，根据当日预算收入日报表所列一般公共预算本级收入数，借记"资金结存——库款资金结存"科目，贷记"一般公共预算收入"科目。年终转账时，"一般公共预算收入"科目贷方余额转入一般公共预算结转结余，借记"一般公共预算收入"科目，贷记"一般公共预算结转结余"科目。

【例 4-1】 某省政府财政收到预算收入日报表,列示纳入一般公共预算本级收入的税收收入 6 000 000 元已经缴入国库,其中,国有企业增值税收入为 3 500 000 元、国有航空工业所得税收入为 2 500 000 元;非税收入 2 890 000 元也已经缴入国库,其中,行政事业性收费收入 1 160 000 元,国有资源(资产)有偿使用收入 1 730 000 元。省财政总预算会计账务处理如下:

4-1 知识巩固

借:资金结存——库款资金结存　　　　　　　　　　　8 890 000
　　贷:一般公共预算收入——税收收入——增值税　　　　　3 500 000
　　　　　　　　　　　　——税收收入——所得税　　　　　2 500 000
　　　　　　　　　　　　——非税收入——行政事业性收费收入　1 160 000
　　　　　　　　　　　　——非税收入
　　　　　　　　　　　　　——国有资源(资产)有偿使用收入　1 730 000

二、政府性基金预算收入

(一) 概念

政府性基金预算收入是指政府财政筹集纳入本级政府性基金预算管理的非税收入。这里的非税收入主要指农网还贷资金收入、铁路建设基金收入、民航发展基金收入、旅游发展基金收入、国家电影事业发展专项资金收入、国有土地收益基金收入、农业土地开发资金收入、国有土地使用权出让收入、彩票公益金收入等政府性基金收入。

(二) 账户设置

财政总预算会计设置"政府性基金预算收入"科目,核算政府财政筹集的纳入本级政府性基金预算管理的非税收入。应根据《政府收支分类科目》中"政府性基金预算收入"科目进行明细核算。期末结转后,本科目应无余额。

(三) 主要账务处理

收到款项时,根据当日预算收入日报表所列政府性基金预算本级收入数,借记"资金结存——库款资金结存"科目,贷记"政府性基金预算收入"科目。年终转账时,"政府性基金预算收入"科目贷方余额转入政府性基金预算结转结余,借记"政府性基金预算收入"科目,贷记"政府性基金预算结转结余"科目。

4-2 知识巩固

【例 4-2】 某省政府财政收到预算收入日报表,列示纳入政府性基金预算本级收入的民航发展基金收入 600 000 元已经缴入国库。省财政总预算会计账务处理如下:

借:资金结存——库款资金结存　　　　　　　　　　　600 000
　　贷:政府性基金预算收入——民航发展基金收入　　　　　600 000

三、国有资本经营预算收入

（一）概念

国有资本经营预算收入是指政府财政筹集纳入本级国有资本经营预算管理的非税收入。这里的非税收入主要指利润收入、股利股息收入、产权转让收入等国有资本经营收入。

（二）账户设置

财政总预算会计设置"国有资本经营预算收入"科目，核算政府财政筹集的纳入本级国有资本经营预算管理的非税收入。本科目应根据《政府收支分类科目》中"国有资本经营预算收入"科目进行明细核算。期末结转后，本科目应无余额。

（三）主要账务处理

收到款项时，根据当日预算收入日报表所列国有资本经营预算本级收入数，借记"资金结存——库款资金结存"科目，贷记"国有资本经营预算收入"科目。年终转账时，本科目贷方余额转入国有资本经营预算结转结余，借记"国有资本经营预算收入"科目，贷记"国有资本经营预算结转结余"科目。

【例 4-3】 某省政府财政收到预算收入日报表，列示纳入国有资本经营预算本级收入的军工企业利润收入 600 000 元已经缴入国库。省财政总预算会计账务处理如下：

借：资金结存——库款资金结存　　　　　　　　　600 000
　　贷：国有资本经营预算收入——利润收入　　　　　　　　600 000

4-3 知识巩固

四、财政专户管理资金收入

（一）概念

财政专户管理资金收入是指政府财政纳入财政专户管理的教育收费等资金收入。财政专户管理资金收入具有专款专用、专项管理、专项监督等特点。

（二）账户设置

财政总预算会计设置"财政专户管理资金收入"科目，核算政府财政纳入财政专户管理的教育收费等资金收入。本科目应根据《政府收支分类科目》中收入分类科目进行明细核算。同时，根据管理需要，按预算单位等进行明细核算。期末结转后，本科目应无余额。

（三）主要账务处理

收到财政专户管理资金收入时，借记"资金结存——专户资金结存"科目，贷记"财政专户管理资金收入"科目。年终转账时，本科目贷方余额转入财政专户管理资金结余，借记"财政专户管理资金收入"科目，贷记"财政专户管理资金结余"科目。

4-4 知识巩固

【例4-4】 某省财政收到纳入财政专户管理的省属N航空大学学费收入2 800 000元。省财政总预算会计账务处理如下：

借：资金结存——专户资金结存　　　　　　　　　　　2 800 000
　　贷：财政专户管理资金收入——教育行政事业性收费收入
　　　　　　　　　　　　　　——高等学校学费　　　　2 800 000

五、专用基金收入

（一）概念

专用基金收入是指政府财政根据法律法规等规定设立各项专用基金（包括粮食风险基金等）取得的资金收入。这些基金旨在解决特定领域的问题或满足特定领域的需求，例如保障粮食安全等。

（二）账户设置

财政总预算会计设置"专用基金收入"科目，核算本级政府财政按照法律法规和国务院、财政部规定设置或取得的粮食风险基金等专用基金收入。本科目应按照专用基金种类进行明细核算。期末结转后，本科目应无余额。

（三）主要账务处理

通过预算支出安排取得专用基金收入并将资金转入财政专户的，借记"资金结存——专户资金结存"科目，贷记"专用基金收入"科目；同时，借记"一般公共预算支出"等科目，贷记"资金结存——库款资金结存"等科目。退回专用基金收入时，做相反的会计分录。通过预算支出安排取得专用基金收入，资金仍留存国库的，借记"一般公共预算支出"等科目，贷记"专用基金收入"科目。年终转账时，本科目贷方余额转入专用基金结余，借记"专用基金收入"科目，贷记"专用基金结余"科目。

【例4-5】 某省财政通过本级一般公共预算安排取得粮食风险基金5 000 000元，款项已从财政国库转入粮食风险基金财政专户并转入财政专户。省财政总预算会计账务处理如下：

4-5 知识巩固

借：资金结存——专户资金结存　　　　　　　　　　　5 000 000
　　贷：专用基金收入——粮食风险基金　　　　　　　　5 000 000
同时，
借：一般公共预算支出　　　　　　　　　　　　　　　5 000 000
　　贷：资金结存——库款资金结存　　　　　　　　　　5 000 000

六、转移性预算收入

（一）概念

转移性预算收入是指在各级政府财政之间进行资金调拨以及在本级政府财政不同类型资金之间调剂所形成的收入，包括补助预算收入、上解预算收入、地区间援助预算收入和调入预算资金等。对于本级政府来说，转移性预算收入可以帮助其增强财政收入和支出能力，推动经济社会发展。

1. 补助预算收入

补助预算收入是指上级政府财政按照财政体制规定或专项需要补助给本级政府财政的款项，包括返还性收入、一般性转移支付收入和专项转移支付收入等。

2. 上解预算收入

上解预算收入是指按照财政体制规定或专项需要由下级政府财政上交给本级政府财政的款项。这些款项包括各级政府间的税收分成、国有资本经营预算收益、政府性基金收益等。

3. 地区间援助预算收入

地区间援助预算收入是指受援方政府财政收到援助方政府财政转来的可统筹使用的各类援助、捐赠等资金收入。这些资金可以用于受援方政府的预算支出，用于改善受援方地区的基础设施建设、扶贫救助、医疗卫生、教育文化等方面。

4. 调入预算资金

调入预算资金是指政府财政为平衡某类预算收支，从其他类型预算资金及其他渠道调入的资金。这种调入资金的方法可以帮助政府更好地实现预算的平衡，确保各项预算支出得到充分的保障，同时也能够避免因某一预算项过度支出而导致其他预算项无法得到足够的资金支持的情况发生。

（二）账户设置

1. 补助预算收入

财政总预算会计设置"补助预算收入"科目，核算上级政府财政按照财政体制规定或专项需要补助给本级政府财政的款项，包括税收返还、一般性转移支付和专项转移支付等。本科目下应设置"一般公共预算补助收入""政府性基金预算补助收入""国有资本经营预算补助收入""上级调拨"明细科目，可根据《政府收支分类科目》规定进行明细核算。其中，"一般公共预算补助收入"科目核算本级政府财政收到上级政府财政的一般公共预算转移支付收入；"政府性基金预算补助收入"科目核算本级政府财政收到上级政府财政的政府性基金转移支付收入；"国有资本经营预算补助收入"科目核算本级政府财政收到上级政府财政的国有资本经营预算转移支付收入；"上级调拨"科目核算年度执行中，本级政府财政收到暂不能明确资金类别的上级政府财政调拨资金或按年终结算应确认事项金额。期末结转后，本科目应无余额。

2. 上解预算收入

财政总预算会计设置"上解预算收入"科目，核算按照财政体制规定或专项需要由下级政府财政上交给本级政府财政的款项。本科目下应按照不同资金性质设置"一般公共预算上解收入""政府性基金预算上解收入""国有资本经营预算上解收入"明细科目,并按照上解地区进行明细核算。期末结转后,本科目应无余额。

3. 地区间援助预算收入

财政总预算会计设置"地区间援助预算收入"科目,核算受援方政府财政收到援助方政府财政转来的可统筹使用的各类援助、捐赠等资金收入。援助方政府已列"地区间援助预算支出"的援助、捐赠等资金,受援方通过本科目核算。本科目应根据管理需要,按照援助地区等进行明细核算。期末结转后,本科目应无余额。

4. 调入预算资金

财政总预算会计设置"调入预算资金"科目,核算政府财政为平衡某类预算收支、从其他类型预算资金及其他渠道调入的资金。本科目下应按照不同资金性质设置"一般公共预算调入资金""政府性基金预算调入资金"明细科目。期末结转后,本科目应无余额。

(三)主要账务处理

1. 补助预算收入

年度执行中,收到上级政府财政调拨的资金时,按照实际收到的金额,借记"资金结存——库款资金结存"科目,贷记"补助预算收入——一般公共预算补助收入""补助预算收入——政府性基金预算补助收入""补助预算收入——国有资本经营预算补助收入""补助预算收入——上级调拨"等科目。专项转移支付资金实行特设专户管理的,收到资金时按照实际收到的金额,借记"资金结存——专户资金结存"科目,贷记"补助预算收入——上级调拨"科目。根据预算管理需要,本级政府财政向上级政府财政归还资金时,按照实际转出的金额,借记"补助预算收入——上级调拨"科目,贷记"资金结存——库款资金结存"科目。年终两级财政办理结算以后,根据预算管理部门提供的结算单确认上级补助预算收入,借记"补助预算收入——上级调拨"科目,贷记"补助预算收入——一般公共预算补助收入""补助预算收入——政府性基金预算补助收入""补助预算收入——国有资本经营预算补助收入"等科目。完成上述结转以后,将"补助预算收入"科目下各明细科目余额分别结转至相应的预算结余类科目,借记"补助预算收入"各明细科目,贷记"一般公共预算结转结余""政府性基金预算结转结余""国有资本经营预算结转结余""资金结存——上下级调拨结存"等科目。

【例4-6】 某省政府财政收到国库报来的预算收入日报表,当日共收到中央财政下拨的一般公共预算转移性收入258 000元,其中,一般性转移支付收入155 000元,专项转移支付收入103 000元;当日共收到中央财政下拨的政府性基金转移支付收入147 000元,全部为节能环保转移支付收入;中央财政下拨的国有资本经营预算转移支付收入139 000元。省财政总预算会计账务处理如下:

4-6 知识巩固

借:资金结存——库款资金结存 544 000
　　贷:补助预算收入——一般公共预算补助收入
　　　　　　——一般性转移支付收入 155 000

　　　　——一般公共预算补助收入——专项转移支付收入　　103 000
　　　　——政府性基金预算补助收入——节能环保　　　　147 000
　　　　——国有资本经营预算补助收入　　　　　　　　　139 000

【例4-7】某省政府财政收到国库报来的预算收入日报表，根据预算管理需要，向中央归还去年转移支付补助收入资金359 000元。省财政总预算会计账务处理如下：

　　借：补助预算收入——上级调拨　　　　359 000
　　　贷：资金结存——库款资金结存　　　　　　　　359 000

2. 上解预算收入

年终与下级政府财政结算时，根据预算管理部门提供的有关资料，按照尚未收到的上解款金额，借记"补助预算支出——调拨下级"科目，贷记"上解预算收入"科目。年终转账时，"上解预算收入"科目贷方余额应根据不同资金性质分别转入相应的结转结余科目，借记"上解预算收入"科目，贷记"一般公共预算结转结余""政府性基金预算结转结余""国有资本经营预算结转结余"等科目。

【例4-8】某省财政年终与下辖A市政府财政进行年终结算时，确认尚未收到的上解款金额为350 000元。省财政总预算会计账务处理如下：

　　借：补助预算支出——调拨下级　　　　350 000
　　　贷：上解预算收入　　　　　　　　　　　　　　350 000

3. 地区间援助预算收入

收到援助方政府财政转来的资金时，借记"资金结存——库款资金结存"科目，贷记"地区间援助预算收入"科目。年终转账时，本科目贷方余额转入一般公共预算结转结余，借记"地区间援助预算收入"科目，贷记"一般公共预算结转结余"科目。

【例4-9】某省政府财政收到乙省政府财政转来的一笔洪水灾害过后住房重建援助资金1 600 000元。省财政总预算会计账务处理如下：

　　借：资金结存——库款资金结存　　　　1 600 000
　　　贷：地区间援助预算收入——乙省财政　　　　1 600 000

4. 调入预算资金

从其他类型预算资金及其他渠道调入一般公共预算时，按照调入或实际收到的金额，借记"调出预算资金——政府性基金预算调出资金""调出预算资金——国有资本经营预算调出资金""资金结存——库款资金结存"等科目，贷记"调入预算资金——一般公共预算调入资金"科目。从其他类型预算资金及其他渠道调入政府性基金预算时，按照调入或实际收到的资金金额，借记"资金结存——库款资金结存"等科目，贷记"调入预算资金——政府性基金预算调入资金"科目。年终转账时，"调入预算资金"科目贷方余额按明细科目分别转入相应的结转结余科目，借记"调入预算资金"科目，贷记"一般公共预算结转结余""政府性基金预算结转结余"等科目。

【例4-10】某省政府财政国有资本经营预算收入超收，将国有资本经营预算资金调入一般公共预算3 600 000元，将国有资本经营预算资金调入政府性基金预算 1 520 000 元。省财政总预算会计账务处理如下：
　　借：调出预算资金——国有资本经营预算调出资金　　　5 120 000
　　　贷：调入预算资金——一般公共预算调入资金　　　　　　3 600 000
　　　　　　　　　　　——政府性基金预算调入资金　　　　　1 520 000

七、动用预算稳定调节基金

（一）概念

动用预算稳定调节基金是指政府财政为弥补一般公共预算收支缺口动用的预算稳定调节基金。当一般公共预算收支出现严重缺口时，政府可以动用预算稳定调节基金来弥补缺口，保障财政稳定和经济发展。

（二）账户设置

财政总预算会计设置"动用预算稳定调节基金"科目，核算政府财政为弥补本年度预算资金不足，动用的预算稳定调节基金。

（三）主要账务处理

动用预算稳定调节基金时，借记"预算稳定调节基金"科目，贷记"动用预算稳定调节基金"科目。年终转账时，"动用预算稳定调节基金"科目贷方余额转入一般公共预算结转结余，借记"动用预算稳定调节基金"科目，贷记"一般公共预算结转结余"科目。

【例 4-11】 某省政府财政年中动用预算稳定调节基金 9 000 000 元。省财政总预算会计账务处理如下：

4-11 知识巩固

　　借：预算稳定调节基金　　　　　　　　　　　　　　　9 000 000
　　　贷：动用预算稳定调节基金　　　　　　　　　　　　　　9 000 000

八、债务预算收入

（一）概念

债务预算收入是指政府财政根据法律法规等规定，通过发行债券、向外国政府和国际金融组织借款等方式筹集的纳入预算管理的资金收入。债务预算收入的规模和使用必须受到相关法律法规的限制和监管，以保证政府的财政稳定并控制债务风险。

（二）账户设置

财政总预算会计设置"债务预算收入"科目，核算政府财政根据法律法规等规定，通过发行债券、向外国政府和国际金融组织借款等方式筹集的纳入预算管理的债务收入。本科目应设置"国债收入""一般债务收入"和"专项债务收入"明细科目，并根据《政府收支分类科目》中"债务收入"科目进行明细核算。期末结转后，本科目应无余额。

（三）主要账务处理

省级以上（含省级）政府财政收到政府债券发行收入时，按照实际收到的金额，借记"资金结存——库款资金结存"科目，按照政府债券实际发行额，贷记"债务预算收入"科目，按照其差额，借记或贷记有关支出科目。年终转账时，"债务预算收入"科目下"国债收入""一般债务收入"的贷方余额转入一般公共预算结转结余，借记"债务预算收入——国债收入""债务预算收入——一般债务收入"科目，贷记"一般公共预算结转结余"科目；"债务预算收入"科目下"专项债务收入"的贷方余额转入政府性基金预算结转结余，借记"债务预算收入——专项债务收入"科目，贷记"政府性基金预算结转结余"科目，可根据预算管理需要，按照专项债务对应的政府性基金预算收入科目分别转入"政府性基金预算结转结余"相应明细科目。

【例 4-12】 某省财政发行一批 5 年期记账式固定利率附息地方政府一般债券，面值 2 亿元，募集资金全部用于省本级一般公共预算的交通基础设施建设资金。该债券面值 100 元，投资者认购债券数量为 100 元面值的整数倍，发行价格为 100.00 元/百元面值，票面利率为 2.68％。扣除向相关债券承销团成员按定向承销债券面值的 0.2％支付的债券发行手续费，其余款项缴入国库。省财政总预算会计账务处理如下：

4-12 知识巩固

借：资金结存——库款资金结存　　　　　　　　199 600 000
　　　一般公共预算支出　　　　　　　　　　　　　400 000
　　贷：债务预算收入——一般债务收入　　　　　　　　　200 000 000

【例 4-13】 某省政府财政经国务院批准从世界银行借入 90 000 000 美元用于该省省会城市民用机场建设，款项已经转入财政专户，按照当日中国人民银行公布的美元汇率中间价为 6.9012 计算，折算为人民币的金额为 621 108 000 元。省财政总预算会计账务处理如下：

4-13 知识巩固

借：资金结存——专户资金结存　　　　　　　　621 108 000
　　贷：债务预算收入——专项债务收入　　　　　　　　　621 108 000

九、债务转贷预算收入

（一）概念

债务转贷预算收入是指本级政府财政收到上级政府财政转贷的债务收入。债务转贷预算收入在一定程度上可以反映出本级政府与上级政府之间的财政关系和合作程度。

（二）账户设置

财政总预算会计设置"债务转贷预算收入"科目，核算省级以下（不含省级）政府财政收到上级政府财政转贷的债务收入。本科目应设置"一般债务转贷收入""专项债务转贷

收入"明细科目,并根据《政府收支分类科目》中"债务转贷收入"科目进行明细核算。期末结转后,本科目应无余额。

(三) 主要账务处理

省级以下(不含省级)政府财政收到地方政府债券转贷收入时,按照实际收到的金额或债务管理部门确认的金额,借记"资金结存——库款资金结存""补助预算收入——上级调拨"等科目,贷记"债务转贷预算收入"科目;实际收到的金额与债务管理部门确认的到期应偿还转贷款本金之间的差额,借记或贷记有关支出科目。年终转账时,"债务转贷预算收入"科目下"一般债务转贷收入"明细科目的贷方余额转入一般公共预算结转结余,借记"债务转贷预算收入"科目,贷记"一般公共预算结转结余"科目;"债务转贷预算收入"科目下"专项债务转贷收入"明细科目的贷方余额转入政府性基金预算结转结余,借记"债务转贷预算收入"科目,贷记"政府性基金预算结转结余"科目,可根据预算管理需要,按照专项债务对应的政府性基金预算收入科目分别转入"政府性基金预算结转结余"相应明细科目。

【例 4-14】 某省财政经批准发行的一批一般地方政府债券向所下辖 D 市财政转贷 60 000 000 元,用以支持该市的一座过江大桥建设。该转贷款年利率为 3.6%,转贷期限为 4 年,每年支付一次利息,利息和到期本金支付给省财政,转贷款本息均列入了 D 市一般公共预算。D 市政府财政收到地方政府债券转贷收入时,D 市财政总预算会计账务处理如下:

4-14 知识巩固

借:资金结存——库款资金结存   60 000 000
  贷:债务转贷预算收入——一般债务转贷收入   60 000 000

十、待处理收入

(一) 概念

待处理收入是指本级政府财政收回的部门预算结转结余资金和转移支付结转资金。各有关预算单位对于应该收回财政的存量资金,必须不讲任何条件地主动配合,按规定时间全部上缴国库,本着盘活财政存量资金的目的,对于收回的结转结余资金,财政部门可按原预算科目使用,也可调整预算科目使用。

(二) 账户设置

财政总预算会计设置"待处理收入"科目,核算本级政府财政收回的结转结余资金。本科目下应设置"库款资金待处理收入""专户资金待处理收入"明细科目。期末结转后,本科目应无余额。

(三) 主要账务处理

收到收回的结转结余资金时,借记"资金结存——库款资金结存"等科目,贷记"待处理收入"科目。收回的结转结余资金，财政部门按原预算科目使用的，实际安排支出时，借记"待处理收入"科目（当年收回的结转结余资金）或"资金结存——待处理结存"科目（历年收回的结转结余资金），贷记"资金结存——库款资金结存"科目。收回的结转结余资金，财政部门调整预算科目使用的，实际安排支出时，借记"待处理收入"科目（当年收回的结转结余资金）或"资金结存——待处理结存"科目（历年收回的结转结余资金），按原结转预算科目，贷记"一般公共预算支出"等科目；同时，按实际支出预算科目，借记"一般公共预算支出"等科目，贷记"资金结存——库款资金结存"等科目。年终，"待处理收入"科目贷方余额转入资金结存，借记"待处理收入"科目，贷记"资金结存——待处理结存"科目。

【例 4-15】 某省政府财政发生如下待处理收入相关业务：① 20××年2月17日，收到收回的各预算单位列入政府性基金预算的结转结余资金 17 000 000 元，已经缴入国库；② 20××年4月12日，①其中的 5 000 000 元拨付给省交通厅用于机场建设（交通运输支出——民航发展基金支出，属于按原预算科目使用的政府性基金预算支出）；③ 20××年4月15日，①其中的 10 000 000 元拨给省属N航空大学人工智能飞行模拟驾驶技术培训项目（教育支出——普通教育——高等教育，属于调整预算科目使用而改用于一般公共预算支出）。省财政总预算会计账务处理如下：

4-15 知识巩固

(1) 收到收回的结转结余资金时，
　　借：资金结存——库款资金结存　　　　　　　　17 000 000
　　　　贷：待处理收入——库款资金待处理收入　　　　　　　17 000 000
(2) 收回的结转结余资金，财政部门按原预算科目使用的，实际安排支出时，
　　借：待处理收入——库款资金待处理收入　　　　 5 000 000
　　　　贷：资金结存——库款资金结存　　　　　　　　　　　 5 000 000
(3) 收回的结转结余资金，财政部门调整预算科目使用的，实际安排支出时，
　　借：待处理收入——库款资金待处理收入　　　　10 000 000
　　　　贷：政府性基金预算支出——交通运输支出
　　　　　　　　　　　　——民航发展基金支出（机关资本性支出）
　　　　　　　　　　　　　　　　　　　　　　　　　　　　10 000 000
　同时，按实际支出预算科目，
　　借：一般公共预算支出——教育支出——普通教育
　　　　　　　　　　　　——高等教育（对事业单位经常性补助）
　　　　　　　　　　　　　　　　　　　　　　　　　　　　10 000 000
　　　　贷：资金结存——库款资金结存　　　　　　　　　　 10 000 000

第二节　财政总预算会计的预算支出核算

政府的预算支出是指政府在预算年度内依法发生并纳入预算管理的现金流出。预算支出包括一般公共预算支出、政府性基金预算支出、国有资本经营预算支出、财政专户管理资金支出、专用基金支出、转移性预算支出、安排预算稳定调节基金、债务还本预算支出、债务转贷预算支出和待处理支出等。财政总预算会计以收付实现制为会计基础，预算支出一般在实际发生时予以确认，以实际发生的金额计量。

一般公共预算支出、政府性基金预算支出、国有资本经营预算支出一般应当按照实际支付的金额入账。省级以上（含省级）政府财政年末可按规定采用权责发生制将国库集中支付结余列支入账。中央政府财政年末可按有关规定对部分支出事项采用权责发生制核算。从本级预算支出中安排提取的专用基金，按照实际提取金额列支入账。财政专户管理资金支出、专用基金支出应当按照实际支付的金额入账。转移性预算支出应当根据财政体制的规定和预算管理需要，按实际发生的金额入账。债务转贷预算支出应当按照实际转贷的金额入账。债务还本预算支出应当按照实际偿还的金额入账。待处理支出应当按照实际支付的金额入账。对于收回当年已列支出的款项，应冲销当年预算支出。对于收回以前年度已列支出的款项，通常冲销当年预算支出。

财政总预算会计应当加强预算支出管理，科学预测和调度资金，严格按照批准的年度预算办理支出，严格审核拨付申请，严格按照预算管理规定和实际拨付金额列报支出，不得办理无预算、超预算的支出，不得任意调整预算支出科目。对于各项支出的账务处理必须以审核无误的国库划款清算凭证、资金支付凭证和其他合法凭证为依据。

一、一般公共预算支出

（一）概念

一般公共预算支出是指政府财政管理的由本级政府安排使用的列入一般公共预算的支出。必须注意，一般公共预算支出是由本级政府使用的支出，而不是转移给上级政府或下级政府的支出，也不是向其他地区援助的支出。一般公共预算支出纳入政府的一般公共预算管理，它是各级政府最主要的财政资金支出。

（二）账户设置

财政总预算会计设置"一般公共预算支出"科目，核算政府财政管理的由本级政府安排使用的列入一般公共预算的支出。本科目应根据《政府收支分类科目》中支出功能分类科目和支出经济分类科目进行明细核算。同时，可根据预算管理需要，按照预算单位和项目等进行明细核算。期末结转后，本科目应无余额。

(三) 主要账务处理

实际发生一般公共预算支出时，借记"一般公共预算支出"科目，贷记"资金结存——库款资金结存"等科目。已支出事项发生退回时，借记"资金结存——库款资金结存"等科目，贷记"一般公共预算支出"科目。年终转账时，"一般公共预算支出"科目借方余额转入一般公共预算结转结余，借记"一般公共预算结转结余"科目，贷记"一般公共预算支出"科目。

【例 4-16】 某省政府财政通过财政国库为有关预算单位支付属于一般公共预算支出的款项共计 3 975 000 元。具体支付情况为：为省审计厅直属从事审计事务支付日常行政运行经费 675 000 元，支出经济分类为机关工资福利支出中的工资奖金津贴补贴；为省交通厅开展民用航空运输活动支付空管系统建设经费 3 300 000 元，支出经济分类为基础设施建设。省财政总预算会计账务处理如下：

4-16 知识巩固

借：一般公共预算支出——一般公共服务支出——审计事务
　　　　　　　　——机关工资福利支出　　　675 000
　　　　　——交通运输支出——民用航空运输
　　　　　　　　——机关资本性支出　　　　3 300 000
　　贷：资金结存——库款资金结存　　　　　　　　　　3 975 000

二、政府性基金预算支出

(一) 概念

政府性基金预算支出是指政府财政管理的由本级政府安排使用的列入政府性基金预算的支出。与一般公共预算支出相比，政府性基金预算支出具有专款专用的特征。按照《中华人民共和国预算法》的规定，政府性基金预算应当根据基金项目收入情况和实际支出需要，按基金项目编制，做到以收定支。

(二) 账户设置

财政总预算会计设置"政府性基金预算支出"科目，核算政府财政管理的由本级政府安排使用的列入政府性基金预算的支出。本科目应根据《政府收支分类科目》中支出功能分类科目和支出经济分类科目进行明细核算。同时，可根据预算管理需要，按照预算单位和项目等进行明细核算。期末结转后，本科目应无余额。

(三) 主要账务处理

实际发生政府性基金预算支出时，借记"政府性基金预算支出"科目，贷记"资金结存——库款资金结存"等科目。已支出事项发生退回时，借记"资金结存——库款资金结存"等科目,贷记"政府性基金预算支出"科目。年终转账时,"政府性基金预算支出"科目借方余额转入政府性基金预算结转结余,借记"政府性基金预算结转结余"科目,贷记"政府性基金预算支出"科目。

【例4-17】 某省政府财政通过国库为有关预算单位支付属于政府性基金预算本级支出的款项共计5 910 000元。具体支付情况为:为省文化和旅游厅支付文化旅游体育与传媒支出2 910 000元,具体为拍摄航空报国红色影片的国家电影事业发展专项资金安排的支出,支出经济分类为其他资本性支出;为财政厅支付债务付息支出3 000 000元,具体为地方政府专项债务付息支出,支出经济分类为债务利息及费用支出。省财政总预算会计账务处理如下:

4-17 知识巩固

借:政府性基金预算支出——文化旅游体育与传媒支出
　　　　　　　　　　——国家电影事业发展专项资金安排的支出
　　　　　　　　　　——机关资本性支出　　　2 910 000
　　　　　　　　　　——债务付息支出
　　　　　　　　　　——地方政府专项债务付息支出
　　　　　　　　　　——债务利息及费用支出　　3 000 000
　　贷:资金结存——库款资金结存　　　　　　　　　　　　5 910 000

三、国有资本经营预算支出

(一)概念

国有资本经营预算支出是指政府财政管理的由本级政府安排使用的列入国有资本经营预算的支出。国有资本经营预算支出按照支出的经济性质,可以分为对企业补助和对企业资本性支出等。对企业补助主要指费用补贴和利息补贴,对企业资本性支出主要指资本金注入和政府投资基金股权投资。

(二)账户设置

财政总预算会计设置"国有资本经营预算支出"科目,核算政府财政管理的由本级政府安排使用的列入国有资本经营预算的支出。本科目应根据《政府收支分类科目》中支出功能分类科目和支出经济分类科目进行明细核算。同时,根据预算管理需要,按照预算单位和项目等进行明细核算。期末结转后,本科目应无余额。

(三)主要账务处理

实际发生国有资本经营预算支出时,借记"国有资本经营预算支出"科目,贷记"资金结存——库款资金结存"等科目。已支出事项发生退回时,借记"资金结存——库款资金结存"等科目,贷记"国有资本经营预算支出"科目。年终转账时,"国有资本经营预算支出"科目借方余额转入国有资本经营预算结转结余,借记"国有资本经营预算结转结余"科目,贷记"国有资本经营预算支出"科目。

【例 4-18】 某省政府财政通过财政国库为有关职能部门支付属于国有资本经营预算本级支出的款项共计 9 410 000 元。具体支付情况为：向国有企业雄宇航空有限公司支付国有企业棚户区改造支出 2 130 000 元，支出经济分类为对企业补助（费用补贴）；对雄宇航空有限公司进行国有资本金注入 7 280 000 元，支出经济分类为对企业资本性支出。省财政总预算会计账务处理如下：

4-18 知识巩固

借：国有资本经营预算支出——解决历史遗留问题及改革成本支出
　　　　　　　　　　　　——对企业补助
　　　　　　　　　　　　　　　　　　　　　　　　　2 130 000
　　国有资本经营预算支出——国有企业资本金注入
　　　　　　　　　　　　——对企业资本性支出　　　7 280 000
　　贷：资金结存——库款资金结存　　　　　　　　　　9 410 000

四、财政专户管理资金支出

（一）概念

财政专户管理资金支出是指政府财政用纳入财政专户管理的教育收费等资金安排的支出，目前主要是用各种教育收费安排的支出。

（二）账户设置

财政总预算会计设置"财政专户管理资金支出"科目，核算本级政府财政用纳入财政专户管理的教育收费等资金安排的支出。本科目应根据《政府收支分类科目》中支出功能分类科目和支出经济分类科目进行明细核算。同时，可根据管理需要，按照预算单位和项目等进行明细核算。期末结转后，本科目应无余额。

（三）主要账务处理

发生财政专户管理资金支出时，借记"财政专户管理资金支出"科目，贷记"资金结存——专户资金结存"等科目。已支出事项发生退回时，借记"资金结存——专户资金结存"等科目，贷记"财政专户管理资金支出"科目。年终转账时，"财政专户管理资金支出"科目借方余额转入财政专户管理资金结余，借记"财政专户管理资金结余"科目，贷记"财政专户管理资金支出"科目。

【例 4-19】 某省财政通过财政专户向省属 N 航空大学拨付教育收费 2 650 000 元，支出经济分类为商品和服务支出。省财政总预算会计账务处理如下：

4-19 知识巩固

借：财政专户管理资金支出——教育支出
　　　　　　　　　　　　——高等教育（对事业单位经常性补助）
　　　　　　　　　　　　　　　　　　　　　　　　　2 650 000
　　贷：资金结存——专户资金结存　　　　　　　　　　2 650 000

五、专用基金支出

（一）概念

专用基金支出是指政府财政用专用基金收入安排的支出，主要是用粮食风险基金收入安排的相应支出。财政总预算会计在拨付专用基金时，应做到先收后支，量入为出，并做到按规定的用途拨付。

（二）账户设置

财政总预算会计设置"专用基金支出"科目，核算政府财政专用基金收入安排的支出。本科目应根据专用基金的种类设置明细科目。同时，根据预算管理需要，按预算单位等进行明细核算。期末结转后，本科目应无余额。

（三）主要账务处理

发生专用基金支出时，借记"专用基金支出"科目，贷记"资金结存——库款资金结存""资金结存——专户资金结存"等科目。已支出事项发生退回时，借记"资金结存——库款资金结存""资金结存——专户资金结存"等科目，贷记"专用基金支出"科目。年终转账时，"专用基金支出"科目借方余额转入专用基金结余，借记"专用基金结余"科目，贷记"专用基金支出"科目。

【例 4-20】某省财政按规定从农业发展银行"粮食风险基金"专户向省储备粮油管理有限公司拨付油品储备风险基金 1 200 000 元。省财政总预算会计账务处理如下：

借：专用基金支出——粮食风险基金
　　　　　　　——省储备粮油管理有限公司　　1 200 000
　贷：资金结存——专户资金结存　　　　　　　　　　1 200 000

4-20 知识巩固

六、转移性预算支出

（一）概念

转移性预算支出是指各级政府财政之间进行资金调拨以及在本级政府财政不同类型资金之间调剂所形成的支出，包括补助预算支出、上解预算支出、地区间援助预算支出和调出预算资金等。

1. 补助预算支出

补助预算支出是指本级政府财政按财政体制规定或专项需要补助给下级政府财政的款项，包括对下级的税收返还、一般性转移支付和专项转移支付等。补助预算支出与补助预算收入在业务内容上相互对应。

2. 上解预算支出

上解预算支出是指按照财政体制规定或专项需要由本级政府财政上交给上级政府财政的款项。上解预算支出与上解预算收入在业务内容上相互对应。

3. 地区间援助预算支出

地区间援助预算支出是指援助方政府财政安排用于受援方政府财政统筹使用的各类援助、捐赠等资金支出。地区间援助预算支出与地区间援助预算收入在业务内容上相互对应。

4. 调出预算资金

调出预算资金是指政府财政为平衡预算收支，在不同类型预算资金之间的调出支出。调出预算资金与调入预算资金在业务内容上相互对应。

(二) 账户设置

1. 补助预算支出

财政总预算会计设置"补助预算支出"科目，核算本级政府财政按照财政体制规定或专项需要补助给下级政府财政的款项，包括对下级的税收返还、一般性转移支付和专项转移支付等。本科目应按照不同资金性质设置"一般公共预算补助支出""政府性基金预算补助支出""国有资本经营预算补助支出"和"调拨下级"明细科目。同时，可根据管理需要，按照补助地区和《政府收支分类科目》中支出功能分类科目进行明细核算。其中，"一般公共预算补助支出"科目核算本级政府财政对下级政府财政的一般性转移支付支出；"政府性基金预算补助支出"科目核算本级政府财政对下级政府财政的政府性基金预算转移支付支出；"国有资本经营预算补助支出"科目核算本级政府财政对下级政府财政的国有资本经营预算转移支付支出；"调拨下级"科目核算年度执行中，本级政府财政调拨给下级政府财政的尚未指定资金性质的资金或结算应确认事项金额。期末结转后，本科目应无余额。

2. 上解预算支出

财政总预算会计设置"上解预算支出"科目，核算本级政府财政按照财政体制规定或专项需要上交给上级政府财政的款项。本科目应按照不同资金性质设置"一般公共预算上解支出""政府性基金预算上解支出""国有资本经营预算上解支出"明细科目。期末结转后，本科目应无余额。

3. 地区间援助预算支出

财政总预算会计设置"地区间援助预算支出"科目，核算援助方政府财政安排用于受援方政府财政统筹使用的各类援助、捐赠等资金支出。本科目应按照受援地区等进行相应明细核算。期末结转后，本科目应无余额。

4. 调出预算资金

财政总预算会计设置"调出预算资金"科目，核算政府财政为平衡预算收支，在不同类型预算资金之间的调出支出。本科目应设置"一般公共预算调出资金""政府性基金预算调出资金"和"国有资本经营预算调出资金"明细科目。期末结转后，本科目应无余额。

（三）主要账务处理

1. 补助预算支出

年度执行中，调拨资金给下级政府财政，根据实际调拨的金额借记"补助预算支出——调拨下级"等科目，贷记"资金结存——库款资金结存""资金结存——专户资金结存"科目。根据预算管理需要，收回已调拨下级政府财政资金时，按照实际收到的金额，借记"资金结存——库款资金结存""资金结存——专户资金结存"等科目，贷记"补助预算支出——调拨下级"等科目。两级财政年终结算中应当由下级政府财政上交的款项，借记"补助预算支出——调拨下级"等科目，贷记"上解预算收入"科目。发生上解多交应当退回的，按照应当退回的金额，借记"上解预算收入"科目，贷记"补助预算支出——调拨下级"等科目。年终两级财政办理结算以后，根据预算管理部门提供的结算单确认补助下级预算支出，借记"补助预算支出——一般公共预算补助支出""补助预算支出——政府性基金预算补助支出""补助预算支出——国有资本经营预算补助支出"等科目，贷记"补助预算支出——调拨下级"科目。完成上述结转以后，将"补助预算支出"科目下各明细科目余额分别结转至相应的预算结余类科目。借记"资金结存——上下级调拨结存""一般公共预算结转结余""政府性基金预算结转结余""国有资本经营预算结转结余"等科目，贷记"补助预算支出"科目。

【例 4-21】 某省政府财政预算年度执行中，通过国库调拨资金 804 000 元给下辖 B 市政府财政，其中，一般公共预算支出资金 244 000 元（具体为一般性转移支付支出 134 000 元，专项转移支付支出 110 000 元），政府性基金转移支付支出资金 117 000 元（具体为科学技术转移支付支出），国有资本经营预算转移支付支出资金 93 000 元，暂时尚未指定资金性质的财政资金 350 000 元。省财政总预算会计账务处理如下：

4-21 知识巩固

```
借：补助预算支出——一般公共预算补助支出
       ——一般性转移支付收入        134 000
     ——一般公共预算补助支出
       ——专项转移支付收入          110 000
     ——政府性基金预算补助支出
       ——科学技术              117 000
     ——国有资本经营预算补助支出         93 000
     ——调拨下级                350 000
  贷：资金结存——库款资金结存                  804 000
```

2. 上解预算支出

发生上解预算支出时，借记"上解预算支出"科目，贷记"资金结存——库款资金结存""补助预算收入——上级调拨"等科目。年终与上级政府财政结算时，按照尚未支付的上解金额，借记"上解预算支出"科目，贷记"补助预算收入——上级调拨"等科目。退还或核减上解支出时，借记"资金结存——库款资金结存""补助预算收入——上级调拨"等科目，贷记"上解预算支出"科目。年终转账时，"上解预算支出"科目借方余额应根据不同资金性质分别转入相应的结转结余科目，借记"一般公共预算结转结余""政府性基金预算结转结余"等科目，贷记"上解预算支出"科目。

【例 4-22】 某省政府财政与中央财政发生如下业务。① 预算年度执行中，省政府财政通过国库向中央财政支付一般公共预算上解资金，具体为体制上解支出 970 000 元；向中央财政支付政府性基金上解支出资金 650 000 元；向中央财政支付国有资本经营预算上解支出资金 540 000 元。② 进行年终结算中，确认应上交中央财政但尚未支付的体制上解款金额为 780 000 元。省财政总预算会计账务处理如下：

4-22 知识巩固

(1) 借：上解预算支出——一般公共预算上解支出　　　　970 000
　　　　　　　　　　——政府性基金预算上解支出　　　　650 000
　　　　　　　　　　——国有资本经营预算上解支出　　　540 000
　　　贷：资金结存——库款资金结存　　　　　　　　　2 160 000

(2) 借：上解预算支出　　　　　　　　　　　　　　　　780 000
　　　贷：补助预算收入——上级调拨　　　　　　　　　　780 000

3. 地区间援助预算支出

发生地区间援助预算支出时，借记"地区间援助预算支出"科目，贷记"资金结存——库款资金结存"科目。年终转账时，本科目借方余额转入一般公共预算结转结余，借记"一般公共预算结转结余"科目，贷记"地区间援助预算支出"科目。

4-23 知识巩固

【例 4-23】 某省政府财政援助丁省政府财政一笔洪水灾害过后住房重建援助资金 1 800 000 元，通过国库转出。省财政总预算会计账务处理如下：

　　借：地区间援助预算支出——丁省财政　　　　　　　1 800 000
　　　贷：资金结存——库款资金结存　　　　　　　　　1 800 000

4. 调出预算资金

从一般公共预算调出资金时，按照调出的金额，借记"调出预算资金——一般公共预算调出资金"科目，贷记"调入预算资金"有关明细科目。从政府性基金预算调出资金时，按照调出的金额，借记"调出预算资金——政府性基金预算调出资金"科目，贷记"调入预算资金"有关明细科目。从国有资本经营预算调出资金时，按照调出的金额，借记"调出预算资金——国有资本经营预算调出资金"科目，贷记"调入预算资金"有关明细科目。年终转账时，本科目借方余额分别转入相应的结转结余科目，借记"一般公共预算结转结余""政府性基金预算结转结余"和"国有资本经营预算结转结余"等科目，贷记"调出预算资金"科目。

调出预算资金核算举例参见【例 4-10】。

七、安排预算稳定调节基金

（一）概念

安排预算稳定调节基金是指政府财政安排用于弥补以后年度预算资金不足的储备性资

金。安排预算稳定调节基金通常用于应对财政收入不稳定、支出压力大等情况，以确保政府在执行预算时具有一定的灵活性和应对能力。

（二）账户设置

财政总预算会计设置"安排预算稳定调节基金"科目，核算政府财政安排用于弥补以后年度预算资金不足的储备资金。期末结转后，本科目应无余额。

（三）主要账务处理

安排预算稳定调节基金时，借记"安排预算稳定调节基金"科目，贷记"预算稳定调节基金"科目。年终转账时，"安排预算稳定调节基金"科目借方余额转入一般公共预算结转结余，借记"一般公共预算结转结余"科目，贷记"安排预算稳定调节基金"科目。

【例4-24】 某省政府财政年中安排预算稳定调节基金10 000 000元。省财政总预算会计账务处理如下：

  借：安排预算稳定调节基金   10 000 000
    贷：预算稳定调节基金   10 000 000

4-24 知识巩固

八、债务还本预算支出

（一）概念

债务还本预算支出是指政府财政偿还本级政府承担的债务本金支出。由于政府债务收入有多种来源渠道，如中央政府发行债券、地方政府发行债券、中央政府向国际组织借款、地方政府向国际组织借款等，因此，债务还本预算支出的具体内容也各不相同。债务还本预算支出与债务预算收入相互对应。

（二）账户设置

财政总预算会计设置"债务还本预算支出"科目，核算政府财政偿还本级政府财政承担的纳入预算管理的债务本金支出。本科目应设置"国债还本支出""一般债务还本支出""专项债务还本支出"明细科目，并根据《政府收支分类科目》中"债务还本支出"科目进行明细核算。期末结转后，本科目应无余额。

（三）主要账务处理

偿还本级政府财政承担的政府债券、主权外债等纳入预算管理的债务本金时，借记"债务还本预算支出"科目，贷记"资金结存——库款资金结存""资金结存——专户资金结存""补助预算收入——上级调拨"等科目。年终转账时，"债务还本预算支出"科目下"国债还本支出""一般债务还本支出"的借方余额转入一般公共预算结转结余，借记"一般公共预算结转结余"科目，贷记"债务还本预算支出——国债还本支出""债务还本预算支出——一般债务还本支出"科目；"债务还本预算支出"科目下"专项债务还本支出"的借方余额转入政府性基金预算结转结余，借记"政府性基金预算结转结余"科目,贷记"债务还本预算支出——专项债务还本支出"科目,可根据预算管理需要,按照专项债务对应的政府性基金预算支出科目分别转入"政府性基金预算结转结余"相应明细科目。

【例 4-25】 某省财政发行一批 5 年期记账式固定利率附息地方政府一般债券,面值 2 亿元,募集资金全部用于省本级一般公共预算的交通基础设施建设资金。票面利率为 2.68%,该债券每年支付一次利息,到期偿还本金并支付最后一年利息,现该债券到期偿付。省财政总预算会计账务处理如下:

4-25 知识巩固

借:债务还本预算支出——一般债务还本支出　　　200 000 000
　　一般公共预算支出　　　　　　　　　　　　　　5 360 000
　　贷:资金结存——库款资金结存　　　　　　　　　　　　205 360 000

九、债务转贷预算支出

(一) 概念

债务转贷预算支出是指本级政府财政向下级政府财政转贷的债务支出。债务转贷支出属于财政资金在上下级政府之间的转移。债务转贷支出与债务转贷收入相互对应。

(二) 账户设置

财政总预算会计设置"债务转贷预算支出"科目,核算本级政府财政向下级政府财政转贷的债务支出。本科目应设置"一般债务转贷支出""专项债务转贷支出"明细科目,并根据《政府收支分类科目》中"债务转贷支出"科目和转贷地区进行明细核算。期末结转后,本科目应无余额。

(三) 主要账务处理

本级政府财政向下级政府财政转贷地方政府债券资金时,借记"债务转贷预算支出"科目,贷记"资金结存——库款资金结存""补助预算支出——调拨下级"等科目。年终转账时,"债务转贷预算支出"科目下"一般债务转贷支出"明细科目的借方余额转入一般公共预算结转结余,借记"一般公共预算结转结余"科目,贷记"债务转贷预算支出——一般债务转贷支出"科目;"债务转贷预算支出"科目下"专项债务转贷支出"明细科目的借方余额转入政府性基金预算结转结余,借记"政府性基金预算结转结余"科目,贷记"债务转贷预算支出——专项债务转贷支出"科目,可根据预算管理需要,按照专项债务对应的政府性基金预算支出科目分别转入"政府性基金预算结转结余"相应明细科目。

【例 4-26】 某省财政经批准发行的一批一般地方政府债券向所下辖 D 市财政转贷 60 000 000 元,用以支持该市的一座过江大桥建设。该转贷款年利率为 3.6%,转贷期限为 4 年,每年支付一次利息,利息和到期本金支付给省财政,转贷款本息均列入了 D 市一般公共预算。省财政向所下辖

4-26 知识巩固

D市财政转贷时，省财政总预算会计账务处理如下：

借：债务转贷预算支出——一般债务转贷支出　　　　60 000 000
　　贷：资金结存——库款资金结存　　　　　　　　　　　　　60 000 000

十、待处理支出

（一）概念

待处理支出是指政府财政按照预拨经费管理有关规定预拨给预算单位尚未列为预算支出的款项。待处理支出（不含预拨下年度预算资金）应在年终前转列支出或清理收回。

（二）账户设置

财政总预算会计设置"待处理支出"科目，核算政府财政按照预拨经费管理有关规定预拨给预算单位尚未列为预算支出的款项。本科目应当按照预算单位进行明细核算。期末结转后，本科目应无余额。

（三）主要账务处理

拨出款项时，借记"待处理支出"科目，贷记"资金结存——库款资金结存"等科目。转列预算支出时，借记"一般公共预算支出""政府性基金预算支出""国有资本经营预算支出"等科目，贷记"待处理支出"科目。收回预拨款项时，借记"资金结存——库款资金结存"等科目，贷记"待处理支出"科目。年终，"待处理支出"科目借方余额转入资金结存，借记"资金结存——待处理结存"科目，贷记"待处理支出"科目。

【例4-27】某省政府财政发生如下待处理支出相关业务：① 20××年2月26日，按照预拨经费管理有关规定预拨给省属N航空大学尚未列为预算支出的3月份的日常运行经费620 000元；② 该省财政2月份经审核，核销其在1月末预拨给所属该预算单位的2月份日常运行经费620 000元，将其转为一般公共预算支出。省财政总预算会计账务处理如下：

4-27知识巩固

(1) 拨出款项时，
借：待处理支出——N航空大学　　　　　　　　　　620 000
　　贷：资金结存——库款资金结存　　　　　　　　　　　　　620 000
(2) 转列预算支出时，
借：一般公共预算支出——一般公共服务支出——教育支出
　　　　　　　　——高等教育（对事业单位经常性补助）
　　　　　　　　　　　　　　　　　　　　　　　　620 000
　　贷：待处理支出——N航空大学　　　　　　　　　　　　　620 000

第三节 财政总预算会计的预算结余核算

政府的预算结余是指预算年度内政府预算收入扣除预算支出后的余额,以及历年滚存的库款和专户资金余额。预算结余包括一般公共预算结转结余、政府性基金预算结转结余、国有资本经营预算结转结余、财政专户管理资金结余、专用基金结余、预算稳定调节基金、预算周转金和资金结存等。各项结转结余应每年结算一次。预算结余对于评估政府财政状况、制定财政政策具有重要意义。

一、一般公共预算结转结余

(一) 概念

一般公共预算结转结余是指本级政府财政一般公共预算收支的执行结果。反映了政府在一定时间内的财政状况和预算执行效果,并为下一年度的预算编制提供了重要的参考和依据。

(二) 账户设置

财政总预算会计设置"一般公共预算结转结余"科目,核算本级政府财政一般公共预算收支的执行结果。期末贷方余额反映一般公共预算收支相抵后的滚存结转结余。

(三) 主要账务处理

年终转账时,将一般公共预算的有关收入科目贷方余额转入"一般公共预算结转结余"科目的贷方,借记"一般公共预算收入""补助预算收入——一般公共预算补助收入""上解预算收入——一般公共预算上解收入""地区间援助预算收入""调入预算资金——一般公共预算调入资金""债务预算收入——国债收入""债务预算收入——一般债务收入""债务转贷预算收入——一般债务转贷收入""动用预算稳定调节基金"科目,贷记"一般公共预算结转结余"科目;同时,将一般公共预算的有关支出科目借方余额转入"一般公共预算结转结余"科目的借方,借记"一般公共预算结转结余"科目,贷记"一般公共预算支出""补助预算支出——一般公共预算补助支出""上解预算支出——一般公共预算上解支出""地区间援助预算支出""调出预算资金——一般公共预算调出资金""安排预算稳定调节基金""债务还本预算支出——国债还本支出""债务还本预算支出——一般债务还本支出""债务转贷预算支出——一般债务转贷支出"科目。

【例 4-28】 某省政府财政年终转账时,"一般公共预算收入"科目贷方期末余额 450 000 000 元,"补助预算收入——一般公共预算补助收入"明细科目贷方余额 37 162 000 元,"上解预算收入——一般公共预算上解收入"科目贷方余额 18 500 000 元,"地区间援助预算收入"科目贷方余额 6 300 000 元,"调入预算资金——一般公共预算调入资金"科目贷方余额 5 600 000 元,"动用预算稳定调节基金"科目贷方余额 9 000 000 元,"债务预算收入——一般债务收入"科目贷方余额 400 000 000 元,"债务转贷预算收入——一般债务转贷收入"科目贷方余额 60 000 000 元,"一般公共预算支出"科目借方余额 416 000 000 元,"补助预算支出——一般公共预算补助支出"科目借方余额 28 175 000 元,"上解预算支出——一般公共预算上解支出"借方余额 18 300 000 元,"地区间援助预算支出"科目借方余额 6 500 000 元,"安排预算稳定调节基金"科目借方余额 10 000 000 元,"债务还本预算支出——一般债务还本支出"科目借方余额 380 000 000 元,"债务转贷预算支出——一般债务转贷支出"科目借方余额 59 000 000 元,需要将上述收支科目余额转入"一般公共预算结转结余"科目。省财政总预算会计账务处理如下:

4-28 知识巩固

需要将一般公共预算中的收入科目贷方余额转入"一般公共预算结转结余"科目的贷方。

借:一般公共预算收入 450 000 000
　　补助预算收入——一般公共预算补助收入 37 162 000
　　上解预算收入——一般公共预算上解收入 18 500 000
　　地区间援助预算收入 6 300 000
　　调入预算资金——一般公共预算调入资金 5 600 000
　　债务预算收入——一般债务收入 400 000 000
　　债务转贷预算收入——一般债务转贷收入 60 000 000
　　动用预算稳定调节基金 9 000 000
　　贷:一般公共预算结转结余 986 562 000

同时,需要将一般公共预算中的支出科目借方余额转入"一般公共预算结转结余"科目的借方。

借:一般公共预算结转结余 917 975 000
　　贷:一般公共预算支出 416 000 000
　　　　补助预算支出——一般公共预算补助支出 28 175 000
　　　　上解预算支出——一般公共预算上解支出 18 300 000
　　　　地区间援助预算支出 6 500 000
　　　　安排预算稳定调节基金 10 000 000
　　　　债务还本预算支出——一般债务还本支出 380 000 000
　　　　债务转贷预算支出——一般债务转贷支出 59 000 000

当年一般公共预算的收支差额 68 587 000 元即为当年一般公共预算结转结余。

二、政府性基金预算结转结余

(一) 概念

政府性基金预算结转结余是指本级政府财政政府性基金预算收支的执行结果。政府性基金预算结转结余的大小反映了政府性基金的运行情况和财政管理水平。

（二）账户设置

财政总预算会计设置"政府性基金预算结转结余"科目，核算本级政府财政政府性基金预算收支的执行结果。本科目可根据管理需要，按照政府性基金的项目进行明细核算。期末贷方余额反映政府性基金预算收支相抵后的滚存结转结余。

（三）主要账务处理

年终转账时，将政府性基金预算的有关收入科目贷方余额转入"政府性基金预算结转结余"科目的贷方，按照政府性基金项目分别转入"政府性基金预算结转结余"科目的贷方，借记"政府性基金预算收入""补助预算收入——政府性基金预算补助收入""上解预算收入——政府性基金预算上解收入""调入预算资金——政府性基金预算调入资金""债务预算收入——专项债务收入""债务转贷预算收入——专项债务转贷收入"科目，贷记"政府性基金预算结转结余"科目；将政府性基金预算的有关支出科目借方余额转入"政府性基金预算结转结余"科目的借方，借记"政府性基金预算结转结余"科目，贷记"政府性基金预算支出""补助预算支出——政府性基金预算补助支出""上解预算支出——政府性基金预算上解支出""调出预算资金——政府性基金预算调出资金""债务还本预算支出——专项债务还本支出""债务转贷预算支出——专项债务转贷支出"科目。

【例 4-29】某省政府财政年终转账时，"政府性基金预算收入"科目贷方期末余额 118 000 000 元，"补助预算收入——政府性基金预算补助收入"科目贷方余额 13 530 000 元，"上解预算收入——政府性基金预算上解收入"科目贷方余额 9 200 000 元，"调入预算资金——政府性基金预算调入资金"科目贷方余额 2 000 000 元，"债务预算收入——专项债务收入"科目贷方余额 150 000 000 元，"债务转贷预算收入——专项债务转贷收入"科目贷方余额 68 000 000 元，"政府性基金预算支出"科目借方余额 109 000 000 元，"补助预算支出——政府性基金预算补助支出"科目借方余额 10 830 000 元，"上解预算支出——政府性基金预算上解支出"科目借方余额 9 100 000 元，"调出预算资金——政府性基金预算调出资金"科目借方余额 2 100 000 元，"债务还本预算支出——专项债务还本支出"科目借方余额 120 000 000 元，"债务转贷预算支出——专项债务转贷支出"科目借方余额 66 000 000 元，需要将上述收支科目余额转入"政府性基金预算结转结余"科目。省财政总预算会计账务处理如下：

需要将政府性基金预算中的收入科目贷方余额转入"政府性基金预算结转结余"科目的贷方。

4-29 知识巩固

```
借：政府性基金预算收入                                118 000 000
    补助预算收入——政府性基金预算补助收入             13 530 000
    上解预算收入——政府性基金预算上解收入              9 200 000
    调入预算资金——政府性基金预算调入资金              2 000 000
    债务预算收入——专项债务收入                      150 000 000
    债务转贷预算收入——专项债务转贷收入               68 000 000
    贷：政府性基金预算结转结余                                      360 730 000
```

同时,需要将政府性基金预算中的支出科目借方余额转入"政府性基金预算结转结余"科目的借方。

借:政府性基金预算结转结余　　　　　　　　　　　317 030 000
　贷:政府性基金预算支出　　　　　　　　　　　　109 000 000
　　　补助预算支出——政府性基金预算补助支出　　 10 830 000
　　　上解预算支出——政府性基金预算上解支出　　　9 100 000
　　　调出预算资金——政府性基金预算调出资金　　　2 100 000
　　　债务还本预算支出——专项债务还本支出　　　120 000 000
　　　债务转贷预算支出——专项债务转贷支出　　　 66 000 000

当年政府性基金预算的收支差额43 700 000元即为当年政府性基金预算结转结余。

三、国有资本经营预算结转结余

(一) 概念

国有资本经营预算结转结余是指本级政府财政国有资本经营预算收支的执行结果。政府可以将这些结余资金用于进一步支持国有企业的发展壮大,或者用于其他公共服务项目的资金支出。

(二) 账户设置

财政总预算会计设置"国有资本经营预算结转结余"科目,核算本级政府财政国有资本经营预算收支的执行结果。期末贷方余额反映国有资本经营预算收支相抵后的滚存结转结余。

(三) 主要账务处理

年终转账时,将国有资本经营预算的有关收入科目贷方余额转入"国有资本经营预算结转结余"科目的贷方,借记"国有资本经营预算收入""补助预算收入——国有资本经营预算补助收入""上解预算收入——国有资本经营预算上解收入"科目,贷记"国有资本经营预算结转结余"科目;同时,将国有资本经营预算的有关支出科目借方余额转入"国有资本经营预算结转结余"科目的借方,借记"国有资本经营预算结转结余"科目,贷记"国有资本经营预算支出""补助预算支出——国有资本经营预算补助支出""上解预算支出——国有资本经营预算上解支出""调出预算资金——国有资本经营预算调出资金"科目。

【例4-30】某省政府财政年终转账时,"国有资本经营预算收入"科目贷方余额107 000 000元,"补助预算收入——国有资本经营预算补助收入"科目贷方余额12 252 000元,"上解预算收入——国有资本经营预算上解收入"科目贷方余额5 000 000元,"国有资本经营预算支出"科目借方余额93 000 000元,"补助预算支出——国有资本经营预算补助支出"科目借方余额 10 002 000 元,"上解预算支出——国有资本经营预算上解支出"科目借方余额 4 600 000 元,"调出预算资金——国有资本经营预算调出资金"科目借方余额 5 500 000 元,需要将上述收支科目余额转入"国有资本经营预算结转结余"科目。省财政总预算会计账务处理如下:

4-30 知识巩固

需要将国有资本经营预算中的收入科目贷方余额转入"国有资本经营预算结转结余"科目的贷方。

借:国有资本经营预算收入　　　　　　　　　　　107 000 000
　　补助预算收入——国有资本经营预算补助收入　12 252 000
　　上解预算收入——国有资本经营预算上解收入　5 000 000
　　贷:国有资本经营预算结转结余　　　　　　　　124 252 000

同时,需要将国有资本经营预算中的支出科目借方余额转入"国有资本经营预算结转结余"科目的借方。

借:国有资本经营预算结转结余　　　　　　　　　113 102 000
　　贷:国有资本经营预算支出　　　　　　　　　　93 000 000
　　　　补助预算支出——国有资本经营预算补助支出　10 002 000
　　　　上解预算支出——国有资本经营预算上解支出　4 600 000
　　　　调出预算资金——国有资本经营预算调出资金　5 500 000

当年国有资本经营预算的收支差额 11 150 000 元即为当年国有资本经营预算结转结余。

四、财政专户管理资金结余

(一) 概念

财政专户管理资金结余是指本级政府财政纳入财政专户管理的教育收费等资金收支的执行结果。政府可以将这些结余资金用于进一步支持教育等领域的发展和改善。

(二) 账户设置

财政总预算会计设置"财政专户管理资金结余"科目,核算本级政府财政纳入财政专户管理的教育收费等资金收支的执行结果。期末贷方余额反映政府财政纳入财政专户管理的资金收支相抵后的滚存结余。

(三) 主要账务处理

年终转账时,将财政专户管理资金的有关收入科目贷方余额转入"财政专户管理资金结余"科目的贷方,借记"财政专户管理资金收入"科目,贷记"财政专户管理资金结余"科目;同时,将财政专户管理资金的有关支出科目借方余额转入"财政专户管理资金结余"科目的借方,借记"财政专户管理资金结余"科目,贷记"财政专户管理资金支出"科目。

【例 4-31】 某省政府财政年终转账时,"财政专户管理资金收入"科目贷方余额 9 970 000 元转入财政专户管理资金结余;同时,"财政专户管理资金支出"科目借方余额 9 270 000 元转入财政专户管理资金结余。省财政总预算会计账务处理如下:

4-31 知识巩固

借:财政专户管理资金收入(6005)　　　　　9 970 000
　　贷:财政专户管理资金结余　　　　　　　　　　　　9 970 000

同时,

借:财政专户管理资金结余　　　　　　　　　9 270 000
　　贷:财政专户管理资金支出(7005)　　　　　　　　　9 270 000

当年财政专户管理资金的收支差额 700 000 元即为当年财政专户管理资金结余。

五、专用基金结余

(一)概念

专用基金结余是指本级政府财政专用基金收支的执行结果。专用基金结余的多少可以反映出政府在该领域的财务状况和经济活力,也可以为未来的专用基金支出提供一定的保障。

(二)账户设置

财政总预算会计设置"专用基金结余"科目,核算本级政府财政专用基金收支的执行结果。本科目应根据专用基金的种类进行明细核算。期末贷方余额反映政府财政管理的专用基金收支相抵后的滚存结余。

(三)主要账务处理

年终转账时,将专用基金的有关收入科目贷方余额转入"专用基金结余"科目的贷方,借记"专用基金收入"科目,贷记"专用基金结余"科目;同时,将专用基金的有关支出科目借方余额转入"专用基金结余"科目的借方,借记"专用基金结余"科目,贷记"专用基金支出"科目。

【例 4-32】 某省政府财政年终转账时,"专用基金收入"科目贷方余额 9 600 000 元转入专用基金结余;同时,"专用基金支出"科目借方余额 8 400 000 元转入专用基金结余。省财政总预算会计账务处理如下:

4-32 知识巩固

借:专用基金收入(6007)　　　　　　　　　9 600 000
　　贷:专用基金结余　　　　　　　　　　　　　　　　9 600 000

同时,

借：专用基金结余　　　　　　　　　　　　　　　　　　　8 400 000
　　　　贷：专用基金支出（7007）　　　　　　　　　　　　　　　　　8 400 000
当年专用基金的收支差额1 200 000元即为当年专用基金结余。

六、预算稳定调节基金

（一）概念

预算稳定调节基金是指本级政府财政为保持年度间预算的衔接和稳定，在一般公共预算中设置的储备性资金。为应对预算执行中可能出现的不确定因素、突发事件或其他紧急情况需要设立预算稳定调节基金，以确保政府财政的正常运转和公共服务的持续供给。

（二）账户设置

财政总预算会计设置"预算稳定调节基金"科目，核算本级政府财政为保持年度间预算的衔接和稳定，在一般公共预算中设置的储备性资金。期末贷方余额反映预算稳定调节基金的累计规模。

（三）主要账务处理

使用超收收入或一般公共预算结余设置或补充预算稳定调节基金时，借记"安排预算稳定调节基金"科目，贷记"预算稳定调节基金"科目。动用预算稳定调节基金时，借记"预算稳定调节基金"科目，贷记"动用预算稳定调节基金"科目。

【例4-33】　某省政府财政年中动用预算稳定调节基金9 000 000元。省财政总预算会计账务处理如下：
　　借：预算稳定调节基金（8031）　　　　　9 000 000
　　　　贷：动用预算稳定调节基金　　　　　　　　　9 000 000

4-33 知识巩固

【例4-34】　某省政府财政年中安排预算稳定调节基金10 000 000元。省财政总预算会计账务处理如下：
　　借：安排预算稳定调节基金　　　　　10 000 000
　　　　贷：预算稳定调节基金（8031）　　　　　　　10 000 000

4-34 知识巩固

七、预算周转金

（一）概念

预算周转金是指本级政府财政为调剂预算年度内季节性收支差额，保证及时用款而设置的周转资金。预算周转金的设立是为了避免因季节性收支差异而导致的资金短缺，影响政府公共服务的正常开展。

(二)账户设置

财政总预算会计设置"预算周转金"科目,核算政府财政设置的用于调剂预算年度内季节性收支差额周转使用的资金。期末贷方余额反映预算周转金的累计规模。

(三)主要账务处理

设置或补充预算周转金时,借记"一般公共预算结转结余"科目,贷记"预算周转金"科目。将预算周转金调入预算稳定调节基金时,借记"预算周转金"科目,贷记"预算稳定调节基金"科目。

【例4-35】 某省政府财政年终发生财政超收,即财政收入大于财政支出,决定将一部分超收补充预算周转金,补充金额为827 000元。省财政总预算会计账务处理如下:

借:一般公共预算结转结余　　　　　827 000
　　贷:预算周转金(8033)　　　　　　　　　　827 000

4-35 知识巩固

【例4-36】 某省政府财政年终将一部分预算周转金调入预算稳定调节基金,调入金额为600 000元。省财政总预算会计账务处理如下:

借:预算周转金(8033)　　　　　　600 000
　　贷:预算稳定调节基金(8031)　　　　　　　600 000

4-36 知识巩固

八、资金结存

(一)概念

资金结存是指政府财政纳入预算管理资金的流入、流出、调整和滚存的结果。资金结存的大小反映了政府的财政状况。如果资金结存较大,说明政府有一定的财力支持;如果资金结存较小或者负数,说明政府需要采取措施增加财政收入或者减少支出,以保持财政平衡。资金结存的管理和运用,对于政府的财政稳定和经济发展都具有重要意义。

(二)账户设置

财政总预算会计设置"资金结存"科目,核算政府财政纳入预算管理的资金流入、流出、调整和滚存的情况。本科目应设置"库款资金结存""专户资金结存""在途资金结存""集中支付结余结存""上下级调拨结存""待发国债结存""零余额账户结存""已结报支出""待处理结存"明细科目。

(三)主要账务处理

1. "库款资金结存"明细科目

"库款资金结存"科目核算政府财政以国库存款形态存在的资金。"库款资金结存"科目期末应为借方余额。收到预算收入时，根据当日预算收入日报表所列预算收入数，借记"库款资金结存"科目，贷记有关预算收入科目。已入库款项发生退库（付）的，资金划出时，借记有关预算收入科目，贷记"库款资金结存"科目。发生预算支出时，按照实际支付的金额，借记有关预算支出科目，贷记"库款资金结存"科目。预算支出发生退回的，资金划出时，借记"库款资金结存"科目，贷记有关预算支出科目。

2. "专户资金结存"明细科目

"专户资金结存"科目核算政府财政以财政专户存款形态存在的资金。"专户资金结存"科目期末应为借方余额。收到预算收入时，按照有关收入凭证，借记"专户资金结存"科目，贷记有关预算收入科目。已收到款项发生退付的，资金划出时，借记有关预算收入科目，贷记"专户资金结存"科目。发生预算支出时，按照实际支付的金额，借记有关预算支出科目，贷记"专户资金结存"科目。预算支出发生退回的，资金划出时，借记"专户资金结存"科目，贷记有关预算支出科目。

3. "在途资金结存"明细科目

"在途资金结存"科目核算报告清理期和库款报解整理期内发生的需要通过"在途资金结存"科目过渡处理的属于上年度收入、支出等业务的款项。"在途资金结存"科目期末余额反映政府财政持有的在途款金额。报告清理期和库款报解整理期内收到属于上年度收入时，在上年度账务中，借记"在途资金结存"科目，贷记有关收入科目；收回属于上年度支出时，在上年度账务中，借记"在途资金结存"科目，贷记"预拨经费"或有关支出科目。冲转在途款时，在本年度账务中，借记"资金结存——库款资金结存"科目，贷记"在途资金结存"科目。

4. "集中支付结余结存"明细科目

"集中支付结余结存"科目核算省级以上（含省级）政府财政国库集中支付中，应列为当年支出，但年末尚未支付需结转下一年度支付的款项。"集中支付结余结存"科目期末应为贷方余额，反映政府财政尚未支付的国库集中支付结余。年末，对当年发生的应付国库集中支付结余，借记有关支出科目，贷记"集中支付结余结存"科目。实际支付应付国库集中支付结余资金时，借记"集中支付结余结存"科目，贷记"资金结存——库款资金结存"科目。收回尚未支付的应付国库集中支付结余时，借记"集中支付结余结存"科目，贷记有关支出科目。

5. "上下级调拨结存"明细科目

"上下级调拨结存"科目核算上下级政府财政之间资金调拨和资金结算等事项。"上下级调拨结存"科目期末余额反映政府财政上下级往来款项的净额。年终转账时，将"补助预算收入——上级调拨"科目贷方余额转入资金结存，借记"补助预算收入——上级调拨"科目，贷记"上下级调拨结存"科目。年终转账时，将"补助预算支出——调拨下级"科目借方余额转入资金结存，借记"上下级调拨结存"科目，贷记"补助预算支出——调拨下级"科目。

6. "待发国债结存"明细科目

"待发国债结存"科目核算为弥补中央财政预算收支差额,中央财政预计发行国债与实际发行国债之间的差额。"待发国债结存"科目期末应为借方余额,反映中央财政尚未使用的国债发行额度。年度终了,实际发行国债收入用于债务还本支出后,小于为弥补中央财政预算收支差额中央财政预计发行国债时,按照其差额,借记"待发国债结存"科目,贷记"债务预算收入"科目;实际发行国债收入用于债务还本支出后,大于为弥补中央财政预算收支差额中央财政预计发行国债时,按照其差额,借记"债务预算收入"科目,贷记"待发国债结存"科目。

7. "零余额账户结存"明细科目

"零余额账户结存"科目核算政府财政国库支付执行机构在代理银行开设的财政零余额账户发生的支付和清算业务。财政国库支付执行机构未单设的地区不使用"零余额账户结存"科目。"零余额账户结存"科目年末应无余额。财政国库支付执行机构通过财政零余额账户支付款项时,借记有关预算支出科目,贷记"零余额账户结存"科目。根据每日清算的金额,借记"零余额账户结存"科目,贷记"资金结存——已结报支出"科目。

8. "已结报支出"明细科目

"已结报支出"科目核算政府财政国库支付执行机构已清算的国库集中支付支出数额。财政国库支付执行机构未单设的地区不使用"已结报支出"科目。"已结报支出"科目年末应无余额。财政国库集中支付执行机构根据每日清算的金额,借记"资金结存——零余额账户结存"科目,贷记"已结报支出"科目。财政国库集中支付执行机构按照国库集中支付制度有关规定办理资金支付时,借记相关预算支出科目,贷记"已结报支出"科目。年终财政国库集中支付执行机构按照累计结清的预算支出金额,与有关方面核对一致后转账,借记"已结报支出"科目,贷记有关预算支出科目。

9. "待处理结存"明细科目

"待处理结存"科目核算结转下年度的待处理收入和待处理支出等。"待处理结存"科目期末余额反映尚未清理的以前年度待处理收支的金额。年终转账时,将"待处理收入"科目贷方余额转入资金结存,借记"待处理收入"科目,贷记"待处理结存"科目。年终转账时,将"待处理支出"科目借方余额转入资金结存,借记"待处理结存"科目,贷记"待处理支出"科目。将以前年度结转的待处理收入转列预算收入或退回时,借记"待处理结存"科目,贷记有关预算收入科目、"资金结存——库款资金结存"科目。将以前年度结转的待处理支出转列预算支出或收回时,借记有关预算支出科目、"资金结存——库款资金结存"等科目,贷记"待处理结存"科目。

资金结存的核算举例参见【例 4-1】至【例 4-7】、【例 4-9】、【例 4-12】至【例 4-23】、【例 4-25】至【例 4-27】。

第四节 财政总预算会计报表与政府决算报告

一、财政总预算会计报表

财政总预算会计报表包括预算收入支出表、一般公共预算执行情况表、政府性基金预算执行情况表、国有资本经营预算执行情况表、财政专户管理资金收支情况表、专用基金收支情况表等会计报表和附注。预算收入支出表应当按月度和年度编制;一般公共预算执行情况表、政府性基金预算执行情况表、国有资本经营预算执行情况表应当按旬、月度和年度编制;财政专户管理资金收支情况表、专用基金收支情况表应当按月度和年度编制。旬报、月报的报送期限及编报内容应当根据上级政府财政具体要求和本行政区域预算管理的需要办理。

(一)预算收入支出表

预算收入支出表是反映政府财政在某一会计期间各类财政资金收支与结转结余情况的报表。预算收入支出表根据资金性质按照收入、支出、结转结余的构成分类、分项列示。预算收入支出表如表 4-1 所示。

表 4-1 预算收入支出表

总会预 01 表

编制单位:　　　　　　　　年　月　　　　　　　　　单位:元

项　目	一般公共预算		政府性基金预算		国有资本经营预算		财政专户管理资金		专用基金	
	本月数	本年累计数	本月数	本年累计数	本月数	本年累计数	本月数	本年累计数	本月数	本年累计数
年初结转结余										
收入合计										
本级收入										
其中:来自预算安排的收入			—	—	—	—	—	—	—	—
补助预算收入							—	—	—	—
上解预算收入							—	—	—	—
地区间援助预算收入							—	—	—	—
债务预算收入							—	—	—	—
债务转贷预算收入							—	—	—	—

续表

项目	一般公共预算		政府性基金预算		国有资本经营预算		财政专户管理资金		专用基金	
	本月数	本年累计数	本月数	本年累计数	本月数	本年累计数	本月数	本年累计数	本月数	本年累计数
动用预算稳定调节基金			—	—	—	—	—	—	—	—
调入预算资金										
支出合计										
本级支出										
其中：权责发生制列支									—	—
预算安排专用基金的支出			—	—	—	—	—	—	—	—
补助预算支出									—	—
上解预算支出									—	—
地区间援助预算支出									—	—
债务还本预算支出							—	—	—	—
债务转贷预算支出							—	—	—	—
安排预算稳定调节基金			—	—	—	—	—	—	—	—
调出预算资金										
结余转出			—	—	—	—	—	—	—	—
其中：增设预算周转金			—	—	—	—	—	—	—	—
年末结转结余										

注：表中有"—"的部分不必填列。

表中"本月数"栏反映各项目的本月实际发生数。在编制年度预算收入支出表时，应将本栏改为"上年数"栏，反映上年度各项目的实际发生数；如果本年度预算收入支出表规定的各个项目的名称和内容同上年度不一致，应对上年度预算收入支出表各项目的名称和数字按照本年度的规定进行调整，填入本年度预算收入支出表的"上年数"栏。表中"本年累计数"栏反映各项目自年初起至报告期末止的累计实际发生数。编制年度预算收入支出表时，应当将本栏改为"本年数"。

表中"本月数"栏各项目的内容和填列方法如下。

1. "年初结转结余"项目

"年初结转结余"项目，反映政府财政本年初各类资金结转结余金额。其中，一般公共预算的"年初结转结余"应当根据"一般公共预算结转结余"科目的年初余额填列；政府性基金预算的"年初结转结余"应当根据"政府性基金预算结转结余"科目的年初余额填列；国有资本经营预算的"年初结转结余"应当根据"国有资本经营预算结转结余"科目的年初余额填列；财政专户管理资金的"年初结转结余"应当根据"财政专户管理资金结余"科目的年初余额填列;专用基金的"年初结转结余"应当根据"专用基金结余"科目的年初余额填列。

2. 收入类项目

(1)"收入合计"项目,反映政府财政本期取得的各类资金的收入合计金额。其中,一般公共预算的"收入合计"应当根据属于一般公共预算的"本级收入""补助预算收入""上解预算收入""地区间援助预算收入""债务预算收入""债务转贷预算收入""动用预算稳定调节基金"和"调入预算资金"各行项目金额的合计填列;政府性基金预算的"收入合计"应当根据属于政府性基金预算的"本级收入""补助预算收入""上解预算收入""债务预算收入""债务转贷预算收入"和"调入预算资金"各行项目金额的合计填列;国有资本经营预算的"收入合计"应当根据属于国有资本经营预算的"本级收入""补助预算收入""上解预算收入"项目的金额填列;财政专户管理资金的"收入合计"应当根据属于财政专户管理资金的"本级收入"项目的金额填列;专用基金的"收入合计"应当根据属于专用基金的"本级收入"项目的金额填列。

(2)"本级收入"项目,反映政府财政本期取得的各类资金的本级收入金额。其中,一般公共预算的"本级收入"应当根据"一般公共预算收入"科目的本期发生额填列;政府性基金预算的"本级收入"应当根据"政府性基金预算收入"科目的本期发生额填列;国有资本经营预算的"本级收入"应当根据"国有资本经营预算收入"科目的本期发生额填列;财政专户管理资金的"本级收入"应当根据"财政专户管理资金收入"科目的本期发生额填列;专用基金的"本级收入"应当根据"专用基金收入"科目的本期发生额填列。

(3)"来自预算安排的收入"项目,反映政府财政本期通过预算安排取得专用基金收入的金额。本项目应当根据"专用基金收入"科目的本期发生额分析填列。

(4)"补助预算收入"项目,反映政府财政本期取得的各类资金的补助收入金额。其中,一般公共预算的"补助预算收入"应当根据"补助预算收入"科目下的"一般公共预算补助预算收入"明细科目的本期发生额填列;政府性基金预算的"补助预算收入"应当根据"补助预算收入"科目下的"政府性基金预算补助收入"明细科目的本期发生额填列;国有资本经营预算的"补助预算收入"应当根据"补助预算收入"科目下的"国有资本经营预算补助收入"明细科目的本期发生额填列。

(5)"上解预算收入"项目,反映政府财政本期取得的各类资金的上解预算收入金额。其中,一般公共预算的"上解预算收入"应当根据"上解预算收入"科目下的"一般公共预算上解收入"明细科目的本期发生额填列;政府性基金预算的"上解预算收入"应当根据"上解预算收入"科目下的"政府性基金预算上解收入"明细科目的本期发生额填列;国有资本经营预算的"上解预算收入"应当根据"上解预算收入"科目下的"国有资本经营预算上解收入"明细科目的本期发生额填列。

(6)"地区间援助预算收入"项目,反映政府财政本期取得的地区间援助预算收入金额。本项目应当根据"地区间援助预算收入"科目的本期发生额填列。

(7)"债务预算收入"项目,反映政府财政本期取得的债务预算收入金额。其中,一般公共预算的"债务预算收入"应当根据"债务预算收入"科目下除"专项债务收入"以外的其他明细科目的本期发生额填列;政府性基金预算的"债务预算收入"应当根据"债务预算收入"科目下的"专项债务收入"明细科目的本期发生额填列。

（8）"债务转贷预算收入"项目，反映政府财政本期取得的债务转贷预算收入金额。其中，一般公共预算的"债务转贷预算收入"应当根据"债务转贷预算收入"科目下"一般债务转贷收入"明细科目的本期发生额填列；政府性基金预算的"债务转贷收入"应当根据"债务转贷预算收入"科目下的"专项债务转贷收入"明细科目的本期发生额填列。

（9）"动用预算稳定调节基金"项目，反映政府财政本期动用的预算稳定调节基金金额。本项目应当根据"动用预算稳定调节基金"科目的本期发生额填列。

（10）"调入预算资金"项目，反映政府财政本期取得的调入预算资金金额。其中，一般公共预算的"调入预算资金"应当根据"调入预算资金"科目下"一般公共预算调入资金"明细科目的本期发生额填列；政府性基金预算的"调入预算资金"应当根据"调入预算资金"科目下"政府性基金预算调入资金"明细科目的本期发生额填列。

3. 支出类项目

（1）"支出合计"项目，反映政府财政本期发生的各类资金的支出合计金额。其中，一般公共预算的"支出合计"应当根据属于一般公共预算的"本级支出""补助预算支出""上解预算支出""地区间援助预算支出""债务还本预算支出""债务转贷预算支出""安排预算稳定调节基金"和"调出预算资金"各行项目金额的合计填列；政府性基金预算的"支出合计"应当根据属于政府性基金预算的"本级支出""补助预算支出""上解预算支出""债务还本预算支出""债务转贷预算支出"和"调出预算资金"各行项目金额的合计填列；国有资本经营预算的"支出合计"应当根据属于国有资本经营预算的"本级支出""补助预算支出""上解预算支出"和"调出预算资金"项目金额的合计填列；财政专户管理资金的"支出合计"应当根据属于财政专户管理资金的"本级支出"项目的金额填列；专用基金的"支出合计"应当根据属于专用基金的"本级支出"项目的金额填列。

（2）"本级支出"项目，反映政府财政本期发生的各类资金的本级支出金额。其中，一般公共预算的"本级支出"应当根据"一般公共预算支出"科目的本期发生额填列；政府性基金预算的"本级支出"应当根据"政府性基金预算支出"科目的本期发生额填列；国有资本经营预算的"本级支出"应当根据"国有资本经营预算支出"科目的本期发生额填列；财政专户管理资金的"本级支出"应当根据"财政专户管理资金支出"科目的本期发生额填列；专用基金的"本级支出"应当根据"专用基金支出"科目的本期发生额填列。

（3）"权责发生制列支"项目，反映省级以上（含省级）政府财政国库集中支付中，应列为当年费用，但年末尚未支付需结转下一年度支付的款项。其中，一般公共预算的"权责发生制列支项目"应当根据"一般公共预算支出"科目的本期发生额分析填列；政府性基金预算的"权责发生制列支项目"应当根据"政府性基金预算支出"科目的本期发生额分析填列；国有资本经营预算的"权责发生制列支项目"应当根据"国有资本经营预算支出"科目的本期发生额分析填列。

（4）"预算安排专用基金的支出"项目，反映政府财政本期通过预算安排取得专用基金收入的金额。本项目应当根据"一般公共预算支出"科目的本期发生额分析填列。

（5）"补助预算支出"项目，反映政府财政本期发生的各类资金的补助预算支出金额。

其中，一般公共预算的"补助预算支出"应当根据"补助预算支出"科目下的"一般公共预算补助支出"明细科目的本期发生额填列；政府性基金预算的"补助预算支出"应当根据"补助预算支出"科目下的"政府性基金预算补助支出"明细科目的本期发生额填列；国有资本经营预算的"补助预算支出"应当根据"补助预算支出"科目下的"国有资本经营预算补助支出"明细科目的本期发生额填列。

（6）"上解预算支出"项目，反映政府财政本期发生的各类资金的上解预算支出金额。其中，一般公共预算的"上解预算支出"应当根据"上解预算支出"科目下的"一般公共预算上解支出"明细科目的本期发生额填列；政府性基金预算的"上解预算支出"应当根据"上解预算支出"科目下的"政府性基金预算上解支出"明细科目的本期发生额填列；国有资本经营预算的"上解预算支出"应当根据"上解预算支出"科目下的"国有资本经营预算上解支出"明细科目的本期发生额填列。

（7）"地区间援助预算支出"项目，反映政府财政本期发生的地区间援助预算支出金额。本项目应当根据"地区间援助预算支出"科目的本期发生额填列。

（8）"债务还本预算支出"项目，反映政府财政本期发生的债务还本预算支出金额。其中，一般公共预算的"债务还本预算支出"应当根据"债务还本预算支出"科目下除"专项债务还本支出"以外的其他明细科目的本期发生额填列；政府性基金预算的"债务还本预算支出"应当根据"债务还本预算支出"科目下的"专项债务还本支出"明细科目的本期发生额填列。

（9）"债务转贷预算支出"项目，反映政府财政本期发生的债务转贷预算支出金额。其中，一般公共预算的"债务转贷预算支出"应当根据"债务转贷预算支出"科目下"一般债务转贷支出"明细科目的本期发生额填列；政府性基金预算的"债务转贷支出"应当根据"债务转贷支出"科目下的"专项债务转贷支出"明细科目的本期发生额填列。

（10）"安排预算稳定调节基金"项目，反映政府财政本期安排的预算稳定调节基金金额。本项目根据"安排预算稳定调节基金"科目的本期发生额填列。

（11）"调出预算资金"项目，反映政府财政本期发生的各类资金的调出资金金额。其中，一般公共预算的"调出预算资金"应当根据"调出预算资金"科目下"一般公共预算调出资金"明细科目的本期发生额填列；政府性基金预算的"调出预算资金"应当根据"调出预算资金"科目下"政府性基金预算调出资金"明细科目的本期发生额填列；国有资本经营预算的"调出预算资金"应当根据"调出预算资金"科目下"国有资本经营预算调出资金"明细科目的本期发生额填列。

4. 结余转出项目

主要是"增设预算周转金"项目，反映政府财政本期设置或补充预算周转金的金额。本项目应当根据"预算周转金"科目的本期贷方发生额填列。

5."年末结转结余"项目

"年末结转结余"项目，反映政府财政本年末的各类资金的结转结余金额。其中，一般公共预算的"年末结转结余"应当根据"一般公共预算结转结余"科目的年末余额填列；政府性基金预算的"年末结转结余"应当根据"政府性基金预算结转结余"科目的年末余额填列；国有资本经营预算的"年末结转结余"应当根据"国有资本经营预算结转结余"科目的年末余额填列；财政专户管理资金的"年末结转结余"应当根据"财政专户管理资金结余"科目的年末余额填列;专用基金的"年末结转结余"应当根据"专用基金结余"科目的年末余额填列。

(二) 一般公共预算执行情况表

一般公共预算执行情况表是反映政府财政在某一会计期间一般公共预算收支执行结果的报表,按照《政府收支分类科目》中一般公共预算收支科目列示。一般公共预算执行情况表如表 4-2 所示。

表 4-2　一般公共预算执行情况表

总会预 02-1 表

编制单位:　　　　　　　　　年　　月　　日　　　　　　　单位:元

项　　目	本月(旬)数	本年(月)累计数
一般公共预算收入		
101 税收收入		
10101 增值税		
1010101 国内增值税		
……		
一般公共预算支出		
201 一般公共服务支出		
20101 人大事务		
2010101 行政运行		
……		

1. "一般公共预算收入"项目及所属各明细项目

"一般公共预算收入"项目及所属各明细项目,应当根据"一般公共预算收入"科目及所属各明细科目的本期发生额填列。

2. "一般公共预算支出"项目及所属各明细项目

"一般公共预算支出"项目及所属各明细项目,应当根据"一般公共预算支出"科目及所属各明细科目的本期发生额填列。

4-37 知识巩固

(三) 政府性基金预算执行情况表

政府性基金预算执行情况表是反映政府财政在某一会计期间政府性基金预算收支执行结果的报表,按照《政府收支分类科目》中政府性基金预算收支科目列示。政府性基金预算执行情况表如表 4-3 所示。

表 4-3　政府性基金预算执行情况表

总会预 02-2 表

编制单位：　　　　　　　　　　　　年　月　日　　　　　　　　　　　　单位：元

项　　目	本月（旬）数	本年（月）累计数
政府性基金预算收入		
10301 政府性基金收入		
1030102 农网还贷资金收入		
103010201 中央农网还贷资金收入		
……		
政府性基金预算支出		
206 科学技术支出		
20610 核电站乏燃料处理处置基金支出		
2061001 乏燃料运输		
……		

1. "政府性基金预算收入"项目及所属各明细项目

"政府性基金预算收入"项目及所属各明细项目，应当根据"政府性基金预算收入"科目及所属各明细科目的本期发生额填列。

2. "政府性基金预算支出"项目及所属各明细项目

"政府性基金预算支出"项目及所属各明细项目，应当根据"政府性基金预算支出"科目及所属各明细科目的本期发生额填列。

（四）国有资本经营预算执行情况表

4-38 知识巩固

国有资本经营预算执行情况表是反映政府财政在某一会计期间国有资本经营预算收支执行结果的报表，按照《政府收支分类科目》中国有资本经营预算收支科目列示。国有资本经营预算执行情况表如表 4-4 所示。

表 4-4　国有资本经营预算执行情况表

总会预 02-3 表

编制单位：　　　　　　　　　　　　年　月　日　　　　　　　　　　　　单位：元

项　　目	本月（旬）数	本年（月）累计数
国有资本经营预算收入		
10306 国有资本经营收入		
1030601 利润收入		
103060103 烟草企业利润收入		
……		

续表

项　　目	本月（旬）数	本年（月）累计数
国有资本经营预算支出		
208 社会保障和就业支出		
20804 补充全国社会保障基金		
2080451 国有资本经营预算补充社保基金支出		
……		

1."国有资本经营预算收入"项目及所属各明细项目

"国有资本经营预算收入"项目及所属各明细项目，应当根据"国有资本经营预算收入"科目及所属各明细科目的本期发生额填列。

2."国有资本经营预算支出"项目及所属各明细项目

"国有资本经营预算支出"项目及所属各明细项目，应当根据"国有资本经营预算支出"科目及所属各明细科目的本期发生额填列。

4-39 知识巩固

（五）财政专户管理资金收支情况表

财政专户管理资金收支情况表是反映政府财政在某一会计期间纳入财政专户管理的资金收支情况的报表，按照相关政府收支分类科目列示。财政专户管理资金收支情况表如表 4-5 所示。

表 4-5　财政专户管理资金收支情况表

总会预 03 表

编制单位：　　　　　　　　　年　月　日　　　　　　　　　单位：元

项　　目	本月（旬）数	本年（月）累计数
财政专户管理资金收入		
财政专户管理资金支出		

1."财政专户管理资金收入"项目及所属各明细项目

"财政专户管理资金收入"项目及所属各明细项目，应当根据"财政专户管理资金收入"科目及所属各明细科目的本期发生额填列。

2."财政专户管理资金支出"项目及所属各明细项目

"财政专户管理资金支出"项目及所属各明细项目，应当根据"财政专户管理资金支出"科目及所属各明细科目的本期发生额填列。

(六）专用基金收支情况表

专用基金收支情况表是反映政府财政在某一会计期间专用基金收支情况的报表，按照专用基金类型分别列示。专用基金收支情况表如表 4-6 所示。

表 4-6 专用基金收支情况表

会预 04 表

编制单位：　　　　　　　　　　年　　月　　日　　　　　　　　　　单位：元

项　　目	本月（旬）数	本年（月）累计数
专用基金收入		
粮食风险基金		
……		
专用基金支出		
粮食风险基金		
……		

1．"专用基金收入"项目及所属各明细项目

"专用基金收入"项目及所属各明细项目，应当根据"专用基金收入"科目及所属各明细科目的本期发生额填列。

2．"专用基金支出"项目及所属各明细项目

"专用基金支出"项目及所属各明细项目，应当根据"专用基金支出"科目及所属各明细科目的本期发生额填列。

（七）财政总预算会计报表附注

财政总预算会计报表附注是指对在会计报表中列示项目的文字描述或明细资料，以及对未能在会计报表中列示项目的说明。

财政总预算会计报表附注应当至少披露下列内容：遵循《财政总会计制度》的声明；本级政府财政预算执行情况的说明；会计报表中列示的重要项目的进一步说明，包括其主要构成、增减变动情况等；有助于理解和分析会计报表的其他需要说明的事项。

二、政府决算报告

各级政府财政应当编制政府决算报告，反映政府预算执行结果。财政决算是年度财政预算收支执行结果的反映。全国财政决算由中央财政决算和地方财政决算组成，包括收入和支出两方面。各级政府财政部门应当按年度编制以收付实现制为基础的政府决算报告。

政府决算报告的具体内容,应当依据预算法和同级财政部门的规定。政府决算报告包括决算报表和其他应当在决算报告中反映的相关信息和资料,通常由决算报表和决算情况说明与分析组成。

(一)政府决算报表

政府决算报表是以表格形式反映的政府年度预算执行情况的信息。包括:一般公共预算收入决算表、政府性基金预算收入决算表、国有资本经营预算收入决算表,以及一般公共预算支出决算表、政府性基金预算支出决算表、国有资本经营预算支出决算表、债务收支决算表等。

各级政府财政部门应当根据本级预算、预算会计核算数据等相关资料编制本级决算草案。决算草案是指各级政府编制的未经法定程序审查和批准的预算收支和结余的年度执行结果。决算各项数据应当以经核实的各级政府、各部门、各单位会计数据为准。各级政府财政部门在每一预算年度终了时,应当清理核实全年预算收入、支出数据和往来款项,做好决算数据对账工作。

政府决算以收付实现制会计核算为基础,与预算会计报表的编制基础一致。决算报表中的决算数,应当以预算会计核算生成的数据为基础,并按决算报表要求进行适当调整。

上级政府财政应当根据本级政府决算报表和所属下级政府决算报表,编制汇总决算报表,反映一级政府财政的总体情况。

(二)政府决算情况说明与分析

4-40 知识巩固

决算编制说明是以文字形式对决算报表数据所作的说明和解释,包括一般公共预算收支决算情况说明、政府性基金收支决算情况说明、国有资本经营收支决算情况说明、债务收支决算情况说明等。决算分析报告总结年度财政预算管理工作所取得的成绩,进行预算绩效评价,分析预算执行过程中存在的问题,提出下一年度财政预算管理工作的计划。

政府决算报告采取自下而上方式逐级编制与报送。各级政府财政应将汇总编制的本级决算草案及时报本级政府审定,并提请人民代表大会审查和批准。经本级人民代表大会常务委员会批准的政府决算报告,应当在批准后二十日内由本级政府财政部门向社会公开。政府决算报告要使用预算管理一体化系统进行编报,加强数据报送管理,确保数据真实、完整、准确。

本章小结

　　财政总预算会计要素包括预算收入、预算支出和预算结余。政府的预算收入是指政府在预算年度内通过一定的形式和程序，依法筹措到的归政府支配的资金，是实现政府职能的财力保证。财政总预算会计以收付实现制为会计基础，预算收入一般在实际取得时予以确认，以实际取得的金额计量。一般公共预算收入、政府性基金预算收入、国有资本经营预算收入、财政专户管理资金收入和专用基金收入应当按照实际收到的金额入账。中央政府财政年末可按有关规定对部分收入事项采用权责发生制核算。转移性预算收入应当按照财政体制的规定和预算管理需要，按实际发生的金额入账。债务预算收入应当按照实际发行额或借入的金额入账，债务转贷预算收入应当按照实际收到的转贷金额入账。待处理收入应当按照实际收到的金额入账。

　　政府的预算支出是指政府在预算年度内依法发生并纳入预算管理的现金流出。财政总预算会计的预算支出一般在实际发生时予以确认，以实际发生的金额计量。一般公共预算支出、政府性基金预算支出、国有资本经营预算支出一般应当按照实际支付的金额入账。省级以上（含省级）政府财政年末可按规定采用权责发生制将国库集中支付结余列支入账。中央政府财政年末可按有关规定对部分支出事项采用权责发生制核算。从本级预算支出中安排提取的专用基金，按照实际提取金额列支入账。财政专户管理资金支出、专用基金支出应当按照实际支付的金额入账。转移性预算支出应当根据财政体制的规定和预算管理需要，按实际发生的金额入账。债务转贷预算支出应当按照实际转贷的金额入账。债务还本预算支出应当按照实际偿还的金额入账。待处理支出应当按照实际支付的金额入账。

　　政府的预算结余是指预算年度内政府预算收入扣除预算支出后的余额，以及历年滚存的库款和专户资金余额。预算结余包括一般公共预算结转结余、政府性基金预算结转结余、国有资本经营预算结转结余、财政专户管理资金结余、专用基金结余、预算稳定调节基金、预算周转金和资金结存等。各项结转结余应每年结算一次。年末，各项预算收入与预算支出科目的发生额分别转入相对应的预算结余。

　　财政总预算会计报表包括预算收入支出表、一般公共预算执行情况表、政府性基金预算执行情况表、国有资本经营预算执行情况表、财政专户管理资金收支情况表、专用基金收支情况表等会计报表和附注。政府决算报告包括决算报表和其他应当在决算报告中反映的相关信息和资料，通常由决算报表和决算情况说明与分析组成。

关键名词

一般公共预算收入；政府性基金预算收入；国有资本经营预算收入；转移性预算收入；动用预算稳定调节基金；债务预算收入；债务转贷预算收入；待处理收入；一般公共预算支出；政府性基金预算支出；国有资本经营预算支出；转移性预算支出；安排预算稳定调节基金；债务还本预算支出；债务转贷预算支出；待处理支出；一般公共预算结转结余；政府性基金预算结转结余；国有资本经营预算结转结余；财政专户管理资金结余；专用基金结余；资金结存；财政总预算会计报表；政府决算报告

思考与练习题

一、简述题

1. 财政总预算会计的预算收入有哪些种类？如何进行账务处理？
2. 财政总预算会计的预算支出有哪些种类？如何进行账务处理？
3. 财政总预算会计的预算结余有哪些种类？如何进行账务处理？
4. 财政总预算会计报表与政府决算报告包括哪些组成部分？

二、单项选择题

1. （　　）财政年末可按有关规定对部分预算收入事项采用权责发生制核算。
 A. 中央政府　　　　　　　　　B. 省级政府
 C. 设区的市级政府　　　　　　D. 县（区）级政府
2. 税收收入纳入（　　）。
 A. 财政专户管理资金收入　　　B. 一般公共预算收入
 C. 政府性基金预算收入　　　　D. 国有资本经营预算收入
3. "一般公共预算收入"科目余额年终应当转入（　　）。
 A. "一般公共预算结转结余"科目　B. "政府性基金预算结转结余"科目
 C. "本期盈余"科目　　　　　　D. "累计盈余"科目
4. 政府作为所有者取得的预算收入是（　　）。
 A. 财政专户管理资金收入　　　B. 一般公共预算收入
 C. 政府性基金预算收入　　　　D. 国有资本经营预算收入
5. 下列各项中，通常属于财政总预算会计预算支出类会计科目的有（　　）。
 A. 与下级往来　　　　　　　　B. 与上级往来
 C. 调出预算资金　　　　　　　D. 调入预算资金
6. 转移性预算支出不包括（　　）。
 A. 补助预算支出　　　　　　　B. 上解预算支出
 C. 财政专户管理资金支出　　　D. 地区间援助预算支出

7. 借记"安排预算稳定调节基金"科目，贷记的科目是（ ）
   A. "一般公共预算结转结余" B. "政府性基金预算结转结余"
   C. "国有资本经营预算结转结余" D. "预算稳定调节基金"

8. 年终结账时，"债务预算收入——专项债务收入"科目贷方余额全数转入（ ）
   A. 一般公共预算结转结余 B. 政府性基金预算结转结余
   C. 国有资本经营预算结转结余 D. 财政专户管理资金结余

9. 财政总预算会计核算的结转结余不包括（ ）。
   A. 一般公共预算结转结余 B. 政府性基金预算结转结余
   C. 国有资本经营预算结转结余 D. 补助结余

10. 下列不属于财政总预算会计要求编制的会计报表的是（ ）
    A. 一般公共预算执行情况表 B. 收入费用表
    C. 专用基金收支情况表 D. 预算收入支出表

三、多项选择题

1. 下列含有非税收入的有（ ）。
   A. 财政专户管理资金收入 B. 一般公共预算收入
   C. 政府性基金预算收入 D. 国有资本经营预算收入
   E. 专用基金收入

2. 构成一般公共预算结转结余的因素有（ ）。
   A. 一般公共预算收入 B. 地区间援助预算收入
   C. 专用基金收入 D. 安排预算稳定调节基金
   E. 财政专户管理资金收入

3. 下列各项中，既是财政总财务会计费用类会计科目，又是财政总预算会计预算支出类会计科目的是（但会计科目编号不同）（ ）。
   A. 补助预算支出 B. 上解预算支出
   C. 财政专户管理资金支出 D. 专用基金支出
   E. 地区间援助预算支出

4. 财政总预算会计的转移性预算收入中，属于本级政府财政不同类型资金之间调剂预算收入的有（ ）。
   A. 上解预算收入 B. 补助预算收入
   C. 调入预算资金 D. 地区间援助预算收入
   E. 动用预算稳定调节基金

5. 财政总会计中，政府财政通过发行债券筹集预算资金将导致（ ）。
   A. 本期财政存款的增加 B. 本期预算收入的增加
   C. 本期负债的增加 D. 本期收入的增加
   E. 本期资金结存的增加

四、判断题

1. 财政总预算会计中,资金结存是指政府财政纳入预算管理资金的流入、流出、调整和滚存的结果。（ ）
2. 转移性预算支出是指上下级财政之间的资金调拨业务支出。（ ）
3. 与一般公共预算支出相比,政府性基金预算支出具有专款专用的特征。（ ）
4. 对于收回的结转结余资金,财政部门只能按原预算科目使用。（ ）
5. 债务转贷预算收入是地方政府财政发行债券所取得的债务预算收入。（ ）
6. 债务还本预算支出核算政府偿还债务的本金支出和利息支出。（ ）
7. 债务还本预算支出是指政府财政偿还本级政府承担的债务本金支出。（ ）
8. 待处理支出都应在年终前转列支出或清理收回。（ ）
9. 财政总预算会计报表中预算收入支出表应当按月度和年度编制。（ ）
10. 政府性基金预算执行情况表是反映政府财政在某一会计期间政府性基金预算收支执行结果的报表,按照《政府收支分类科目》中政府性基金预算收支科目列示。（ ）

五、编制会计分录

1. 某省财政发生以下预算收入相关的经济业务,编制财政总预算会计分录及对应的财政总财务会计分录,不需要编制会计分录的请注明。

(1) 收到预算收入日报表,列示纳入一般公共预算本级收入的税收收入 3 600 000 元已经缴入国库,其中,国有企业增值税收入为 2 100 000 元、国有航空工业所得税收入为 1 500 000 元;非税收入 1 750 000 元也已经缴入国库,其中,行政事业性收费收入 850 000 元,国有资源(资产)有偿使用收入 900 000 元。

(2) 收到预算收入日报表,列示纳入政府性基金预算本级收入的民航发展基金收入 580 000 元已经缴入国库。

(3) 收到预算收入日报表,列示纳入国有资本经营预算本级收入的军工企业利润收入 750 000 元已经缴入国库。

(4) 收到纳入财政专户管理的省属航空大学学费收入 1 900 000 元。

(5) 通过本级一般公共预算安排取得粮食风险基金 3 000 000 元,款项已从财政国库转入粮食风险基金财政专户。

(6) 某省政府财政收到国库报来的预算收入日报表,当日共收到中央财政下拨的一般公共预算转移性收入 180 000 元,其中,一般性转移支付收入 100 000 元,专项转移支付收入 80 000 元;当日共收到中央财政下拨的政府性基金转移支付收入 115 000 元,全部为节能环保转移支付收入;中央财政下拨的国有资本经营预算转移支付收入 85 000 元。

(7) 年终与下辖 H 市政府财政进行年终结算时,确认收到的上解款金额为 270 000 元。

2. 某省财政发生以下预算支出相关的经济业务,编制财政总预算会计分录及对应的财政总财务会计分录,不需要编制会计分录的请注明。

(1) 某省政府财政通过财政国库为有关预算单位支付属于一般公共预算支出的款项共计 2 683 000 元。具体支付情况为:省财政为省发改委直属从事发展与改革事务支付日常行政运行经费 583 000 元,支出经济分类为机关工资福利支出中的工资奖金津贴补贴;为省交通厅开展民用航空运输活动支付空管系统建设经费 2 100 000 元，支出经济分类为基础设施建设。

(2) 通过国库为有关预算单位支付属于政府性基金预算本级支出的款项共计 3 650 000 元。具体支付情况为：省财政为省文化和旅游厅支付文化旅游体育与传媒支出 3 000 000 元，具体为拍摄航空报国红色影片的国家电影事业发展专项资金安排的支出，支出经济分类为其他资本性支出；为财政厅支付债务付息支出 650 000 元，具体为地方政府专项债务付息支出，支出经济分类为债务利息及费用支出。

(3) 通过财政国库为有关职能部门支付属于国有资本经营预算本级支出的款项共计 6 660 000 元。具体支付情况为：向国有企业雄鹰航空有限公司支付国有企业棚户区改造支出 1 660 000 元，支出经济分类为对企业补助（费用补贴）；对雄鹰航空有限公司进行资本金注入 5 000 000 元，支出经济分类为对企业资本性支出。

(4) 通过财政专户向省属航空大学拨付教育收费 1 120 000 元，支出经济分类为商品和服务支出。

(5) 按规定从农业发展银行"粮食风险基金"专户向省储备粮油管理有限公司拨付油品储备风险基金 900 000 元。

3. 某省财政发生以下预算结余相关的经济业务，编制财政总预算会计分录及对应的财政总财务会计分录，不需要编制会计分录的请注明。

(1) 年终转账时，"一般公共预算收入"科目贷方余额 54 000 000 元，"补助预算收入——一般公共预算补助收入"明细科目贷方余额为 7 000 000 元，"上解预算收入——一般公共预算上解收入"科目贷方余额 5 000 000 元，"地区间援助预算收入"科目贷方余额 1 000 000 元，"调入预算资金——一般公共预算调入资金"科目贷方余额 3 000 000 元，"动用预算稳定调节基金"科目贷方余额 8 000 000 元，"债务预算收入——一般债务收入"科目贷方余额 10 000 000 元，"债务转贷预算收入——一般债务转贷收入"科目贷方余额 12 000 000 元，"一般公共预算支出"科目借方余额 52 000 000 元，"补助预算支出——一般公共预算补助支出"科目借方余额为 6 900 000 元，"上解预算支出——一般公共预算上解支出"借方余额为 4 800 000 元，"地区间援助预算支出"科目借方余额 900 000 元，"安排预算稳定调节基金"科目借方余额 7 700 000 元，"债务还本预算支出——一般债务还本支出"科目借方余额 9 000 000 元，"债务转贷预算支出——一般债务转贷支出"科目借方余额 11 500 000 元，需要将上述收支科目余额转入"一般公共预算结转结余"科目。编制会计分录的同时，计算出当年一般公共预算结转结余。

(2) 年终转账时，"财政专户管理资金收入"科目贷方余额 8 900 000 元转入财政专户管理资金结余；同时，"财政专户管理资金支出"科目借方余额 8 250 000 元转入财政专户管理资金结余。编制会计分录的同时，计算出当年财政专户管理资金结余。

4-41 参考答案

第五章

行政事业单位财务会计实务

学习目标

1. 了解行政事业单位会计的含义与适用范围。
2. 了解部门财务报告。
3. 理解行政事业单位会计体系与会计核算的特点。
4. 理解行政事业单位财务报告的编制。
5. 掌握行政事业单位财务会计的收入与费用核算。
6. 掌握行政事业单位财务会计的资产、负债与净资产核算。

情景导入

加强行政事业单位固定资产管理

做好固定资产管理工作,对于提升行政事业单位国有资产管理整体水平、更好地服务与保障单位履职和事业发展,具有重要意义。为贯彻落实党中央、国务院关于"过紧日子"的要求,有效盘活并高效使用固定资产,有针对性地解决固定资产管理中存在的突出问题,各部门、各单位要有效盘活并高效使用固定资产,从落实管理责任、加强基础管理、规范管理行为、完善追责机制等方面着手,有针对性地解决固定资产管理中存在的突出问题,进一步加强行政事业单位固定资产管理。

在落实管理责任、健全管理制度方面,各级财政部门要强化和落实综合管理职责,加强固定资产管理顶层设计,明确固定资产管理要求。各部门要切实履行固定资产监督管理职责,建立健全固定资产管理机制,组织落实固定资产管理各项工作;应根据工作需要和实际情况,建立健全固定资产管理实施办法或分类制定固定资产管理规定,进一步细化管理要求。各部门、各单位要加强内控,根据

《行政事业单位内部控制规范（试行）》等规定，强化固定资产配置、使用、处置等关键环节的管控。

在加强基础管理、确保家底清晰方面，各单位要严格落实政府会计准则制度等要求，按规定设置固定资产账簿，对固定资产增减变动及时进行会计处理，并定期与固定资产卡片进行核对，确保账卡相符。要加强固定资产卡片管理，做到有物必登、登记到人、一物一卡、不重不漏。对于权证手续不全、但长期占有使用并实际控制的固定资产，应当建立并登记固定资产卡片；对于租入固定资产，应当单独登记备查，并做好维护和管理。要定期对固定资产进行清查盘点，每年至少盘点一次，全面掌握并真实反映固定资产的数量、价值和使用状况，确保账账相符、账实相符。要切实做好固定资产产权管理，及时办理土地、房屋、车辆等固定资产权属证书，资产变动应办理权证变更登记，避免权属不清。

在规范管理行为、提升管理效能和完善追责机制，以及加强监督检查方面，各部门、各单位要高度重视并切实加强行政事业单位固定资产管理，落实管理责任，细化管理要求，规范管理行为，加强信息技术支撑，确保行政事业单位固定资产安全完整、运转高效。

思考：加强行政事业单位固定资产管理，行政事业单位财务会计主要是从哪几个方面起作用？

资料来源：财政部《关于加强行政事业单位固定资产管理的通知》（财资〔2020〕97号）。

第一节　行政事业单位会计概述

一、行政事业单位会计的含义

（一）行政事业单位的含义

行政事业单位是行政单位和事业单位的统称。行政单位是代表国家行使国家权力的机构，是组织经济建设、政治建设、文化建设、社会建设和生态文明建设的社会组织，主要包括国家权力机关、行政机关、司法机关、检察机关等。事业单位是政府为了社会公益目的，由政府举办或者其他组织利用国有资产举办的，从事教育、科研、文化、卫生、体育、新闻出版、广播电视、环保等活动的社会组织。

(二)行政事业单位会计的概念

行政事业单位会计是确认、计量、记录和报告各级各类行政单位与事业单位发生的各项经济业务或事项及其受托责任的履行情况的专业会计。行政事业单位会计又称政府单位会计,应当为政府单位的财务管理与预算管理服务,向会计信息使用者提供与单位财务状况、运行情况和预算执行情况有关的会计信息,反映单位受托责任的履行情况,为会计信息使用者进行经济管理、监督和决策提供支撑。

二、行政事业单位会计的适用范围

行政事业单位会计是行政单位会计与事业单位会计的统称。行政单位会计和事业单位会计虽然执行相同的政府会计制度,但是行政单位与事业单位的作用是不同的,前者是履行行政职责,后者是开展公益性专业服务,导致行政单位会计和事业单位会计存在一定的差异。

(一)行政单位会计

行政单位会计是反映和监督各级各类行政机关、政党组织的财务状况、运行情况和预算执行情况的专业会计。行政单位会计的主体是行政单位,以财政拨款资金运动为主要核算对象,为行政单位的财务管理和预算管理服务。

作为行政单位会计的主体,行政单位有着特定的范围,是各级各类国家机关、政党组织和其他机关的统称。我国的国家机关主要包括:各级人民代表大会及其常务委员会机关、各级人民政府及其所属工作机构、中国人民政治协商会议各级委员会机关、各级监察机关、各级审判机关、各级检察机关等。在我国,以财政拨款为经费的政党组织、其他机关等也是行政单位会计的主体,如中国共产党各级委员会、各民主党派各级组织和工商联的各级机关等。

(二)事业单位会计

事业单位会计是反映和监督事业单位的财务状况、事业成果和预算执行情况的专业会计。事业单位会计的主体是事业单位,以单位财政拨款资金运动和其他资金运动为会计核算对象,为事业单位的财务管理和预算管理服务。

事业单位会计的主体是事业单位。事业单位按照其公益属性的纯粹程度划分为公益一类事业单位与公益二类事业单位。公益一类事业单位,可称之为纯公益类的事业单位,是由政府全额出资保障的,不再允许其存在经营性活动,比如义务教育学校、社区卫生服务中心等;公益二类事业单位如高校、职业教育、综合医院等,属于准公益类的事业单位,允许其部分市场配置资源,但不允许进行以盈利为目的的生产经营活动。事业单位还可按照其是否参照《中华人民共和国公务员法》管理划分为参公事业单位与非参公事业单位。事业单位也可按照其行业特点显著程度划分为普通事业单位和行业事业单位。普通事业单位是不具有行业特点的事业单位;行业事业单位是具有鲜明行业特点的事业单位。因此,事业单位会计又可以进一步划分为普通事业单位会计和行业事业单位会计。行业事业单位会计与行政单位会计、普通事业单位会计执行统一的政府单位会计制度,按照会计制度的规定进行通用或共性业务的会计处理。对于行业事业单位的特殊业务，行业事业单位会计应当在遵循会计核算基本原则的基础上，按照会计主管部门颁布的补充规定的要求进行会计处理。

三、行政事业单位会计体系

《政府会计制度——行政事业单位会计科目和报表》规定，行政事业单位会计应当具备财务会计与预算会计双重功能，实现财务会计与预算会计适度分离并相互衔接，全面、清晰地反映行政事业单位财务信息和预算执行信息。因此，行政事业单位会计体系由行政事业单位财务会计和行政事业单位预算会计构成。

（一）行政事业单位财务会计

行政事业单位财务会计是以权责发生制为基础，对行政事业单位发生的各项经济业务或事项进行核算，反映和监督行政事业单位的财务状况、运行情况、运行成本和现金流量等信息。行政事业单位财务会计编制部门财务报告，提供有助于财务报告使用者做出决策或进行监督和管理的信息。行政事业单位财务会计科目表见表 5-1。

表 5-1　行政事业单位财务会计科目表

序号	科目编号	科目名称	备注
		（一）资产类	
1	1001	库存现金	行政/事业
2	1002	银行存款	行政/事业
3	1011	零余额账户用款额度*	行政/事业
4	1021	其他货币资金	行政/事业
5	1101	短期投资	事业
6	1201	财政应返还额度	行政/事业
7	1211	应收票据	事业
8	1212	应收账款	行政/事业
9	1214	预付账款	行政/事业
10	1215	应收股利	事业
11	1216	应收利息	事业
12	1218	其他应收款	行政/事业
13	1219	坏账准备	事业
14	1301	在途物品	行政/事业
15	1302	库存物品	行政/事业
16	1303	加工物品	行政/事业
17	1401	待摊费用	行政/事业

续表

序号	科目编号	科目名称	备注
18	1501	长期股权投资	事业
19	1502	长期债券投资	事业
20	1601	固定资产	行政/事业
21	1602	固定资产累计折旧	行政/事业
22	1611	工程物资	行政/事业
23	1613	在建工程	行政/事业
24	1701	无形资产	行政/事业
25	1702	无形资产累计摊销	行政/事业
26	1703	研发支出	行政/事业
27	1801	公共基础设施	行政/事业
28	1802	公共基础设施累计折旧（摊销）	行政/事业
29	1811	政府储备物资	行政/事业
30	1821	文物文化资产	行政/事业
31	1831	保障性住房	行政/事业
32	1832	保障性住房累计折旧	行政/事业
33	1891	受托代理资产	行政/事业
34	1901	长期待摊费用	行政/事业
35	1902	待处理财产损溢	行政/事业
		（二）负债类	
36	2001	短期借款	事业
37	2101	应交增值税	行政/事业
38	2102	其他应交税费	行政/事业
39	2103	应缴财政款	行政/事业
40	2201	应付职工薪酬	行政/事业
41	2301	应付票据	事业
42	2302	应付账款	行政/事业
43	2303	应付政府补贴款	行政
44	2304	应付利息	事业
45	2305	预收账款	事业
46	2307	其他应付款	行政/事业
47	2401	预提费用	行政/事业

续表

序号	科目编号	科目名称	备注
48	2501	长期借款	事业
49	2502	长期应付款	行政/事业
50	2601	预计负债	行政/事业
51	2901	受托代理负债	行政/事业
（三）净资产类			
52	3001	累计盈余	行政/事业
53	3101	专用基金	事业
54	3201	权益法调整	事业
55	3301	本期盈余	行政/事业
56	3302	本年盈余分配	行政/事业
57	3401	无偿调拨净资产	行政/事业
58	3501	以前年度盈余调整	行政/事业
（四）收入类			
59	4001	财政拨款收入	行政/事业
60	4101	事业收入	事业
61	4201	上级补助收入	事业
62	4301	附属单位上缴收入	事业
63	4401	经营收入	事业
64	4601	非同级财政拨款收入	行政/事业
65	4602	投资收益	事业
66	4603	捐赠收入	行政/事业
67	4604	利息收入	行政/事业
68	4605	租金收入	行政/事业
69	4609	其他收入	行政/事业
（五）费用类			
70	5001	业务活动费用	行政/事业
71	5101	单位管理费用	事业
72	5201	经营费用	事业
73	5301	资产处置费用	行政/事业
74	5401	上缴上级费用	事业

续表

序号	科目编号	科目名称	备注
75	5501	对附属单位补助费用	事业
76	5801	所得税费用	事业
77	5901	其他费用	行政/事业

* 实行预算管理一体化，不再使用科目。

（二）行政事业单位预算会计

行政事业单位预算会计是以收付实现制为基础，对行政事业单位预算执行过程中发生的收入和支出进行核算，反映和监督预算收支执行情况。行政事业单位预算会计编制部门决算报告，向决算报告使用者提供与政府预算执行情况有关的信息，综合反映政府预算收支的年度执行结果。行政事业单位预算会计科目表见表5-2。

表5-2 行政事业单位预算会计科目表

序号	科目编号	科目内容	备注
（一）预算收入类			
1	6001	财政拨款预算收入	行政/事业
2	6101	事业预算收入	事业
3	6201	上级补助预算收入	事业
4	6301	附属单位上缴预算收入	事业
5	6401	经营预算收入	事业
6	6501	债务预算收入	事业
7	6601	非同级财政拨款预算收入	行政/事业
8	6602	投资预算收益	事业
9	6609	其他预算收入	行政/事业
（二）预算支出类			
10	7101	行政支出	行政
11	7201	事业支出	事业
12	7301	经营支出	事业
13	7401	上缴上级支出	事业
14	7501	对附属单位补助支出	事业
15	7601	投资支出	事业
16	7701	债务还本支出	事业
17	7901	其他支出	行政/事业

续表

序号	科目编号	科目内容	备注
(三) 预算结余类			
18	8001	资金结存	行政/事业
19	8101	财政拨款结转	行政/事业
20	8102	财政拨款结余	行政/事业
21	8201	非财政拨款结转	行政/事业
22	8202	非财政拨款结余	行政/事业
23	8301	专用结余	事业
24	8401	经营结余	事业
25	8501	其他结余	行政/事业
26	8701	非财政拨款结余分配	事业

四、行政事业单位会计核算的特点

行政事业单位会计由行政事业单位预算会计和行政事业单位财务会计构成，作为我国政府会计的一个分支，其会计核算具有自身的特点。

（一）双功能

行政事业单位会计核算具有行政事业单位财务会计与行政事业单位预算会计双重功能。行政事业单位财务会计全面、清晰反映行政事业单位的资产、负债、净资产、收入、费用等财务信息；行政事业单位预算会计全面、清晰反映行政事业单位的预算收入、预算支出和预算结余等预算执行信息。两者在功能上适度分离，但在内容上相互衔接，在同一会计信息系统中，共同反映行政事业单位财务信息和预算执行信息。

（二）双基础

行政事业单位财务会计与行政事业单位预算会计对会计信息有不同的核算要求，应当采用不同的确认基础。行政事业单位预算会计实行收付实现制，国务院另有规定的，依照其规定；行政事业单位财务会计实行权责发生制。因此，行政事业单位会计采用了权责发生制与收付实现制双基础进行会计核算。

（三）双报告

行政事业单位财务会计与行政事业单位预算会计有着不同的报告目标，应当编制不同的会计报告。行政事业单位财务会计为行政事业单位的财务管理服务，提供与行政事业单位的财务状况、运行情况等有关的信息，应当编制财务报表，提供年度财务报告。行政事业单位预算会计为行政事业单位的预算管理服务，提供与行政事业单位预算执行情况有关

第五章 行政事业单位财务会计实务

的信息，应当编制决算报表，提供年度决算报告。因此，行政事业单位会计主体需要编制财务报告与决算报告双报告。

（四）平行记账

行政事业单位会计核算实现预算会计与财务会计适度分离并相互衔接，并不是建立预算会计和财务会计两套账，而是相互协调、平行记账。行政事业单位对于纳入部门预算管理的现金收支业务，在采用财务会计核算的同时应当进行预算会计核算；对于其他业务，仅需进行财务会计核算。

5-1 知识扩展

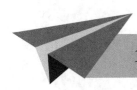

第二节 行政事业单位的收入核算

行政事业单位的收入是行政事业单位在一定时期取得的，会导致净资产增加的、含有服务潜力或者经济利益的经济资源的流入。按照收入的来源和取得方式划分，行政事业单位的收入分为财政拨款收入、业务活动收入、补助与上缴收入和其他活动收入。行政事业单位的收入以权责发生制基础确认，凡是当期已经实现的收入，不论款项是否收到，都应当作为当期的收入。

一、财政拨款收入的核算

（一）概念

财政拨款收入是行政事业单位从同级财政部门取得的经费拨款。根据财政预算管理体系及单位的隶属关系，行政事业单位的财政拨款由同级财政部门安排拨付。行政事业单位应当按照批准的年度部门预算和月度用款计划，向同级财政部门申请经费拨款。行政事业单位从同级财政部门取得的各类经费拨款，包括一般公共预算财政拨款、政府性基金预算财政拨款等。财政拨款收入是行政单位的主要经费来源，是事业单位的一项重要资金来源。

（二）账户设置

设置"财政拨款收入"科目，核算行政事业单位从同级政府财政部门取得的各类财政拨款。本科目可按照一般公共预算财政拨款、政府性基金预算财政拨款等拨款种类进行明细核算。期末，应当将本科目本期发生额转入本期盈余，期末结转后本科目应无余额。

（三）主要账务处理

行政事业单位财政拨款收入的主要账务处理程序如下：行政事业单位应当根据收到的国库集中支付凭证及相关原始凭证，按照凭证上的入账金额，在财务会计下借记"库存物品""固定资产""业务活动费用""单位管理费用""应付职工薪酬""银行存款"等科目，贷记"财政拨款收入"科目。

【例5-1】 某行政单位收到国库集中支付凭证及相关原始凭证,购买的专用材料7 200元已经完成支付,专用材料已经验收入库,资金性质为本年度政府性基金预算资金。

借:库存物品——专用材料　　　　　　　　　　　　　　7 200
　　贷:财政拨款收入——政府性基金预算财政拨款　　　　　　　　7 200

【例5-2】 某事业单位使用本年度预算指标从本单位零余额账户向实有资金账户划转资金,收到的国库集中支付凭证及实有资金账户入账凭证,凭证入账金额为100 000元,资金性质为一般公共预算资金。

借:银行存款　　　　　　　　　　　　　　　　　　　100 000
　　贷:财政拨款收入——一般公共预算财政拨款　　　　　　　　100 000

二、业务活动收入的核算

(一) 概念

业务活动收入是事业单位开展业务活动实现的各项收入,向社会提供商品、服务等而取得的各项收入,包括事业收入和经营收入。按照法律法规的有关规定,行政单位依法履职,不得开展专业业务活动和经营活动,因此,行政单位没有业务活动收入。

1. 事业收入

事业收入是事业单位开展专业业务活动及辅助活动所取得的收入,包括提供服务取得的收入和销售商品取得的收入。专业业务活动是事业单位的主要业务事项,是事业单位为了实现其宗旨所开展的业务活动,如学校的教育活动、医院的医疗服务活动、研究机构的科研活动等。辅助活动是与专业活动相关的,为专业业务提供支持的活动。事业单位提供的公益性服务不以营利为目的,但需要按成本补偿的原则制定价格,收取商品价款或服务费用。

2. 经营收入

经营收入是事业单位在专业业务活动及辅助活动之外开展非独立核算经营活动取得的收入。专业业务活动是事业单位的主要业务活动,在专业业务活动及辅助活动以外开展的各项业务活动即为经营活动。事业单位开展经营活动的目的,是通过经营活动获取一定的收入,弥补事业经费的不足。经营收入是一种以提供各项服务或商品为前提并通过收费等方式取得的有偿收入。经营收入的确认应同时满足两个条件:一是经营收入是事业单位在专业业务活动及辅助活动之外取得的收入;二是经营收入是事业单位非独立核算单位取得的收入。事业单位的经营收入主要有提供服务收入、租赁收入、商品销售收入等。

(二) 账户设置

1. 事业收入

设立"事业收入"科目,用于核算事业单位开展专业业务活动及其辅助活动所获得的收入,并要按照收入的种类和来源进行详细的核算。事业单位应根据合同完成进度来确认事业收入,或者在履行完合同后确认事业收入。如果事业收入涉及增值税业务,则需通过"应交增值税"科目进行核算。事业收入为扣除增值税后的实际收入。事业收入不包括从同级政府财政部门获取的各类财政拨款,而对于从非同级政府财政部门获取的科研及其辅助活动经费拨款,应在"事业收入"科目下设置单独的"非同级财政拨款"明细科目进行核算。期末应将"事业收入"科目本期发生额转入本期盈余,结转后该科目余额应为零。

2. 经营收入

设置"经营收入"科目,核算事业单位在专业业务活动及其辅助活动之外开展非独立核算经营活动取得的收入。经营收入涉及增值税业务的,通过"应交增值税"科目核算。如果缴纳增值税,经营收入为扣除增值税后的收入。本科目应当按照经营活动类别、项目和收入来源等进行明细核算。期末,应当将本科目本期发生额转入本期盈余,期末结转后本科目应无余额。

(三) 主要账务处理

1. 事业收入

1) 采用财政专户返还方式管理的事业收入

对于此类事业收入,事业单位需要按"收支两条线"管理模式的要求进行管理。根据这种管理方式,事业单位所获得的各项事业性收费不能直接用于支出,而需要将其上缴至由财政部门设立的财政资金专户中。财政部门会根据资金收支计划从该财政专户中拨付相应款项供事业单位使用。只有在经过审批后,事业单位才能从财政专户中取得核拨款项,并确认相应的事业收入。其主要账务处理程序如下:在实现应上缴财政专户的事业收入时,按照实际收到或应收的金额,借记"银行存款""应收账款"等科目,贷记"应缴财政款"科目;在向财政专户上缴款项时,按照实际上缴的款项金额,借记"应缴财政款"科目,贷记"银行存款"等科目;在收到从财政专户返还的事业收入时,按照实际收到的返还金额,借记"银行存款"等科目,贷记"事业收入"科目。

【例5-3】 事业单位某高等学校向学生收取的学费纳入财政专户管理,按规定需要全额上缴财政专户。

(1) 收取本学期学生学费8 180 000元,款项已经存入单位的银行账户。

  借:银行存款   8 180 000
    贷:应缴财政款   8 180 000

(2) 按规定将上述款项缴入财政专户。

  借:应缴财政款   8 180 000
    贷:银行存款   8 180 000

(3) 按照单位的月度用款计划,收到从财政专户返还的事业收入980 000元。

  借:银行存款   980 000
    贷:事业收入——学费   980 000

2) 采用预收款方式确认的事业收入

事业单位对外提供专业服务,采用预收款的情况下,应当按照合同完成进度分阶段确认已经实现的事业收入。其主要账务处理程序如下:实际收到预收款项时,按照收到的款项金额,借记"银行存款"等科目,贷记"预收账款"科目;以合同完成进度确认事业收入时,按照基于合同完成进度计算的金额,借记"预收账款"科目,贷记"事业收入"科目。

【例 5-4】 事业单位某航空大学与某航空制造企业签订培训合同，为该企业举办两期数字化智能制造技术培训班，每期培训 4 周，培训收费总计为 76 000 元。

（1）签订合同时，收到某航空制造企业预付的培训费 50 000 元，款项已经存入单位的银行账户。

借：银行存款　　　　　　　　　　　　　　　　　50 000
　　贷：预收账款　　　　　　　　　　　　　　　　　　50 000

（2）完成第一期培训后，确认已经实现的事业收入 38 000 元。

借：预收账款　　　　　　　　　　　　　　　　　38 000
　　贷：事业收入——培训收入　　　　　　　　　　　　38 000

（3）完成第二期培训后，收到该企业转账支付的款项 26 000 元，同时确认第二期培训实现的事业收入 38 000 元。

借：预收账款　　　　　　　　　　　　　　　　　12 000
　　银行存款　　　　　　　　　　　　　　　　　26 000
　　贷：事业收入——培训收入　　　　　　　　　　　　38 000

3）采用应收款方式确认的事业收入

事业单位对外提供专业服务，采用应收款的情况下，也应当按照合同完成进度确认已经实现的事业收入。其主要账务处理程序如下：根据合同完成进度计算本期应收的款项，借记"应收账款"科目，贷记"事业收入"科目；实际收到款项时，借记"银行存款"等科目，贷记"应收账款"科目。

【例 5-5】 事业单位某航空高科技研究所为某航空制造企业提供航空高科技服务。按照合同约定，服务价款 980 000 元，在履行合同后六个月内支付。

（1）航空高科技研究所履行合同，完成航空高科技服务。

借：应收账款　　　　　　　　　　　　　　　　　980 000
　　贷：事业收入——科技服务　　　　　　　　　　　　980 000

（2）收到转账支付的航空高科技服务款项 980 000 元。

借：银行存款　　　　　　　　　　　　　　　　　980 000
　　贷：应收账款　　　　　　　　　　　　　　　　　　980 000

4）采用收取现款方式确认的事业收入

事业单位对外提供专业服务，采用收取现款的情况下，在收讫价款时确认事业收入。其账务处理程序如下：按照实际收到的金额，借记"银行存款""库存现金"等科目，贷记"事业收入"科目。

5-2 知识扩展

【例 5-6】 事业单位某艺术剧院为了丰富城市居民的文化生活，组织了一场话剧演出，当日出售门票收入 36 000 元，款项已经存入银行。

借：银行存款　　　　　　　　　　　　　　　　　36 000
　　贷：事业收入——话剧演出门票收入　　　　　　　　36 000

2. 经营收入

事业单位应当在提供服务或发出存货，同时收讫价款或者取得索取价款的凭据时，按照实际收到或应收的金额确认经营收入。其主要账务处理程序如下：实现经营收入时，按照确定的收入金额,借记"银行存款""应收账款""应收票据"等科目,贷记"经营收入"科目。

【例 5-7】 某医疗卫生服务单位是事业单位,其经营业务为向社会提供婚姻家庭咨询服务,本日收到客户支付的服务费用 5 300 元,其中增值税 300 元,存入单位的银行账户。

借:银行存款　　　　　　　　　　　　　　　　　　　　　　5 300
　　贷:经营收入——婚姻家庭咨询　　　　　　　　　　　　　　5 000
　　　　应交增值税——应交税金(销项税额)　　　　　　　　　　300

三、补助与上缴收入的核算

补助与上缴收入是事业单位从主管部门和上级单位取得的补助收入,以及附属单位上缴的收入,包括上级补助收入和附属单位上缴收入。行政单位没有此类收入。

(一)概念

1. 上级补助收入

上级补助收入是指事业单位获得主管部门或上级单位拨给的非财政性补助资金。各事业单位均有其所属的主管部门或上级单位,这些主管部门或上级单位可以利用自身的收入或者集中的收入,对其下属的事业单位进行资金补助,以调节事业单位的资金短缺情况。与财政补助收入不同,上级补助收入并非来源于同级财政部门,也不是由同级财政部门安排的财政预算资金。上级补助收入不是事业单位通常的收入来源,而是根据主管部门或上级单位自身的资金状况及事业单位的需求进行拨付。

2. 附属单位上缴收入

附属单位上缴收入是指事业单位所属的独立核算单位按规定标准或比例向其缴纳的各项收入。附属单位通常是指事业单位内部设立、实行独立核算的下级单位,与其上级单位存在一定的体制关系。有的事业单位设立了一些独立核算的附属单位,这些附属单位应当依据规定立将其获得收入的一定比例上缴,这就是事业单位的附属单位上缴收入。

(二)账户设置

1. 上级补助收入

设置"上级补助收入"科目,核算事业单位从主管部门和上级单位取得的非财政拨款收入。"上级补助收入"科目应当按照发放补助单位、补助项目等进行明细核算。期末,应当将本科目本期发生额转入本期盈余,期末结转后本科目应无余额。

2. 附属单位上缴收入

设置"附属单位上缴收入"科目,核算事业单位取得的附属独立核算单位按照有关规定上缴的收入。"附属单位上缴收入"科目应当按照附属单位、缴款项目等进行明细核算。期末,应当将本科目本期发生额转入本期盈余,期末结转后本科目应无余额。

(三)主要账务处理

1. 上级补助收入

事业单位的上级补助收入主要账务处理程序如下:确认上级补助收入时,按照应收或实际收到的金额，借记"其他应收款""银行存款"等科目，贷记"上级补助收入"科目；实际收到应收的上级补助款时，按照实际收到的金额，借记"银行存款"等科目，贷记"其他应收款"科目。

【例 5-8】 事业单位某航空大学收到上级单位拨来的补助款 5 000 000 元，款项已经到账。此款项资助该事业单位开展"双一流"学科建设。

  借：银行存款   5 000 000
    贷：上级补助收入——上级单位——双一流学科建设 5 000 000

2. 附属单位上缴收入

事业单位的附属单位上缴收入主要账务处理程序如下：确认附属单位上缴收入时，按照应收或收到的金额，借记"其他应收款""银行存款"等科目，贷记"附属单位上缴收入"科目；实际收到应收附属单位上缴款时，按照实际收到的金额，借记"银行存款"等科目，贷记"其他应收款"科目。

【例 5-9】 事业单位某航空高科技研究所收到附属航空电子制造厂上缴的 700 000 元，并存入银行。

  借：银行存款   700 000
    贷：附属单位上缴收入——航空电子制造厂上缴收入 700 000

四、其他各项收入的核算

其他各项收入是政府单位开展上述活动以外的活动取得的收入，主要包括非同级财政拨款收入、捐赠收入、利息收入、租金收入、投资收益和其他收入。法律法规不允许行政单位对外投资，行政单位没有投资收益。

（一）概念

1. 非同级财政拨款收入

非同级财政部门拨款是行政事业单位从非同级财政部门取得的各类经费拨款，包括从上级或下级政府财政部门取得的经费拨款，从同级政府其他部门取得的横向转拨财政款。行政事业单位的经费拨款主要来自同级财政部门，但有的行政事业单位也有来自非同级财政部门的经费拨款。

2. 捐赠收入

捐赠收入是行政事业单位接受其他单位或者个人捐赠取得的收入。捐赠实物资产的价值一般按照相关凭据、同类资产市场价格或评估价值确定，如果收到的捐赠资产无法可靠计量，按照其名义金额人民币 1 元估价入账。

3. 利息收入

利息收入是行政事业单位取得的银行存款利息收入。行政事业单位需要建立合理的资金管理制度，提升资金的利用效益，而不能片面追求高的利息收入。

4. 租金收入

租金收入是行政事业单位经批准利用国有资产出租取得并按照规定纳入本单位预算管理的租金收入。行政事业单位拟将占有、使用的国有资产对外出租、出借的，必须事先上报同级财政部门审核批准,未经批准不得对外出租、出借。国有资产出租收入应当在租赁期内各个期间,按照直线法予以确认。直线法是指行政事业单位将已经收到或应当收到的租金平均分配到各个期间。

5. 投资收益

投资收益是事业单位因股权投资和债券投资所实现的收益或发生的损失。行政事业单位应当建立健全的投资管理制度,尽量避免出现投资损失。

6. 其他收入

其他收入是行政事业单位取得的除财政拨款收入、非同级财政拨款收入、事业收入、经营收入、上级补助收入、附属单位上缴收入、捐赠收入、利息收入、租金收入、投资收益以外的各项收入,包括现金盘盈收入、按照规定纳入单位预算管理的科技成果转化收入、行政单位收回已核销的其他应收款、无法偿付的应付及预收款项等。

(二) 账户设置

1. 非同级财政拨款收入

设置"非同级财政拨款收入"科目,核算行政事业单位从非同级政府财政部门取得的经费拨款。事业单位因开展科研及其辅助活动从非同级政府财政部门取得的经费拨款计入事业收入,不通过非同级财政拨款收入核算。本科目应当按照本级横向转拨财政款和非本级财政拨款进行明细核算,并按照收入来源进行明细核算。期末,应当将本科目本期发生额转入本期盈余,期末结转后本科目应无余额。

2. 捐赠收入

设置"捐赠收入"科目,核算行政事业单位接受其他单位或者个人捐赠取得的收入。本科目应当按照捐赠资产的用途和捐赠单位等进行明细核算。期末,应当将本科目本期发生额转入本期盈余,期末结转后本科目应无余额。

3. 利息收入

设置"利息收入"科目,核算行政事业单位取得的银行存款利息收入。本科目没有要求设置明细科目。期末,应当将本科目本期发生额转入本期盈余,期末结转后本科目应无余额。

4. 租金收入

设置"租金收入"科目,核算行政事业单位经批准利用国有资产出租取得并按照规定纳入本单位预算管理的租金收入。如果按规定取得的租金收入应当上缴国库,应当通过"应缴财政款"科目核算,不确认为租金收入。本科目应当按照出租国有资产类别和收入来源等进行明细核算。期末,应当将本科目本期发生额转入本期盈余,期末结转后本科目应无余额。租金收入涉及增值税业务的,通过"应交增值税"科目核算。如果资产出租应当缴纳增值税等,租金收入为扣除增值税后的收入。

5. 投资收益

设置"投资收益"科目,核算事业单位股权投资和债券投资所实现的收益或发生的损失。本科目应当按照投资的种类等进行明细核算。期末,应当将本科目本期发生额转入本期盈余,期末结转后本科目应无余额。投资收益涉及增值税业务的,通过"应交增值税"科目核算。

6. 其他收入

设置"其他收入"科目，核算行政事业单位取得的其他收入。本科目应当按照其他收入的类别、来源等进行明细核算。期末，应当将本科目本期发生额转入本期盈余，期末结转后本科目应无余额。其他收入涉及增值税业务的，通过"应交增值税"科目核算。

（三）主要账务处理

1. 非同级财政拨款收入

非同级财政拨款收入在行政事业单位实际收到从非同级政府财政部门拨来的款项时确认。确认非同级财政拨款收入时，按照应收或实际收到的金额，借记"其他应收款""银行存款"等科目，贷记"非同级财政拨款收入"科目。

【例 5-10】 事业单位某航空大学收到中央财政经费拨款 3 600 000 元，款项已经到开户银行账上。此款项是中央财政支持地方高校发展专项资金。

借：银行存款　　　　　　　　　　　　　　　　　　3 600 000
　　贷：非同级财政拨款收入——非本级财政拨款
　　　　　　　　　　——中央财政支持地方高校发展专项资金
　　　　　　　　　　　　　　　　　　　　　　　　　3 600 000

2. 捐赠收入

捐赠收入应当在行政事业单位实际收到捐赠资产时确认，其主要账务处理如下：接受捐赠的货币资金，按照实际收到的金额，借记"银行存款""库存现金"等科目，贷记"捐赠收入"科目；接受捐赠的实物资产，按照确定的成本，借记"库存物品""固定资产"等科目，按照发生的相关税费、运输费等，贷记"银行存款"等科目，按照其差额，贷记"捐赠收入"科目。

【例 5-11】 事业单位某航空大学，70 周年校庆收到校友捐赠的计算机 70 台直接作为设备入账，价税合计 2 260 000 元，其中增值税 260 000 元由学校以银行存款支付。

借：固定资产——通用设备（计算机）　　　　　　　2 260 000
　　贷：银行存款　　　　　　　　　　　　　　　　　　260 000
　　　　捐赠收入——校友捐赠　　　　　　　　　　　2 000 000

3. 利息收入

行政事业单位利息收入主要账务处理如下：应当在行政事业单位取得时确认利息收入，取得银行存款利息时，按照实际收到的金额，借记"银行存款"科目，贷记"利息收入"科目。

【例 5-12】 事业单位某航空大学收到开户银行转来的入账通知单，本月银行存款利息为 50 000 元。

借：银行存款　　　　　　　　　　　　　　　　　　　50 000
　　贷：利息收入　　　　　　　　　　　　　　　　　　　50 000

4. 租金收入

（1）采用预收租金方式的，预收租金时，按照收到的金额，借记"银行存款"等科目，贷记"预收账款"科目；分期确认租金收入时，按照各期租金的金额，借记"预收账款"科目,贷记"租金收入"科目。

(2)采用后付租金方式的,每期确认租金收入时,按照各期租金的金额,借记"应收账款"科目,贷记"租金收入"科目;收到租金时,按照实际收到的金额,借记"银行存款"等科目,贷记"应收账款"科目。

(3)采用分期收取租金方式的,每期收取租金时,按照租金的金额,借记"银行存款"等科目,贷记"租金收入"科目。

【例 5-13】 事业单位某航空大学经财政部门批准,将校内超市对外招标出租。根据房屋租赁协议,预收 1 年房租 360 000 元,已经存入银行。按照直线法计算月租金,按照 5% 的征收率适用简易计税方式计算应交增值税。

预收租金时,
借:银行存款　　　　　　　　　　　　　　　　360 000
　　贷:预收账款　　　　　　　　　　　　　　　　　　360 000
每月确认收入和计算应交增值税时,
借:预收账款　　　　　　　　　　　　　　　　30 000
　　贷:租金收入——房屋租赁　　　　　　　　　　　28 571.43
　　　　应交增值税——简易计税　　　　　　　　　　1 428.57

5. 投资收益

投资收益主要有短期投资的投资收益、长期债券投资的投资收益和长期股权投资的投资收益,投资收益应当在其实现时确认。

1)短期投资的投资收益

收到短期投资持有期间的利息,按照实际收到的金额,借记"银行存款"科目,贷记"投资收益"科目。出售或到期收回短期债券本息,按照实际收到的金额,借记"银行存款"科目,按照出售或收回短期投资的成本,贷记"短期投资"科目,按照其差额,贷记或借记"投资收益"科目。

【例 5-14】 事业单位某航空高科技研究所,收到半年期 X 短期国债的本月利息 1 000 元,已经存入银行。

借:银行存款　　　　　　　　　　　　　　　　1 000
　　贷:投资收益——X 期短期国债收益　　　　　　　　1 000

2)长期债券投资的投资收益

长期债券投资的投资收益,如为到期一次还本付息的长期债券投资,借记"长期债券投资(应计利息)"科目,贷记"投资收益"科目;如为分期付息、到期一次还本的债券投资,借记"应收利息"科目,贷记"投资收益"科目。

【例 5-15】 事业单位某航空高科技研究所,其持有 22019 期记账式附息长期国债,票面金额 600 000 元,票面年利率 2.6%,10 年期,到期一次还本付息。经计算,确认本月应计利息 1 300 元。

借:长期债券投资——应计利息　　　　　　　　　1 300
　　贷:投资收益——22019 期长期国债收益　　　　　　1 300

3）长期股权投资的投资收益

长期股权投资的核算方法有权益法和成本法两种，其主要账务处理如下：采用权益法核算的长期股权投资持有期间的投资收益，按照事业单位应享有或应分担的被投资单位实现的净损益的份额，借记或贷记"长期股权投资——损益调整"科目，贷记或借记"投资收益"科目；采用成本法核算的长期股权投资持有期间的投资收益，被投资单位宣告分派现金股利或利润时，按照宣告分派的现金股利或利润中属于事业单位应享有的份额，借记"应收股利"科目，贷记"投资收益"科目。

【例 5-16】 事业单位某航空高科技研究所，其持有的一项长期股权投资采用权益法核算。年末，根据其应享有被投资单位的当期净利润及投资所占有的份额计算，应确认长期股权投资收益 800 000 元。

借：长期股权投资——损益调整　　　　　　　　　　800 000
　　贷：投资收益——长期股权投资　　　　　　　　　　　　　800 000

6. 其他收入

其他收入应当在其实现时确认。确认现金盘盈收入、科技成果转化收入、收回已核销的其他应收款（行政单位）、无法偿付的应付及预收款项、置换换出资产评估增值等其他收入时，按照确认的金额，分别借记"待处理财产损溢""银行存款""应付账款""预收账款""其他应付款"等科目，贷记"其他收入"科目。

【例 5-17】 事业单位某航空高科技研究所，其为 W 公司新产品研制提供研究设计服务，预收账款 700 000 元。现因该企业破产无法履行合同，报经批准后进行核销。

借：预收账款——W公司　　　　　　　　　　　　　700 000
　　贷：其他收入——无法偿付的预收款项　　　　　　　　　　700 000

第三节　行政事业单位的费用核算

行政事业单位的费用是行政事业单位在一定时期发生的，会导致净资产减少的、含有服务潜力或者经济利益的经济资源的流出。按照费用的具体用途的不同划分，行政事业单位的费用分为业务活动费用、单位管理费用、经营费用、资产处置费用、上缴上级费用、对附属单位补助费用、所得税费用和其他费用。其中，单位管理费用、经营费用、上缴上级费用、对附属单位补助费用和所得税费用是事业单位特有的费用类型。行政事业单位的费用以权责发生制基础确认，凡是当期已经发生的或应当负担的费用，不论款项是否支付，都应当作为当期的费用。

一、业务活动费用的核算

（一）概念

业务活动费用是行政事业单位为实现其职能目标，依法履职或开展专业业务活动及其辅助活动所发生的各项费用。行政单位依法履行行政管理职能发生的各项费用，确认为业务活动费用；事业单位开展专业业务活动及其辅助活动所发生的各项费用，确认为业务活动费用。

业务活动费用是一项直接费用，通常发生在单位的业务部门。按照费用的经济性质和具体用途的不同，业务活动费用的内容主要包括工资福利费用、商品和服务费用、折旧与摊销费用等。

（二）账户设置

设置"业务活动费用"科目，核算行政事业单位为实现其职能目标，依法履职或开展专业业务活动及其辅助活动所发生的各项费用。本科目应当按照项目、服务或者业务类别、支付对象等进行明细核算。为了满足成本核算需要，本科目下还可根据业务活动费用的内容设置明细科目，归集能够直接计入业务活动或采用一定方法计算后计入业务活动的费用进行业务成本明细核算。期末，应当将本科目本期发生额转入本期盈余，期末结转后本科目应无余额。

（三）主要账务处理

1. 工资福利费用

行政事业单位为履职或开展业务活动人员计提的职工薪酬，按照计算确定的金额，借记"业务活动费用"科目，贷记"应付职工薪酬"科目。发生的外部人员劳务费，按照计算确定的金额，借记"业务活动费用"科目，按照代扣代缴个人所得税的金额，贷记"其他应交税费——应交个人所得税"科目，按照扣税后应付或实际支付的金额，贷记"其他应付款""财政拨款收入""银行存款"等科目。

【例5-18】 某行政单位月末计提本月应付职工薪酬，基本工资、津贴、补贴、社会保险金、住房公积金、职业年金等共计1 685 730元。

  借：业务活动费用   1 685 730
    贷：应付职工薪酬   1 685 730

2. 商品和服务费用

行政事业单位为履职或开展业务活动领用库存物品，以及动用发出相关政府储备物资，按照领用库存物品或发出相关政府储备物资的账面余额，借记"业务活动费用"科目，贷记"库存物品""政府储备物资"科目。为履职或开展业务活动发生其他各项费用时，按照费用确认金额，借记"业务活动费用"科目，贷记"财政拨款收入""银行存款""应付账款""其他应付款""其他应收款"等科目。

【例5-19】 事业单位某航空高科技研究所为研制新技术领用实验耗材，该批材料的成本为249 000元。

  借：业务活动费用   249 000
    贷：库存物品   249 000

【例 5-20】 某行政单位本月电费 3 810 元，从银行转账支付。

借：业务活动费用　　　　　　　　　　　　　　　　　　3 810
　　贷：银行存款　　　　　　　　　　　　　　　　　　　　　3 810

3. 折旧与摊销费用

行政事业单位为履职或开展业务活动所使用的固定资产、无形资产以及为所控制的公共基础设施和保障性住房计提的折旧、摊销，按照计提金额，借记"业务活动费用"科目，贷记"固定资产累计折旧""无形资产累计摊销""公共基础设施累计折旧（摊销）""保障性住房累计折旧"科目。

【例 5-21】 事业单位某航空高科技研究所计提本月固定资产累计折旧，业务活动所使用的固定资产折旧额为 52 760 元。

借：业务活动费用　　　　　　　　　　　　　　　　　　52 760
　　贷：固定资产累计折旧　　　　　　　　　　　　　　　　52 760

二、单位管理费用的核算

（一）概念

单位管理费用是事业单位本级行政及后勤管理部门开展管理活动发生的各项费用，包括事业单位行政及后勤管理部门发生的人员经费、公用经费、资产折旧与摊销等费用，以及由单位统一负担的离退休人员经费、工会经费、诉讼费、中介费等。应当注意事业单位的业务活动费用与单位管理费用的区别。凡是事业单位开展的专业业务活动及其辅助活动所发生的费用均属于业务活动费用，且发生在专业业务部门及其辅助业务部门；而事业单位的单位管理费用通常是在本级行政及后勤管理部门为开展专业业务活动及其辅助活动提供服务的过程中发生的。行政单位履行职能发生的费用全部列为业务活动费用，不做单位管理费用和业务活动费用的区分，就没有单位管理费用。

（二）账户设置

设置"单位管理费用"科目，核算事业单位本级行政及后勤管理部门开展管理活动发生的各项费用。本科目应当按照项目、费用类别、支付对象等进行明细核算。为了满足成本核算需要，本科目下还可按照"工资福利费用""商品和服务费用""对个人和家庭的补助费用""固定资产折旧费""无形资产摊销费"等成本项目设置明细科目，归集能够直接计入单位管理活动或采用一定方法计算后计入单位管理活动的费用。期末，应当将本科目本期发生额转入本期盈余，期末结转后本科目应无余额。

（三）主要账务处理

事业单位在发生或应当负担单位管理费用时对其进行确认。单位管理费用的账务处理与业务活动费用的账务处理相似，事业单位发生各项单位管理费用时，按照实际发生的金额，借记"单位管理费用"科目，贷记"应付职工薪酬""财政拨款收入""银行存款"

"应付账款""其他应付款""其他应交税费""待摊费用""预提费用""库存物品""固定资产累计折旧""无形资产累计摊销"等科目。

【例 5-22】 某事业单位后勤管理部门支付后勤管理活动发生的 3 位外部人员的劳务费 12 000 元,代扣代缴个人所得税 1 920 元,扣税后以银行存款实际支付 10 080 元。

借:单位管理费用——劳务费　　　　　　　　　　　　　　　12 000
　　贷:其他应交税费——应交个人所得税　　　　　　　　　　　　1 920
　　　　银行存款　　　　　　　　　　　　　　　　　　　　　　10 080

【例 5-23】 某事业单位行政管理部门购买零星办公用品一批,以银行存款支付款项 770 元,办公用品已经分发给行政管理人员使用。

借:单位管理费用——办公费　　　　　　　　　　　　　　　　770
　　贷:银行存款　　　　　　　　　　　　　　　　　　　　　　770

【例 5-24】 某事业单位后勤管理部门通过银行转账支付一笔办公大楼会议室装修费 3 980 元。

借:单位管理费用——装修费　　　　　　　　　　　　　　　3 980
　　贷:银行存款　　　　　　　　　　　　　　　　　　　　　3 980

三、经营费用的核算

(一) 概念

经营费用是事业单位在专业业务活动及其辅助活动之外开展非独立核算经营活动发生的各项费用,主要包括开展经营活动的人员薪酬、领用或发出库存物品的成本以及与经营活动相关的其他各项费用等。行政单位不得从事经营活动,因此,行政单位没有经营费用。

(二) 账户设置

设置"经营费用"科目,核算事业单位在专业业务活动及其辅助活动之外开展非独立核算经营活动发生的各项费用。本科目应当按照经营活动类别、项目、支付对象等进行明细核算。为了满足成本核算需要,本科目下还可按照"工资福利费用""商品和服务费用""固定资产折旧费"等成本项目设置明细科目,归集能够直接计入单位经营活动或采用一定方法计算后计入单位经营活动的费用。期末,应当将本科目本期发生额转入本期盈余,期末结转后本科目应无余额。

(三) 主要账务处理

事业单位发生各项经营费用时,按照实际发生的金额,借记"经营费用"科目,贷记"应付职工薪酬""银行存款""应付账款""其他应付款""库存物品""其他应交税费""待摊费用""预提费用""固定资产累计折旧""无形资产累计摊销"等科目。

【例 5-25】 某医疗卫生服务单位是事业单位，其经营业务为向社会提供婚姻家庭咨询服务，领用并发放宣传物品一批，材料成本 1 700 元。

借：经营费用——婚姻家庭咨询　　　　　　　　　　　　　　1 700
　　贷：库存物品　　　　　　　　　　　　　　　　　　　　　　　　1 700

四、上缴与补助费用的核算

上缴与补助费用是事业单位与其上级单位、附属单位之间发生的费用，包括上缴上级费用和对附属单位补助费用。行政单位没有上缴与补助费用。

（一）概念

1. 上缴上级费用

上缴上级费用是事业单位按照财政部门和主管部门的规定上缴上级单位款项发生的费用。通常，上级单位下拨的专项经费或项目资金，在使用结束后需要及时交回剩余资金。事业单位需要按照相关规定准确计算应该上缴的款项，并按时足额上缴。

2. 对附属单位补助费用

对附属单位补助费用是事业单位用财政拨款收入之外的收入对附属单位补助发生的费用。对附属单位补助费用用于支持附属单位运营和开展相关活动，可以有效保障附属单位的正常运转。

（二）账户设置

1. 上缴上级费用

设置"上缴上级费用"科目，核算事业单位按照财政部门和主管部门的规定上缴上级单位款项发生的费用。本科目应当按照收缴款项单位、缴款项目等进行明细核算。期末，应当将本科目本期发生额转入本期盈余，期末结转后本科目应无余额。

2. 对附属单位补助费用

设置"对附属单位补助费用"科目，核算事业单位用财政拨款收入之外的收入对附属单位补助发生的费用。本科目应当按照接受补助单位、补助项目等进行明细核算。期末，应当将本科目本期发生额转入本期盈余，期末结转后本科目应无余额。

（三）主要账务处理

1. 上缴上级费用

上缴上级费用在事业单位应当上缴上级款项时确认。事业单位发生上缴上级费用的，按照实际上缴的金额或者按照规定计算出应当上缴上级单位的金额，借记"上缴上级费用"科目，贷记"银行存款""其他应付款"等科目。

【例 5-26】 事业单位某航空高科技研究所作为独立核算的省科学院附属单位，按有关规定上缴上级单位省科学院资助的研究项目结项后的剩余资金 184 000 元，以银行存款支付。

借：上缴上级费用　　　　　　　　　　　　　　　　　　　184 000
　　贷：银行存款　　　　　　　　　　　　　　　　　　　　　　　　184 000

2. 对附属单位补助费用

对附属单位补助费用在事业单位应当负担补助款时确认。事业单位发生对附属单位补助支出的,按照实际补助的金额或者按照规定计算出应当对附属单位补助的金额,借记"对附属单位补助费用"科目,贷记"银行存款""其他应付款"等科目。

【例5-27】 事业单位某航空大学作为上级单位对其附属中学的日常运行经费补助97 000元,以银行存款转账支付。

借:对附属单位补助费用　　　　　　　　　　　　97 000
　　贷:银行存款　　　　　　　　　　　　　　　　　　　　　　97 000

五、其他各项费用的核算

其他各项费用包括资产处置费用、所得税费用和其他费用。其中,所得税费用是专门为事业单位设置的会计科目。

(一) 概念

1. 资产处置费用

资产处置费用是行政事业单位经批准处置资产时发生的费用,包括转销的被处置资产价值,以及在处置过程中发生的相关费用或者处置收入小于相关费用形成的净支出。资产处置的形式包括资产的无偿调拨、出售、出让、转让、置换、对外捐赠、报废、毁损以及货币性资产损失核销等。

2. 所得税费用

所得税费用是有企业所得税缴纳义务的事业单位按规定缴纳企业所得税所形成的费用。事业单位开展专业业务活动及其辅助活动通常是免税的,但从事经营等活动按规定需要缴纳企业所得税。

3. 其他费用

其他费用是行政事业单位发生的除业务活动费用、单位管理费用、经营费用、资产处置费用、上缴上级费用、对附属单位补助费用、所得税费用以外的各项费用,包括利息费用、坏账损失、罚没支出、现金资产捐赠支出以及相关税费、运输费等。

(二) 账户设置

1. 资产处置费用

设置"资产处置费用"科目,核算行政事业单位经批准处置资产时发生的费用。在资产清查中查明的资产盘亏、毁损以及资产报废等,应当先通过"待处理财产损溢"科目进行核算,报经批准核销时再将处理资产价值和处理净支出计入本科目。短期投资、长期股权投资、长期债券投资的处置,按照相关资产科目的规定进行账务处理。本科目应当按照处置资产的类别、资产处置的形式等进行明细核算。期末,应当将本科目本期发生额转入本期盈余,期末结转后本科目应无余额。

2. 所得税费用

设置"所得税费用"科目,核算有企业所得税缴纳义务的事业单位按规定缴纳企业所得税所形成的费用。本科目无规定的明细科目。期末,应当将本科目本期发生额转入本期盈余,期末结转后本科目应无余额。

3. 其他费用

设置"其他费用"科目,核算行政事业单位发生的利息费用、坏账损失、罚没支出、现金资产捐赠支出等其他费用。本科目应当按照其他费用的类别等进行明细核算。期末,应当将本科目本期发生额转入本期盈余,期末结转后本科目应无余额。

(三)主要账务处理

1. 资产处置费用

1)不通过"待处理财产损溢"科目核算的资产处置

处置资产的方式是出售、出让、转让、置换、对外捐赠、无偿调拨等方式的,不通过"待处理财产损溢"科目核算,直接将处置资产的账面价值计入资产处置费用。主要账务处理程序如下:按照规定报经批准处置资产时,按照处置资产的账面价值,借记"资产处置费用"科目,按照累计折旧与摊销的账面余额借记"固定资产累计折旧""无形资产累计摊销"等科目,按照处置资产的账面余额,贷记"库存物品""固定资产""无形资产"等科目。对于处置资产过程中仅发生相关费用的,按照实际发生金额,借记"资产处置费用"科目,贷记"银行存款""库存现金"等科目。处置资产过程中既发生相关费用又取得收入的,处置收入小于相关费用形成的净支出记入"资产处置费用"科目,处置收入大于相关费用形成的净收入记入"应缴财政款"科目。

【例 5-28】事业单位某航空大学一台使用多年而性能下降的实验教学设备已经不能满足实验教学需要,但可满足社会上一般机械制造企业需要,报同级财政部门审批同意,将其对外出售。该设备的账面余额为 156 000 元,已计提折旧 96 000 元,将其账面价值 60 000 元予以转销。聘请工人拆卸,发生拆卸人工费用 600 元,以库存现金支付。对外出售取得收入 50 000 元,已经存入银行,同时为出售该设备支付相关税款 3 000 元,以银行存款支付,余款将上缴财政。

(1) 将其账面价值予以转销时,

借:资产处置费用——实验教学设备出售　　　　　60 000
　　固定资产累计折旧　　　　　　　　　　　　　96 000
　　贷:固定资产——实验教学设备　　　　　　　　　　　　156 000

(2) 发生拆卸费用、对外出售取得收入并支付相关税款时,

借:银行存款　　　　　　　　　　　　　　　　　47 000
　　贷:库存现金　　　　　　　　　　　　　　　　　　　　600
　　　　应缴财政款　　　　　　　　　　　　　　　　　　46 400

2)通过"待处理财产损溢"科目核算的资产处置

行政事业单位账款核对中发现无法查明原因的现金短缺,以及资产清查过程中盘亏或者毁损、报废的存货、固定资产、无形资产,应当在报批时通过"待处理财产损溢"科目核算,报经批准核销时再记入"资产处置费用"科目。

【例5-29】事业单位某航空大学的一批实验耗材因过期而毁损,该批实验耗材成本9 000元转入待处置资产,同时报同级财政部门审批。根据财政部门的批复,该批实验耗材予以报废。在处理过程中,取得变价收入1 000元,发生清理费用2 500元,均通过开户银行收付。

(1) 转入待处置资产,报同级财政部门审批时,
借:待处理财产损溢——待处理财产价值　　　　　　9 000
　贷:库存物品——实验耗材　　　　　　　　　　　　　　9 000

(2) 根据财政部门的批复,该批实验耗材予以报废处理时,
取得变价收入,
借:银行存款　　　　　　　　　　　　　　　　　　1 000
　贷:待处理财产损溢——处理净收入　　　　　　　　　　1 000
发生清理费用,
借:待处理财产损溢——处理净收入　　　　　　　　2 500
　贷:银行存款　　　　　　　　　　　　　　　　　　　　2 500
核销,
借:资产处置费用——资产报废　　　　　　　　　　10 500
　贷:待处理财产损溢——待处理财产价值　　　　　　　　9 000
　　　　　　　　　　——处理净收入　　　　　　　　　　1 500

2. 所得税费用

所得税费用在事业单位承担纳税义务时确认。事业单位发生企业所得税纳税义务的,按照税法规定计算的应交税金数额,借记"所得税费用"科目,贷记"其他应交税费——单位应交所得税"科目;事业单位实际缴纳企业所得税时,按照缴纳金额,借记"其他应交税费——单位应交所得税"科目,贷记"银行存款"科目。

【例5-30】某事业单位的经营活动应当缴纳所得税。按照税法规定计算,本月应交所得税27 500元。

借:所得税费用　　　　　　　　　　　　　　　　27 500
　贷:其他应交税费——单位应交所得税　　　　　　　　27 500

3. 其他费用

行政事业单位的其他费用在其发生时确认。行政事业单位发生各项其他费用时,按照计算确定的金额或者实际发生的金额,借记"其他费用"科目,贷记"银行存款""应付利息""坏账准备"等科目。

5-3 知识扩展

【例5-31】事业单位某航空高科技研究所计算确认上月已经完工实验大楼的长期借款本月利息费用215 370元。

借:其他费用　　　　　　　　　　　　　　　　　215 370
　贷:应付利息　　　　　　　　　　　　　　　　　　　215 370

【例5-32】某事业单位开展"乡村振兴帮扶"工作,通过银行转账向对口帮扶单位捐赠现款88 000元。

借：其他费用——捐赠　　　　　　　　　　　　　　　88 000
　　贷：银行存款　　　　　　　　　　　　　　　　　　　　88 000

第四节　行政事业单位的资产核算

行政事业单位的资产是指行政事业单位过去的经济业务或者事项形成的，由行政事业单位控制的，预期能够产生服务潜力或者带来经济利益流入的经济资源。经济利益流入表现为现金及现金等价物的流入，或者现金及现金等价物流出的减少。服务潜力是指行政事业单位利用资产提供公共产品和服务以履行政府职能的潜在能力。行政事业单位将一项经济资源确认为资产，应当符合资产的定义，确信经济利益或者服务潜力能够流入行政事业单位，经济资源的成本或者价值能够可靠地计量。资产作为一项经济资源，是行政事业单位开展履职或专业业务活动的物质基础。

行政事业单位的资产按照流动性，可以分为流动资产、非流动资产和受托代理资产。流动资产是指预计在1年内（含1年）耗用或者变现的资产，包括库存现金、银行存款、其他货币资金、短期投资、财政应返还额度、应收票据、应收账款、预付账款、应收股利、应收利息、其他应收款、在途物品、库存物品、加工物品、待摊费用等。非流动资产是指流动资产以外的资产，包括长期股权投资、长期债券投资、固定资产、工程物资、在建工程、无形资产、研发支出、公共基础设施、政府储备物资、文物文化资产、保障性住房、长期待摊费用等。受托代理资产是指政府单位接受委托方的委托代为管理的各项资产。与流动资产、非流动资产不同，受托代理资产并非政府单位自身使用的资产。受托代理资产是指行政事业单位接受委托方的委托代为管理的各项资产。需要注意的是，与流动资产、非流动资产不同，受托代理资产虽然也由行政事业单位控制但不是行政事业单位自身使用的资产。

一、货币资金的核算

货币资金是行政事业单位存在于货币形态的各项资产，主要包括库存现金、银行存款和其他货币资金。

（一）概念

1. 库存现金

库存现金是指存放于行政事业单位财会部门、由出纳人员保管的现金。行政事业单位应当严格按照国家有关现金管理的规定收支现金，并按照《政府会计制度》规定核算现金的各项收支业务。行政事业单位保有一定数额的现金，是为了满足其日常零星收支的需要。

2. 银行存款

银行存款是指行政事业单位存入银行和其他金融机构的各种存款。行政事业单位应当严格按照国家有关支付结算办法的规定办理银行存款收支业务，并按照《政府会计制度》规定核算银行存款的各项收支业务。

3. 其他货币资金

其他货币资金是指行政事业单位库存现金和银行存款之外的货币资金,包括外埠存款、银行本票存款、银行汇票存款、信用卡存款等。

(二) 账户设置

1. 库存现金

设置"库存现金"科目,核算行政事业单位库存现金的收付及结存情况。本科目期末借方余额,反映单位实际持有的库存现金。行政事业单位应当设置"库存现金日记账",由出纳人员根据收付款凭证,按照业务发生顺序逐笔登记。每日终了,应当计算当日的现金收入合计数、现金支出合计数和结余数,并将结余数与实际库存数相核对,做到账款相符。行政事业单位有外币现金的,应当分别按照人民币、外币种类设置"库存现金日记账"进行明细核算。

2. 银行存款

设置"银行存款"科目,核算行政事业单位银行存款的收付及结存情况。本科目期末借方余额,反映单位实际存放在银行或其他金融机构的款项。行政事业单位应当按开户银行或其他金融机构、存款种类及币种等,分别设置"银行存款日记账",由出纳人员根据收付款凭证,按照业务的发生顺序逐笔登记,每日终了应结出余额。"银行存款日记账"应定期与"银行对账单"核对,至少每月核对一次。月度终了,行政事业单位银行存款账面余额与银行对账单余额之间如有差额,必须逐笔查明原因并进行处理,按月编制"银行存款余额调节表",调节相符。单位有外币存款的,应当分别按照人民币、各种外币设置"银行存款日记账"进行明细核算。行政事业单位在某些特定情况下按规定从本单位零余额账户向本单位实有资金账户划转资金用于后续相关支出的,可在"银行存款"科目下设置"财政拨款资金"明细科目,或采用辅助核算等形式,核算反映按规定从本单位零余额账户转入实有资金账户的资金金额。

3. 其他货币资金

设置"其他货币资金"科目,核算行政事业单位的外埠存款、银行本票存款、银行汇票存款、信用卡存款等各种其他货币资金。本科目期末借方余额,反映行政事业单位实际持有的其他货币资金。行政事业单位应当加强对其他货币资金的管理,及时办理结算,对于逾期尚未办理结算的银行汇票、银行本票等,应当按照规定及时转回,并按照上述规定进行相应账务处理。本科目应当设置"外埠存款""银行本票存款""银行汇票存款""信用卡存款"等明细科目,进行明细核算。

(三) 主要账务处理

1. 库存现金

库存现金的账务处理,主要包括提取现金、借出现金、现金收支和现金盘查等环节。

【例 5-33】 某行政单位从开户银行提取现金 50 000 元备用,使用的是从本单位零余额账户转入实有资金账户的资金。

  借:库存现金   50 000
    贷:银行存款——财政拨款资金   50 000

【例5-34】 事业单位某航空大学的发动机学院实验员张远航订购发动机实验材料，预借现金900元。

借：其他应收款——张远航　　　　　　　　　　　　　900
　　贷：库存现金　　　　　　　　　　　　　　　　　　　　　900

2. 银行存款

银行存款的账务处理，主要包括款项存入、款项支付和外币收付等环节。按规定从本单位零余额账户向实有资金账户划转资金时，应当根据收到的国库集中支付凭证及实有资金账户入账凭证，按照凭证入账金额，在财务会计下借记"银行存款"科目，贷记"财政拨款收入"科目（使用本年度预算指标）或"财政应返还额度"科目（使用以前年度预算指标）。

【例5-35】 事业单位某航空大学按规定从本单位零余额账户向实有资金账户划转资金时，收到的国库集中支付凭证及实有资金账户入账凭证，80 000元款项已经存入银行，使用的是本单位本年度预算指标。

借：银行存款——财政拨款资金　　　　　　　　　　80 000
　　贷：财政拨款收入　　　　　　　　　　　　　　　　　　80 000

【例5-36】 某行政单位支付本月物业管理费7 200元，以银行存款支付，使用的是从本单位零余额账户转入实有资金账户的资金，财政拨款资金是该行政单位唯一的资金来源。

借：业务活动费用——物业管理费　　　　　　　　　7 200
　　贷：银行存款　　　　　　　　　　　　　　　　　　　　7 200

3. 其他货币资金

其他货币资金的账务处理，主要包括在异地开立银行账户、取得银行本票、银行汇票、信用卡等环节。

【例5-37】 事业单位某航空大学在深圳采购实验教学物资一批，现将1 000 000元委托本地开户银行汇往深圳开立账户，使用的是从本单位零余额账户转入实有资金账户的资金。

借：其他货币资金——外埠存款　　　　　　　　　1 000 000
　　贷：银行存款——财政拨款资金　　　　　　　　　　　1 000 000

【例5-38】 接【例5-37】，在深圳采购的实验教学物资到货，供应单位发票账单显示，物资总价款850 000元，应缴增值税110 500元，共计960 500元。用异地存款支付，物资已验收入库。同时，已将剩余的异地存款39 500元转回本地开户银行。

借：库存物品——实验教学物资　　　　　　　　　　960 500
　　　银行存款——财政拨款资金　　　　　　　　　　　39 500
　　贷：其他货币资金——外埠存款　　　　　　　　　　　1 000 000

二、应收及预付款项的核算

应收及预付款项是行政事业单位的债权类资产，主要包括财政应返还额度、应收票据、应收账款、预付账款、应收股利、应收利息、其他应收款和坏账准备。其中，应收票据、应收账款、应收股利、应收利息和坏账准备是事业单位设置的会计科目，其他各科目是行政单位、事业单位的共用科目。

（一）概念

1. 财政应返还额度

财政应返还额度是指行政事业单位根据财政部门批准的年度预算指标数大于同年度实际支付数的差额中允许以后年度结转使用预算指标的金额。实行预算管理一体化和国库集中收付制度后，行政事业单位的经费由财政部门通过预算管理一体化系统和国库单一账户统一拨付。如果行政事业单位当年的财政拨款预算指标没有用完，年度终了，经财政部门批准，本年度预算指标数大于当年实际支付数的差额中允许结转使用的预算指标，以后年度可以继续使用。

2. 应收票据

应收票据是事业单位因开展经营活动销售产品、提供有偿服务等而收到的商业汇票，包括银行承兑汇票和商业承兑汇票。

3. 应收账款

应收账款是事业单位提供服务、销售产品等应收取的款项，以及单位因出租资产、出售物资等应收取的款项。

4. 预付账款

预付账款是行政事业单位按照购货、服务合同或协议规定预付给供应单位（或个人）的款项，以及按照合同规定向承包工程的施工企业预付的备料款和工程款。

5. 应收股利

应收股利是事业单位持有长期股权投资应当收取的现金股利或应当分得的利润。

6. 应收利息

应收利息是事业单位长期债券投资应当收取的利息。

7. 其他应收款

其他应收款是行政事业单位除财政返还额度、应收票据、应收账款、预付账款、应收股利、应收利息以外的其他各项应收及暂付款项，如职工预借的差旅费、已经偿还银行尚未报销的本单位公务卡欠款、拨付给内部有关部门的备用金、应向职工收取的各种垫付款项、支付的可以收回的订金或押金、应收的上级补助和附属单位上缴款项等。

8. 坏账准备

坏账准备是事业单位对收回后不需要上缴财政的应收账款和其他应收款，按一定的坏账损失估计方法提取的准备。事业单位可以采用应收款项余额百分比法、账龄分析法、个别认定法等方法计提坏账准备。坏账准备是事业单位债权类资产应收账款和其他应收款的备抵项目。

（二）账户设置

1. 财政应返还额度

设置"财政应返还额度"科目，核算实行国库集中支付的行政事业单位根据财政部门批准的年度预算指标数大于同年度实际支付数的差额中允许结转使用预算指标的金额。本科目期末借方余额，反映行政事业单位允许结转使用预算指标的金额。实行预算管理一体化后，"财政应返还额度"科目不再设置明细科目。

2. 应收票据

设置"应收票据"科目，核算事业单位开展经营活动销售产品、提供有偿服务等而收到的商业汇票。本科目应当按照开出、承兑商业汇票的单位等进行明细核算。本科目期末借方余额，反映事业单位持有的商业汇票票面金额。事业单位应当设置"应收票据备查簿"，逐笔登记每一应收票据的种类、号数、出票日期、到期日、票面金额、交易合同号和付款人、承兑人、背书人姓名或单位名称、背书转让日、贴现日期、贴现率和贴现净额、收款日期、收回金额和退票情况等。应收票据到期结清票款或退票后，应当在备查簿内逐笔注销。本科目应当按照开出、承兑商业汇票的单位等进行明细核算。

3. 应收账款

设置"应收账款"科目，核算事业单位提供服务、销售产品等应收取的款项，以及单位因出租资产、出售物资等应收取的款项。本科目应当按照购货、接受劳务单位（或个人）进行明细核算。本科目期末借方余额，反映事业单位尚未收回的应收账款。

4. 预付账款

设置"预付账款"科目，核算行政事业单位按照购货、服务合同或协议规定预付给供应单位（或个人）的款项，以及按照合同规定向承包工程的施工企业预付的备料款和工程款。本科目应当按照供应单位（或个人）及具体项目进行明细核算。对于基本建设项目发生的预付账款，还应当在本科目所属基建项目明细科目下设置"预付备料款""预付工程款""其他预付款"等明细科目，进行明细核算。本科目期末借方余额，反映单位实际预付但尚未结算的款项。

5. 应收股利

设置"应收股利"科目，核算事业单位持有长期股权投资应当收取的现金股利或应当分得的利润。本科目期末借方余额，反映事业单位应当收取但尚未收到的现金股利或利润。本科目应当按照被投资单位等进行明细核算。

6. 应收利息

设置"应收利息"科目，核算事业单位长期债券投资应当收取的利息。事业单位购入的到期一次还本付息的长期债券投资持有期间的利息，应当通过"长期债券投资——应计利息"科目核算，不通过本科目核算。本科目期末借方余额，反映事业单位长期债券投资应当收取但尚未收到的利息。本科目应当按照被投资单位等进行明细核算。

7. 其他应收款

设置"其他应收款"科目，核算行政事业单位其他应收款项。本科目期末借方余额，反映单位尚未收回的其他应收款。本科目应当按照其他应收款的类别以及债务单位（或个人）进行明细核算。

8. 坏账准备

设置"坏账准备"科目，核算事业单位对收回后不需上缴财政的应收账款和其他应收款提取的坏账准备。本科目期末贷方余额，反映事业单位提取的坏账准备金额。本科目应当分别应收账款和其他应收款进行明细核算。

(三) 主要账务处理

1. 财政应返还额度

年末,行政事业单位根据财政部门批准的本年度预算指标数大于当年实际支付数的差额中允许结转使用预算指标的金额,借记"财政应返还额度"科目,贷记"财政拨款收入"科目。使用以前年度允许结转使用预算指标支付款项或向自身实有资金账户划转资金时,借记"库存物品""固定资产""业务活动费用""单位管理费用""应付职工薪酬""银行存款"等科目,贷记"财政应返还额度"科目。

【例5-39】 事业单位某航空大学年末统计财政部门批准的本年度预算指标数为9 890 000元,当年实际支付数为9 190 000元,尚有700 000元的预算指标没有使用,其中,一般公共预算指标600 000元,政府性基金预算指标100 000元,均允许结转使用。

借:财政应返还额度　　　　　　　　　　　　　　　700 000
　　贷:财政拨款收入——一般公共预算财政拨款　　　　　　600 000
　　　　财政拨款收入——政府性基金预算财政拨款　　　　　100 000

【例5-40】 接【例5-39】,航空大学使用上年度允许结转使用一般公共预算指标资金购买教学用电脑200台,每台价款2 900元,已经作为教学设备入账,共计580 000元,收到国库集中支付凭证及相关原始凭证。

借:固定资产——设备　　　　　　　　　　　　　　580 000
　　贷:财政应返还额度　　　　　　　　　　　　　　　　　580 000

2. 应收票据

(1) 收到商业汇票的核算。因销售产品、提供服务等收到商业汇票,按照商业汇票的票面金额,借记"应收票据"科目,按照确认的收入金额,贷记"经营收入"等科目。涉及增值税业务的,相关账务处理参见"应交增值税"科目。

(2) 贴现商业汇票的核算。持未到期的商业汇票向银行贴现,按照实际收到的金额(即扣除贴现息后的净额),借记"银行存款"科目,按照贴现息金额,借记"经营费用"等科目,按照商业汇票的票面金额,贷记"应收票据"科目(无追索权)或"短期借款"科目(有追索权)。附追索权的商业汇票到期未发生追索事项的,按照商业汇票的票面金额,借记"短期借款"科目,贷记"应收票据"科目。

(3) 背书转让商业汇票的核算。将持有的商业汇票背书转让以取得所需物资时,按照取得物资的成本,借记"库存物品"等科目,按照商业汇票的票面金额,贷记"应收票据"科目,如有差额,借记或贷记"银行存款"等科目。

(4) 商业汇票到期的核算。收回票款时,按照实际收到的商业汇票票面金额,借记"银行存款"科目,贷记"应收票据"科目。因付款人无力支付票款,收到银行退回的商业承兑汇票、委托收款凭证、未付票款通知书或拒付款证明等,按照商业汇票的票面金额,借记"应收账款"科目,贷记"应收票据"科目。

【例5-41】 事业单位某航空高科技研究所向M公司提供3D打印，收到代加工收入60 000元，应缴增值税3 600元，共计63 600元。收到A公司开出的商业承兑汇票一张，票面金额63 600元，期限6个月，没有利息。

借：应收票据——M公司　　　　　　　　　　　　　　　63 600
　　贷：事业收入　　　　　　　　　　　　　　　　　　　　　60 000
　　　　应交增值税——应交税金（销项税额）　　　　　　　　3 600

【例5-42】 接【例5-41】，商业汇票到期，航空高科技研究所收到63 600元，款项存入银行。

借：银行存款　　　　　　　　　　　　　　　　　　　　63 600
　　贷：应收票据——M公司　　　　　　　　　　　　　　　　63 600

3. 应收账款

1）应收账款收回后不需上缴财政的核算

有些事业单位提供服务、销售产品等应收取的款项收回时不需要上缴财政部门。发生此类应收账款时，按照事业单位应收未收金额，借记"应收账款"科目，贷记"事业收入""经营收入"等科目。涉及增值税业务的，按照应交增值税的金额贷记"应交增值税"科目。收回应收账款时，按照实际收到的金额，借记"银行存款"等科目，贷记"应收账款"科目。

【例5-43】 事业单位某航空大学为A市人力资源与社会保障局组织的再就业工人提供数控加工培训服务，根据合同完成进度计算本期应收款项70 000元，该业务不需要缴纳增值税。

借：应收账款——A市人力资源与社会保障局　　　　　　70 000
　　贷：事业收入　　　　　　　　　　　　　　　　　　　　　70 000

【例5-44】 接【例5-43】，航空大学收到提供数控加工培训服务应收的款项70 000元，存入银行账户。

借：银行存款　　　　　　　　　　　　　　　　　　　　70 000
　　贷：应收账款——A市人力资源与社会保障局　　　　　　　70 000

2）应收账款收回后需上缴财政的核算

按照财政预算管理的规定，有些事业单位出租资产、出售物资发生的应收款项，在款项收回时应当上缴财政部门，不属于事业单位的收入。发生此类应收账款时，按照应收未收金额，借记"应收账款"科目，贷记"应缴财政款"科目。收回应收账款时，按照实际收到的金额，借记"银行存款"等科目，贷记"应收账款"科目。涉及增值税业务的，相关账务处理参见"应交增值税"科目。

【例5-45】 事业单位某航空大学将三幢闲置的房产对外出租，收到的租金收入应当上缴财政。根据租赁合同，本月应收H单位租金90 000元，款项尚未收到。

借：应收账款——H单位　　　　　　　　　　　　　　　90 000
　　贷：应缴财政款　　　　　　　　　　　　　　　　　　　　90 000

【例 5-46】 接【例 5-45】，航空大学收到某事业单位收到房产对外出租应收的租金款 90 000 元，已经存入银行。

借：银行存款　　　　　　　　　　　　　　　　　　　　　　　　90 000
　　贷：应收账款——H 单位　　　　　　　　　　　　　　　　　　　　90 000

4. 预付账款

（1）预付款项时的核算。行政事业单位根据购货、服务合同或协议规定预付款项时，按照预付金额，借记"预付账款"科目，贷记"财政拨款收入""财政应返还额度""银行存款"等科目。

（2）收到所购资产或服务时的核算。行政事业单位收到所购资产或服务时，按照购入资产或服务的成本，借记"库存物品""固定资产""无形资产""在建工程""业务活动费用"等相关科目，按照相关预付账款的账面余额，贷记"预付账款"等科目。涉及增值税业务的，相关账务处理参见"应交增值税"科目。

（3）无法收到所购货物或服务的核算。行政事业单位应当于每年年末，对预付账款进行全面检查。如果有确凿证据表明预付账款不再符合预付款项性质，或者因供应单位破产、撤销等原因可能无法收到所购货物、服务的，应当先将其转入其他应收款，再按照规定进行处理。将预付账款账面余额转入其他应收款时，借记"其他应收款"科目，贷记本科目。

【例 5-47】 事业单位某航空大学向 Z 公司订购专用科研设备，签订购货合同时，预付定金 60 000 元，以银行存款支付。

借：预付账款——Z 公司　　　　　　　　　　　　　　　　　　　　60 000
　　贷：银行存款　　　　　　　　　　　　　　　　　　　　　　　　　60 000

【例 5-48】 接【例 5-47】，航空大学收到 Z 公司发来的专用科研设备，设备价款 300 000 元，应缴增值税 39 000 元，对方垫付运杂费 1 000 元，共计 340 000 元。设备验收合格，不需安装且已投入使用。预付定金抵扣 60 000 元，航空大学通过国库支付执行机构使用本年度一般公共预算指标支付其余资金 280 000 元。

借：固定资产——设备　　　　　　　　　　　　　　　　　　　　　340 000
　　贷：预付账款——Z 公司　　　　　　　　　　　　　　　　　　　　60 000
　　　　财政拨款收入——一般公共预算财政拨款　　　　　　　　　　280 000

5. 应收股利

（1）投资价款中所包含的已宣告但尚未发放现金股利的核算。事业单位取得长期股权投资，按照支付的价款中所包含的已宣告但尚未发放的现金股利，借记"应收股利"科目，按照确定的长期股权投资成本，借记"长期股权投资"科目，按照实际支付的金额，贷记"银行存款"等科目。收到取得投资时实际支付价款中所包含的已宣告但尚未发放的现金股利时，按照收到的金额，借记"银行存款"科目，贷记"应收股利"科目。

（2）被投资单位宣告发放现金股利或利润的核算。长期股权投资持有期间，被投资单位宣告发放现金股利或利润的，按照应享有的份额，借记"应收股利"科目，贷记"投资收益"科目（成本法下）或"长期股权投资"科目（权益法下）。

(3) 实际收到现金股利或利润时的核算。实际收到现金股利或利润时，按照收到的金额，借记"银行存款"等科目，贷记"应收股利"科目。

【例 5-49】 事业单位某航空大学购买 B 公司的长期股权 1 000 000 股，每股 3 元，共 3 000 000 元，以银行存款支付。其中，每股股价中包含已宣告但尚未发放的现金股利 1 元。

借：长期股权投资——B 公司　　　　　　　　　　　　2 000 000
　　应收股利——B 公司　　　　　　　　　　　　　　1 000 000
　　贷：银行存款　　　　　　　　　　　　　　　　　　　　　3 000 000

【例 5-50】 接【例 5-49】，航空大学收到购买 B 公司长期股权投资时实际支付价款中所包含的已宣告但尚未发放的现金股利 1 000 000 元，款项存入银行。

借：银行存款　　　　　　　　　　　　　　　　　　　1 000 000
　　贷：应收股利——B 公司　　　　　　　　　　　　　　　1 000 000

6. 应收利息

(1) 事业单位取得长期债券投资时实际支付价款中所包含的已到付息期但尚未领取的利息的核算。取得长期债券投资，按照确定的投资成本，借记"长期债券投资"科目，按照支付的价款中包含的已到付息期但尚未领取的利息，借记"应收利息"科目，按照实际支付的金额，贷记"银行存款"等科目。收到取得投资时实际支付价款中所包含的已到付息期但尚未领取的利息时，按照收到的金额，借记"银行存款"等科目，贷记"应收利息"科目。

(2) 事业单位确认长期债券投资利息收入的核算。按期计算确认长期债券投资利息收入时，对于分期付息、一次还本的长期债券投资，按照以票面金额和票面利率计算确定的应收未收利息金额，借记"应收利息"，贷记"投资收益"科目。

(3) 事业单位实际收到应收利息的核算。实际收到应收利息时，按照收到的金额，借记"银行存款"等科目，贷记"应收利息"科目。

【例 5-51】 事业单位某航空大学购买长期债券，按面额购入债券 1 200 000 元，已到付息期但尚未领取的利息 60 000 元，合计 1 260 000 元，以银行存款支付。

借：长期债券投资　　　　　　　　　　　　　　　　　1 200 000
　　应收利息　　　　　　　　　　　　　　　　　　　　　60 000
　　贷：银行存款　　　　　　　　　　　　　　　　　　　　　1 260 000

【例 5-52】 接【例 5-51】，航空大学收到取得长期债券投资时实际支付价款中所包含的已到付息期但尚未领取的利息 60 000 元，已经存入银行。

借：银行存款　　　　　　　　　　　　　　　　　　　　60 000
　　贷：应收利息　　　　　　　　　　　　　　　　　　　　　60 000

7. 其他应收款

(1) 发生其他各种应收及暂付款项的核算。行政事业单位发生其他各种应收及暂付款项时，按照实际发生金额，借记"其他应收款"科目，贷记"银行存款""库存现金""上级补助收入""附属单位上缴收入"等科目。

第五章 行政事业单位财务会计实务

(2) 行政事业单位内部备用金的核算。财务部门核定并发放备用金时,按照实际发放金额,借记"其他应收款"科目,贷记"库存现金"等科目。根据报销金额用现金补足备用金定额时,借记"业务活动费用""单位管理费用"等科目,贷记"库存现金"等科目,报销数和拨补数都不再通过本科目核算。

(3) 公务卡欠款的偿还的核算。公务卡是指行政事业单位职工持有的、主要用于日常公务支出和财务报销业务的信用卡。公务卡结算制度实行后,行政事业单位职工外出公务消费可以不再预借现金,而是持公务卡先行刷卡支付,并取得发票及刷卡凭证,出差回来后向行政事业单位财务部门申请报销。行政事业单位关于公务卡业务分两种情况进行账务处理。第一种情况是公务卡持卡人报销时行政事业单位还未向银行偿还公务卡欠款。在这种情况下,当本单位公务卡持卡人报销时,按照审核报销的金额,借记"业务活动费用""单位管理费用"等科目,贷记"其他应付款"科目。第二种情况是行政事业单位向银行偿还公务卡欠款时公务卡持卡人还未报销。在这种情况下,行政事业单位偿还尚未报销的本单位公务卡欠款时,按照偿还的金额,借记"其他应收款"科目,贷记"银行存款"等科目;当持卡人报销时,按照报销金额,借记"业务活动费用""单位管理费用"等科目,贷记"其他应收款""银行存款"等科目。

【例 5-53】 事业单位某航空大学内部实行备用金制度,财务部门核定并向发动机学院发放备用金 30 000 元。

借:其他应收款——发动机学院　　　　　　　　30 000
　　贷:库存现金　　　　　　　　　　　　　　　　　　　　30 000

【例 5-54】 接【例 5-53】,航空大学财务部门报销发动机学院购买毕业论文资料袋款项 929 元。

借:业务活动费用　　　　　　　　　　　　　　929
　　贷:库存现金　　　　　　　　　　　　　　　　　　　　929

【例 5-55】 事业单位某航空大学的教师李飞因公出差持公务卡刷卡支付差旅费 6 000 元,航空大学向银行偿还公务卡欠款时李飞还未报销,航空大学财务部门以银行存款先予偿付。

借:其他应收款——李飞　　　　　　　　　　6 000
　　贷:银行存款　　　　　　　　　　　　　　　　　　　6 000

【例 5-56】 接【例 5-55】,李飞因公出差归来,凭票据报销 7 500 元,扣除以银行存款先予偿付的 6 000 元,其余 1 500 元划入李飞公务卡账户。

借:业务活动费用　　　　　　　　　　　　　　7 500
　　贷:其他应收款——李飞　　　　　　　　　　　　　6 000
　　　　银行存款　　　　　　　　　　　　　　　　　　　1 500

8. 坏账准备

事业单位对坏账准备的核算采用备抵法。事业单位提取坏账准备时,借记"其他费用"科目,贷记"坏账准备"科目;冲减坏账准备时,借记"坏账准备"科目,贷记"其他费用"科目。对于账龄超过规定年限并确认无法收回的应收账款、其他应收款，事业单位应当按照有关规定报经批准后，按照无法收回的金额，借记"坏账准备"科目，贷记"应收账款""其他应收款"科目。但是，行政单位核销其他应收款的核算与事业单位不同，由于行政单位不计提坏账准备，核销其他应收款时，借记"其他费用"科目，贷记"其他应收款"科目。事业单位已核销的应收账款、其他应收款在以后期间又收回的，按照实际收回金额，借记"应收账款""其他应收款"科目，贷记"坏账准备"科目；同时，借记"银行存款"等科目，贷记"应收账款""其他应收款"科目。

5-4 知识扩展

【例 5-57】 事业单位某航空高科技研究所对收回后不需上缴财政的应收账款和其他应收款提取坏账准备 15 420 元。

借：其他费用　　　　　　　　　　　　　　　　　　　15 420
　　贷：坏账准备　　　　　　　　　　　　　　　　　　　　　　15 420

【例 5-58】 事业单位某航空高科技研究所有一笔账龄 5 年的 D 公司所欠应收账款 25 000 元，确认无法收回，报经批准后予以核销。

借：坏账准备　　　　　　　　　　　　　　　　　　　25 000
　　贷：应收账款——D 公司　　　　　　　　　　　　　　　　25 000

三、存货的核算

存货是指行政事业单位在开展业务活动及其他活动中为耗用或出售而储存的资产，如材料、产品、包装物和低值易耗品等，以及未达到固定资产标准的用具、装具、动植物等。存货类会计科目包括在途物品、库存物品和加工物品。

（一）概念

1. 在途物品

在途物品是行政事业单位采购材料等物资时货款已付或已开出商业汇票但尚未验收入库的在途存货。

2. 库存物品

库存物品是行政事业单位在开展业务活动及其他活动中为耗用或出售而储存的各种存货。

3. 加工物品

加工物品是行政事业单位自制或委托外单位加工的各种存货。

（二）账户设置

1. 在途物品

设置"在途物品"科目，核算行政事业单位采购材料等物资时货款已付或已开出商业汇票但尚未验收入库的在途物品的采购成本。本科目可按照供应单位和物品种类进行明细核算。本科目期末借方余额，反映行政事业单位在途物品的采购成本。

2. 库存物品

设置"库存物品"科目，核算行政事业单位在开展业务活动及其他活动中为耗用或出售而储存的各种存货。行政事业单位随买随用的零星办公用品，可以在购进时直接列作费用，不通过本科目核算。行政事业单位为在建工程购买和使用的材料物资、控制的政府储备物资、受托存储保管的物资和受托转赠的物资也不通过本科目核算。本科目应当按照库存物品的种类、规格、保管地点等进行明细核算。本科目期末借方余额，反映单位库存物品的实际成本。

3. 加工物品

设置"加工物品"科目，为核算行政事业单位自制或委托外单位加工的各种物品的实际成本。本科目应当设置"自制物品""委托加工物品"两个一级明细科目，并按照物品类别、品种、项目等设置明细账，进行明细核算。本科目期末借方余额，反映行政事业单位自制或委托外单位加工但尚未完工的各种物品的实际成本。未完成的测绘、地质勘查、设计成果的实际成本，也通过本科目核算。

（三）主要账务处理

1. 在途物品

行政事业单位购入材料等物品，按照确定的物品采购成本的金额，借记"在途物品"科目，按照实际支付的金额，贷记"财政拨款收入""银行存款"等科目。所购材料等物品到达验收入库，按照确定的库存物品成本金额，借记"库存物品"科目，按照物品采购成本金额，贷记"在途物品"科目，按照使得入库物品达到目前场所和状态所发生的其他支出，贷记"银行存款"等科目。库存物品成本包括购买价款、相关税费、运输费、装卸费、保险费以及使得存货达到目前场所和状态所发生的归属于存货成本的其他支出。若涉及增值税业务，增值税进项税通过"应交增值税"科目核算。

【例5-59】 事业单位某航空大学购买一批实验教学物资乙材料，物资采购成本600 000元，增值税78 000元，共计678 000元，通过国库支付执行机构使用本年度一般公共预算指标支付。

借：在途物品——乙材料　　　　　　　　　　　　　678 000
　　贷：财政拨款收入——一般公共预算财政拨款　　　　　　678 000

【例5-60】 接【例5-59】，航空大学购买的实验教学物资乙材料到货，验收合格予以入库，发生的运输费用2 600元，以银行存款支付。

借：库存物品——乙材料　　　　　　　　　　　　　680 600
　　贷：在途物品　　　　　　　　　　　　　　　　　　　678 000
　　　　银行存款　　　　　　　　　　　　　　　　　　　　2 600

2. 库存物品

（1）取得库存物品的核算。行政事业单位取得库存物品包括外购、加工、捐赠、无偿调入、置换换入等多种方式。取得的库存物品，应当按照其取得时的成本入账，借记"库存物品"科目，贷记"财政拨款收入""银行存款""应付账款""在途物品""加工物品"

"捐赠收入""无偿调拨净资产"等科目。涉及增值税业务的，支付价款中所包含的增值税进项税通过"应交增值税"科目核算。

（2）发出库存物品的核算。行政事业单位发出库存物品包括业务活动等领用、对外出售、对外捐赠、无偿调出和置换换出等多种形式。行政事业单位应当根据实际情况采用先进先出法、加权平均法或者个别计价法确定发出存货的实际成本。发出库存物品，按照领用、出售等发出物品的实际成本，借记"业务活动费用""单位管理费用""经营费用""加工物品"等科目，贷记"库存物品"科目。

（3）库存物品清查盘点的核算。行政事业单位应当定期对库存物品进行清查盘点，每年至少盘点一次。对于发生的库存物品盘盈、盘亏或者报废、毁损，应当先计入"待处理财产损溢"科目，按照规定报经批准后及时进行后续账务处理。盘盈的库存物品，按照确定的入账成本，借记"库存物品"科目，贷记"待处理财产损溢"科目。盘亏或者毁损、报废的库存物品，按照待处理库存物品的账面余额，借记"待处理财产损溢"科目，贷记"库存物品"科目。

【例5-61】 某航空大学实验中心开出领料单，领用实验教学物资乙材料一批，采用加权平均法计算出其价值为8 000元。

借：业务活动费用　　　　　　　　　　　　　　　　8 000
　　贷：库存物品——乙材料　　　　　　　　　　　　　　　　8 000

【例5-62】 年末，某航空大学进行库存物品的清查盘点，发现乙材料盘亏10千克，账面价值为3 000元。将盘亏乙材料转入待处理财产损溢。

借：待处理财产损溢——乙材料　　　　　　　　　　3 000
　　贷：库存物品——乙材料　　　　　　　　　　　　　　　　3 000

3. 加工物品

行政事业单位自制或委托外单位加工物品发生直接材料、直接人工及其他间接费用时，借记"加工物品"科目，贷记"库存物品""应付职工薪酬"等科目。加工完成的物品验收入库，按照加工前发出材料的成本和加工、运输成本等，借记"库存物品"等科目，贷记"加工物品"科目。涉及增值税业务的，通过"应交增值税"科目核算。

5-5 知识扩展

【例5-63】 某航空大学自行研制丙材料，研制周期为1个月，开出领料单，领用乙材料25千克，账面价值为7 500元，计提研制人员的本月工资12 500元，相关固定资产折旧费2 000元。

借：加工物品——自制物品——直接材料　　　　　　7 500
　　贷：库存物品——乙材料　　　　　　　　　　　　　　　　7 500
借：加工物品——自制物品——直接人工　　　　　　12 500
　　贷：应付职工薪酬　　　　　　　　　　　　　　　　　　　12 500
借：加工物品——自制物品——间接费用　　　　　　2 000
　　贷：固定资产累计折旧　　　　　　　　　　　　　　　　　2 000

【例 5-64】 接【例 5-63】，航空大学自行研制丙材料成功，共发生费用 22 000 元，已经验收合格并入库。

借：库存物品——丙材料　　　　　　　　　　　　　　　22 000
　　贷：加工物品——自制物品——直接材料　　　　　　　 7 500
　　　　　　　　——自制物品——直接人工　　　　　　　12 500
　　　　　　　　——自制物品——间接费用　　　　　　　 2 000

四、固定资产的核算

（一）概念

1. 固定资产

固定资产是行政事业单位为开展业务活动或其他活动需要而控制的使用年限在 1 年以上（不含 1 年）、单位价值在规定标准以上，并在使用过程中基本保持原有物质形态的资产。行政事业单位的固定资产，一般情况下必须同时具备以下两个条件：① 使用时间在 1 年以上（不含 1 年）；② 单位价值在规定限额以上。《行政单位财务规则》《事业单位财务规则》对固定资产的价值限额标准进行了规范，要求单位价值在 1000 元以上；单位价值虽未达到规定标准，但是耐用时间在 1 年以上的大批同类物资，作为固定资产管理，如图书、家具等。

行政事业单位的固定资产种类较多，规格不一，为了加强固定资产的管理，便于组织会计核算，固定资产必须从管理需要和核算要求等方面进行分类，常用的分类方法有：按使用情况分为在用固定资产和闲置固定资产；按经济用途分为房屋及建筑物，通用设备，专用设备，文物和陈列品，图书、档案，家具、用具、装具及动植物；按经营情况分为非经营性固定资产和经营性固定资产。

2. 固定资产折旧

固定资产折旧是指在固定资产的预计使用年限内，按照确定的方法对应计的折旧额进行系统分摊。文物和陈列品、动植物、图书档案、单独计价入账的土地、以名义金额计量的固定资产不提折旧。

（二）账户设置

1. 固定资产

设置"固定资产"科目，核算行政事业单位固定资产的原价。本科目应当按照固定资产类别和项目进行明细核算。应当设置"固定资产登记簿"和"固定资产卡片"，按照固定资产类别、项目和使用部门等进行明细核算。本科目期末借方余额，反映单位固定资产的原值。

2. 固定资产折旧

设置"固定资产累计折旧"科目，核算行政事业单位计提的固定资产累计折旧。本科目应当按照所对应固定资产的明细分类进行明细核算。本科目期末贷方余额，反映单位计提的固定资产折旧累计数。

(三）主要账务处理

固定资产的主要账务处理，包括取得固定资产、计提固定资产折旧、处置固定资产、清查盘点固定资产等环节。

1. 取得固定资产

行政事业单位取得固定资产的方式，包括购入、自行建造、换入、融资租赁租入、接受捐赠、无偿调入等。通常情况下，购入、换入、接受捐赠、无偿调入不需安装的固定资产，在固定资产验收合格时确认；购入、换入、接受捐赠、无偿调入需要安装的固定资产，在固定资产安装完成交付使用时确认；自行建造、改建、扩建的固定资产，在建造完成交付使用时确认。固定资产在取得时，应当按照成本进行初始计量。

（1）购入固定资产的核算。行政事业单位购入不需安装的固定资产验收合格时，按照确定的固定资产成本，借记"固定资产"科目，贷记"财政拨款收入""应付账款""银行存款"等科目。购入需要安装的固定资产，通过"在建工程"科目核算，安装完毕交付使用时，借记"固定资产"科目，贷记"在建工程"科目。购入固定资产扣留质量保证金的，应当在取得固定资产时，按照确定的固定资产成本，借记"固定资产"科目（不需安装）或"在建工程"科目（需安装），按照实际支付或应付的金额，贷记"财政拨款收入"、"应付账款"（不含质量保证金）、"银行存款"等科目，按照扣留的质量保证金数额，贷记"其他应付款"科目（扣留期在 1 年及以内）或"长期应付款"科目（扣留期超过 1 年）。

（2）自行建造固定资产的核算。自行建造的固定资产交付使用时，按照在建工程成本，借记"固定资产"科目，贷记"在建工程"科目。已交付使用但尚未办理竣工决算手续的固定资产，按照估计价值入账，待办理竣工决算后再按照实际成本调整原来的暂估价值。相关会计核算举例参阅【例 5-74】。

（3）融资租赁取得固定资产的核算。融资租赁取得的固定资产，其成本按照租赁协议或者合同确定的租赁价款、相关税费以及固定资产交付使用前所发生的可归属于该项资产的运输费、途中保险费、安装调试费等确定。融资租入的固定资产，按照确定的成本，借记"固定资产"科目（不需安装）或"在建工程"科目（需安装），按照租赁协议或者合同确定的租赁付款额，贷记"长期应付款"科目，按照支付的运输费、途中保险费、安装调试费等金额，贷记"财政拨款收入""银行存款"等科目。定期支付租金时，按照实际支付金额，借记"长期应付款"科目，贷记"财政拨款收入""银行存款"等科目。行政事业单位采用跨年度分期付款的方式购入固定资产，其账务处理与融资租入固定资产的类似。

（4）接受捐赠固定资产的核算。行政事业单位接受捐赠的固定资产，按照确定的固定资产成本，借记"固定资产"科目（不需安装）或"在建工程"科目（需安装），按照发生的相关税费、运输费等，贷记"银行存款"等科目，按照其差额，贷记"捐赠收入"科目。接受捐赠的固定资产按照名义金额入账的，按照名义金额，借记"固定资产"科目，贷记"捐赠收入"科目；按照发生的相关税费、运输费等，借记"其他费用"科目，贷记"银行存款"等科目。相关会计核算举例参阅【例 5-11】。

（5）无偿调入固定资产的核算。无偿调入的固定资产，按照确定的固定资产成本，借记"固定资产"科目（不需安装）或"在建工程"科目（需安装），按照发生的相关税费、运输费等，贷记"银行存款"等科目，按照其差额，贷记"无偿调拨净资产"科目。

【例 5-65】 事业单位某航空大学购入 1 台实验教学通用设备（不需安装），设备价款 20 000 元，增值税 2 600 元，运输费 300 元，保险费 100 元，共计 23 000 元，通过国库支付执行机构使用本年度一般公共预算指标支付。

借：固定资产——通用设备　　　　　　　　　　　　　23 000
　　贷：财政拨款收入——一般公共预算财政拨款　　　　　　　23 000

【例 5-66】 事业单位某航空大学从 R 公司购入 5 台科研专用设备（不需安装），总价款 240 000 元。按照合同，航空大学扣留 10% 的设备质量保证金在设备购入满 1 年时再予支付，通过国库支付执行机构使用本年度一般公共预算指标支付 216 000 元。

借：固定资产——专用设备　　　　　　　　　　　　　240 000
　　贷：财政拨款收入——一般公共预算财政拨款　　　　　　　216 000
　　　　其他应付款——R 公司　　　　　　　　　　　　　　　24 000

【例 5-67】 事业单位某航空高科技研究所发生如下融资租赁取得固定资产的业务：① 从 E 公司融资租入 10 台实验教学通用设备（不需安装），合同规定的租赁价为 400 000 元，以银行存款支付相关税费 52 000 元和运输费 3 000 元，共计 455 000 元；设备款分 5 年偿还，每年 80 000 元。② 年末，航空高科技研究所偿还当年的融资租入设备款 80 000 元，通过国库支付执行机构使用本年度一般公共预算指标支付。

（1）借：固定资产——通用设备　　　　　　　　　　　455 000
　　　　贷：长期应付款——E 公司　　　　　　　　　　　　　400 000
　　　　　　银行存款　　　　　　　　　　　　　　　　　　　55 000
（2）借：长期应付款——E 公司　　　　　　　　　　　80 000
　　　　贷：财政拨款收入——一般公共预算财政拨款　　　　　　80 000

【例 5-68】 事业单位某航空大学通过财政部门从省属其他高校无偿调入 1 台科研专用设备，依据原始价值和成新率等估计其完全重置成本为 336 000 元，以银行存款支付过户手续费 1 000 元。

借：固定资产——专用设备　　　　　　　　　　　　　336 000
　　贷：无偿调拨净资产　　　　　　　　　　　　　　　　　　335 000
　　　　银行存款　　　　　　　　　　　　　　　　　　　　　1 000

2. 计提固定资产折旧

行政事业单位按月计提固定资产折旧时，按照应计提折旧金额，借记"业务活动费用""单位管理费用""经营费用""加工物品""在建工程"等科目，贷记"固定资产累计折旧"科目。

【例 5-69】 事业单位某航空大学计提本月固定资产折旧，根据"固定资产折旧计算表"，本月应计提业务活动使用的固定资产折旧 735 000 元，本级行政及后勤管理部门使用的固定资产折旧 214 000 元。

借：业务活动费用　　　　　　　　　　　　　　　　　735 000
　　单位管理费用　　　　　　　　　　　　　　　　　214 000
　　贷：固定资产累计折旧　　　　　　　　　　　　　　　　　949 000

3. 处置固定资产

行政事业单位经批准处置或处理固定资产时，按照所处置或处理固定资产的账面价值，借记"资产处置费用""无偿调拨净资产""待处理财产损溢"等科目，按照已计提折旧，借记"固定资产累计折旧"科目，按照固定资产的账面余额，贷记"固定资产"科目。报经批准出售、转让固定资产的，同时，按照收到的价款，借记"银行存款"等科目，按照处置过程中发生的相关费用，贷记"银行存款"等科目，按照其差额，贷记"应缴财政款"科目，相关会计核算举例参阅【例 5-28】。行政事业单位如果发生其他处置固定资产经济业务或事项，也应当按照会计制度的要求进行相关账务处理。

【例 5-70】 事业单位某航空大学报经批准无偿调出闲置专用设备 2 台，设备的账面余额 120 000 元，已计提折旧 24 000 元，发生清理费用 500 元，以库存现金支付。

    借：无偿调拨净资产   96 000
        固定资产累计折旧   24 000
        贷：固定资产——专用设备   120 000
    借：资产处置费用   500
        贷：库存现金   500

4. 清查盘点固定资产

行政事业单位应当定期对固定资产进行清查盘点，每年至少盘点一次。对于发生的固定资产盘盈、盘亏或毁损、报废，应当先记入"待处理财产损溢"科目，按照规定报经批准后及时进行后续账务处理。盘盈的固定资产，按照确定的入账成本，借记"固定资产"科目，贷记"待处理财产损溢"科目。盘亏、毁损或报废的固定资产，按照待处理固定资产的账面价值，借记"待处理财产损溢"科目，按照已计提折旧，借记"固定资产累计折旧"科目，按照固定资产的账面余额，贷记"固定资产"科目。

【例 5-71】 事业单位某航空高科技研究所定期盘点固定资产，盘盈通用设备 1 台，按类似设备的市场价格估值 20 000 元。

    借：固定资产——通用设备   20 000
        贷：待处理财产损溢   20 000

【例 5-72】 事业单位某航空高科技研究所定期盘点固定资产，盘亏专用设备 2 台，账面余额 9 000 元，已计提折旧 3 000 元。

    借：待处理财产损溢   6 000
        固定资产累计折旧   3 000
        贷：固定资产——专用设备   9 000

五、其他各项资产的核算

行政事业单位的其他各项资产主要包括工程物资、在建工程、无形资产、研发支出、短期投资、长期股权投资、长期债券投资、文物文化资产、公共基础设施、政府储备物资、保障性住房、受托代理资产等。其中，短期投资、长期股权投资和长期债券投资是事业单位设置的会计科目，其他各科目是行政单位、事业单位的共用科目。行政事业单位还设置了"待摊费用""无形资产累计摊销""长期待摊费用""待处理财产损溢"等资产类科目，这些科目不再单独讲述。

（一）概念

1. 工程物资

工程物资是行政事业单位为在建工程准备的各种物资，包括工程用材料、设备等。

2. 在建工程

在建工程是行政事业单位的已经发生必要支出，但尚未达到交付使用状态的建设工程。行政事业单位的在建工程包括建筑安装工程和设备安装工程。

3. 无形资产

无形资产是指行政事业单位控制的没有实物形态的可辨认非货币性资产，如专利权、商标权、著作权、土地使用权、非专利技术等。

4. 研发支出

研发支出是行政事业单位的自行研究开发项目研究阶段和开发阶段发生的各项支出。

5. 短期投资

短期投资是事业单位按照规定取得的，持有时间不超过1年（含1年）的投资。

6. 长期债券投资

长期债券投资是事业单位按照规定取得的，持有时间超过1年（不含1年）的债券投资。

7. 长期股权投资

长期股权投资是事业单位按照规定取得的，持有时间超过1年（不含1年）的股权性质的投资。

8. 文物文化资产

文物文化资产是行政事业单位为满足社会公共需求而控制的用于展览、教育或研究等目的的历史文物、艺术品以及其他具有文化或历史价值并作长期或永久保存的典藏等。

9. 公共基础设施

公共基础设施是行政事业单位为满足社会公共需求而控制的并直接负责维护管理、供社会公众使用的工程性公共基础设施资产。公共基础设施是一个有形资产系统或网络的组成部分，具有特定用途，一般不可移动。公共基础设施主要包括市政基础设施（如城市道路、桥梁、隧道、公交场站、路灯、广场、公园绿地、室外公共健身器材，以及环卫、排水供水、供电、供气、供热、污水处理、垃圾处理系统等）、交通基础设施（如公路、航道、港口等）、水利基础设施（如大坝、堤防、水闸、泵站、渠道等）和其他公共基础设施。

10. 政府储备物资

政府储备物资是行政事业单位为满足实施国家安全与发展战略、进行抗灾救灾、应对公共突发事件等特定公共需求而控制的有形资产。

11. 保障性住房

保障性住房是行政事业单位为满足社会公共需求而控制的用于为中低收入住房困难家庭所提供的限定标准、限定价格或租金的住房，一般由廉租住房、经济适用住房、政策性租赁住房、定向安置房等构成。

12. 受托代理资产

受托代理资产是行政事业单位接受委托方的委托，代为管理的各项资产。不同于其他类型的资产，行政事业单位并不拥有受托代理资产的处置权，只能按照委托方的要求或者意愿代为保存和处理资产。受托代理资产包括转赠的资产、受托储存管理的资产和取得的罚没物资。

（二）账户设置

1. 工程物资

设置"工程物资"科目核算行政事业单位为在建工程准备的各种物资的成本，包括工程用材料、设备等的成本。本科目期末借方余额，反映单位为在建工程准备的各种物资的成本。本科目可按照"库存材料""库存设备"等工程物资类别进行明细核算。

2. 在建工程

设置"在建工程"科目，核算行政事业单位在建的建设项目工程的实际成本。行政事业单位在建的公共基础设施项目工程、保障性住房项目工程的实际成本，也通过本科目核算。本科目应当设置"建筑安装工程投资""设备投资""待摊投资""其他投资""待核销基建支出""基建转出投资"等明细科目，并按照具体项目进行明细核算。"建筑安装工程投资"明细科目核算行政事业单位发生的构成建设项目实际支出的建筑工程和安装工程的实际成本，不包括被安装设备本身的价值以及按照合同规定支付给施工单位的预付备料款和预付工程款。"设备投资"明细科目核算行政事业单位发生的构成建设项目实际支出的各种设备的实际成本。"待摊投资"明细科目核算行政事业单位发生的构成建设项目实际支出的、按照规定应当分摊计入有关工程成本和设备成本的各项间接费用和税费支出，包括勘察费、设计费、项目建设管理费、土地使用税及按照规定缴纳的其他税费、监理费、项目建设期间发生的各类专门借款利息支出或融资费用、工程检测费及其他待摊性质支出。"其他投资"明细科目核算行政事业单位发生的构成建设项目实际支出的房屋购置支出，基本畜禽、林木等购置、饲养、培育支出，办公生活用家具、器具购置支出，软件研发和不能计入设备投资的软件购置等支出，以及单位为进行可行性研究而购置的固定资产、取得土地使用权支付的土地出让金。"待核销基建支出"明细科目核算行政事业单位建设项目发生的江河清障、航道清淤、飞播造林、补助群众造林、水土保持、城市绿化、取消项目的可行性研究费以及项目整体报废等不能形成资产部分的基建投资支出。"基建转出投资"明细科目核算为建设项目配套而建成的、产权不归属本单位的专用设施的实际成本。本科目期末借方余额，反映行政事业单位尚未完工的建设项目工程发生的实际成本。

3. 无形资产

设置"无形资产"科目，核算行政事业单位无形资产的原值。非大批量购入、单价小于1 000元的无形资产，可以于购买的当期将其成本直接计入当期费用。本科目应当按照无形资产的类别、项目等进行明细核算。本科目期末借方余额，反映单位无形资产的成本。行政事业单位设置"无形资产累计摊销"科目，核算单位对使用年限有限的无形资产计提的累计摊销。

4. 研发支出

设置"研发支出"科目，核算行政事业单位自行研究开发项目研究阶段和开发阶段发生的各项支出。本科目期末借方余额，反映行政事业单位预计能达到预定用途的研究开发项目在开发阶段发生的累计支出数。建设项目中的软件研发支出，应当通过"在建工程"科目核算，不通过本科目核算。本科目应当按照自行研究开发项目，分别"研究支出""开发支出"进行明细核算。

5. 短期投资

设置"短期投资"科目，核算事业单位按照规定取得的，持有时间不超过1年（含1年）的投资。本科目应当按照投资的种类等进行明细核算。本科目期末借方余额，反映事业单位持有短期投资的成本。

6. 长期债券投资

设置"长期债券投资"科目，核算事业单位按照规定取得的，持有时间超过1年（不含1年）的债券投资。本科目应当设置"成本"和"应计利息"明细科目，并按照债券投资的种类进行明细核算。本科目期末借方余额，反映事业单位持有的长期债券投资的价值。事业单位设置"应收利息"科目，核算事业单位长期债券投资应当收取的利息。

7. 长期股权投资

设置"长期股权投资"科目，核算事业单位按照规定取得的，持有时间超过1年（不含1年）的股权性质的投资。本科目应当按照被投资单位和长期股权投资取得方式等进行明细核算。长期股权投资采用权益法核算的，还应当按照"成本""损益调整""其他权益变动"设置明细科目，进行明细核算。本科目期末借方余额，反映事业单位持有的长期股权投资的价值。事业单位设置"应收股利"科目，核算事业单位持有长期股权投资应当收取的现金股利或应当分得的利润。

8. 文物文化资产

设置"文物文化资产"科目，核算行政事业单位为满足社会公共需求而控制的文物文化资产的成本。单位为满足自身开展业务活动或其他活动需要而控制的文物和陈列品，应当通过"固定资产"科目核算，不通过本科目核算。本科目应当按照文物文化资产的类别、项目等进行明细核算。本科目期末借方余额，反映文物文化资产的成本。

9. 公共基础设施

设置"公共基础设施"科目，核算行政事业单位控制的公共基础设施的原值。本科目应当按照公共基础设施的类别、项目等进行明细核算。单位应当根据行业主管部门对公共基础设施的分类规定，制定适合于本单位管理的公共基础设施目录、分类方法，作为进行公共基础设施核算的依据。本科目期末借方余额，反映公共基础设施的原值。政府单位设置"公共基础设施累计折旧（摊销）"科目，核算单位计提的公共基础设施累计折旧和累计摊销。

10. 政府储备物资

设置"政府储备物资"科目，核算行政事业单位控制的政府储备物资的成本。对政府储备物资不负有行政管理职责但接受委托具体负责执行其存储保管等工作的单位，其受托代储的政府储备物资应当通过"受托代理资产"科目核算，不通过本科目核算。本科目应当按照政府储备物资的种类、品种、存放地点等进行明细核算。单位根据需要，可在本科目下设置"在库""发出"等明细科目进行明细核算。本科目期末借方余额，反映政府储备物资的成本。

11. 保障性住房

设置"保障性住房"科目，核算行政事业单位为满足社会公共需求而控制的保障性住房的原值。本科目应当按照保障性住房的类别、项目等进行明细核算。本科目期末借方余额，反映保障性住房的原值。政府单位设置"保障性住房累计折旧"科目，核算单位计提的保障性住房的累计折旧。

12. 受托代理资产

设置"受托代理资产"科目，核算行政事业单位接受委托方委托管理的各项资产，包括受托指定转赠的物资、受托存储保管的物资等的成本。单位管理的罚没物资也应当通过本科目核算。单位收到的受托代理资产为现金和银行存款的，不通过本科目核算，应当通过"库存现金""银行存款"科目进行核算。本科目应当按照资产的种类和委托人进行明细核算；属于转赠资产的，还应当按照受赠人进行明细核算。本科目期末借方余额，反映单位受托代理实物资产的成本。

（三）主要账务处理

1. 工程物资

行政事业单位购入为工程准备的物资，按照确定的物资成本，借记"工程物资"科目，贷记"财政拨款收入""银行存款""应付账款"等科目。领用工程物资，按照物资成本，借记"在建工程"科目，贷记"工程物资"科目；工程完工后将领出的剩余物资退库时做相反的会计分录。工程完工后将剩余的工程物资转作本单位存货等的，按照物资成本，借记"库存物品"等科目，贷记"工程物资"科目。涉及增值税业务的，通过"应交增值税"科目核算。

【例5-73】事业单位某航空大学为修缮教学大楼求贤楼购入戊材料500箱，每箱价款1 600元，共计800 000元，应缴增值税104 000元，运输费3 500元，通过国库支付执行机构使用本年度一般公共预算指标支付，物资已验收入库。

借：工程物资——戊材料　　　　　　　　　　　　　　907 500

　　贷：财政拨款收入——一般公共预算财政拨款　　　　　　　907 500

2. 在建工程

（1）建筑安装工程投资的核算。① 将固定资产等资产转入改建、扩建等时，按照固定资产等资产的账面价值，借记"在建工程（建筑安装工程投资）"科目，按照已计提的折旧或摊销，借记"固定资产累计折旧"等科目，按照固定资产等资产的原值，贷记"固定资产"等科目。固定资产等资产改建、扩建过程中涉及替换（或拆除）原资产的某些组成部分的，按照被替换（或拆除）部分的账面价值，借记"待处理财产损溢"科目，贷记"在建工程（建筑安装工程投资）"科目。② 对于发包建筑安装工程，根据建筑安装工程价款结算账单与施工企业结算工程价款时，按照应承付的工程价款，借记"在建工程（建筑安装工程投资）"科目，按照预付工程款余额，贷记"预付账款"科目，按照其差额，贷记"财政拨款收入""银行存款""应付账款"等科目。③ 自行施工的小型建筑安装工程，按照发生的各项支出金额，借记"在建工程（建筑安装工程投资）"科目，贷记"工程物资""银行存款""应付职工薪酬"等科目。④ 工程竣工，办妥竣工验收交接手续交付使用时，按照建筑安装工程成本（含应分摊的待摊投资），借记"固定资产"等科目，贷记"在建工程（建筑安装工程投资）"科目。

（2）设备投资的核算。① 购入设备时，按照购入成本，借记"在建工程（设备投资）"科目，贷记"财政拨款收入""银行存款"等科目；采用预付款方式购入设备的，有关预付款的账务处理参照本科目有关"建筑安装工程投资"明细科目的规定。② 设备安装完毕，办妥竣工验收交接手续交付使用时，按照设备投资成本（含设备安装工程成本和分摊的待摊投资），借记"固定资产"等科目，贷记"在建工程（设备投资、建筑安装工程投资——安装工程）"科目。将不需要安装的设备和达不到固定资产标准的工具、器具交付使用时，按照相关设备、工具、器具的实际成本，借记"固定资产""库存物品"科目，贷记"在建工程（设备投资）"科目。

（3）待摊投资的核算。① 发生的构成待摊投资的各类费用，按照实际发生金额，借记"在建工程（待摊投资）"科目，贷记"财政拨款收入""银行存款""应付利息""长期借款""其他应交税费""固定资产累计折旧""无形资产累计摊销"等科目。② 对于建设过程中试生产、设备调试等产生的收入，按照取得的收入金额，借记"银行存款"等科目，按照依据有关规定应当冲减建设工程成本的部分，贷记"在建工程（待摊投资）"科目，按照其差额贷记"应缴财政款"或"其他收入"科目。③ 由于自然灾害、管理不善等原因造成的单项工程或单位工程报废或毁损，扣除残料价值和过失人或保险公司等赔款后的净损失，报经批准后计入继续施工的工程成本的，按照工程成本扣除残料价值和过失人或保险公司等赔款后的净损失，借记"在建工程（待摊投资）"科目，按照残料变价收入、过失人或保险公司赔款等，借记"银行存款""其他应收款"等科目，按照报废或毁损的工程成本，贷记"在建工程（建筑安装工程投资）"科目。④ 工程交付使用时，按照合理的分配方法分配待摊投资，借记"在建工程（建筑安装工程投资、设备投资）"科目，贷记"在建工程（待摊投资）"科目。

（4）其他投资的核算。① 为建设工程发生的房屋购置支出，基本畜禽、林木等的购置、饲养、培育支出，办公生活用家具、器具购置支出，软件研发和不能计入设备投资的软件购置等支出，按照实际发生金额，借记"在建工程（其他投资）"科目，贷记"财政拨款收入""银行存款"等科目。② 工程完成将形成的房屋、基本畜禽、林木等各种财产以及无形资产交付使用时，按照其实际成本，借记"固定资产""无形资产"等科目，贷记"在建工程（其他投资）"科目。

（5）待核销基建支出的核算。① 建设项目发生的江河清障、航道清淤、飞播造林、补助群众造林、水土保持、城市绿化等不能形成资产的各类待核销基建支出，按照实际发生金额，借记"在建工程（待核销基建支出）"科目，贷记"财政拨款收入""银行存款"等科目。② 取消的建设项目发生的可行性研究费用，按照实际发生金额，借记"在建工程（待核销基建支出）"科目，贷记"在建工程（待摊投资）"科目。③ 由于自然灾害等原因发生的建设项目整体报废所形成的净损失，报经批准后转入待核销基建支出，按照项目整体报废所形成的净损失，借记"在建工程（待核销基建支出）"科目，按照报废工程回收的残料变价收入、保险公司赔款等，借记"银行存款""其他应收款"等科目，按照报废的工程成本，贷记"在建工程（建筑安装工程投资等）"科目。④ 建设项目竣工验收交付使用时,对发生的待核销基建支出进行冲销,借记"资产处置费用"科目,贷记"在建工程(待核销基建支出)"科目。

(6)基建转出投资的核算。为建设项目配套而建成的、产权不归属本单位的专用设施,在项目竣工验收交付使用时,按照转出的专用设施的成本,借记"在建工程(基建转出投资)"科目,贷记"在建工程(建筑安装工程投资)"科目;同时,借记"无偿调拨净资产"科目,贷记"在建工程(基建转出投资)"科目。

5-6 知识扩展

【例5-74】 事业单位某航空大学为修缮教学大楼求贤楼发生如下业务。① 教学大楼的账面余额为4 500 000元,已经计提折旧1 500 000元,将教学大楼的账面价值3 000 000元转入在建工程。② 基建处为修缮教学大楼领用戊材料400箱,每箱成本1 815元,共计726 000元,用于工程建设。③ 为修缮教学大楼职工计提职工薪酬124 000元。④ 修缮教学大楼工程完成并通过工程验收,工程实际成本为3 850 000元。

(1)借:在建工程——建筑安装工程投资(求贤楼修缮)　3 000 000
　　　　固定资产累计折旧　　　　　　　　　　　　　　1 500 000
　　　贷:固定资产——办公楼　　　　　　　　　　　　　　　　　4 500 000
(2)借:在建工程——建筑安装工程投资(求贤楼修缮)　726 000
　　　贷:工程物资——戊材料　　　　　　　　　　　　　　　　　726 000
(3)借:在建工程——建筑安装工程投资(求贤楼修缮)　124 000
　　　贷:应付职工薪酬　　　　　　　　　　　　　　　　　　　　124 000
(4)借:固定资产——求贤楼　　　　　　　　　　　　　3 850 000
　　　贷:在建工程——建筑安装工程投资(求贤楼修缮)　　　　　3 850 000

3. 无形资产

行政事业单位的无形资产的账务处理,主要包括无形资产的取得、无形资产的摊销、无形资产的处置等环节。

(1)无形资产在取得时应当按照成本进行初始计量,取得方式包括外购、委托开发、自行研究开发、接受捐赠、无偿调入、置换等。

(2)行政事业单位应当按月对使用年限有限的无形资产进行摊销,并根据用途计入当期费用或者相关资产成本。

(3)行政事业单位应当按规定报经批准处置无形资产,应当将无形资产账面价值转销计入当期费用,并将处置收入大于相关处置税费后的差额按规定计入当期收入或者做应缴款项处理,将处置收入小于相关处置税费后的差额计入当期费用。

【例5-75】 某事业单位购入一项专利权,通过国库支付执行机构使用本年度一般公共预算指标支付购买价款250 000元,已经完成专利权属变更的登记。

借:无形资产——专利权　　　　　　　　　　　　　　250 000
　贷:财政拨款收入——一般公共预算财政拨款　　　　　　　　　250 000

4. 研发支出

(1)研究阶段支出的核算。① 自行研究开发项目研究阶段的支出,应当先在本科目归集。按照从事研究及其辅助活动人员计提的薪酬,研究活动领用的库存物品,发生的与研究活动相关的管理费、间接费和其他各项费用,借记"研发支出(研究支出)"科目,贷记"应付职工薪酬""库存物品""财政拨款收入""固定资产累计折旧""银行存款"等科目。② 期(月)末,应当将本科目归集的研究阶段的支出金额转入当期费用,借记"业务活动费用"等科目,贷记"研发支出(研究支出)"科目。

(2)开发阶段支出的核算。① 自行研究开发项目开发阶段的支出,先通过本科目进行归集。按照从事开发及其辅助活动人员计提的薪酬,开发活动领用的库存物品,发生的与开发活动相关的管理费、间接费和其他各项费用,借记"研发支出(开发支出)"科目,贷记"应付职工薪酬""库存物品""财政拨款收入""固定资产累计折旧""银行存款"等科目。② 自行研究开发项目完成,达到预定用途形成无形资产的,按照本科目归集的开发阶段的支出金额,借记"无形资产"科目,贷记"研发支出(开发支出)"科目。③ 单位应于每年年度终了评估研究开发项目是否能达到预定用途,如预计不能达到预定用途(如无法最终完成开发项目并形成无形资产的),应当将已发生的开发支出金额全部转入当期费用,借记"业务活动费用"等科目,贷记"研发支出(开发支出)"科目。自行研究开发项目时涉及增值税业务的,相关账务处理参见"应交增值税"科目。

【例 5-76】 事业单位某航空高科技研究所自行研究开发一项航空发动机专利技术,在研究阶段发生支出 5 017 200 元,其中,研究及其辅助活动人员计提的薪酬 2 689 300 元,领用的库存物品 1 487 500 元,计提固定资产累计折旧 93 600 元,通过国库支付执行机构使用本年度一般公共预算指标支付其他费用 746 800 元。

借:研发支出——研究支出　　　　　　　　　　5 017 200
　　贷:应付职工薪酬　　　　　　　　　　　　　　　2 689 300
　　　　库存物品　　　　　　　　　　　　　　　　　1 487 500
　　　　固定资产累计折旧　　　　　　　　　　　　　　93 600
　　　　财政拨款收入——一般公共预算财政拨款　　　746 800

5. 短期投资

事业单位短期投资的账务处理,主要包括取得短期投资、收到短期投资持有期间的利息、出售短期投资或到期收回短期投资本息等环节。

(1)短期投资在取得时,应当按照实际成本作为初始投资成本,实际成本包括购买价款和相关税费,借记"短期投资"科目,贷记"银行存款"等科目。实际支付价款中包含的已到付息期但尚未领取的利息,应当于收到时冲减短期投资成本,借记"银行存款"等科目,贷记"短期投资"科目。

(2)短期投资持有期间的利息,应当于实际收到时确认为投资收益,借记"银行存款"科目,贷记"投资收益"科目。相关会计核算举例参阅【例 5-14】。

(3)按规定出售或到期收回短期投资,按照实际收到的金额,借记"银行存款"科目,按照出售或收回短期投资的账面余额,贷记"短期投资"科目,按照其差额,借记或贷记"投资收益"科目。涉及增值税业务的,相关账务处理参见"应交增值税"科目。

【例 5-77】 事业单位某航空高科技研究所以结余资金在证券市场购买 1 年期的国债,面值 600 000 元,其中包含已到付息期但尚未领取的利息 1 800 元,支付手续费 200 元,共计 602 000 元,以银行存款支付。

```
借：短期投资                              602 000
    贷：银行存款                                      602 000
```

6. 长期债券投资

事业单位长期债券投资的账务处理，主要包括取得长期债券投资、确认长期债券投资持有期间的利息收入、到期收回长期债券投资、对外出售长期债券投资等环节。

（1）长期债券投资在取得时，应当按照实际成本作为初始投资成本。实际支付价款中包含的已到付息期但尚未领取的债券利息，应当单独确认为应收利息，不计入长期债券投资初始投资成本。按照确定的投资成本，借记"长期债券投资（成本）"科目，按照支付的价款中包含的已到付息期但尚未领取的利息，借记"应收利息"科目，按照实际支付的金额，贷记"银行存款"等科目。相关会计核算举例参阅【例 5-51】【例 5-52】。

（2）长期债券投资持有期间，应当按期以票面金额与票面利率计算确认利息收入。如为到期一次还本付息的债券投资，借记"长期债券投资（应计利息）"科目，贷记"投资收益"科目；如为分期付息、到期一次还本的债券投资，借记"应收利息"科目，贷记"投资收益"科目。相关会计核算举例参阅【例 5-15】。

（3）按规定出售或到期收回长期债券投资，应当将实际收到的价款扣除长期债券投资账面余额和相关税费后的差额计入投资损益。到期收回长期债券投资，按照实际收到的金额，借记"银行存款"科目，按照长期债券投资的账面余额，贷记"长期债券投资"科目，按照相关应收利息金额，贷记"应收利息"科目，按照其差额，贷记"投资收益"科目。对外出售长期债券投资，按照实际收到的金额，借记"银行存款"科目，按照长期债券投资的账面余额，贷记"长期债券投资"科目，按照已记入"应收利息"科目但尚未收取的金额，贷记"应收利息"科目，按照其差额，贷记或借记"投资收益"科目。涉及增值税业务的，相关账务处理参见"应交增值税"科目。

【例 5-78】 事业单位某航空高科技研究所持有的到期一次还本付息 5 年期国债到期，收到本息共计 750 000 元存入银行，"长期债券投资——应计利息"科目账面余额 120 000 元，"长期债券投资——成本"科目账面余额 600 000 元。

```
借：银行存款                                  750 000
    贷：长期债券投资——应计利息                         120 000
              ——成本——5年期国债                    600 000
        投资收益                                    30 000
```

7. 长期股权投资

事业单位长期股权投资的账务处理，主要包括取得长期股权投资、长期股权投资持有期间的处理（权益法或成本法）、处置长期股权投资等环节。

（1）长期股权投资在取得时，应当按照其实际成本作为初始投资成本。取得方式包括外购、无偿调入、接受捐赠等。按照确定的成本，借记"长期股权投资"科目或"长期股权投资（成本）"科目等，按照支付的价款中包含的已宣告但尚未发放的现金股利，借记"应收股利"科目，按照实际支付的全部价款等，贷记"银行存款""无偿调拨净资产""捐赠收入"等科目。相关会计核算举例参阅【例 5-49】【例 5-50】。

（2）长期股权投资持有期间，通常应当采用权益法进行核算。权益法是指投资最初以投资成本计量，以后根据事业单位在被投资单位所享有的所有者权益份额的变动对投资的账面余额进行调整的方法。按照事业单位应享有或应分担的被投资单位实现的净损益的份额,借记或贷记"长期股权投资——损益调整"科目,贷记或借记"投资收益"科目。相关会计核算举例参阅【例 5-16】。

(3) 事业单位无权决定被投资单位的财务和经营政策或无权参与被投资单位的财务和经营政策决策的,应当采用成本法进行核算。成本法是指投资按照投资成本计量的方法。被投资单位宣告分派现金股利或利润时,按照宣告分派的现金股利或利润中属于事业单位应享有的份额,借记"应收股利"科目,贷记"投资收益"科目。

(4) 事业单位按规定报经批准处置长期股权投资,应当区分长期股权投资取得方式分别进行处理。① 处置以现金取得的长期股权投资,按照实际取得的价款,借记"银行存款"等科目,按照被处置长期股权投资的账面余额,贷记"长期股权投资"科目或"长期股权投资(成本)"科目,按照尚未领取的现金股利或利润,贷记"应收股利"科目,按照发生的相关税费等支出,贷记"银行存款"等科目,按照借贷方差额,借记或贷记"投资收益"科目。② 处置以现金以外的其他资产取得的长期股权投资,按照被处置长期股权投资的账面余额,借记"资产处置费用"科目,贷记"长期股权投资"科目或"长期股权投资(成本)"科目;同时,按照实际取得的价款,借记"银行存款"等科目,按照尚未领取的现金股利或利润,贷记"应收股利"科目,按照发生的相关税费等支出,贷记"银行存款"等科目,按照贷方差额,贷记"应缴财政款"科目。按照规定将处置时取得的投资收益纳入本单位预算管理的,应当按照所取得价款大于被处置长期股权投资账面余额、应收股利账面余额和相关税费支出合计的差额,贷记"投资收益"科目。③ 采用权益法核算的长期股权投资的处置,除进行上述账务处理外,还应结转原直接计入净资产的相关金额,借记或贷记"权益法调整"科目,贷记或借记"投资收益"科目。

【例 5-79】 事业单位某航空高科技研究所去年以结余现金资金在证券市场购买 G 公司股票。现出售其所持有的 G 公司部分股票,处置前后长期股权投资核算均采用权益法,出售股票取得价款 835 700 元,相关税费 5 000 元以银行存款支付,长期股权投资的账面余额 714 200 元,直接计入净资产的相关"权益法调整"科目贷方余额 20 000 元。

借:银行存款　　　　　　　　　　　　　　　　　　835 700
　　贷:长期股权投资——G 公司　　　　　　　　　714 200
　　　　银行存款　　　　　　　　　　　　　　　　　5 000
　　　　投资收益　　　　　　　　　　　　　　　　 116 500
借:权益法调整　　　　　　　　　　　　　　　　　 20 000
　　贷:投资收益　　　　　　　　　　　　　　　　　20 000

8. 文物文化资产

文物文化资产的账务处理,主要包括取得文物文化资产、处置文物文化资产、清查盘点文物文化资产等环节。文物文化资产不计提折旧。

(1) 文物文化资产在取得时,应当按照其成本入账。取得方式包括外购、无偿调入、接受捐赠等。按照确定的成本,借记"文物文化资产"科目,贷记"财政拨款收入""银行存款""无偿调拨净资产""捐赠收入"等科目。

(2) 按照规定报经批准对外捐赠、无偿调出文物文化资产时,应当将文物文化资产的账面价值予以转销,发生的相关费用计入当期费用,借记"资产处置费用""无偿调拨净资产"等科目,贷记"文物文化资产"等科目。

(3) 行政事业单位应当定期对文物文化资产进行清查盘点,每年至少盘点一次。对于发生的文物文化资产盘盈、盘亏、毁损或报废等,应当先记入"待处理财产损溢"科目,按照规定报经批准后及时进行后续账务处理。盘盈的文物文化资产,按照确定的入账成本,借记"文物文化资产"科目,贷记"待处理财产损溢"科目。盘盈的文物文化资产成本无法可靠取得的,行政事业单位应当设置备查簿进行登记,待成本确定后按照规定及时入账。盘亏、毁损或报废的文物文化资产,按照待处置文物文化资产的账面价值,借记"待处理财产损溢"科目,贷记"文物文化资产"科目。

【例5-80】 事业单位某艺术展览馆接受某画家捐赠的一幅画作,该画家的画作在市场上交易活跃,其所捐赠的画作估计市价为 60 000 元。以银行存款支付举办捐赠仪式相关费用 2 000 元。编制财务会计分录:

借:文物文化资产　　　　　　　　　　　　　　　　62 000
　　贷:捐赠收入　　　　　　　　　　　　　　　　　　　　60 000
　　　　银行存款　　　　　　　　　　　　　　　　　　　　 2 000

9. 公共基础设施

公共基础设施的账务处理,主要包括取得公共基础设施、计提公共基础设施折旧和摊销、处置公共基础设施、清查盘点公共基础设施等环节。

(1) 公共基础设施在取得时,应当按照其成本入账。取得方式包括自行建造、接受捐赠、无偿调入、外购等。按照确定的成本,借记"公共基础设施"科目,贷记"在建工程""捐赠收入""无偿调拨净资产""财政拨款收入""银行存款"等科目。

(2) 行政事业单位应当对公共基础设施计提折旧,对确认为公共基础设施的单独计价入账的土地使用权计提摊销。公共基础设施应计提的折旧、摊销总额为其成本,计提公共基础设施折旧时不考虑预计净残值。借记"业务活动费用"科目,贷记"公共基础设施累计折旧(摊销)"科目。

(3) 按规定报经批准无偿调出、对外捐赠公共基础设施时,应当将公共基础设施的账面价值予以转销,无偿调出、对外捐赠中发生的归属于调出方、捐出方的相关费用应当计入当期费用,借记"资产处置费用""无偿调拨净资产""公共基础设施累计折旧(摊销)"等科目,贷记"公共基础设施"科目。

(4) 行政事业单位应当定期对公共基础设施进行清查盘点,对于发生的公共基础设施盘盈、盘亏、毁损或报废,应当先记入"待处理财产损溢"科目,按照规定报经批准后及时进行后续账务处理。盘盈的公共基础设施,其成本按照有关凭据注明的金额确定;没有相关凭据,但按照规定经过资产评估的,其成本按照评估价值确定;没有相关凭据,也未经过评估的,其成本按照重置成本确定。盘盈的公共基础设施成本无法可靠取得的,行政事业单位应当设置备查簿进行登记,待成本确定后按照规定及时入账。盘盈的公共基础设施,按照确定的入账成本,借记"公共基础设施"科目,贷记"待处理财产损溢"科目。盘亏、毁损或报废的公共基础设施,按照待处置公共基础设施的账面价值,借记"待处理财产损溢"科目,按照已计提折旧或摊销,借记"公共基础设施累计折旧(摊销)"科目,按照公共基础设施的账面余额,贷记"公共基础设施"科目。

【例 5-81】 某行政单位与市政建设部门办理移交手续，一处公园由该单位负责维护管理，其原账面价值为 50 000 000 元。

借：公共基础设施——公园　　　　　　　　　　　　50 000 000
　　贷：无偿调拨净资产　　　　　　　　　　　　　　　　　　50 000 000

10. 政府储备物资

政府储备物资的账务处理，主要包括取得政府储备物资、发出政府储备物资、清查盘点政府储备物资等环节。

（1）政府储备物资取得时，应当按照其成本入账。取得方式包括购入、委托加工、接受捐赠、无偿调入等。按照确定的成本，借记"政府储备物资"科目，贷记"财政拨款收入""银行存款""加工物品""捐赠收入""无偿调拨净资产"等科目。

（2）行政事业单位应当根据实际情况采用先进先出法、加权平均法或者个别计价法确定政府储备物资发出的成本。因动用而发出无需收回的政府储备物资的，行政事业单位应当在发出物资时将其账面余额予以转销，计入当期费用，借记"业务活动费用"科目，贷记"政府储备物资"科目。因动用而发出需要收回或者预期可能收回的政府储备物资的，在发出物资时，按照发出物资的账面余额，借记"政府储备物资（发出）"科目，贷记"政府储备物资（在库）"科目；按照规定的质量验收标准收回物资时，按照收回物资原账面余额，借记"政府储备物资（在库）"科目，按照未收回物资的原账面余额，借记"业务活动费用"科目，按照物资发出时登记在本科目所属"发出"明细科目中的余额，贷记"政府储备物资（发出）"科目。

（3）行政事业单位应当定期对政府储备物资进行清查盘点，每年至少盘点一次。对于发生的政府储备物资盘盈、盘亏或者报废、毁损，应当先记入"待处理财产损溢"科目，按照规定报经批准后及时进行后续账务处理。盘盈的政府储备物资，按照确定的入账成本，借记"政府储备物资"科目，贷记"待处理财产损溢"科目。盘亏或者毁损、报废的政府储备物资，按照待处理政府储备物资的账面余额，借记"待处理财产损溢"科目，贷记"政府储备物资"科目。

【例 5-82】 行政单位某卫生防疫中心为应对突发性公共卫生事件购入一批应急救援医疗物资，价款共计 160 000 元，通过国库支付执行机构使用本年度一般公共预算指标支付，物资已经交付并验收入库。

借：政府储备物资——应急救援医疗物资　　　　　160 000
　　贷：财政拨款收入——一般公共预算财政拨款　　　　　　160 000

11. 保障性住房

保障性住房的账务处理，主要包括取得保障性住房、出租保障性住房、计提保障性住房折旧、处置保障性住房等环节。

（1）保障性住房在取得时，应当按其成本入账。取得方式包括外购、自行建造、无偿调入、接受捐赠、融资租赁等。按照确定的成本，借记"保障性住房"科目，贷记"财政拨款收入""银行存款""在建工程""无偿调拨净资产""捐赠收入"等科目。

（2）按照规定出租保障性住房，收取的出租收入应当上缴同级财政，按照收取的租金金额，借记"银行存款"等科目，贷记"应缴财政款"科目。

(3) 行政事业单位应当参照固定资产折旧的相关规定，按月对保障性住房计提折旧，借记"业务活动费用"科目，贷记"保障性住房累计折旧"科目。

(4) 报经批准处置保障性住房时，应当将保障性住房的账面价值予以转销，按照所处置保障性住房的账面价值，借记"资产处置费用""无偿调拨净资产""待处理财产损溢"等科目，按照已计提折旧，借记"保障性住房累计折旧"科目，按照保障性住房的账面余额，贷记"保障性住房"科目。

【例5-83】 某市住房保障中心自行建造3栋保障性住房，在建工程成本87 546 200元，工程完工，验收合格后交付使用。

借：保障性住房　　　　　　　　　　　　　　　　87 546 200
　　贷：在建工程　　　　　　　　　　　　　　　　　　　　87 546 200

12. 受托代理资产

(1) 受托转赠物资。接受委托人委托需要转赠给受赠人的物资，其成本按照有关凭据注明的金额确定，借记"受托代理资产"科目，贷记"受托代理负债"科目；将受托转赠物资交付受赠人时，将受托转赠物资的账面余额予以转销做相反记录。

(2) 受托存储保管物资。接受委托人委托存储保管的物资，其成本按照有关凭据注明的金额确定，借记"受托代理资产"科目，贷记"受托代理负债"科目；根据委托人要求交付或发出受托存储保管的物资时，将受托存储保管物资的账面余额予以转销做相反记录。

(3) 罚没物资。取得罚没物资时，其成本按照有关凭据注明的金额确定，借记"受托代理资产"科目，贷记"受托代理负债"科目；罚没物资成本无法可靠确定的，行政事业单位应当设置备查簿进行登记；按照规定处置或移交罚没物资时，将罚没物资的账面余额予以转销，借记"受托代理负债"科目，贷记"受托代理资产"科目，处置时取得的款项应上缴同级财政，按照实际取得的款项金额，借记"银行存款"等科目，贷记"应缴财政款"等科目。

【例5-84】 某市民政局接受民营企业家委托，将一批价值600 000元的家用电器和现款1 000 000元转赠给城市低收入家庭，用于帮助其改善生活条件。

(1) 收到家用电器和现款时，

借：受托代理资产——家用电器　　　　　　　　　600 000
　　银行存款——受托代理存款　　　　　　　　　1 000 000
　　贷：受托代理负债　　　　　　　　　　　　　　　　　1 600 000

(2) 转赠家用电器和现款时，

借：受托代理负债　　　　　　　　　　　　　　　1 600 000
　　贷：受托代理资产——家用电器　　　　　　　　　　　600 000
　　　　银行存款——受托代理存款　　　　　　　　　　1 000 000

第五章 行政事业单位财务会计实务

第五节 行政事业单位的负债核算

行政事业单位的负债是指行政事业单位过去的经济业务或者事项形成的,预期会导致经济资源流出行政事业单位的现时义务。现时义务则是指行政事业单位在现行条件下已承担的义务。未来发生的经济业务或者事项形成的义务不属于现时义务,不应当确认为负债。

行政事业单位的负债按照流动性,分为流动负债、非流动负债和受托代理负债。流动负债是指预计在1年内(含1年)偿还的负债,包括短期借款、应交增值税、其他应交税费、应缴财政款、应付职工薪酬、应付票据、应付账款、应付政府补贴款、应付利息、预收账款、其他应付款、预提费用等。非流动负债是指流动负债以外的负债,包括长期借款、长期应付款、预计负债等。受托代理负债是政府单位接受委托取得受托代理资产时形成的负债。

5-7 知识扩展

一、借入款项的核算

借入款项是事业单位为满足业务发展的资金需要,经批准可以向银行或其他金融机构取得借款,以弥补事业经费的不足。借入款项包括短期借款和长期借款,均为事业单位设置的会计科目,行政单位不得违反规定举借债务。

(一) 概念

1. 短期借款

短期借款是事业单位的经批准向银行或其他金融机构等借入的期限在1年内(含1年)的各种借款。

2. 长期借款

长期借款是事业单位的经批准向银行或其他金融机构等借入的期限超过1年(不含1年)的各种借款。

(二) 账户设置

1. 短期借款

设置"短期借款"科目,核算事业单位经批准向银行或其他金融机构等借入的期限在1年内(含1年)的各种借款。本科目应当按照债权人和借款种类进行明细核算。本科目期末贷方余额,反映事业单位尚未偿还的短期借款本金。

2. 长期借款

设置"长期借款"科目,核算事业单位经批准向银行或其他金融机构等借入的期限超过1年(不含1年)的各种借款本息。本科目应当设置"本金"和"应计利息"明细科目,并按照贷款单位和贷款种类进行明细核算。对于建设项目借款,还应按照具体项目进行明细核算。本科目期末贷方余额,反映事业单位尚未偿还的长期借款本息金额。为反映应支付的借款利息，事业单位设置"应付利息"科目，核算事业单位按照合同约定应支付的借款利息，包括短期借款、分期付息到期还本的长期借款等应支付的利息。

（三）主要账务处理

1. 短期借款

（1）借入各种短期借款时，按照实际借入的金额，借记"银行存款"科目，贷记"短期借款"科目。此外，银行承兑汇票到期，事业单位无力支付票款的，按照应付票据的账面余额，借记"应付票据"科目，贷记"短期借款"科目。

（2）归还短期借款时，借记"短期借款"科目，贷记"银行存款"科目。支付的短期借款利息通过"其他费用"科目核算。

【例5-85】 事业单位某航空高科技研究所经批准向中国工商银行××支行借入短期借款1 000 000元，借款期限3个月，年利率4%，款项已存入银行。

借：银行存款　　　　　　　　　　　　　　　　　　1 000 000
　　贷：短期借款——中国工商银行××支行　　　　　　　　　　1 000 000

【例5-86】 接【例5-85】，航空高科技研究所到期归还上述短期借款，并支付借款利息10 000元。

借：短期借款——中国工商银行××支行　　　　　　1 000 000
　　其他费用　　　　　　　　　　　　　　　　　　　　10 000
　　贷：银行存款　　　　　　　　　　　　　　　　　　　　　1 010 000

2. 长期借款

（1）借入长期借款的核算。事业单位借入各项长期借款时，按照实际借入的金额，借记"银行存款"科目，贷记"长期借款（本金）"科目。

（2）计提基建借款利息的核算。属于事业单位工程项目建设期间发生的利息，计入工程成本，按照计算确定的应支付的利息金额，借记"在建工程"科目，贷记"应付利息"科目。属于工程项目完工交付使用后发生的利息，计入当期费用，按照计算确定的应支付的利息金额，借记"其他费用"科目，贷记"应付利息"科目。

（3）计提其他长期借款利息的核算。事业单位按期计提其他长期借款的利息时，按照计算确定的应支付的利息金额，借记"其他费用"科目，贷记"应付利息"科目（分期付息、到期还本借款的利息）或"长期借款（应计利息）"科目（到期一次还本付息借款的利息）。

（4）归还长期借款本息的核算。实际支付应付利息时，按照支付的金额，借记"应付利息"或"长期借款（应计利息）"科目，贷记"银行存款"等科目。到期归还长期借款本金时，借记"长期借款（本金）"科目，贷记"银行存款"科目。

【例5-87】 事业单位某航空大学为购买一台大型实验教学设备（需安装）与中国工商银行××支行发生如下长期借款业务：① 借入长期借款5 000 000元，期限18个月，年利率4.8%，一次性还本付息，款已到账。② 该设备尚未安装完成，建设期每个月计提长期借款利息20 000元。③ 实际建设期15个月后，该设备安装完成并投入使用，计提其余 3 个月每个月长期借款利息 20 000 元。④ 到期归还长期借款本息 5 360 000 元，通过国库支付执行机构使用本年度一般公共预算指标支付。

(1) 借入长期借款时，

借：银行存款　　　　　　　　　　　　　　　5 000 000
　　贷：长期借款——本金　　　　　　　　　　　　　　　5 000 000

(2) 建设期 15 个月，每个月计提长期借款利息时，

借：在建工程　　　　　　　　　　　　　　　　20 000
　　贷：长期借款——应计利息　　　　　　　　　　　　　　20 000

(3) 完工交付使用后每个月计提长期借款的利息时，

借：其他费用　　　　　　　　　　　　　　　　20 000
　　贷：长期借款——应计利息　　　　　　　　　　　　　　20 000

(4) 到期归还长期借款本息，

借：长期借款——本金　　　　　　　　　　　5 000 000
　　长期借款——应计利息　　　　　　　　　　360 000
　　贷：财政拨款收入——一般公共预算财政拨款　　　　　5 360 000

 二、应付及预收款项的核算

应付及预收款项是行政事业单位在与其他单位及个人之间由于购买商品、接受劳务，或其他结算关系形成的待结算债务款项，主要包括应付账款、应付票据、预收账款、应付职工薪酬、应付政府补贴款、其他应付款、长期应付款等。其中，应付政府补贴款是行政单位设置的会计科目，应付票据、预收账款是事业单位设置的会计科目，其他各会计科目是行政单位与事业单位共用科目。

(一) 概念

1. 应付账款

应付账款是行政事业单位因购买物资、接受服务、开展工程建设等而应付的偿还期限在 1 年以内（含 1 年）的款项。

2. 应付票据

应付票据是事业单位因购买材料、物资等而开出、承兑的商业汇票，包括银行承兑汇票和商业承兑汇票。

3. 预收账款

预收账款是事业单位预先收取但尚未结算的款项，通常是指事业单位提供产品或服务之前收取的款项。

4. 应付职工薪酬

应付职工薪酬是行政事业单位按照有关规定应付给职工（含长期聘用人员）及为职工支付的各种薪酬，包括基本工资、国家统一规定的津贴补贴、规范津贴补贴（绩效工资）、改革性补贴、社会保险费、住房公积金等。

5. 应付政府补贴款

应付政府补贴款是行政单位按照规定应当支付给政府补贴接受者的各种政府补贴款。

政府补贴接受者可以是个人，也可以是企事业单位、非营利组织等。

6. 其他应付款

其他应付款是行政事业单位的其他各项偿还期限在 1 年内（含 1 年）的应付及暂收款项，如收取的押金、存入保证金、已经报销但尚未偿还银行的本单位公务卡欠款等。

7. 长期应付款

长期应付款是行政事业单位发生的偿还期限超过 1 年（不含 1 年）的应付款项，如以融资租赁方式取得固定资产应付的租赁费、购入固定资产扣留质量保证金等。

（二）账户设置

1. 应付账款

设置"应付账款"科目，核算行政事业单位因购买物资、接受服务、开展工程建设等而应付的偿还期限在 1 年以内（含 1 年）的款项。本科目应当按照债权人进行明细核算。对于建设项目，还应设置"应付器材款""应付工程款"等明细科目，并按照具体项目进行明细核算。本科目期末贷方余额，反映单位尚未支付的应付账款金额。

2. 应付票据

设置"应付票据"科目，核算事业单位因购买材料、物资等而开出、承兑的商业汇票，包括银行承兑汇票和商业承兑汇票。本科目期末贷方余额，反映事业单位开出、承兑的尚未到期的应付票据金额。事业单位应当设置"应付票据备查簿"，详细登记每一应付票据的种类、号数、出票日期、到期日、票面金额、交易合同号、收款人姓名或单位名称，以及付款日期和金额等。应付票据到期结清票款后，应当在备查簿内逐笔注销。本科目应当按照债权人进行明细核算。

3. 预收账款

设置"预收账款"科目，核算事业单位预先收取但尚未结算的款项。本科目应当按照债权人进行明细核算。本科目期末贷方余额，反映事业单位预收但尚未结算的款项金额。

4. 应付职工薪酬

设置"应付职工薪酬"科目，核算行政事业单位按照有关规定应付给职工（含长期聘用人员）及为职工支付的各种薪酬。本科目应当根据国家有关规定按照"基本工资"（含离退休费）、"国家统一规定的津贴补贴"、"规范津贴补贴"（绩效工资）、"改革性补贴"、"社会保险费"、"住房公积金"、"其他个人收入"等进行明细核算。其中，"社会保险费""住房公积金"明细科目核算内容包括单位从职工工资中代扣代缴的社会保险费、住房公积金，以及单位为职工计算缴纳的社会保险费、住房公积金。本科目期末贷方余额，反映单位应付未付的职工薪酬。

5. 应付政府补贴款

设置"应付政府补贴款"科目，核算负责发放政府补贴的行政单位按照规定应当支付给政府补贴接受者的各种政府补贴款。本科目应当按照应支付的政府补贴种类进行明细核算。单位还应当根据需要按照补贴接受者进行明细核算，或者建立备查簿对补贴接受者予以登记。本科目期末贷方余额，反映行政单位应付未付的政府补贴金额。

5-8 知识扩展

6. 其他应付款

设置"其他应付款"科目，核算行政事业单位其他各项偿还期限在1年内（含1年）的应付及暂收款项，如收取的押金、存入保证金、已经报销但尚未偿还银行的本单位公务卡欠款等。同级政府财政部门预拨的下期预算款和没有纳入预算的暂付款项，以及采用实拨资金方式通过本单位转拨给下属单位的财政拨款，也通过本科目核算。本科目应当按照其他应付款的类别以及债权人等进行明细核算。本科目期末贷方余额，反映单位尚未支付的其他应付款金额。

7. 长期应付款

设置"长期应付款"科目，核算行政事业单位发生的偿还期限超过1年（不含1年）的应付款项，如以融资租赁方式取得固定资产应付的租赁费、购入固定资产扣留质量保证金等。本科目应当按照长期应付款的类别以及债权人进行明细核算。本科目期末贷方余额，反映单位尚未支付的长期应付款金额。

（三）主要账务处理

1. 应付账款

（1）发生应付账款的核算。行政事业单位收到所购材料、物资、设备或服务以及确认完成工程进度但尚未付款时，根据发票及账单等有关凭证，按照应付未付款项的金额，借记"库存物品""固定资产""在建工程"等科目，贷记"应付账款"科目。应付款项包含的增值税进项税，通过"应交增值税"科目核算。

（2）偿付账款的核算。行政事业单位偿付应付账款时，按照实际支付的金额，借记"应付账款"科目，贷记"财政拨款收入""银行存款"等科目。无法偿付或债权人豁免偿还的应付账款，应当按照规定报经批准后进行账务处理。经批准核销时，借记"应付账款"科目，贷记"其他收入"科目。

【例5-88】事业单位某航空大学向八一粉笔有限公司购买微尘粉笔一批，采购成本200 000元，增值税26 000元，共计226 000元，材料已经入库，款项尚未支付。

借：库存物品——微尘粉笔　　　　　　　　　226 000
　　贷：应付账款——八一粉笔有限公司　　　　　　　　226 000

【例5-89】接【例5-88】，航空大学通过国库支付执行机构使用本年度一般公共预算指标支付上述购买材料所欠款项226 000元。

借：应付账款——八一粉笔有限公司　　　　　226 000
　　贷：财政拨款收入——一般公共预算财政拨款　　　　226 000

2. 应付票据

（1）开出、承兑商业汇票的核算。事业单位开出、承兑商业汇票时，借记"库存物品""固定资产"等科目，贷记"应付票据"科目。涉及增值税业务的，相关账务处理参见"应交增值税"科目。以商业汇票抵付应付账款时，借记"应付账款"科目，贷记"应付票据"科目。

（2）支付银行承兑汇票的手续费的核算。事业单位支付银行承兑汇票的手续费时，借记"业务活动费用""经营费用"等科目，贷记"银行存款"等科目。

(3) 商业汇票到期的核算。商业汇票到期时，事业单位应当分别以下情况处理：① 收到银行支付到期票据的付款通知时，借记"应付票据"科目，贷记"银行存款"科目。② 银行承兑汇票到期，事业单位无力支付票款的，按照应付票据账面余额，借记"应付票据"科目，贷记"短期借款"科目。③ 商业承兑汇票到期，事业单位无力支付票款的，按照应付票据账面余额，借记"应付票据"科目，贷记"应付账款"科目。

【例5-90】 事业单位某航空高科技研究所开出一张期限60天、金额为88 000元的银行承兑汇票，用于购买实验用材料，材料已验收入库。

  借：库存物品   88 000
   贷：应付票据   88 000

【例5-91】 接【例5-90】，航空高科技研究所收到银行支付到期票据的付款通知，到期的银行承兑汇票88 000元和银行承兑汇票的手续费600元，均以银行存款支付。

  借：应付票据   88 000
    业务活动费用   600
   贷：银行存款   88 600

3. 预收账款

(1) 预收款项的核算。事业单位从付款方预收款项时，按照实际预收的金额，借记"银行存款"等科目，贷记"预收账款"科目。

(2) 确认收入的核算。事业单位根据合同完成进度确认有关收入时，按照预收账款账面余额，借记"预收账款"科目，按照应确认的收入金额，贷记"事业收入""经营收入"等科目，按照付款方补付或退回付款方的金额，借记或贷记"银行存款"等科目。预收款项包含的增值税销项税，通过"应交增值税"科目核算。

【例5-92】 事业单位某航空高科技研究所按合同规定，预先向远航公司收取专业业务服务款项90 000元，款项已经存入研究所的银行账户。

  借：银行存款   90 000
   贷：预收账款——远航公司   90 000

【例5-93】 接【例5-92】，航空高科技研究所按合同规定，向远航公司提供了相关服务，应确认事业收入92 000元，差额2 000元已经通过开户银行收到。

  借：预收账款——远航公司   90 000
    银行存款   2 000
   贷：事业收入   92 000

4. 应付职工薪酬

(1) 计算确认当期应付职工薪酬的核算。行政事业单位计提从事专业及其辅助活动人员的职工薪酬（含单位为职工计算缴纳的社会保险费、住房公积金），借记"业务活动费用""单位管理费用"等科目，贷记"应付职工薪酬"科目。计提应由在建工程、加工物品、自行研发无形资产负担的职工薪酬，计入相应的资产成本中。

(2) 向职工支付薪酬的核算。向职工支付工资、津贴补贴等薪酬时，按照实际支付的金额，借记"应付职工薪酬"科目，贷记"财政拨款收入""银行存款"等科目。

(3) 代扣款项的核算。按照税法规定代扣职工个人所得税时，借记"应付职工薪酬（基本工资）"科目，贷记"其他应交税费——应交个人所得税"科目。从应付职工薪酬中代扣为职工垫付的水电费、房租等费用时，按照实际扣除的金额，借记"应付职工薪酬（基本工资）"科目，贷记"其他应收款"科目。从应付职工薪酬中代扣社会保险费和住房公积金，按照代扣的金额，借记"应付职工薪酬（基本工资）"科目，贷记"应付职工薪酬（社会保险费、住房公积金）"科目。

(4) 缴纳职工社会保险费和住房公积金的核算。按照国家有关规定缴纳职工社会保险费和住房公积金时，按照实际支付的金额，借记"应付职工薪酬（社会保险费、住房公积金）"科目，贷记"财政拨款收入""银行存款"等科目。

(5) 从应付职工薪酬中支付其他款项的核算。从应付职工薪酬中支付的其他款项，借记"应付职工薪酬"科目，贷记"银行存款"等科目。

【例 5-94】 某行政单位计算并发放本月业务人员的职工薪酬，发生如下业务。① 月末，计算本月应付业务人员的职工薪酬，基本工资 2 350 000 元，各项津贴补贴（包括国家统一规定的津贴补贴、规范津贴补贴、改革性补贴）650 000 元，社会保险费 750 000 元（单位承担部分），住房公积金 360 000 元（单位承担部分），其他个人收入 150 000 元。② 工资发放日，向职工支付本月工资、津贴补贴等薪酬。应由职工承担的个人所得税 85 000 元、社会保险费 145 000 元、住房公积金 360 000 元，扣除个人所得税、社会保险费、住房公积金，本月实际支付职工工资、津贴补贴、其他个人收入共计 2 560 000 元，款项已经通过国库支付执行机构使用本年度一般公共预算指标支付转入职工个人工资卡账户。③ 通过国库支付执行机构使用本年度一般公共预算指标，缴纳职工个人所得税 85 000 元，缴纳由单位和职工承担的社会保险费 895 000 元，缴纳由单位和职工承担的住房公积金 720 000 元。

(1) 借：业务活动费用　　　　　　　　　　　　　　　　　4 260 000
　　　贷：应付职工薪酬——基本工资　　　　　　　　　　　　2 350 000
　　　　　　　　　　　——各项津贴补贴　　　　　　　　　　　　650 000
　　　　　　　　　　　——社会保险费（单位承担部分）　　　　750 000
　　　　　　　　　　　——住房公积金（单位承担部分）　　　　360 000
　　　　　　　　　　　——其他个人收入　　　　　　　　　　　150 000

(2) 借：应付职工薪酬——基本工资　　　　　　　　　　　2 350 000
　　　　　　　　　　　——各项津贴补贴　　　　　　　　　　　650 000
　　　　　　　　　　　——其他个人收入　　　　　　　　　　　150 000
　　　贷：财政拨款收入——一般公共预算财政拨款　　　　　　2 560 000
　　　　　其他应交税费——应交个人所得税　　　　　　　　　　85 000
　　　　　应付职工薪酬——社会保险费（职工承担部分）　　　145 000
　　　　　　　　　　　——住房公积金（职工承担部分）　　　　360 000

(3) 借：其他应交税费——应交个人所得税　　　　　　　　　　85 000
　　　　应付职工薪酬——社会保险费（单位承担部分）　　　　750 000

——社会保险费（职工承担部分）	145 000
——住房公积金（单位承担部分）	360 000
——住房公积金（职工承担部分）	360 000
贷：财政拨款收入——一般公共预算财政拨款	1 700 000

5. 应付政府补贴款

应付政府补贴款的账务处理，主要包括发生应付政府补贴款和支付应付政府补贴款两个环节。

（1）发生应付政府补贴时，行政单位按照规定计算确定的应付政府补贴金额，借记"业务活动费用"科目，贷记"应付政府补贴款"科目。

（2）行政单位支付应付政府补贴款时，按照支付金额，借记"应付政府补贴款"科目，贷记"银行存款"等科目。

【例 5-95】 某市教育局负责向公益民办学校发放政府补贴，某新设立的公益民办学校共有 1000 个学位，按规定每个学位政府给予一次性补助 950 元。① 计算确定应付的政府补贴款为 950 000 元。② 通过国库支付执行机构使用本年度政府性基金预算指标，向某公益民办学校支付补贴款 950 000 元。

（1）借：业务活动费用　　　　　　　　　　　　　　　950 000
　　　　贷：应付政府补贴款——民办学校学位补贴款　　　　　　950 000
（2）借：应付政府补贴款——民办学校学位补贴款　　　950 000
　　　　贷：财政拨款收入——政府性基金预算财政拨款　　　　　950 000

6. 其他应付款

其他应付款的账务处理，主要包括发生其他应付款和支付、归还或转销其他应付款两个环节。

（1）行政事业单位发生其他应付及暂收款项时，借记"银行存款"等科目，贷记"其他应付款"科目。

（2）行政事业单位支付（或退回）其他应付及暂收款项时，借记"其他应付款"科目，贷记"银行存款"等科目。将暂收款项转为收入时，借记"其他应付款"科目，贷记"事业收入""财政拨款收入"等科目。

【例 5-96】 某事业单位代订阅杂志和报纸，预收款项 7 560 元，款项存入银行。

借：银行存款　　　　　　　　　　　　　　　　　　　7 560
　　贷：其他应付款——书报费　　　　　　　　　　　　　　　　7 560

【例 5-97】 某事业单位向建设项目中标人以外的中标候选人退还投标保证金 927 000 元，以银行存款支付。

借：其他应付款——投标保证金　　　　　　　　　　927 000
　　贷：银行存款　　　　　　　　　　　　　　　　　　　　　　927 000

7. 长期应付款

长期应付款的账务处理，主要包括发生长期应付款和支付长期应付款两个环节。

（1）行政事业单位发生长期应付款时，借记"固定资产""在建工程"等科目，贷记"长期应付款"科目。

（2）行政事业单位支付长期应付款时，按照实际支付的金额，借记"长期应付款"科目，贷记"财政拨款收入""银行存款"等科目。无法偿付或债权人豁免偿还的长期应付款，按照规定报经批准核销时，借记"长期应付款"科目，贷记"其他收入"科目。

【例 5-98】 事业单位某航空高科技研究所根据业务发展的需要，以分期付款方式购入实验设备一台。根据购买合同，实验设备价款为 1 650 000 元，设备款分 3 年支付。① 收到实验设备，该设备不需要安装，已通过验收。依据购买合同，通过国库支付执行机构使用本年度政府性基金预算指标支付实验设备的第一笔款项 550 000 元。② 第二年，使用当年度政府性基金预算指标支付实验设备的第二笔款项 550 000 元。③ 第三年，使用当年度政府性基金预算指标支付实验设备的第三笔款项 550 000 元。

(1) 借：固定资产——实验设备　　　　　　　　　1 650 000
　　　贷：财政拨款收入——政府性基金预算财政拨款　　　　550 000
　　　　　长期应付款——实验设备款　　　　　　　　　1 100 000
(2) 借：长期应付款——实验设备款　　　　　　　　550 000
　　　贷：财政拨款收入——政府性基金预算财政拨款　　　　550 000
(3) 借：长期应付款——实验设备款　　　　　　　　550 000
　　　贷：财政拨款收入——政府性基金预算财政拨款　　　　550 000

三、应交（缴）款项的核算

应交（缴）款项是行政事业单位承担纳税义务应上交税务机关的税款，以及取得的按规定应上缴财政的款项，包括应交增值税、其他应交税费和应缴财政款。

（一）概念

1. 应交增值税

应交增值税是行政事业单位按照税法规定应缴纳的增值税。行政事业单位承担管理职能，为社会提供公益性服务，通常不需要缴纳增值税，但有销售材料、提供应税服务、处置不动产等业务或事项，一般应当缴纳增值税。

2. 其他应交税费

其他应交税费是行政事业单位按照税法等规定应缴纳的除增值税以外的各种税费，包括城市维护建设税、教育费附加、地方教育费附加、车船税、房产税、城镇土地使用税和企业所得税等。

3. 应缴财政款

应缴财政款是行政事业单位取得或应收的按照规定应当上缴财政的款项，包括应缴国库的款项和应缴财政专户的款项。

（二）账户设置

1. 应交增值税

设置"应交增值税"科目，核算行政事业单位按照税法规定计算应缴纳的增值税。本科目期末贷方余额，反映行政事业单位应交未交的增值税；期末如为借方余额，反映单位尚未抵扣或多交的增值税。

(1) 属于增值税一般纳税人的行政事业单位，应当在本科目下设置"应交税金""未交税金""预交税金""待抵扣进项税额""待认证进项税额""待转销项税额""简易计税""转让金融商品应交增值税""代扣代交增值税"等明细科目。①"应交税金"明细账内应当设置"进项税额""已交税金""转出未交增值税""减免税款""销项税额""进项税额转出""转出多交增值税"等专栏。"进项税额"专栏，记录单位购进货物、加工修理修配劳务、服务、无形资产或不动产而支付或负担的，准予从当期销项税额中抵扣的增值税税额；"已交税金"专栏，记录单位当月已交纳的应交增值税税额；"转出未交增值税"和"转出多交增值税"专栏，分别记录一般纳税人月度终了转出当月应交未交或多交的增值税税额；"减免税款"专栏，记录单位按照现行增值税制度规定准予减免的增值税税额；"销项税额"专栏，记录单位销售货物、加工修理修配劳务、服务、无形资产或不动产应收取的增值税税额；"进项税额转出"专栏，记录单位购进货物、加工修理修配劳务、服务、无形资产或不动产等发生非正常损失以及其他原因而不应从销项税额中抵扣、按照规定转出的进项税额。②"未交税金"明细科目，核算单位月度终了从"应交税金"或"预交税金"明细科目转入当月应交未交、多交或预缴的增值税税额，以及当月交纳以前期间未交的增值税税额。③"预交税金"明细科目，核算单位转让不动产、提供不动产经营租赁服务等，以及其他按照现行增值税制度规定应预缴的增值税税额。④"待抵扣进项税额"明细科目，核算单位已取得增值税扣税凭证并经税务机关认证，按照现行增值税制度规定准予以后期间从销项税额中抵扣的进项税额。⑤"待认证进项税额"明细科目，核算单位由于未经税务机关认证而不得从当期销项税额中抵扣的进项税额，包括：一般纳税人已取得增值税扣税凭证并按规定准予从销项税额中抵扣，但尚未经税务机关认证的进项税额；一般纳税人已申请稽核但尚未取得稽核相符结果的海关缴款书进项税额。⑥"待转销项税额"明细科目，核算单位销售货物、加工修理修配劳务、服务、无形资产或不动产，已确认相关收入（或利得）但尚未发生增值税纳税义务而需于以后期间确认为销项税额的增值税税额。⑦"简易计税"明细科目，核算单位采用简易计税方法发生的增值税计提、扣减、预缴、缴纳等业务。⑧"转让金融商品应交增值税"明细科目，核算单位转让金融商品发生的增值税税额。⑨"代扣代交增值税"明细科目，核算单位购进在境内未设经营机构的境外单位或个人在境内的应税行为代扣代缴的增值税。

(2) 属于增值税小规模纳税人的行政事业单位只需在本科目下设置"转让金融商品应交增值税""代扣代交增值税"明细科目。

2. 其他应交税费

设置"其他应交税费"科目，核算行政事业单位按照税法等规定计算应缴纳的除增值税以外的各种税费，行政事业单位代扣代缴的个人所得税，也通过本科目核算。单位应缴纳的印花税不需要预提应交税费，不通过本科目核算，直接计入当期费用。本科目期末贷方余额，反映单位应交未交的除增值税以外的税费金额；期末如为借方余额，反映行政事业单位多缴纳的除增值税以外的税费金额。

3. 应缴财政款

设置"应缴财政款"科目，核算行政事业单位取得或应收的按照规定应当上缴财政的款项，包括应缴国库的款项和应缴财政专户的款项。如果应缴财政的款项不通过行政事业单位的账户汇集过渡，而是由缴款人直接缴入国库或财政专户，单位可以设置"应缴财政款备查登记簿"进行备查登记，不进行账务处理。按照国家税法等有关规定应当缴纳的各种税费，通过"应交增值税""其他应交税费"科目核算，不通过本科目核算。本科目应当按照应缴财政款项的类别进行明细核算。本科目期末贷方余额，反映行政事业单位应当上缴财政但尚未缴纳的款项。年终清缴后，本科目一般应无余额。

（三）主要账务处理

1. 应交增值税

（1）行政事业单位取得资产或接受劳务。① 对于增值税一般纳税人，行政事业单位购买用于增值税应税项目的资产或服务等时，如果采购等业务进项税额允许抵扣，按照应计入相关成本费用或资产的金额，借记"业务活动费用""库存物品""固定资产"等科目，按照当月已认证的可抵扣增值税额，借记"应交增值税（应交税金——进项税额）"科目，按照当月未认证的可抵扣增值税额，借记"应交增值税（待认证进项税额）"科目，按照应付或实际支付的金额，贷记"应付账款""应付票据""银行存款"等科目。② 对于增值税小规模纳税人，购买资产或服务等时不能抵扣增值税，发生的增值税计入资产成本或相关成本费用。

（2）行政事业单位销售资产或提供服务。① 对于增值税一般纳税人，行政事业单位销售货物或提供服务，应当按照应收或已收的金额，借记"应收账款""应收票据""银行存款"等科目，按照确认的收入金额，贷记"经营收入""事业收入"等科目，按照现行增值税制度规定计算的销项税额（或采用简易计税方法计算的应纳增值税额），贷记"应交增值税（应交税金——销项税额）"科目。② 对于增值税小规模纳税人，销售货物或提供服务的增值税销项税额通过"应交增值税"科目核算。

（3）行政事业单位缴纳增值税。① 对于增值税一般纳税人，行政事业单位缴纳当月应交的增值税，借记"应交增值税（应交税金——已交税金）"科目，贷记"银行存款"等科目。单位缴纳以前期间未交的增值税，借记"应交增值税（未交税金）"科目，贷记"银行存款"等科目。② 对于增值税小规模纳税人，行政事业单位缴纳当月应交或以前期间未交的增值税，借记"应交增值税"科目，贷记"银行存款"等科目。

【例5-99】事业单位某航空高科技研究所购入庚材料一批用于经营加工。庚材料不含税价格共计400 000元，增值税进项税额52 000元，价税共计45 2000元，通过银行转账支付。

（1）如属于增值税一般纳税人。

借：库存物品——庚材料　　　　　　　　　　　　　　　400 000
　　应交增值税——应交税金——进项税额　　　　　　　 52 000
　　贷：银行存款　　　　　　　　　　　　　　　　　　　　　　452 000

（2）如属于增值税小规模纳税人。

借：库存物品——庚材料　　　　　　　　　　　　　　　452 000
　　贷：银行存款　　　　　　　　　　　　　　　　　　　　　　452 000

【例5-100】 事业单位某航空高科技研究所经营业务销售用上述全部庚材料加工出来的商品，不含税价款共计 600 000 元，如属于增值税一般纳税人增值税税率为 13%，如属于增值税小规模纳税人征收率为 3%，价税款项尚未收到。

(1) 如属于增值税一般纳税人。

借：应收账款　　　　　　　　　　　　　　　　678 000
　　贷：经营收入　　　　　　　　　　　　　　　　　　　600 000
　　　　应交增值税——应交税金——销项税额　　　　　　78 000

(2) 如属于增值税小规模纳税人。

借：应收账款　　　　　　　　　　　　　　　　618 000
　　贷：经营收入　　　　　　　　　　　　　　　　　　　600 000
　　　　应交增值税　　　　　　　　　　　　　　　　　　18 000

【例5-101】 事业单位某航空高科技研究所本月只发生了【例5-99】【例5-100】增值税业务，如属于增值税一般纳税人本月应缴纳增值税 26 000 元，如属于增值税小规模纳税人本月应缴纳增值税 18 000 元，均通过银行转账支付。

(1) 如属于增值税一般纳税人。

借：应交增值税——应交税金——已交税金　　　26 000
　　贷：银行存款　　　　　　　　　　　　　　　　　　　26 000

(2) 如属于增值税小规模纳税人。

借：应交增值税　　　　　　　　　　　　　　　　18 000
　　贷：银行存款　　　　　　　　　　　　　　　　　　　18 000

2. 其他应交税费

其他应交税费的账务处理，主要包括发生缴纳税费义务和缴纳税费两个环节。

(1) 行政事业单位发生其他应交税费义务时，按照税法规定计算的应缴税费金额，借记"业务活动费用""单位管理费用""经营费用""所得税费用"等科目，贷记"其他应交税费"科目。

(2) 单位实际缴纳其他应交税费时，借记"其他应交税费"科目，贷记"财政拨款收入""银行存款"等科目。

【例5-102】 事业单位某航空高科技研究所的一幢房产对外出租按规定应当缴纳房产税。① 按照税法规定计算应缴房产税 2 000 元。② 通过银行转账实际缴纳上述房产税。

(1) 借：业务活动费用　　　　　　　　　　　　　　2 000
　　　　贷：其他应交税费——应缴房产税　　　　　　　　2 000

(2) 借：其他应交税费——应缴房产税　　　　　　　2 000
　　　　贷：银行存款　　　　　　　　　　　　　　　　　2 000

3. 应缴财政款

(1) 应缴国库款的核算。应缴国库款是指行政事业单位在业务活动中按规定取得的应缴入国库的预算款项。应缴国库款的内容主要包括纳入预算管理的政府性基金、行政事业性收费、没收财物变价款、无主财物变价款、赃款和赃物变价款、处置资产取得的应上缴财政的处置净收入,以及按照预算管理规定应上缴预算的其他款项。① 行政事业单位取得或应收按照规定应缴国库的款项时,借记"银行存款""应收账款"等科目,贷记"应缴财政款——应缴国库款"科目。单位处置资产取得应上缴国库的处置净收入时,借记"待处理财产损溢"等科目,贷记"应缴财政款——应缴国库款"科目。② 行政事业单位上缴国库的款项时,按照实际上缴的金额,借记"应缴财政款——应缴国库款"科目,贷记"银行存款"科目。

(2) 应缴财政专户款的核算。应缴财政专户款是指事业单位按规定收取的应上缴财政专户的各种款项。事业单位取得的纳入财政专户管理的资金,由财政部门建立的财政专户统一管理,实行"收支两条线"管理方式。收到各项收费时,必须上缴财政专户统一管理;使用这笔资金时,要向财政部门申请,经过审批后通过财政专户返还。① 事业单位取得或应收按照规定应缴财政专户的款项时,借记"银行存款""应收账款"等科目,贷记"应缴财政款——应缴财政专户款"科目。② 事业单位上缴财政专户款项时,按照实际上缴的金额,借记"应缴财政款——应缴财政专户款"科目,贷记"银行存款"科目。③ 收到从财政专户返还的事业收入时,按照实际收到的返还金额,借记"银行存款"等科目,贷记"事业收入"科目。

【例5-103】 行政单位某市商务局对某平台公司滥用市场支配地位的垄断行为进行处罚,决定按上一年度销售额的百分之三对其罚款1 800 000元。

(1) 罚没款项已经由缴款人缴入单位的银行账户。

借:银行存款　　　　　　　　　　　　　　　　　　1 800 000
　　贷:应缴财政款——应缴国库款　　　　　　　　　　　　1 800 000

(2) 将罚没的款项上缴国库。

借:应缴财政款——应缴国库款　　　　　　　　　　　1 800 000
　　贷:银行存款　　　　　　　　　　　　　　　　　　　　1 800 000

【例5-104】 一所公办小学是事业单位,其对学生托管收取的课后延时服务费纳入财政专户管理。① 应上缴财政专户的课后延时服务收费900 000元已经收到并存入该小学的银行账户。② 该小学按规定将上述款项缴入财政专户。③ 收到从财政专户返还的事业收入810 000元,款项已经下达到该小学的银行账户。

(1) 借:银行存款　　　　　　　　　　　　　　　　　900 000
　　　　贷:应缴财政款——应缴财政专户款　　　　　　　　　900 000

(2) 借:应缴财政款——应缴财政专户款　　　　　　　900 000
　　　　贷:银行存款　　　　　　　　　　　　　　　　　　　900 000

(3) 借:银行存款　　　　　　　　　　　　　　　　　810 000
　　　　贷:事业收入　　　　　　　　　　　　　　　　　　　810 000

四、其他各项负债的核算

其他各项负债,主要是指预计负债和受托代理负债。行政事业单位还设置了"预提费用""应付利息"等负债类科目,这些科目不再单独讲解。

（一）概念

1. 预计负债

预计负债是行政事业单位对因或有事项所产生的现时义务而确认的负债，如对未决诉讼等确认的负债。行政事业单位应当将与或有事项相关且同时满足以下两个条件的现时业务确认为预计负债：一是履行该义务很可能导致含有服务潜力或者经济利益的经济资源流出行政事业单位；二是该义务的金额能够可靠地计量。

2. 受托代理负债

受托代理负债是行政事业单位接受委托取得受托代理资产时形成的负债。通常，在确认受托代理资产增加或减少的同时，确认受托代理负债增加或减少。

（二）账户设置

1. 预计负债

设置"预计负债"科目，核算行政事业单位对因或有事项所产生的现时义务而确认的负债。本科目应当按照预计负债的项目进行明细核算。本科目期末贷方余额，反映行政事业单位已确认但尚未支付的预计负债金额。

2. 受托代理负债

设置"受托代理负债"科目，核算行政事业单位接受委托取得受托代理资产时形成的负债。本科目期末贷方余额，反映行政事业单位尚未交付或发出受托代理资产形成的受托代理负债金额。

（三）主要账务处理

1. 预计负债

（1）确认预计负债时的核算。行政事业单位确认预计负债时，按照预计的金额，借记"业务活动费用""经营费用""其他费用"等科目，贷记"预计负债"科目。

（2）实际偿付预计负债时的核算。行政事业单位实际偿付预计负债时，按照偿付的金额，借记"预计负债"科目，贷记"银行存款"等科目。

（3）调整预计负债账面余额的核算。行政事业单位根据确凿证据需要对已确认的预计负债账面余额进行调整的，按照调整增加的金额，借记有关科目，贷记"预计负债"科目；按照调整减少的金额，借记"预计负债"科目，贷记有关科目。

【例 5-105】 某事业单位因后勤外包合同违约受到其他单位起诉，案件正在审理中，存在败诉的可能性。① 该单位预计，最终的法律判决很可能对自己不利。假定预计将要支付的赔偿金额为 100 000～150 000 元的某一金额，且此区间内每个金额的可能性都大致相同。② 诉讼结束，法院判决实际赔付的金额为 135 000 元，以银行存款支付。

（1）此种情况下，该单位应该确认的初始金额＝（100 000＋150 000）/2＝125 000（元）。

借：单位管理费用　　　　　　　　　　　　　　　125 000
　　贷：预计负债——未决诉讼　　　　　　　　　　　　　125 000

（2）借：预计负债——未决诉讼　　　　　　　　　125 000
　　　　单位管理费用　　　　　　　　　　　　　　10 000
　　　贷：银行存款　　　　　　　　　　　　　　　　　　135 000

2. 受托代理负债

受托代理负债的账务处理，与受托代理资产紧密相关。行政事业单位接受委托人委托需要转赠给受赠人的物资、收到委托存储保管的物资和取得罚没物资时，按照确定的成本，借记"受托代理资产"等科目，贷记"受托代理负债"科目。将受托转赠物资交付受赠人、交付或发出受托存储保管的物资和移交罚没物资时，借记"受托代理负债"科目，贷记"受托代理资产"等科目。相关会计核算举例参阅【例 5-84】。

第六节　行政事业单位的净资产核算

行政事业单位的净资产是指行政事业单位的资产扣除负债后的净额。净资产是行政事业单位某一时点的资产净值，其金额取决于资产和负债的计量。行政事业单位净资产类包括本期盈余、本年盈余分配、专用基金、累计盈余、以前年度盈余调整、无偿调拨净资产和权益法调整。

一、本期盈余的核算

（一）概念

本期盈余是指行政事业单位的本期各项收入、费用相抵后的余额。行政事业单位净资产的核算通常从计算本期盈余开始。

（二）账户设置

设置"本期盈余"科目，核算行政事业单位的本期各项收入、费用相抵后的余额。期末结转后，本科目如为贷方余额，反映行政事业单位自年初至当期期末累计实现的盈余；如为借方余额，反映行政事业单位自年初至当期期末累计发生的亏损。年末结账后，本科目应无余额。

（三）主要账务处理

1. 期末账务处理

（1）期末，将各类收入科目的本期发生额转入本期盈余，借记"财政拨款收入""事业收入""上级补助收入""附属单位上缴收入""经营收入""非同级财政拨款收入""投资收益""捐赠收入""利息收入""租金收入""其他收入"科目，贷记"本期盈余"科目。

（2）将各类费用科目本期发生额转入本期盈余，借记"本期盈余"科目，贷记"业务活动费用""单位管理费用""经营费用""所得税费用""资产处置费用""上缴上级费用""对附属单位补助费用""其他费用"科目。

2. 年末账务处理

年末，完成上述结转后，将"本期盈余"科目余额转入"本年盈余分配"科目，借记或贷记"本期盈余"科目，贷记或借记"本年盈余分配"科目。

【例 5-106】 事业单位某航空高科技研究所，20××年各类收入与费用本年度发生额累计数见表 5-3。现结转各类收入与费用，并将因结转产生的"本期盈余"科目余额转入"本年盈余分配"科目。

表 5-3　收入与费用发生额累计数　　　　　　　　　　　　单位：元

收入与费用项目	收入本年度发生额累计数	费用本年度发生额累计数
财政拨款收入	168 257 000	
事业收入	97 534 000	
上级补助收入	5 600 000	
附属单位上缴收入	3 200 000	
经营收入	7 350 000	
非同级财政拨款收入	2 659 000	
投资收益	6 280 000	
捐赠收入	9 290 000	
利息收入	590 000	
租金收入	1 790 000	
其他收入	800 000	
业务活动费用		258 465 000
单位管理费用		14 388 000
经营费用		6 164 000
资产处置费用		83 000
上缴上级费用		4 960 000
对附属单位补助费用		3 890 000
所得税费用		72 000
其他费用		41 000
合计	303 350 000	288 063 000

（1）结转本年各项收入。

借：财政拨款收入　　　　　　　　　　　　168 257 000
　　事业收入　　　　　　　　　　　　　　 97 534 000
　　上级补助收入　　　　　　　　　　　　　5 600 000
　　附属单位上缴收入　　　　　　　　　　　3 200 000
　　经营收入　　　　　　　　　　　　　　　7 350 000
　　非同级财政拨款收入　　　　　　　　　　2 659 000

投资收益		6 280 000
捐赠收入		9 290 000
利息收入		590 000
租金收入		1 790 000
其他收入		800 000
贷：本期盈余		303 350 000

（2）结转本年各项费用。

借：本期盈余　　　　　　　　　　　　　288 063 000
　　贷：业务活动费用　　　　　　　　　　　258 465 000
　　　　单位管理费用　　　　　　　　　　　 14 388 000
　　　　经营费用　　　　　　　　　　　　　　6 164 000
　　　　资产处置费用　　　　　　　　　　　　　 83 000
　　　　上缴上级费用　　　　　　　　　　　　4 960 000
　　　　对附属单位补助费用　　　　　　　　　3 890 000
　　　　所得税费用　　　　　　　　　　　　　　 72 000
　　　　其他费用　　　　　　　　　　　　　　　 41 000

本期"本期盈余"科目贷方发生额与借方发生额的差额15 287 000元，即为本年实现的盈余。

（3）结转本期盈余。

借：本期盈余　　　　　　　　　　　　　 15 287 000
　　贷：本年盈余分配　　　　　　　　　　　 15 287 000

年末，经过上述处理，"本期盈余"科目应无余额，"本年盈余分配"科目贷方余额为15 287 000元。

二、本年盈余分配的核算

（一）概念

本年盈余分配是指行政事业单位对本年度实现的盈余进行分配的情况和结果。行政事业单位实现的盈余留归本单位使用，不对外进行分配，只在净资产内部按照预算管理和行政事业单位财务管理的规定进行分配。

（二）账户设置

设置"本年盈余分配"科目，核算行政事业单位本年度盈余分配的情况和结果。年末将未分配盈余转至累计盈余后，本科目应无余额。

（三）主要账务处理

（1）年末，将"本期盈余"科目余额转入本科目，借记或贷记"本期盈余"科目，贷记或借记"本年盈余分配"科目。

(2) 年末，根据有关规定从本年度非财政拨款结余或经营结余中提取专用基金的，按照预算会计下计算的提取金额，借记"本年盈余分配"科目，贷记"专用基金"科目。

(3) 年末，按照规定完成上述两项账务处理后，将"本年盈余分配"科目余额转入累计盈余，借记或贷记"本年盈余分配"科目，贷记或借记"累计盈余"科目。

【例 5-107】 事业单位某航空高科技研究所，20××年末"本年盈余分配"科目贷方余额为 15 287 000 元。按照财务制度规定的比例和预算会计中非财政拨款结余的金额计算，提取专用基金（职工福利基金）2 560 000 元。

  借：本年盈余分配   2 560 000
    贷：专用基金——职工福利基金   2 560 000

三、专用基金的核算

（一）概念

专用基金是指事业单位按照规定提取或者设置的有专门用途的资金。专用基金管理应当遵循先提后用、专款专用的原则，支出不得超出基金规模。专用基金包括职工福利基金和其他专用基金。职工福利基金是指按照非财政拨款结余的一定比例提取以及按照其他规定提取转入，用于单位职工的集体福利设施、集体福利待遇等的资金。其他专用基金是指除职工福利基金外，按照有关规定提取或者设置的专用资金。事业单位应当将专用基金纳入预算管理，结合实际需要按照规定提取，保持合理规模，提高使用效益。

（二）账户设置

设置"专用基金"科目，核算事业单位按照规定提取或者设置的有专门用途的资金。本科目期末贷方余额，反映事业单位累计提取或设置的尚未使用的专用基金。本科目应当按照专用基金的类别进行明细核算。

（三）主要账务处理

1. 提取或设置专用基金的核算

(1) 年末，根据有关规定从本年度预算会计的非财政拨款结余或经营结余中提取专用基金的，按照预算会计下计算的提取金额，借记"本年盈余分配"科目，贷记"专用基金"科目。

(2) 根据有关规定从收入中提取专用基金并计入费用的，一般按照预算会计下基于预算收入计算提取的金额，借记"业务活动费用"等科目，贷记"专用基金"科目。国家另有规定的，从其规定。

(3) 根据有关规定设置的其他专用基金，按照实际收到的基金金额，借记"银行存款"等科目，贷记"专用基金"科目。

2. 使用专用基金的核算

(1) 事业单位按照规定使用专用基金时，应当在财务会计下借记"业务活动费用"等费用科目，贷记"银行存款"等科目，并在有关费用科目的明细核算或辅助核算中注明

"使用专用基金"（使用专用基金购置固定资产、无形资产的，按照下条规定进行处理）；应当在期末将有关费用中使用专用基金的本期发生额转入专用基金，在财务会计下借记"专用基金"科目，贷记"业务活动费用"等科目。

（2）使用提取的专用基金购置固定资产、无形资产的，按照固定资产、无形资产成本金额，借记"固定资产""无形资产"科目，贷记"银行存款"等科目；同时，按照专用基金使用金额，借记"专用基金"科目，贷记"累计盈余"科目。

【例5-108】　事业单位某航空高科技研究所，20××年末使用专用基金（职工福利基金）9 000元慰问有突出贡献的科技专家，以库存现金支付。

借：业务活动费用　　　　　　　　　　　　　　9 000
　　贷：库存现金　　　　　　　　　　　　　　　　　　　9 000
同时，
借：专用基金——职工福利基金　　　　　　　　9 000
　　贷：业务活动费用　　　　　　　　　　　　　　　　　9 000

四、累计盈余的核算

（一）概念

累计盈余是行政事业单位历年积累的各项盈余，包括未分配的本年盈余和无偿调入调出非现金资产产生的净资产变动金额。累计盈余通常留归本单位使用，或者按规定上缴、调拨。

（二）账户设置

设置"累计盈余"科目，核算行政事业单位历年实现的盈余扣除盈余分配后滚存的金额，以及因无偿调入调出资产产生的净资产变动额。按照规定上缴、缴回、行政事业单位间调剂结转结余资金产生的净资产变动额，以及对以前年度盈余的调整金额，也通过本科目核算。本科目年末余额，反映行政事业单位未分配盈余（或未弥补亏损）以及无偿调拨净资产变动的累计数。

（三）主要账务处理

1. 累计盈余转入的核算

行政事业单位的累计盈余主要来源于本年盈余分配和无偿调拨净资产。

（1）年末，将"本年盈余分配"科目的余额转入累计盈余，借记或贷记"本年盈余分配"科目，贷记或借记"累计盈余"科目。

（2）年末，将"无偿调拨净资产"科目的余额转入累计盈余，借记或贷记"无偿调拨净资产"科目，贷记或借记"累计盈余"科目。

2. 累计盈余处理的核算

行政事业单位按照规定处理结转结余资金时，按照实际上缴、缴回、调出金额，借记"累计盈余"科目，贷记"财政应返还额度""银行存款"等科目。

【例 5-109】 事业单位某航空高科技研究所，20××年初"累计盈余"科目贷方余额 7 200 000 元，20××年末将提取专用基金后的"本年盈余分配"科目贷方余额为 12 727 000 元转到"累计盈余"科目。

借：本年盈余分配　　　　　　　　　　　　12 727 000
　　贷：累计盈余　　　　　　　　　　　　　　　　12 727 000

年末，经过上述处理，"本年盈余分配"科目应无余额。"累计盈余"科目贷方余额为 19 927 000 元。

五、其他各项净资产的核算

其他各项净资产主要是指行政事业单位的以前年度盈余调整、无偿调拨净资产和权益法调整。

（一）概念

1. 以前年度盈余调整

以前年度盈余调整是行政事业单位本年度发生的调整以前年度盈余的事项，包括本年度发生的重要前期差错更正涉及调整以前年度盈余的事项。

2. 无偿调拨净资产

无偿调拨净资产是行政事业单位因无偿调入或调出非现金资产所引起的净资产增加或减少的金额。无偿调入或调出现金资产，如库存现金、银行存款等，通过"捐赠收入""其他费用"等科目核算，不直接调整净资产的金额，不纳入无偿调拨净资产的范围。行政事业单位无偿调入或调出资产应当严格履行审批手续，未经批准不得处置。无偿调入资产是指单位以不支付对价的方式从其他单位取得资产，无偿调出资产是指单位以不收取对价的方式将资产移交其他单位。

3. 权益法调整

权益法调整是事业单位持有的长期股权投资采用权益法核算时，按照被投资单位除净损益和利润分配以外的所有者权益变动份额调整长期股权投资账面余额而计入净资产的金额。

（二）账户设置

1. 以前年度盈余调整

设置"以前年度盈余调整"科目，核算行政事业单位本年度发生的调整以前年度盈余的事项，包括本年度发生的重要前期差错更正涉及调整以前年度盈余的事项。将以前年度盈余的调整金额转至累计盈余后，本科目应无余额。

2. 无偿调拨净资产

设置"无偿调拨净资产"科目，核算行政事业单位无偿调入或调出非现金资产所引起的净资产变动金额。年末将无偿调拨净资产的变动额转至累计盈余后，本科目应无余额。

3. 权益法调整

事业单位设置"权益法调整"科目。本科目期末余额，反映事业单位在被投资单位除净损益和利润分配以外的所有者权益变动中累积享有（或分担）的份额。本科目应当按照被投资单位进行明细核算。

（三）主要账务处理

1. 以前年度盈余调整

（1）行政事业单位调整增加以前年度收入时，按照调整增加的金额，借记有关科目，贷记"以前年度盈余调整"科目；调整减少的，做相反会计分录。

（2）行政事业单位调整增加以前年度费用时，按照调整增加的金额，借记"以前年度盈余调整"科目，贷记有关科目；调整减少的，做相反会计分录。

（3）行政事业单位盘盈的各种非流动资产，报经批准后处理时，借记"待处理财产损溢"科目，贷记"以前年度盈余调整"科目。

（4）经上述调整后，应将本科目的余额转入累计盈余，借记或贷记"累计盈余"科目，贷记或借记"以前年度盈余调整"科目。

【例 5-110】 接【例 5-109】，航空高科技研究所因材料质量问题退回一批实验材料。① 该批材料是使用上一年度一般公共预算指标以国库集中支付方式购买，价税款项合计 113 000 元按原渠道退回国库，并调整以前年度盈余。② 将该项以前年度盈余的调整金额转至累计盈余。

（1）借：财政应返还额度　　　　　　　　　　　　113 000
　　　　贷：以前年度盈余调整　　　　　　　　　　　　　113 000
（2）借：以前年度盈余调整　　　　　　　　　　　113 000
　　　　贷：累计盈余　　　　　　　　　　　　　　　　　113 000

年末，经过上述处理，"以前年度盈余调整"科目应无余额。"累计盈余"科目贷方余额为 20 040 000 元。

2. 无偿调拨净资产

（1）按照规定取得无偿调入的非现金资产时，按照确定的成本，借记相关资产科目，按照调入过程中发生的归属于调入方的相关费用，贷记"银行存款"等科目，按照其差额，贷记"无偿调拨净资产"科目。

（2）按照规定经批准无偿调出非现金资产时，按照调出资产的账面余额或账面价值，借记"无偿调拨净资产"科目，按照累计折旧与摊销的金额，借记"固定资产累计折旧""无形资产累计摊销"等科目，按照调出资产的账面余额，贷记相关资产科目。调出过程中发生的归属于调出方的相关费用，记入"资产处置费用"科目。

（3）年末，将"无偿调拨净资产"科目余额转入累计盈余，借记或贷记"无偿调拨净资产"科目，贷记或借记"累计盈余"科目。

【例 5-111】 接【例 5-110】，航空高科技研究所，报经批准无偿调出一台通用设备。① 该设备的账面余额为 200 000 元，已计提折旧 80 000 元，调出过程中发生的相关费用由调入方承担。② 将该项无偿调拨净资产金额转至累计盈余。

（1）借：无偿调拨净资产　　　　　　　　　　　120 000
　　　　固定资产累计折旧　　　　　　　　　　　 80 000
　　　　贷：固定资产　　　　　　　　　　　　　　　　　200 000

(2) 借：累计盈余　　　　　　　　　　　　　　　　　　120 000
　　　贷：无偿调拨净资产　　　　　　　　　　　　　　　　　　　120 000

年末，经过上述处理，"无偿调拨净资产"科目应无余额。"累计盈余"科目贷方余额为 19 920 000 元。

3. 权益法调整

（1）年末调整的核算。年末，事业单位按照被投资单位除净损益和利润分配以外的所有者权益变动应享有（或应分担）的份额，借记或贷记"长期股权投资（其他权益变动）"科目，贷记或借记"权益法调整"科目。

（2）其他因素引起净资产变动的核算。事业单位采用权益法核算的长期股权投资，因被投资单位除净损益和利润分配以外的所有者权益变动而将应享有（或应分担）的份额计入单位净资产的，处置该项投资时，按照原计入净资产的相应部分金额，借记或贷记"权益法调整"科目，贷记或借记"投资收益"科目。

【例 5-112】　事业单位某航空高科技研究所持有的长期股权投资采用权益法核算。年末，购买的 Z 公司股票价格下跌，净损失 146 000 元，予以调整。

借：权益法调整　　　　　　　　　　　　　　　　　　146 000
　　贷：长期股权投资——其他权益变动　　　　　　　　　　　146 000

第七节　行政事业单位财务会计报表与部门财务报告

 一、行政事业单位财务会计报表

行政事业单位财务会计报表是反映行政事业单位财务状况、运行情况和现金流量的书面报告，包括会计报表和附注等。会计报表包括资产负债表、收入费用表、净资产变动表和现金流量表。

（一）资产负债表

资产负债表是反映行政事业单位在某一特定日期的财务状况的报表。通过资产负债表，可以了解行政事业单位在某一特定日期全部资产、负债和净资产的情况。资产负债表如表 5-4 所示。

表 5-4 资产负债表

会政财 01 表

编制单位：　　　　　　　　　　　年　月　日　　　　　　　　　　　单位：元

资产	期末余额	年初余额	负债和净资产	期末余额	年初余额
流动资产：			流动负债：		
货币资金			短期借款		
短期投资			应交增值税		
财政应返还额度			其他应交税费		
应收票据			应缴财政款		
应收账款净额			应付职工薪酬		
预付账款			应付票据		
应收股利			应付账款		
应收利息			应付政府补贴款		
其他应收款净额			应付利息		
存货			预收账款		
待摊费用			其他应付款		
一年内到期的非流动资产			预提费用		
其他流动资产			一年内到期的非流动负债		
流动资产合计			其他流动负债		
非流动资产：			**流动负债合计**		
长期股权投资			**非流动负债：**		
长期债券投资			长期借款		
固定资产原值			长期应付款		
减：固定资产累计折旧			预计负债		
固定资产净值			其他非流动负债		
工程物资			**非流动负债合计**		
在建工程			受托代理负债		
无形资产原值			**负债合计**		
减：无形资产累计摊销					
无形资产净值					
研发支出					
公共基础设施原值					

续表

资产	期末余额	年初余额	负债和净资产	期末余额	年初余额
减：公共基础设施累计折旧（摊销）					
公共基础设施净值					
政府储备物资					
文物文化资产					
保障性住房原值					
减：保障性住房累计折旧			净资产：		
保障性住房净值			累计盈余		
长期待摊费用			专用基金		
待处理财产损溢			权益法调整		
其他非流动资产			无偿调拨净资产*		—
非流动资产合计			本期盈余*		
受托代理资产			净资产合计		
资产总计			负债和净资产总计		

注："*"标识项目为月报项目，年报中不需列示。

编制资产负债表时，表中"年初余额"栏内各项数字，应当根据上年年末资产负债表"期末余额"栏内数字填列。如果本年度资产负债表规定的项目的名称和内容同上年度不一致，应当对上年年末资产负债表项目的名称和数字按照本年度的规定进行调整，将调整后数字填入本表"年初余额"栏内。如果本年度单位发生了因前期差错更正、会计政策变更等调整以前年度盈余的事项，还应当对"年初余额"栏中的有关项目金额进行相应调整。表中"资产总计"项目期末（年初）余额应当与"负债和净资产总计"项目期末（年初）余额相等。表中"期末余额"栏各项目的内容和填列方法如下。

1. 资产类项目

（1）"货币资金"项目，反映单位期末库存现金、银行存款、其他货币资金的合计数。本项目应当根据"库存现金""银行存款""其他货币资金"科目的期末余额的合计数填列；若单位存在通过"库存现金""银行存款"科目核算的受托代理资产，还应当按照前述合计数扣减"库存现金""银行存款"科目下"受托代理资产"明细科目的期末余额后的金额填列。

（2）"短期投资"项目，反映事业单位期末持有的短期投资账面余额。本项目应当根据"短期投资"科目的期末余额填列。

（3）"财政应返还额度"项目，反映单位期末财政应返还额度的金额。本项目应当根据"财政应返还额度"科目的期末余额填列。

（4）"应收票据"项目，反映事业单位期末持有的应收票据的票面金额。本项目应当根据"应收票据"科目的期末余额填列。

(5)"应收账款净额"项目,反映单位期末尚未收回的应收账款减去已计提的坏账准备后的净额。本项目应当根据"应收账款"科目的期末余额,减去"坏账准备"科目中对应收账款计提的坏账准备的期末余额后的金额填列。

(6)"预付账款"项目,反映单位期末预付给商品或者劳务供应单位的款项。本项目应当根据"预付账款"科目的期末余额填列。

(7)"应收股利"项目,反映事业单位期末因股权投资而应收取的现金股利或应当分得的利润。本项目应当根据"应收股利"科目的期末余额填列。

(8)"应收利息"项目,反映事业单位期末因债券投资等而应收取的利息。事业单位购入的到期一次还本付息的长期债券投资持有期间应收的利息,不包括在本项目内。本项目应当根据"应收利息"科目的期末余额填列。

(9)"其他应收款净额"项目,反映单位期末尚未收回的其他应收款减去已计提的坏账准备后的净额。本项目应当根据"其他应收款"科目的期末余额减去"坏账准备"科目中对其他应收款计提的坏账准备的期末余额后的金额填列。

(10)"存货"项目,反映单位期末存储的存货的实际成本。本项目应当根据"在途物品""库存物品""加工物品"科目的期末余额的合计数填列。

(11)"待摊费用"项目,反映单位期末已经支出,但应当由本期和以后各期负担的分摊期在1年以内(含1年)的各项费用。本项目应当根据"待摊费用"科目的期末余额填列。

(12)"一年内到期的非流动资产"项目,反映单位期末非流动资产项目中将在1年内(含1年)到期的金额,如事业单位将在1年内(含1年)到期的长期债券投资金额。本项目应当根据"长期债券投资"等科目的明细科目的期末余额分析填列。

(13)"其他流动资产"项目,反映单位期末除本表中上述各项之外的其他流动资产的合计金额。本项目应当根据有关科目期末余额的合计数填列。

(14)"流动资产合计"项目,反映单位期末流动资产的合计数。本项目应当根据本表中"货币资金""短期投资""财政应返还额度""应收票据""应收账款净额""预付账款""应收股利""应收利息""其他应收款净额""存货""待摊费用""一年内到期的非流动资产""其他流动资产"项目金额的合计数填列。

(15)"长期股权投资"项目,反映事业单位期末持有的长期股权投资的账面余额。本项目应当根据"长期股权投资"科目的期末余额填列。

(16)"长期债券投资"项目,反映事业单位期末持有的长期债券投资的账面余额。本项目应当根据"长期债券投资"科目的期末余额减去其中将于1年内(含1年)到期的长期债券投资余额后的金额填列。

(17)"固定资产原值"项目,反映单位期末固定资产的原值。本项目应当根据"固定资产"科目的期末余额填列。

"固定资产累计折旧"项目,反映单位期末固定资产已计提的累计折旧金额。本项目应当根据"固定资产累计折旧"科目的期末余额填列。

"固定资产净值"项目,反映单位期末固定资产的账面价值。本项目应当根据"固定资产"科目期末余额减去"固定资产累计折旧"科目期末余额后的金额填列。

(18)"工程物资"项目,反映单位期末为在建工程准备的各种物资的实际成本。本项目应当根据"工程物资"科目的期末余额填列。

(19)"在建工程"项目,反映单位期末所有的建设项目工程的实际成本。本项目应当根据"在建工程"科目的期末余额填列。

(20)"无形资产原值"项目,反映单位期末无形资产的原值。本项目应当根据"无形资产"科目的期末余额填列。

"无形资产累计摊销"项目,反映单位期末无形资产已计提的累计摊销金额。本项目应当根据"无形资产累计摊销"科目的期末余额填列。

"无形资产净值"项目,反映单位期末无形资产的账面价值。本项目应当根据"无形资产"科目期末余额减去"无形资产累计摊销"科目期末余额后的金额填列。

(21)"研发支出"项目,反映单位期末正在进行的无形资产开发项目开发阶段发生的累计支出数。本项目应当根据"研发支出"科目的期末余额填列。

(22)"公共基础设施原值"项目,反映单位期末控制的公共基础设施的原值。本项目应当根据"公共基础设施"科目的期末余额填列。

"公共基础设施累计折旧(摊销)"项目,反映单位期末控制的公共基础设施已计提的累计折旧和累计摊销金额。本项目应当根据"公共基础设施累计折旧(摊销)"科目的期末余额填列。

"公共基础设施净值"项目,反映单位期末控制的公共基础设施的账面价值。本项目应当根据"公共基础设施"科目期末余额减去"公共基础设施累计折旧(摊销)"科目期末余额后的金额填列。

(23)"政府储备物资"项目,反映单位期末控制的政府储备物资的实际成本。本项目应当根据"政府储备物资"科目的期末余额填列。

(24)"文物文化资产"项目,反映单位期末控制的文物文化资产的成本。本项目应当根据"文物文化资产"科目的期末余额填列。

(25)"保障性住房原值"项目,反映单位期末控制的保障性住房的原值。本项目应当根据"保障性住房"科目的期末余额填列。

"保障性住房累计折旧"项目,反映单位期末控制的保障性住房已计提的累计折旧金额。本项目应当根据"保障性住房累计折旧"科目的期末余额填列。

"保障性住房净值"项目,反映单位期末控制的保障性住房的账面价值。本项目应当根据"保障性住房"科目期末余额减去"保障性住房累计折旧"科目期末余额后的金额填列。

(26)"长期待摊费用"项目,反映单位期末已经支出,但应由本期和以后各期负担的分摊期限在1年以上(不含1年)的各项费用。本项目应当根据"长期待摊费用"科目的期末余额填列。

(27)"待处理财产损溢"项目,反映单位期末尚未处理完毕的各种资产的净损失或净溢余。本项目应当根据"待处理财产损溢"科目的期末借方余额填列;如"待处理财产损溢"科目期末为贷方余额,以"一"号填列。

(28)"其他非流动资产"项目,反映单位期末除本表中上述各项之外的其他非流动资产的合计数。本项目应当根据有关科目的期末余额合计数填列。

(29)"非流动资产合计"项目,反映单位期末非流动资产的合计数。本项目应当根据本表中"长期股权投资""长期债券投资""固定资产净值""工程物资""在建工程""无形资产净值""研发支出""公共基础设施净值""政府储备物资""文物文化资产""保障性住房净值""长期待摊费用""待处理财产损溢""其他非流动资产"项目金额的合计数填列。

(30)"受托代理资产"项目,反映单位期末受托代理资产的价值。本项目应当根据"受托代理资产"科目的期末余额与"库存现金""银行存款"科目下"受托代理资产"明细科目的期末余额的合计数填列。

(31)"资产总计"项目,反映单位期末资产的合计数。本项目应当根据本表中"流动资产合计""非流动资产合计""受托代理资产"项目金额的合计数填列。

2. 负债类项目

(32)"短期借款"项目,反映事业单位期末短期借款的余额。本项目应当根据"短期借款"科目的期末余额填列。

(33)"应交增值税"项目,反映单位期末应缴未缴的增值税税额。本项目应当根据"应交增值税"科目的期末余额填列;如"应交增值税"科目期末为借方余额,以"-"号填列。

(34)"其他应交税费"项目,反映单位期末应缴未缴的除增值税以外的税费金额。本项目应当根据"其他应交税费"科目的期末余额填列;如"其他应交税费"科目期末为借方余额,以"-"号填列。

(35)"应缴财政款"项目,反映单位期末应当上缴财政但尚未缴纳的款项。本项目应当根据"应缴财政款"科目的期末余额填列。

(36)"应付职工薪酬"项目,反映单位期末按有关规定应付给职工及为职工支付的各种薪酬。本项目应当根据"应付职工薪酬"科目的期末余额填列。

(37)"应付票据"项目,反映事业单位期末应付票据的金额。本项目应当根据"应付票据"科目的期末余额填列。

(38)"应付账款"项目,反映单位期末应当支付但尚未支付的偿还期限在1年以内(含1年)的应付账款的金额。本项目应当根据"应付账款"科目的期末余额填列。

(39)"应付政府补贴款"项目,反映负责发放政府补贴的行政单位期末按照规定应当支付给政府补贴接受者的各种政府补贴款余额。本项目应当根据"应付政府补贴款"科目的期末余额填列。

(40)"应付利息"项目,反映事业单位期末按照合同约定应支付的借款利息。事业单位到期一次还本付息的长期借款利息不包括在本项目内。本项目应当根据"应付利息"科目的期末余额填列。

(41)"预收账款"项目,反映事业单位期末预先收取但尚未确认收入和实际结算的款项余额。本项目应当根据"预收账款"科目的期末余额填列。

(42)"其他应付款"项目,反映单位期末其他各项偿还期限在1年内(含1年)的应付及暂收款项余额。本项目应当根据"其他应付款"科目的期末余额填列。

(43)"预提费用"项目,反映单位期末已预先提取的已经发生但尚未支付的各项费用。本项目应当根据"预提费用"科目的期末余额填列。

(44)"一年内到期的非流动负债"项目,反映单位期末将于 1 年内(含 1 年)偿还的非流动负债的余额。本项目应当根据"长期应付款""长期借款"等科目的明细科目的期末余额分析填列。

(45)"其他流动负债"项目,反映单位期末除本表中上述各项之外的其他流动负债的合计数。本项目应当根据有关科目的期末余额的合计数填列。

(46)"流动负债合计"项目,反映单位期末流动负债合计数。本项目应当根据本表"短期借款""应交增值税""其他应交税费""应缴财政款""应付职工薪酬""应付票据""应付账款""应付政府补贴款""应付利息""预收账款""其他应付款""预提费用""一年内到期的非流动负债""其他流动负债"项目金额的合计数填列。

(47)"长期借款"项目,反映事业单位期末长期借款的余额。本项目应当根据"长期借款"科目的期末余额减去其中将于 1 年内(含 1 年)到期的长期借款余额后的金额填列。

(48)"长期应付款"项目,反映单位期末长期应付款的余额。本项目应当根据"长期应付款"科目的期末余额减去其中将于 1 年内(含 1 年)到期的长期应付款余额后的金额填列。

(49)"预计负债"项目,反映单位期末已确认但尚未偿付的预计负债的余额。本项目应当根据"预计负债"科目的期末余额填列。

(50)"其他非流动负债"项目,反映单位期末除本表中上述各项之外的其他非流动负债的合计数。本项目应当根据有关科目的期末余额合计数填列。

(51)"非流动负债合计"项目,反映单位期末非流动负债合计数。本项目应当根据本表中"长期借款""长期应付款""预计负债""其他非流动负债"项目金额的合计数填列。

(52)"受托代理负债"项目,反映单位期末受托代理负债的金额。本项目应当根据"受托代理负债"科目的期末余额填列。

(53)"负债合计"项目,反映单位期末负债的合计数。本项目应当根据本表中"流动负债合计""非流动负债合计""受托代理负债"项目金额的合计数填列。

3. 净资产类项目

(54)"累计盈余"项目,反映单位期末未分配盈余(或未弥补亏损)以及无偿调拨净资产变动的累计数。本项目应当根据"累计盈余"科目的期末余额填列。

(55)"专用基金"项目,反映事业单位期末累计提取或设置但尚未使用的专用基金余额。本项目应当根据"专用基金"科目的期末余额填列。

(56)"权益法调整"项目,反映事业单位期末在被投资单位除净损益和利润分配以外的所有者权益变动中累积享有的份额。本项目应当根据"权益法调整"科目的期末余额填列。如"权益法调整"科目期末为借方余额,以"—"号填列。

(57)"无偿调拨净资产"项目,反映单位本年度截至报告期期末无偿调入的非现金资产价值扣减无偿调出的非现金资产价值后的净值。本项目仅在月度报表中列示,年度报表中不列示。月度报表中本项目应当根据"无偿调拨净资产"科目的期末余额填列;"无偿调拨净资产"科目期末为借方余额时,以"—"号填列。

(58)"本期盈余"项目,反映单位本年度截至报告期期末实现的累计盈余或亏损。本项目仅在月度报表中列示,年度报表中不列示。月度报表中本项目应当根据"本期盈余"科目的期末余额填列;"本期盈余"科目期末为借方余额时,以"—"号填列。

(59)"净资产合计"项目,反映单位期末净资产合计数。本项目应当根据本表中"累计盈余"、"专用基金"、"权益法调整"、"无偿调拨净资产"(月度报表)、"本期盈余"(月度报表)项目金额的合计数填列。

(60)"负债和净资产总计"项目,应当按照本表中"负债合计""净资产合计"项目金额的合计数填列。

(二)收入费用表

收入费用表是反映行政事业单位在一定会计期间运行情况的报表。通过收入费用表,可以了解行政事业单位在某一会计期间内发生的收入、费用及当期盈余情况。收入费用表如表 5-5 所示。

表 5-5　收入费用表

会政财 02 表

编制单位:　　　　　　　　　年　月　日　　　　　　　　　单位:元

项　　目	本月数	本年累计数
一、本期收入		
（一）财政拨款收入		
其中:政府性基金收入		
（二）事业收入		
（三）上级补助收入		
（四）附属单位上缴收入		
（五）经营收入		
（六）非同级财政拨款收入		
（七）投资收益		
（八）捐赠收入		
（九）利息收入		
（十）租金收入		
（十一）其他收入		
二、本期费用		
（一）业务活动费用		
（二）单位管理费用		
（三）经营费用		
（四）资产处置费用		
（五）上缴上级费用		

续表

项目	本月数	本年累计数
（六）对附属单位补助费用		
（七）所得税费用		
（八）其他费用		
三、本期盈余		

编制收入费用表时，表中"本月数"栏反映各项目的本月实际发生数。编制年度收入费用表时，应当将本栏改为"本年数"，反映本年度各项目的实际发生数。本表"本年累计数"栏反映各项目自年初至报告期期末的累计实际发生数。编制年度收入费用表时，应当将本栏改为"上年数"，反映上年度各项目的实际发生数，"上年数"栏应当根据上年年度收入费用表中"本年数"栏内所列数字填列。如果本年度收入费用表规定的项目的名称和内容同上年度不一致，应当对上年度收入费用表项目的名称和数字按照本年度的规定进行调整，将调整后的金额填入本年度收入费用表的"上年数"栏内。如果本年度单位发生了因前期差错更正、会计政策变更等调整以前年度盈余的事项，还应当对年度收入费用表中"上年数"栏中的有关项目金额进行相应调整。表中"本月数"栏各项目的内容和填列方法如下：

1. 本期收入

（1）"本期收入"项目，反映单位本期收入总额。本项目应当根据本表中"财政拨款收入""事业收入""上级补助收入""附属单位上缴收入""经营收入""非同级财政拨款收入""投资收益""捐赠收入""利息收入""租金收入""其他收入"项目金额的合计数填列。

（2）"财政拨款收入"项目，反映单位本期从同级政府财政部门取得的各类财政拨款。本项目应当根据"财政拨款收入"科目的本期发生额填列。

"政府性基金收入"项目，反映单位本期取得的财政拨款收入中属于政府性基金预算拨款的金额。本项目应当根据"财政拨款收入"相关明细科目的本期发生额填列。

（3）"事业收入"项目，反映事业单位本期开展专业业务活动及其辅助活动实现的收入。本项目应当根据"事业收入"科目的本期发生额填列。

（4）"上级补助收入"项目，反映事业单位本期从主管部门和上级单位收到或应收的非财政拨款收入。本项目应当根据"上级补助收入"科目的本期发生额填列。

（5）"附属单位上缴收入"项目，反映事业单位本期收到或应收的独立核算的附属单位按照有关规定上缴的收入。本项目应当根据"附属单位上缴收入"科目的本期发生额填列。

（6）"经营收入"项目，反映事业单位本期在专业业务活动及其辅助活动之外开展非独立核算经营活动实现的收入。本项目应当根据"经营收入"科目的本期发生额填列。

（7）"非同级财政拨款收入"项目，反映单位本期从非同级政府财政部门取得的财政拨款，不包括事业单位因开展科研及其辅助活动从非同级财政部门取得的经费拨款。本项目应当根据"非同级财政拨款收入"科目的本期发生额填列。

(8)"投资收益"项目,反映事业单位本期股权投资和债券投资所实现的收益或发生的损失。本项目应当根据"投资收益"科目的本期发生额填列;如为投资净损失,以"—"号填列。

(9)"捐赠收入"项目,反映单位本期接受捐赠取得的收入。本项目应当根据"捐赠收入"科目的本期发生额填列。

(10)"利息收入"项目,反映单位本期取得的银行存款利息收入。本项目应当根据"利息收入"科目的本期发生额填列。

(11)"租金收入"项目,反映单位本期经批准利用国有资产出租取得并按规定纳入本单位预算管理的租金收入。本项目应当根据"租金收入"科目的本期发生额填列。

(12)"其他收入"项目,反映单位本期取得的除以上收入项目外的其他收入的总额。本项目应当根据"其他收入"科目的本期发生额填列。

2. 本期费用

(13)"本期费用"项目,反映单位本期费用总额。本项目应当根据本表中"业务活动费用""单位管理费用""经营费用""资产处置费用""上缴上级费用""对附属单位补助费用""所得税费用""其他费用"项目金额的合计数填列。

(14)"业务活动费用"项目,反映单位本期为实现其职能目标,依法履职或开展专业业务活动及其辅助活动所发生的各项费用。本项目应当根据"业务活动费用"科目本期发生额填列。

(15)"单位管理费用"项目,反映事业单位本期本级行政及后勤管理部门开展管理活动发生的各项费用,以及由单位统一负担的离退休人员经费、工会经费、诉讼费、中介费等。本项目应当根据"单位管理费用"科目的本期发生额填列。

(16)"经营费用"项目,反映事业单位本期在专业业务活动及其辅助活动之外开展非独立核算经营活动发生的各项费用。本项目应当根据"经营费用"科目的本期发生额填列。

(17)"资产处置费用"项目,反映单位本期经批准处置资产时转销的资产价值以及在处置过程中发生的相关费用或者处置收入小于处置费用形成的净支出。本项目应当根据"资产处置费用"科目的本期发生额填列。

(18)"上缴上级费用"项目,反映事业单位按照规定上缴上级单位款项发生的费用。本项目应当根据"上缴上级费用"科目的本期发生额填列。

(19)"对附属单位补助费用"项目,反映事业单位用财政拨款收入之外的收入对附属单位补助发生的费用。本项目应当根据"对附属单位补助费用"科目的本期发生额填列。

(20)"所得税费用"项目,反映有企业所得税缴纳义务的事业单位本期计算应交纳的企业所得税。本项目应当根据"所得税费用"科目的本期发生额填列。

(21)"其他费用"项目,反映单位本期发生的除以上费用项目外的其他费用的总额。本项目应当根据"其他费用"科目的本期发生额填列。

3. 本期盈余

(22)"本期盈余"项目,反映单位本期收入扣除本期费用后的净额。本项目应当根据本表中"本期收入"项目金额减去"本期费用"项目金额后的金额填列;如为负数,以"—"号填列。

（三）净资产变动表

净资产变动表是反映行政事业单位在一定会计期间净资产项目变动情况的报表。通过净资产变动表，可以了解行政事业单位在某一会计年度内累计盈余、专用基金和权益法调整的变动情况。净资产变动表如表 5-6 所示。

表 5-6　净资产变动表

会政财 03 表

编制单位：　　　　　　　　　　　　　年　　　　　　　　　　　　　单位：元

项目	本年数				上年数			
	累计盈余	专用基金	权益法调整	净资产合计	累计盈余	专用基金	权益法调整	净资产合计
一、上年年末余额								
二、以前年度盈余调整（减少以"—"号填列）			—	—			—	—
三、本年年初余额								
四、本年变动金额（减少以"—"号填列）								
（一）本年盈余		—	—			—	—	
（二）无偿调拨净资产								
（三）归集调整预算结转结余								
（四）提取或设置专用基金								
其中：从预算收入中提取	—		—		—		—	
从预算结余中提取			—				—	
设置的专用基金	—		—		—		—	
（五）使用专用基金								
（六）权益法调整	—	—			—	—		
五、本年年末余额								

注："—"标识单元格不需填列。

编制净资产变动表时，表中"本年数"栏反映本年度各项目的实际变动数。本表"上年数"栏反映上年度各项目的实际变动数，应当根据上年度净资产变动表中"本年数"栏内所列数字填列。

如果上年度净资产变动表规定的项目的名称和内容与本年度不一致，应对上年度净资产变动表项目的名称和数字按照本年度的规定进行调整，将调整后金额填入本年度净资产变动表"上年数"栏内。表中"本年数"栏各项目的内容和填列方法如下。

1. 上年年末余额

(1)"上年年末余额"行,反映单位净资产各项目上年年末的余额。本行各项目应当根据"累计盈余""专用基金""权益法调整"科目上年年末余额填列。

2. 以前年度盈余调整

(2)"以前年度盈余调整"行,反映单位本年度调整以前年度盈余的事项对累计盈余进行调整的金额。本行"累计盈余"项目应当根据本年度"以前年度盈余调整"科目转入"累计盈余"科目的金额填列;如调整减少累计盈余,以"一"号填列。

3. 本年年初余额

(3)"本年年初余额"行,反映经过以前年度盈余调整后,单位净资产各项目的本年年初余额。本行"累计盈余""专用基金""权益法调整"项目应当根据其各自在"上年年末余额"和"以前年度盈余调整"行对应项目金额的合计数填列。

4. 本年变动金额

(4)"本年变动金额"行,反映单位净资产各项目本年变动总金额。本行"累计盈余""专用基金""权益法调整"项目应当根据其各自在"本年盈余""无偿调拨净资产""归集调整预算结转结余""提取或设置专用基金""使用专用基金""权益法调整"行对应项目金额的合计数填列。

(5)"本年盈余"行,反映单位本年发生的收入、费用对净资产的影响。本行"累计盈余"项目应当根据年末由"本期盈余"科目转入"本年盈余分配"科目的金额填列;如转入时借记"本年盈余分配"科目,则以"一"号填列。本行"专用基金"项目应当根据本年使用从非财政拨款结余或经营结余中提取的专用基金时直接计入费用的金额,以"一"号填列。

(6)"无偿调拨净资产"行,反映单位本年无偿调入、调出非现金资产事项对净资产的影响。本行"累计盈余"项目应当根据年末由"无偿调拨净资产"科目转入"累计盈余"科目的金额填列;如转入时借记"累计盈余"科目,则以"一"号填列。

(7)"归集调整预算结转结余"行,反映单位本年财政拨款结转结余资金归集调入、归集上缴或调出,以及非财政拨款结转资金缴回对净资产的影响。本行"累计盈余"项目应当根据"累计盈余"科目明细账记录分析填列;如归集调整减少预算结转结余,则以"一"号填列。

(8)"提取或设置专用基金"行,反映单位本年提取或设置专用基金对净资产的影响。本行"累计盈余"项目应当根据"从预算结余中提取"行"累计盈余"项目的金额填列。本行"专用基金"项目应当根据"从预算收入中提取""从预算结余中提取""设置的专用基金"行"专用基金"项目金额的合计数填列。

(9)"从预算收入中提取"行,反映单位本年从预算收入中提取专用基金对净资产的影响。本行"专用基金"项目应当通过对"专用基金"科目明细账记录的分析,根据本年按有关规定从预算收入中提取基金的金额填列。

(10)"从预算结余中提取"行,反映单位本年根据有关规定从本年度非财政拨款结余或经营结余中提取专用基金对净资产的影响。本行"累计盈余""专用基金"项目应当通过对"专用基金"科目明细账记录的分析,根据本年按有关规定从本年度非财政拨款结余或经营结余中提取专用基金的金额填列;本行"累计盈余"项目以"一"号填列。

(11)"设置的专用基金"行,反映单位本年根据有关规定设置的其他专用基金对净资产的影响。本行"专用基金"项目应当通过对"专用基金"科目明细账记录的分析,根据本年按有关规定设置的其他专用基金的金额填列。

(12)"使用专用基金"行,反映单位本年按规定使用专用基金对净资产的影响。本行"累计盈余""专用基金"项目应当通过对"专用基金"科目明细账记录的分析,根据本年按规定使用专用基金的金额填列;本行"专用基金"项目以"—"号填列。"使用专用基金"行"专用基金"项目应当根据本年使用专用基金时直接冲减专用基金余额的金额填列。

(13)"权益法调整"行,反映单位本年按照被投资单位除净损益和利润分配以外的所有者权益变动份额而调整长期股权投资账面余额对净资产的影响。本行"权益法调整"项目应当根据"权益法调整"科目本年发生额填列;若本年净发生额为借方时,以"—"号填列。

5. 本年年末余额

(14)"本年年末余额"行,反映单位本年各净资产项目的年末余额。本行"累计盈余""专用基金""权益法调整"项目应当根据其各自在"本年年初余额""本年变动金额"行对应项目金额的合计数填列。

本表各行"净资产合计"项目,应当根据所在行"累计盈余""专用基金""权益法调整"项目金额的合计数填列。

(四)现金流量表

现金流量表是反映行政事业单位在一定会计期间现金及现金等价物流入和流出情况的报表。现金流量表所指的现金是指单位的库存现金以及其他可以随时用于支付的款项,包括库存现金、可以随时用于支付的银行存款、其他货币资金、零余额账户用款额度、财政应返还额度,以及通过财政直接支付方式支付的款项。现金流量表应当按照日常活动、投资活动、筹资活动的现金流量分别反映。本表所指的现金流量,是指现金的流入和流出通过现金流量表,可以了解行政事业单位在某一会计年度内现金流入和流出的信息。行政事业单位应当采用直接法编制现金流量表。现金流量表如表 5-7 所示。

表 5-7 现金流量表

会政财 04 表

编制单位: 　　　　　　　　　　年　　　　　　　　　　单位:元

项　　目	本年金额	上年金额
一、日常活动产生的现金流量:		
财政基本支出拨款收到的现金		
财政非资本性项目拨款收到的现金		
事业活动收到的除财政拨款以外的现金		
收到的其他与日常活动有关的现金		
日常活动的现金流入小计		

续表

项目	本年金额	上年金额
购买商品、接受劳务支付的现金		
支付给职工以及为职工支付的现金		
支付的各项税费		
支付的其他与日常活动有关的现金		
日常活动的现金流出小计		
日常活动产生的现金流量净额		
二、投资活动产生的现金流量：		
收回投资收到的现金		
取得投资收益收到的现金		
处置固定资产、无形资产、公共基础设施等收回的现金净额		
收到的其他与投资活动有关的现金		
投资活动的现金流入小计		
购建固定资产、无形资产、公共基础设施等支付的现金		
对外投资支付的现金		
上缴处置固定资产、无形资产、公共基础设施等净收入支付的现金		
支付的其他与投资活动有关的现金		
投资活动的现金流出小计		
投资活动产生的现金流量净额		
三、筹资活动产生的现金流量：		
财政资本性项目拨款收到的现金		
取得借款收到的现金		
收到的其他与筹资活动有关的现金		
筹资活动的现金流入小计		
偿还借款支付的现金		
偿还利息支付的现金		
支付的其他与筹资活动有关的现金		
筹资活动的现金流出小计		
筹资活动产生的现金流量净额		
四、汇率变动对现金的影响额		
五、现金净增加额		

编制现金流量表时,表中"本年金额"栏反映各项目的本年实际发生数。本表"上年金额"栏反映各项目的上年实际发生数,应当根据上年现金流量表中"本年金额"栏内所列数字填列。表中"本年金额"栏各项目的填列方法如下。

1. 日常活动产生的现金流量

(1)"财政基本支出拨款收到的现金"项目,反映单位本年接受财政基本支出拨款取得的现金。本项目应当根据"零余额账户用款额度""财政拨款收入""银行存款"等科目及其所属明细科目的记录分析填列。

(2)"财政非资本性项目拨款收到的现金"项目,反映单位本年接受除用于购建固定资产、无形资产、公共基础设施等资本性项目以外的财政项目拨款取得的现金。本项目应当根据"银行存款""零余额账户用款额度""财政拨款收入"等科目及其所属明细科目的记录分析填列。

(3)"事业活动收到的除财政拨款以外的现金"项目,反映事业单位本年开展专业业务活动及其辅助活动取得的除财政拨款以外的现金。本项目应当根据"库存现金""银行存款""其他货币资金""应收账款""应收票据""预收账款""事业收入"等科目及其所属明细科目的记录分析填列。

(4)"收到的其他与日常活动有关的现金"项目,反映单位本年收到的除以上项目之外的与日常活动有关的现金。本项目应当根据"库存现金""银行存款""其他货币资金""上级补助收入""附属单位上缴收入""经营收入""非同级财政拨款收入""捐赠收入""利息收入""租金收入""其他收入"等科目及其所属明细科目的记录分析填列。

(5)"日常活动的现金流入小计"项目,反映单位本年日常活动产生的现金流入的合计数。本项目应当根据本表中"财政基本支出拨款收到的现金""财政非资本性项目拨款收到的现金""事业活动收到的除财政拨款以外的现金""收到的其他与日常活动有关的现金"项目金额的合计数填列。

(6)"购买商品、接受劳务支付的现金"项目,反映单位本年在日常活动中用于购买商品、接受劳务支付的现金。本项目应当根据"库存现金""银行存款""财政拨款收入""零余额账户用款额度""预付账款""在途物品""库存物品""应付账款""应付票据""业务活动费用""单位管理费用""经营费用"等科目及其所属明细科目的记录分析填列。

(7)"支付给职工以及为职工支付的现金"项目,反映单位本年支付给职工以及为职工支付的现金。本项目应当根据"库存现金""银行存款""零余额账户用款额度""财政拨款收入""应付职工薪酬""业务活动费用""单位管理费用""经营费用"等科目及其所属明细科目的记录分析填列。

(8)"支付的各项税费"项目,反映单位本年用于缴纳日常活动相关税费而支付的现金。本项目应当根据"库存现金""银行存款""零余额账户用款额度""应交增值税""其他应交税费""业务活动费用""单位管理费用""经营费用""所得税费用"等科目及其所属明细科目的记录分析填列。

(9)"支付的其他与日常活动有关的现金"项目,反映单位本年支付的除上述项目之外与日常活动有关的现金。本项目应当根据"库存现金""银行存款""零余额账户用款额度""财政拨款收入""其他应付款""业务活动费用""单位管理费用""经营费用""其他费用"等科目及其所属明细科目的记录分析填列。

(10)"日常活动的现金流出小计"项目，反映单位本年日常活动产生的现金流出的合计数。本项目应当根据本表中"购买商品、接受劳务支付的现金""支付给职工以及为职工支付的现金""支付的各项税费""支付的其他与日常活动有关的现金"项目金额的合计数填列。

(11)"日常活动产生的现金流量净额"项目，应当按照本表中"日常活动的现金流入小计"项目金额减去"日常活动的现金流出小计"项目金额后的金额填列；如为负数，以"—"号填列。

2. 投资活动产生的现金流量

(12)"收回投资收到的现金"项目，反映单位本年出售、转让或者收回投资收到的现金。本项目应该根据"库存现金""银行存款""短期投资""长期股权投资""长期债券投资"等科目的记录分析填列。

(13)"取得投资收益收到的现金"项目，反映单位本年因对外投资而收到被投资单位分配的股利或利润，以及收到投资利息而取得的现金。本项目应当根据"库存现金""银行存款""应收股利""应收利息""投资收益"等科目的记录分析填列。

(14)"处置固定资产、无形资产、公共基础设施等收回的现金净额"项目，反映单位本年处置固定资产、无形资产、公共基础设施等非流动资产所取得的现金，减去为处置这些资产而支付的有关费用之后的净额。由于自然灾害所造成的固定资产等长期资产损失而收到的保险赔款收入，也在本项目反映。本项目应当根据"库存现金""银行存款""待处理财产损溢"等科目的记录分析填列。

(15)"收到的其他与投资活动有关的现金"项目，反映单位本年收到的除上述项目之外与投资活动有关的现金。对于金额较大的现金流入，应当单列项目反映。本项目应当根据"库存现金""银行存款"等有关科目的记录分析填列。

(16)"投资活动的现金流入小计"项目，反映单位本年投资活动产生的现金流入的合计数。本项目应当根据本表中"收回投资收到的现金""取得投资收益收到的现金""处置固定资产、无形资产、公共基础设施等收回的现金净额""收到的其他与投资活动有关的现金"项目金额的合计数填列。

(17)"购建固定资产、无形资产、公共基础设施等支付的现金"项目，反映单位本年购买和建造固定资产、无形资产、公共基础设施等非流动资产所支付的现金；融资租入固定资产支付的租赁费不在本项目反映，在筹资活动的现金流量中反映。本项目应当根据"库存现金""银行存款""固定资产""工程物资""在建工程""无形资产""研发支出""公共基础设施""保障性住房"等科目的记录分析填列。

(18)"对外投资支付的现金"项目，反映单位本年为取得短期投资、长期股权投资、长期债券投资而支付的现金。本项目应当根据"库存现金""银行存款""短期投资""长期股权投资""长期债券投资"等科目的记录分析填列。

(19)"上缴处置固定资产、无形资产、公共基础设施等净收入支付的现金"项目，反映本年单位将处置固定资产、无形资产、公共基础设施等非流动资产所收回的现金净额予以上缴财政所支付的现金。本项目应当根据"库存现金""银行存款""应缴财政款"等科目的记录分析填列。

(20)"支付的其他与投资活动有关的现金"项目,反映单位本年支付的除上述项目之外与投资活动有关的现金。对于金额较大的现金流出,应当单列项目反映。本项目应当根据"库存现金""银行存款"等有关科目的记录分析填列。

(21)"投资活动的现金流出小计"项目,反映单位本年投资活动产生的现金流出的合计数。本项目应当根据本表中"购建固定资产、无形资产、公共基础设施等支付的现金""对外投资支付的现金""上缴处置固定资产、无形资产、公共基础设施等净收入支付的现金""支付的其他与投资活动有关的现金"项目金额的合计数填列。

(22)"投资活动产生的现金流量净额"项目,应当按照本表中"投资活动的现金流入小计"项目金额减去"投资活动的现金流出小计"项目金额后的金额填列;如为负数,以"—"号填列。

3. 筹资活动产生的现金流量

(23)"财政资本性项目拨款收到的现金"项目,反映单位本年接受用于购建固定资产、无形资产、公共基础设施等资本性项目的财政项目拨款取得的现金。本项目应当根据"银行存款""零余额账户用款额度""财政拨款收入"等科目及其所属明细科目的记录分析填列。

(24)"取得借款收到的现金"项目,反映事业单位本年举借短期、长期借款所收到的现金。本项目应当根据"库存现金""银行存款""短期借款""长期借款"等科目记录分析填列。

(25)"收到的其他与筹资活动有关的现金"项目,反映单位本年收到的除上述项目之外与筹资活动有关的现金。对于金额较大的现金流入,应当单列项目反映。本项目应当根据"库存现金""银行存款"等有关科目的记录分析填列。

(26)"筹资活动的现金流入小计"项目,反映单位本年筹资活动产生的现金流入的合计数。本项目应当根据本表中"财政资本性项目拨款收到的现金""取得借款收到的现金""收到的其他与筹资活动有关的现金"项目金额的合计数填列。

(27)"偿还借款支付的现金"项目,反映事业单位本年偿还借款本金所支付的现金。本项目应当根据"库存现金""银行存款""短期借款""长期借款"等科目的记录分析填列。

(28)"偿付利息支付的现金"项目,反映事业单位本年支付的借款利息等。本项目应当根据"库存现金""银行存款""应付利息""长期借款"等科目的记录分析填列。

(29)"支付的其他与筹资活动有关的现金"项目,反映单位本年支付的除上述项目之外与筹资活动有关的现金,如融资租入固定资产所支付的租赁费。本项目应当根据"库存现金""银行存款""长期应付款"等科目的记录分析填列。

(30)"筹资活动的现金流出小计"项目,反映单位本年筹资活动产生的现金流出的合计数。本项目应当根据本表中"偿还借款支付的现金""偿付利息支付的现金""支付的其他与筹资活动有关的现金"项目金额的合计数填列。

(31)"筹资活动产生的现金流量净额"项目,应当按照本表中"筹资活动的现金流入小计"项目金额减去"筹资活动的现金流出小计"金额后的金额填列;如为负数,以"—"号填列。

4. 汇率变动对现金的影响额

（32）"汇率变动对现金的影响额"项目，反映单位本年外币现金流量折算为人民币时，所采用的现金流量发生日的汇率折算的人民币金额与外币现金流量净额按期末汇率折算的人民币金额之间的差额。

5. 现金净增加额

（33）"现金净增加额"项目，反映单位本年现金变动的净额。本项目应当根据本表中"日常活动产生的现金流量净额""投资活动产生的现金流量净额""筹资活动产生的现金流量净额""汇率变动对现金的影响额"项目金额的合计数填列；如为负数，以"—"号填列。

（五）财务报表附注

附注是对在资产负债表、收入费用表、净资产变动表、现金流量表等报表中列示项目所做的进一步说明，以及对未能在这些报表中列示项目的说明。

行政事业单位报表附注主要包括下列内容。

1. 行政事业单位的基本情况

应当在报表附注中简要披露行政事业单位的基本情况，包括单位的主要职能、主要业务活动、所在地、预算管理关系等。

2. 会计报表编制基础

行政事业单位财务会计核算实行权责发生制，主要以权责发生制为基础编制各项会计报表。

3. 遵循政府会计准则、制度的声明

行政事业单位应当根据政府会计准则规定的原则和政府会计制度的要求，对其发生的各项经济业务或事项进行会计核算。

4. 重要会计政策和会计估计

行政事业单位应当采用与其业务特点相适应的具体会计政策，并充分披露报告期内采用的重要会计政策和会计估计。主要内容包括：会计期间坏账准备的计提方法、存货的计价方法、固定资产折旧方法、长期股权投资的核算方法等。

5. 会计报表重要项目说明

行政事业单位应当按照资产负债表和收入费用表项目列示顺序，采用文字和数据描述相结合的方式披露重要项目的明细信息。报表重要项目的明细金额合计，应当与报表项目金额相衔接。重要项目的内容包括：货币资金、应收账款、存货、长期投资、固定资产等重要资产项目的明细信息，应付账款、其他流动负债、长期借款等重要负债项目的明细信息，事业收入、非同级财政拨款收入、其他收入等重要收入项目的明细信息，业务活动费用、其他费用、本期费用的经济分类等重要费用项目的明细信息。

6. 本年盈余与预算结余的差异情况说明

为了反映单位财务会计和预算会计因核算基础和核算范围不同所产生的本年盈余数与本年预算结余数之间的差异，行政事业单位应当按照重要性原则，对本年度发生的各类影响收入（预算收入）和费用（预算支出）的业务进行适度归并和分析，披露将年度预算收入支出表中"本年预算收支差额"调节为年度收入费用表中"本期盈余"的信息。

7. 其他重要事项说明

除上述内容以外的重要事项说明，主要内容包括：或有事项、以名义金额计量的资产、通过债务资金形成的资产、重要资产的置换、附属单位的情况，以及政府会计具体准则中要求附注披露的其他内容、有助于理解和分析单位财务报表需要说明的其他事项。

二、部门财务报告

部门财务报告是指政府部门编制的，反映政府部门财务状况、运行情况等信息的总结性文件。部门财务报告以权责发生制为基础，能够全面、准确反映各级政府部门资产负债和成本费用等财务状况和运行情况，对于加强资产管理、提高运行效率、防范财务风险、完善财务管理制度有重要的意义。

部门财务报告分为两个层面编制：一是单位层面的财务报告；二是部门层面的财务报告。单位层面财务报告是行政事业单位按照财务报告制度的要求编制的，以财务会计核算数据为依据，以表格形式概括反映政府单位本级的财务状况、运行情况等信息。单位层面财务报告报送主管部门，是主管部门编制部门层面财务报告的重要组成部分。部门财务报告包括财务报表和其他应当在财务报告中披露的相关信息和资料，通常由导言、部门财务报表和部门财务分析组成。

（一）导言

导言是政府部门组织编制部门财务报告的简要情况说明。其内容通常有部门财务报告编制基本情况与本部门财务状况和运行情况。部门财务报告编制基本情况要概述部门财务报告的编制依据、编制基础、主要内容、合并范围、合并方法等。本部门财务状况和运行情况要简要说明资产负债情况和收入费用情况，内容涉及资产、负债、净资产、收入、费用总额及主要项目金额、占比以及变化情况，收入费用相抵后本年盈余总额，与资产负债率、收入费用率及其较上年增长或下降情况，以及收入费用与决算报告反映的收入支出的主要差异情况。

（二）部门财务报表

部门财务报表包括会计报表和报表附注。会计报表包括资产负债表和收入费用表，分别反映政府部门年末财务状况和年度运行情况。报表附注是对会计报表做进一步解释说明，由文字说明和一系列附表组成。

1. 部门会计报表

1）部门资产负债表

部门资产负债表反映政府部门年末财务状况，按照资产、负债和净资产分类分项列示。资产类项目按照流动性分类分项列示。负债类项目按照流动性分类分项列示。净资产类项目按照净资产内容分项列示。部门资产负债表包括"年末数""年初数"两栏数字，以及注明的报表附注序号。

2）部门收入费用表

部门收入费用表反映政府部门年度运行情况，按照收入、费用和盈余分类分项列示。

收入类项目按照收入的来源与内容分项列示。费用类项目分别按照活动类型和经济性质两个维度分类分项列示。盈余类项目设"本年盈余"一项内容。部门收入费用表包括"上年数""本年数"两栏数字，以及注明的报表附注序号。

2. 部门报表附注

部门报表附注是对在部门会计报表中列示的项目所作的进一步说明，以及对未能在会计报表中列示项目的说明。部门报表附注的内容主要有会计报表编制基础、遵循相关制度规定的声明、合并范围、重要会计政策与会计估计变更情况、会计报表重要项目明细信息及说明和需要说明的其他事项。

（三）部门财务分析

部门财务分析是对部门的资产负债状况、运行情况进行剖析与评价的过程，主要包括财务状况分析、运行情况分析、相关指标变化情况及趋势分析，以及政府部门财务管理方面采取的主要措施和取得成效等。部门财务分析是政府部门应当结合具体情况，运用比较分析法、比率分析法、趋势分析法等专门的方法，对部门的财务情况进行深入的分析。部门财务分析主要包括以下内容。

1. 政府部门工作目标完成情况

结合政府部门工作职能、设定的工作目标数量和质量要求，说明实际工作目标数量和质量的完成情况，分析有利条件和不利因素。

2. 政府部门财务状况分析

（1）分析政府部门资产总额变化情况及原因；分析部门货币资金、长期投资、固定资产、在建工程、公共基础设施、政府储备物资、保障性住房等重要资产项目的结构特点和变化情况；其他资产/总资产若高于10%、货币资金/总资产若高于25%，需单独分析。

（2）分析政府部门负债总额变化情况及原因；结合短期借款、长期借款等重点负债项目的增减变化情况，分析政府部门债务规模和债务结构等；其他负债/总负债若高于10%、应缴财政款若有余额，需单独分析。

（3）运用资产负债率、现金比率、流动比率等指标，分析政府部门财务状况。

资产负债率反映政府部门偿付全部债务本息的能力。

$$资产负债率＝负债总额/资产总额$$

现金比率反映政府部门利用现金及现金等价物偿还短期债务的能力。

$$现金比率＝（货币资金＋财政应返还额度）/流动负债$$

流动比率反映政府部门流动资产用于偿还流动负债的能力。

$$流动比率＝流动资产/流动负债$$

固定资产成新率反映政府部门固定资产的持续服务能力。

$$固定资产成新率＝固定资产净值/固定资产原值$$

公共基础设施成新率反映公共基础设施的持续服务能力。

$$公共基础设施成新率＝公共基础设施净值/公共基础设施原值$$

保障性住房成新率反映政府部门保障性住房的持续服务能力。

$$保障性住房成新率＝保障性住房净值/保障性住房原值$$

收入费用率反映政府部门收入与费用的比例情况。

收入费用率＝年度总费用/年度总收入

3. 政府部门运行情况分析

（1）分析政府部门收入总额变化情况及原因；分析政府部门收入结构及来源分布、重点收入项目的比重和变化趋势，以及经济形势、相关财政政策等对政府部门收入变动的影响等；其他收入/总收入若高于10%，需单独分析。

（2）分析政府部门费用总额变化情况及原因；分析政府部门费用规模、构成及变化情况，特别是政府部门控制行政成本的政策、投融资情况及对费用变动的影响等；其他费用/总费用若高于10%，需单独分析。

（3）运用政府部门的收入费用率等指标，分析政府部门收入与费用的比例情况。

4. 政府部门财务管理情况

从部门预算管理、内控管理、资产管理、绩效管理、人才队伍建设等方面反映部门加强财务管理的主要措施和取得成效。

部门财务报告采取自下而上方式逐级编制与报送。部门财务报告要使用预算管理一体化系统进行编报，加强数据报送管理，确保数据真实、完整、准确。

5-9 知识巩固

本章小结

行政事业单位会计是确认、计量、记录和报告各级各类行政单位与事业单位发生的各项经济业务或事项及其受托责任的履行情况的专业会计。行政事业单位会计体系由行政事业单位财务会计和行政事业单位预算会计构成。行政事业单位的会计要素包括财务会计要素和预算会计要素。财务会计要素包括资产、负债、净资产、收入和费用；预算会计要素包括预算收入、预算支出和预算结余。行政事业单位财务会计有76个一级会计科目（不含实行预算管理一体化后不再使用的"零余额账户用款额度"科目），行政事业单位预算会计有26个一级会计科目。行政事业单位会计核算的特点是双功能、双基础、双报告和平行记账。

行政事业单位的收入包括财政拨款收入、事业收入、上级补助收入、附属单位上缴收入、经营收入、非同级财政拨款收入、投资收益、捐赠收入、利息收入、租金收入和其他收入等。行政事业单位的收入以权责发生制基础确认，凡是当期已经实现的收入，不论款项是否收到，都应当作为当期的收入。

行政事业单位的费用包括业务活动费用、单位管理费用、经营费用、资产处置费用、上缴上级费用、对附属单位补助费用、所得税费用和其他费用等。行政事业单位的费用以权责发生制基础确认，凡是当期已经发生的或应当负担的费用，不论款项是否支付，都应当作为当期的费用。

行政事业单位的资产具体包括库存现金、银行存款、其他货币资金、短期投资、财政应返还额度、应收票据、应收账款、预付账款、应收股利、应收利息、其他应收款、在途物品、库存物品、加工物品、待摊费用、长期股权投资、长期债券投资、固定资产、工程物资、在建工程、无形资产、研发支出、公共基础设施、政府储备物资、文物文化资产、保障性住房、受托代理资产、长期待摊费用和待处理财产损溢等。行政事业单位的资产按照流动性，可以分为流动资产、非流动资产和受托代理资产。

行政事业单位的负债具体包括短期借款、应交增值税、其他应交税费、应缴财政款、应付职工薪酬、应付票据、应付账款、应付政府补贴款、应付利息、预收账款、其他应付款、预提费用、长期借款、长期应付款、预计负债和受托代理负债等。负债按照流动性，分为流动负债、非流动负债和受托代理负债。

行政事业单位的净资产是指行政事业单位的资产扣除负债后的净额。净资产包括本期盈余、累计盈余、本年盈余分配、无偿调拨净资产、专用基金、权益法调整、以前年度盈余调整等。期末，各收入和费用科目的本期发生额转入"本期盈余"科目。年末，然后再将"本期盈余"科目余额转入"本年盈余分配"科目；最后，把"本年盈余分配""无偿调拨净资产""以前年度盈余调整"科目余额转入"累计盈余"科目。

行政事业单位财务会计报表是反映行政事业单位财务状况、运行情况和现金流量的书面报告，包括会计报表和附注等。会计报表包括资产负债表、收入费用表、净资产变动表和现金流量表。部门财务报告是指政府部门编制的，反映政府部门财务状况、运行情况等信息的总结性文件。部门财务报告分为两个层面编制：一是单位层面的财务报告；二是部门层面的财务报告。部门财务报告包括财务报表和其他应当在财务报告中披露的相关信息和资料，通常由导言、部门财务报表和部门财务分析组成。

关键名词

行政事业单位；行政事业单位会计；行政事业单位财务会计；行政事业单位预算会计；财政拨款收入；事业收入；上级补助收入；附属单位上缴收入；经营收入；非同级财政拨款收入；投资收益；捐赠收入；业务活动费用；单位管理费用；资产处置费用；上缴上级费用；对附属单位补助费用；所得税费用；货币资金；财政应返还额度；应收票据；应收账款；预付账款；应收股利；应收利息；库存物品；待摊费用；长期股权投资；长期债券投资；固定资产；在建工程；无形资产；研发支出；公共基础设施；政府储备物资；文物文化资产；保障性住房；受托代理资产；短期借款；应交增值税；其他应交税费；应缴财政款；应付职工薪酬；应付票据；应付账款；应付政府补贴款；应付利息；预收账

款；其他应付款；预提费用；长期借款；长期应付款；预计负债；受托代理负债；本期盈余；本年盈余分配；累计盈余；无偿调拨净资产；专用基金；以前年度盈余调整；行政事业单位财务会计报表；部门财务报告

思考与练习题

一、简述题

1. 什么是行政事业单位会计？行政事业单位会计体系是怎样的？
2. 简述行政事业单位会计的适用范围、会计要素与核算特点。
3. 行政事业单位的收入有哪些种类？如何进行账务处理？
4. 行政事业单位的费用有哪些种类？如何进行账务处理？
5. 行政事业单位的资产有哪些种类？如何进行账务处理？
6. 行政事业单位的负债有哪些种类？如何进行账务处理？
7. 行政事业单位的净资产有哪些种类？如何进行账务处理？
8. 行政事业单位财务会计报表与政府综合财务报告包括哪些组成部分？

二、单项选择题

1. 政府单位会计分为（　　）。
   A. 二级　　　　　　　　B. 三级
   C. 四级　　　　　　　　D. 五级
2. 下列会计科目中，属于行政事业单位财务会计资产类的是（　　）。
   A. 国库存款　　　　　　B. 在途款
   C. 预拨经费　　　　　　D. 短期投资
3. 事业单位应计提坏账准备的应收款项是（　　）。
   A. 应收票据　　　　　　B. 收到不上缴财政的应收账款
   C. 预付账款　　　　　　D. 财政应返还额度
4. 下列各项中，作为行政事业单位应付职工薪酬核算的是（　　）。
   A. 罚没收入　　　　　　B. 代扣代缴的职工社会保险费
   C. 代管资金　　　　　　D. 行政事业性收费
5. 事业单位财务会计核算的经营收入年终转入的账户是（　　）。
   A. 经营结余　　　　　　B. 本期盈余
   C. 其他结余　　　　　　D. 专用结余
6. 已记入"待处理财产损溢"账户的现金盘亏经批准处理时，记入（　　）行政事业单位财务会计账户。
   A. 其他费用　　　　　　B. 事业支出
   C. 资产处置费用　　　　D. 其他支出
7. 年终，"本期盈余"账户结转各项收入和费用后的余额结转到（　　）账户。
   A. 本年盈余分配　　　　B. 累计盈余

C. 以前年度盈余调整　　　　D. 其他盈余

8. 因被投资单位净损益和利润分配以外的所有的权益变动，本单位应享有份额记录的账户是（　　）。

A. 以前年度盈余调整　　　　B. 专用基金
C. 累计盈余　　　　　　　　D. 权益法调整

9. 资产负债表的下列各项中，可根据相关账户期末余额直接填报的是（　　）。

A. 货币资金　　　　　　　　B. 短期投资
C. 应收账款净额　　　　　　D. 固定资产净值

10. 行政事业单位财务会计科目分为（　　）。

A. 三类　　　　　　　　　　B. 四类
C. 五类　　　　　　　　　　D. 六类

三、多项选择题

1. 下列各项中，属于行政单位的有（　　）。

A. 国家权力机关　　　　　　B. 国家行政机关
C. 政党组织　　　　　　　　D. 公立医疗机构
E. 社会团体

2. 下列各项中，属于行政事业单位财务会计负债类会计科目的有（　　）。

A. 财政应返还额度　　　　　B. 研发支出
C. 应缴财政款　　　　　　　D. 应付职工薪酬
E. 受托代理负债

3. 行政事业单位固定资产包括（　　）。

A. 房屋及构筑物　　　　　　B. 通用设备
C. 公共基础设施　　　　　　D. 用于公开展览的文物陈列物
E. 保障性住房

4. 行政事业单位下列账户余额年终转入本期盈余账户的有（　　）。

A. 财政拨款收入　　　　　　B. 上级补助收入
C. 附属单位上缴预算收入　　D. 捐赠收入
E. 其他预算收入

5. 下列账户年终结转到"累计盈余"账户的有（　　）。

A. 本年盈余分配　　　　　　B. 无偿调拨净资产
C. 以前年度盈余调整　　　　D. 权益法调整
E. 本期盈余

四、判断题

1. 国库存款是财政部门为预算单位在商业银行开设的银行存款账户。（　　）
2. 高等学校和公立医院是行政单位的重要组成部分。（　　）

3. 财政应返还额度是指行政事业单位根据财政部门批准的年度预算指标数大于同年度实际支付数的差额中允许以后年度结转使用预算指标的金额。（ ）

4. 行政事业单位应向职工支付的各种款项均在应付职工薪酬账户核算。（ ）

5. 政府储备物资的仓储费用和日常维护费用计入政府储备物资成本。（ ）

6. 行政事业单位平时确认收入时，资金实际上已经到单位存款账户上。（ ）

7. 行政事业单位财务会计按照权责发生制确认相关费用，行政事业单位预算会计按照收付实现制确认相关支出。（ ）

8. "财政拨款收入"账户余额年终结转到"累计盈余"账户，其他各项收入账户余额年终结转至"本期盈余"账户。（ ）

9. "无偿调拨净资产"账户余额年终结转"本年盈余分配"账户。（ ）

10. 以前年度盈余调整专指对上年度收入和费用的调整事项。（ ）

五、编制行政事业单位财务会计的会计分录

1. 某事业单位为高等学校，发生以下收入相关经济业务，编制相应财务会计的会计分录：

（1）收到国库集中支付凭证及相关原始凭证，购买的专用材料 3 500 元已经完成支付，专用材料已经验收入库，资金性质为本年度政府性基金预算资金。

（2）向学生收取的学费纳入财政专户管理，按规定需要全额上缴财政专户。

① 收取本学期学生学费 9 000 000 元，款项已经存入单位的银行账户。② 按规定将上述款项缴入财政专户。③ 按照单位的月度用款计划，收到从财政专户返还的事业收入 2 680 000 元。

（3）收到上级单位拨来的补助款 7 000 000 元，款项已经到银行账上。此款项资助学校开展"双一流"学科建设。

（4）收到附属航空电子制造厂上缴的 700 000 元，并存入银行。

（5）收到中央财政经费拨款 2 800 000 元，款项已经到开户银行账上。此款项是中央财政支持地方高校发展专项资金。

（6）70 周年校庆收到校友捐赠的计算机 700 台直接作为设备入账，价税合计 3 390 000 元，其中增值税 390 000 元由学校以银行存款支付。

（7）非独立核算的校招待所向社会提供婚宴服务，本日收到客户支付的服务费用 19 080 元，其中增值税 1 080 元，存入单位的银行账户。

（8）收到开户银行转来的入账通知单，本月银行存款利息为 30 000 元。

（9）经财政部门批准，将校内超市对外招标出租。根据房屋租赁协议，预收 1 年房租 252 000 元，已经存入银行。按照直线法计算月租金，按照 5% 的征收率适用简易计税方式计算应交增值税。

2. 某行政单位发生以下费用相关经济业务，编制相应财务会计的会计分录：

（1）计提本月应付职工薪酬，基本工资、津贴、补贴、社会保险金、住房公积金、职业年金等共计 367 000 元。

（2）本月电费 1 560 元，从银行转账支付。

（3）计提本月固定资产累计折旧 69 000 元。

(4) 买零星办公用品一批,以银行存款支付款项 430 元,办公用品已经分发给工作人员使用。

(5) 通过银行转账支付一笔办公大楼修缮费 750 元。

(6) 一台使用多年而性能下降的打印复印一体机,报同级财政部门审批同意,将其对外出售。该设备的账面余额为 10 000 元,已计提折旧 8 000 元,将其账面价值 2 000 元予以转销。对外出售取得收入 1 200 元,已经存入银行,将上缴财政。

3. 某事业单位发生以下资产相关经济业务,编制相应财务会计的会计分录:

(1) 按规定从本单位零余额账户向实有资金账户划转资金时,收到的国库集中支付凭证及实有资金账户入账凭证 100 000 元款项已经存入银行,使用的是本单位本年度预算指标。

(2) 从开户银行提取现金 30 000 元备用,使用的是从本单位零余额账户转入实有资金账户的资金。

(3) 在外地采购业务活动用物资一批,现将 600 000 元委托本地开户银行汇往外地开立账户,使用的是从本单位零余额账户转入实有资金账户的资金。

(4) 业务(3)采购的业务活动用物资到货,供应单位发票账单显示,物资总价款 500 000 元,应缴增值税 65 000 元,共计 565 000 元,用异地存款支付,物资已验收入库。同时,已将剩余的异地存款 35 000 元转回本地开户银行。

(5) 年末统计财政部门批准的本单位本年度预算指标数为 7 500 000 元,当年实际支付数为 6 920 000 元,尚有 580 000 元的预算指标没有使用,其中,一般公共预算指标 460 000 元,政府性基金预算指标 120 000 元,均允许结转使用。

(6) 使用上年度允许结转使用一般公共预算指标资金购买业务活动用电脑 100 台,每台价款 4 500 元,已经作为设备入账,共计 450 000 元,收到国库集中支付凭证及相关原始凭证。

(7) 为 B 市人力资源与社会保障局组织的再就业工人提供职业能力培训服务,根据合同完成进度计算本期应收款项 90 000 元,该业务不需要缴纳增值税。

(8) 购买 D 公司的长期股权 100 000 股,每股 8 元,共 800 000 元,以银行存款支付。其中,每股股价中包含已宣告但尚未发放的现金股利 1 元。

(9) 一线业务人员张三因公出差持公务卡刷卡支付差旅费 5 000 元,单位向银行偿还公务卡欠款时张三还未报销,单位财务部门以银行存款先予偿付。

(10) 张三因公出差归来,凭票据报销 5 500 元,扣除以银行存款先予偿付的 5 000 元,其余 500 元划入张三公务卡账户。

(11) 有一笔账龄 5 年的 F 公司所欠应收账款 19 000 元,确认无法收回,报经批准后予以核销,冲减坏账准备。

4. 某事业单位发生以下负债相关经济业务,编制相应财务会计的会计分录:

(1) 为购买一台业务活动用大型设备(需安装)与中国建设银行××支行发生如下长期借款业务:① 借入长期借款 1 000 000 元,期限 18 个月,年利率 3.6%,一次性还本付息,款已到账。② 该设备尚未安装完成,建设期每个月计提长期借款利息 3 000 元。③ 实际建设期 15 个月后,该设备安装完成并投入使用,计提其余 3 个月每个月长期借款利息 3 000 元。④ 到期归还长期借款本息 1 054 000 元,通过国库支付执行机构使用本年度一般公共预算指标支付。

(2) 通过国库支付执行机构使用本年度一般公共预算指标支付购买材料所欠供应商 L 的应付账款 113 000 元。

(3) 开出一张期限 60 天、金额为 66 000 元的银行承兑汇票，用于购买业务活动用材料，材料已验收入库。

(4) 按合同规定，预先向远航公司收取专业业务服务款项 70 000 元，款项已经存入研究所的银行账户。

(5) 向远航公司提供了相关服务，应确认事业收入 75 000 元，差额 5 000 元已经通过开户银行收到。

(6) 工资发放日，应向职工支付本月工资 624 000 元、津贴补贴 30 000 元、其他个人收入 12 000 元等薪酬。应由职工承担的个人所得税 5 000 元，社会保险费 37 000 元，住房公积金 66 000 元，扣除个人所得税、社会保险费、住房公积金，本月实际支付职工人员工资、津贴补贴、其他个人收入共计 558 000 元，款项已经通过国库支付执行机构使用本年度一般公共预算指标支付转入职工个人工资卡账户。

5. 某事业单位财务会计年末对收入、费用类账户进行结转，12 月各收入、费用类账户的余额如下：

(1) 财政拨款收入 60 000 元，事业收入 49 000 元，上级补助收入 45 000 元，附属单位上缴收入 390 000 元，经营收入 250 000 元，捐赠收入 100 000 元，其他收入 39 000 元，均为贷方余额。

(2) 业务活动费用 335 000 元，单位管理费用 22 500 元，经营费用 300 000 元，资产处置费用 17 000 元，其他费用 25 000 元，均为借方余额。

(3) 年末，"本期盈余"账户出现贷方余额 2 000 000 元，结转到"本年盈余分配"账户。

(4) 年末，按规定从本年盈余分配中提取专用基金 400 000 元。

(5) 年末，将提取专用基金后的可分配盈余 1 600 000 元结转到"累计盈余"账户。

(6) 年末，将"无偿调拨净资产"账户贷方余额 60 000 元结转到"累计盈余"账户。

(7) 年末，将"以前年度盈余调整"账户借方余额 15 000 元结转到"累计盈余"账户。

假设年初"累计盈余"账户贷方余额为 1 000 000 元，完成上述 (1) ～ (7) 相应财务会计的会计分录及账务处理后，年末"累计盈余"账户贷方余额为多少？

5-10 参考答案

第六章
行政事业单位预算会计实务

学习目标

1. 了解部门决算报告。
2. 理解行政事业单位预算会计报表。
3. 掌握行政事业单位的预算收入与预算支出核算。
4. 掌握行政事业单位的预算结余核算。

情景导入

2019 年与 2023 年中央本级"三公"经费预算安排情况

中央本级 2019 年"三公"经费财政拨款年初预算数 81.07 亿元,比 2018 年同口径预算数减少 3.22 亿元,下降 3.8%。其中:因公出国(境)费 18.69 亿元,增加 0.33 亿元;公务用车购置及运行费 55.37 亿元(包括购置费 8.57 亿元、运行费 46.8 亿元),减少 2.01 亿元;公务接待费 7.01 亿元,减少 1.54 亿元。在"三公"经费预算总规模压减 3% 左右的前提下,进一步优化支出结构,重点保障实施中国特色大国外交等国家重大战略和新组建部门履职所需经费。

2023 年安排中央本级"三公"经费财政拨款预算 64.96 亿元,比 2022 年预算增加 11.43 亿元,主要是前两年受疫情影响,因公出国(境)费预算压减较多、基数较低,今年恢复性增加;公务用车购置及运行费、公务接待费从严控制。具体包括:因公出国(境)费 18.66 亿元,增加 11.51 亿元,主要用于支持实施中国特色大国外交战略,保障中央部门开展对外交往、参加重要双边多边会议等,同时继续严控一般性出国团组;公务用车购置及运行费 43.59 亿元(包括购置费 9.05 亿元、运行费 34.54 亿元),减少 0.02 亿元;公务接待费 2.71 亿元,减少 0.06 亿元。

思考：将2023年中央本级"三公"经费预算与疫情前的2019年进行对比分析，谈谈你对三公经费管理的认识。

资料来源：财政部《中央本级"三公"经费2018年预算执行和2019年预算安排情况》；财政部《2023年中央本级"三公"经费预算安排情况》。

第一节 行政事业单位的预算收入核算

行政事业单位会计由预算会计和财务会计构成，两者适度分离又相互衔接。对于纳入部门预算管理的现金收支业务和事项，需要同时进行财务会计核算和预算会计核算，即平行记账；对于其他业务和事项，仅需进行财务会计核算或者预算会计核算。

预算收入、预算支出与预算结余是行政事业单位预算会计的会计要素。本节先介绍行政事业单位预算收入的核算。行政事业单位的预算收入是指行政事业单位在预算年度内依法取得的并纳入预算管理的现金流入。行政事业单位预算会计以收付实现制为会计基础，预算收入一般在实际收到时予以确认，以实际收到的金额计量。行政事业单位的预算收入包括财政拨款预算收入、事业预算收入、经营预算收入、上级补助预算收入、附属单位上缴预算收入、投资预算收益、债务预算收入和其他预算收入等。行政事业单位的预算收入可按不同的分类标准进行分类。按照预算收入的来源和取得方式划分，行政事业单位的预算收入分为财政拨款预算收入、业务活动预算收入、补助与上缴预算收入、债务预算收入和其他各项预算收入。按照预算收入性质不同，行政事业单位的预算收入分为财政拨款预算收入和非财政拨款预算收入。财政拨款预算收入按支出功能不同，又分为基本支出收入与项目支出收入。基本支出收入是满足行政事业单位日常支出资金需要的财政拨款预算收入；项目支出收入是满足行政事业单位专门项目支出资金需要的财政拨款预算收入。非财政拨款预算收入是财政拨款预算收入之外的各项收入，包括业务活动预算收入、补助与上缴预算收入、债务预算收入和其他各项预算收入等，需要区分为专项资金收入与非专项资金收入。专项资金收入是行政事业单位取得的用于完成特定任务的款项。与项目支出拨款不同，专项资金来源于非同级财政、上级主管单位、附属单位，以及单位的专业业务活动、其他业务活动，要求用于规定的项目；非专项资金收入是行政事业单位取得的用于维持正常运行和完成日常工作任务的款项。非专项资金的使用不指定项目，用于行政事业单位的日常运行。

一、财政拨款预算收入的核算

（一）概念

财政拨款预算收入是行政事业单位从同级政府财政部门取得的经费拨款形成的预算收

入。政府单位应当按照批准的预算和月度用款计划,从同级政府财政部门取得预算经费拨款,包括一般公共预算财政拨款、政府性基金预算财政拨款等。财政拨款预算收入应当按照政府收支分类的要求进行功能分类,并区分基本支出拨款与项目支出拨款。

(二)账户设置

设置"财政拨款预算收入"科目,核算行政事业单位从同级政府财政部门取得的各类财政拨款。本科目应当按照部门预算管理和政府收支分类的要求设置明细科目。通常设置"基本支出"和"项目支出"两个明细科目,并按照《政府收支分类科目》中"支出功能分类科目"的项级科目进行明细核算,或设置功能分类辅助账;同时,在"基本支出"明细科目下按照"人员经费"和"日常公用经费"进行明细核算,在"项目支出"明细科目下按照具体项目进行明细核算;有一般公共预算财政拨款、政府性基金预算财政拨款等两种或两种以上财政拨款的行政事业单位,还应当先按照财政拨款的种类分别进行一级明细核算。年末,应当将本科目本年发生额转入财政拨款结转,年末结转后,本科目应无余额。

(三)主要账务处理

财政拨款预算收入在财政部门完成款项的实际支付时确认,同时确认所形成的各项预算支出。行政事业单位根据收到的"财政直接支付入账通知书"及相关原始凭证,按照通知书中的直接支付金额,借记"行政支出"(行政单位)、"事业支出"(事业单位)等科目,贷记"财政拨款预算收入"科目。

【例6-1】 某行政单位召开低空经济发展专题工作会议,收到国库集中支付凭证及相关原始凭证,会议费用66 000元已经完成支付,所用经费为本单位本年度一般公共预算指标基本支出拨款。

借:行政支出——财政拨款支出——基本支出　　66 000
　　贷:财政拨款预算收入——基本支出
　　　　　　　　　　　　——日常公用经费　　　66 000

6-1 知识巩固

【例6-2】 某行政单位收到国库集中支付凭证及相关原始凭证,购买的办公电脑价款及相关税费226 000元已经完成支付,电脑已经验收入库,所用经费为本单位本年度一般公共预算指标A项目支出拨款。

借:行政支出——财政拨款支出——项目支出　226 000
　　贷:财政拨款预算收入——项目支出
　　　　　　　　　　　　——A项目　　　　　226 000

6-2 知识巩固

二、业务活动预算收入的核算

业务活动预算收入是事业单位开展业务活动取得的预算收入,包括事业预算收入和经营预算收入。行政单位没有业务活动预算收入。

（一）概念

1. 事业预算收入

事业预算收入是事业单位开展专业业务活动及辅助活动所取得的预算收入。事业单位应当加强事业预算收入的预算管理，按照专业业务的类别分项核算，进行支出的功能分类，区分专项资金收入和非专项资金收入。

2. 经营预算收入

经营预算收入是事业单位在专业业务活动及辅助活动之外开展非独立核算经营活动取得的预算收入。

（二）账户设置

1. 事业预算收入

设置"事业预算收入"科目，核算事业单位开展专业业务活动及其辅助活动取得的现金流入。事业单位因开展科研及其辅助活动从非同级政府财政部门取得的经费拨款，也通过本科目核算。本科目的明细科目设置的要求如下：① 按照事业预算收入类别、项目、来源进行明细核算；② 按照《政府收支分类科目》中"支出功能分类科目"项级科目等进行明细核算，或设置功能分类辅助账；③ 事业预算收入中如有专项资金收入，还应按照具体项目进行明细核算。年末，应当将本科目本年发生额转入非财政拨款结转、其他结余，年末结转后，本科目应无余额。

2. 经营预算收入

设置"经营预算收入"科目，核算事业单位在专业业务活动及其辅助活动之外开展非独立核算经营活动取得的现金流入。本科目应当按照经营活动类别、项目、《政府收支分类科目》中"支出功能分类科目"的项级科目等进行明细核算。年末，应当将本科目本年发生额转入经营结余，年末结转后，本科目应无余额。

（三）主要账务处理

1. 事业预算收入

（1）收到从财政专户返还的事业预算收入时，按照实际收到的返还金额，借记"资金结存——货币资金"科目，贷记"事业预算收入"科目。

（2）收到其他事业预算收入时，按照实际收到的款项金额，借记"资金结存——货币资金"科目，贷记"事业预算收入"科目。

【例6-3】 事业单位某航空大学收取的学费收入采用财政专户返还方式管理。现收到从财政专户返还收入20 000 000元，款项已经存入单位的银行账户。

借：资金结存——货币资金　　　　　　20 000 000
　　贷：事业预算收入　　　　　　　　　　　　20 000 000

6-3 知识巩固

【例 6-4】 事业单位某航空大学收取一项专利转让收入 1 600 000 元，款项已经存入单位的银行账户。

借：资金结存——货币资金　　　　　　1 600 000
　　贷：事业预算收入　　　　　　　　　　　　　　1 600 000

6-4 知识巩固

2. 经营预算收入

收到经营预算收入时，按照实际收到的金额，借记"资金结存——货币资金"科目，贷记"经营预算收入"科目。如果事业单位销售应税产品或提供应税服务时，确认的经营预算收入应当是包含增值税销项税的金额。

【例 6-5】 事业单位某航空大学，其非独立核算校内宾馆收到食宿收入 31 800 元，款项已经存入单位的银行账户。

借：资金结存——货币资金　　　　　　31 800
　　贷：经营预算收入　　　　　　　　　　　　　　31 800

6-5 知识巩固

三、补助与上缴预算收入的核算

补助与上缴预算收入是事业单位从主管部门、上级单位和附属单位取得的预算收入，包括上级补助预算收入和附属单位上缴预算收入。行政单位没有补助与上缴预算收入。

（一）概念

1. 上级补助预算收入

上级补助预算收入是事业单位从主管部门、上级单位取得的预算收入，包括主管部门补助预算收入和上级单位补助预算收入。上级补助预算收入应当按照发放补助单位、补助项目分类管理，按照政府收支分类的要求进行功能分类，并区分专项资金收入与非专项资金收入。

2. 附属单位上缴预算收入

附属单位上缴预算收入是指事业单位的附属单位上缴的预算收入。附属单位上缴预算收入应当按照附属单位、缴款项目分类管理，按照政府收支分类的要求进行功能分类，并区分专项资金收入与非专项资金收入。

（二）账户设置

1. 上级补助预算收入

设置"上级补助预算收入"科目，核算事业单位从主管部门和上级单位取得的非财政补助现金流入。本科目应当按照发放补助单位、补助项目、《政府收支分类科目》中"支出功能分类科目"的项级科目等进行明细核算。上级补助预算收入中如有专项资金收入，还应按照具体项目进行明细核算。年末，应当将本科目本年发生额转入非财政拨款结转、其他结余，年末结转后，本科目应无余额。

2. 附属单位上缴预算收入

设置"附属单位上缴预算收入"科目，核算事业单位取得附属独立核算单位根据有关规定上缴的现金流入。本科目应当按照附属单位、缴款项目、《政府收支分类科目》中"支出功能分类科目"的项级科目等进行明细核算。附属单位上缴预算收入中如有专项资金收入，还应按照具体项目进行明细核算。年末，应当将本科目本年发生额转入非财政拨款结转、其他结余，年末结转后，本科目应无余额。

（三）主要账务处理

1. 上级补助预算收入

上级补助预算收入在实际收到补助的款项时，按照实际收到的补助金额确认。收到上级补助预算收入时，按照实际收到的金额，借记"资金结存——货币资金"科目，贷记"上级补助预算收入"科目。

【例6-6】事业单位某航空大学收到教育部拨来的补助款600 000元，款项已经存入银行。此款项为专项资金，要求用于单位的教育信息化建设项目。

借：资金结存——货币资金　　　　　　　600 000
　　贷：上级补助预算收入——教育部
　　　　　　　　——教育信息化项目专项资金　600 000

6-6 知识巩固

2. 附属单位上缴预算收入

附属单位上缴预算收入在实际收到上缴的款项时，按照实际收到的上缴金额确认。收到附属单位缴来款项时，按照实际收到的金额，借记"资金结存——货币资金"科目，贷记"附属单位上缴预算收入"科目。

【例6-7】事业单位某航空大学所属科技创业园为独立核算的单位，按规定科技创业园本年应上缴分成收入3 600 000元，航空大学实际收到上缴款3 500 000元。

借：资金结存——货币资金　　　　　　　3 500 000
　　贷：附属单位上缴预算收入——科技创业园　　3 500 000

6-7 知识巩固

四、债务预算收入的核算

（一）概念

债务预算收入是指事业单位经批准从银行或其他金融机构取得借款所形成的预算收入。债务预算收入是纳入部门预算管理的资金，未纳入部门预算管理的应付款项、应缴款项等不确认为债务预算收入。债务预算收入是事业单位承担的不以财政资金作为偿还来源的债务。事业单位应当按照贷款单位、贷款种类分类加强管理，按照政府收支分类的要求进行功能分类，区分专项资金债务预算收入与非专项资金债务预算收入。

（二）账户设置

设置"债务预算收入"科目，核算事业单位按照规定从银行和其他金融机构等借入的、纳入部门预算管理的、不以财政资金作为偿还来源的债务本金。本科目应当按照贷款单位、贷款种类、《政府收支分类科目》中"支出功能分类科目"的项级科目等进行明细核算。债务预算收入中如有专项资金收入，还应按照具体项目进行明细核算。年末，应当将本科目本年发生额转入非财政拨款结转、其他结余，年末结转后，本科目应无余额。

（三）主要账务处理

债务预算收入在借入款项时，按照实际借入的金额确认。借入各项短期或长期借款时，按照实际借入的金额，借记"资金结存——货币资金"科目，贷记"债务预算收入"科目。

【例 6-8】 事业单位某航空大学报经批准从中国银行××支行借入 5 000 000 元，借款期限 24 个月，年利率 3.6%，到期一次还本付息。

  借：资金结存——货币资金   5 000 000
    贷：债务预算收入——中国银行××支行 5 000 000

6-8 知识巩固

五、其他各项预算收入的核算

其他各项预算收入是行政事业单位除上述活动外的其他活动取得的预算收入，包括非同级财政拨款预算收入、投资预算收益和其他预算收入。其中，投资预算收益是事业单位才可能有的预算收入项目。

（一）概念

1. 非同级财政拨款预算收入

非同级财政拨款预算收入是行政事业单位从上级政府财政部门、下级政府财政部门取得的财政拨款，以及通过本级横向转拨取得的财政拨款而形成的预算收入。非同级财政拨款预算收入应当按照拨款的类别、来源管理，按照政府收支分类的要求进行功能分类，区分专项资金收入和非专项资金收入。

2. 投资预算收益

投资预算收益是事业单位取得对外投资收益而形成的预算收入，包括短期投资收益、长期债券投资收益和长期股权投资收益，如债券利息收入、股权现金股利收入、出售或收回债券投资所取得差价的收益等。投资预算收益应当纳入部门预算管理，按照政府收支分类的要求进行功能分类。

3. 其他预算收入

其他预算收入是行政事业单位取得的上述预算收入以外各项的预算收入，包括捐赠预算收入、利息预算收入、租金预算收入、现金盘盈收入等。其他预算收入应当按照收入的类别管理，按照政府收支分类的要求进行功能分类，区分专项资金收入和非专项资金收入。

（二）账户设置

1. 非同级财政拨款预算收入

设置"非同级财政拨款预算收入"科目，核算行政事业单位从非同级政府财政部门取得的财政拨款，包括本级横向转拨财政款和非本级财政拨款。本科目应当按照非同级财政拨款预算收入的类别、来源、《政府收支分类科目》中"支出功能分类科目"的项级科目等进行明细核算。非同级财政拨款预算收入中如有专项资金收入，还应按照具体项目进行明细核算。年末，应当将本科目本年发生额转入非财政拨款结转、其他结余，年末结转后，本科目应无余额。

2. 投资预算收益

设置"投资预算收益"科目，核算事业单位取得的按照规定纳入部门预算管理的属于投资收益性质的现金流入。本科目应当按照《政府收支分类科目》中"支出功能分类科目"的项级科目等进行明细核算。年末，应当将本科目本年发生额转入其他结余，年末结转后，本科目应无余额。

3. 其他预算收入

设置"其他预算收入"科目，核算单位除上述预算收入之外的纳入部门预算管理的现金流入。本科目应当按照其他收入类别、《政府收支分类科目》中"支出功能分类科目"的项级科目等进行明细核算。其他预算收入中如有专项资金收入，还应按照具体项目进行明细核算。行政事业单位发生的捐赠预算收入、利息预算收入、租金预算收入业务较多或金额较大的，可单独设置会计科目。年末，应当将本科目本年发生额转入非财政拨款结转、其他结余，年末结转后，本科目应无余额。

（三）主要账务处理

1. 非同级财政拨款预算收入

在实际收到拨来的非同级财政拨款预算收入款项时，按照实际收到的拨款金额确认。取得非同级财政拨款预算收入时，按照实际收到的金额，借记"资金结存——货币资金"科目，贷记"非同级财政拨款预算收入"科目。

【例6-9】 事业单位某航空大学为省财政所属预算单位，收到开户银行转来的"到账通知书"，省属NC市财政拨来的科研经费补助款590 000元已经到账，用于科研攻关项目F的项目支出。

6-9 知识巩固

借：资金结存—货币资金　　　　　　　　　　　　590 000
　　贷：非同级财政拨款预算收入——NC市财政拨款
　　　　　　　　　　　　　　——F项目专项资金　　590 000

2. 投资预算收益

投资预算收益应当在实际收到投资利息、股利等时，按照实际收到的金额确认。

（1）收到债券投资的利息、长期股权投资的股利时，按照实际收到的金额，借记"资金结存——货币资金"科目，贷记"投资预算收益"科目。

（2）出售或到期收回短期、长期债券，按照实际取得的价款或实际收到的本息金额，借记"资金结存——货币资金"科目，按照取得债券时"投资支出"科目的发生额，贷记"投资支出"科目（本年度取得的短期、长期债券）或"其他结余"科目（以前年度取得的短期、长期债券），按照其差额，贷记或借记"投资预算收益"科目。

（3）出售、转让以非货币性资产取得的长期股权投资时，按照实际取得的价款扣减支付的相关费用和应缴财政款后的余额，借记"资金结存——货币资金"科目，贷记"投资预算收益"科目。

【例 6-10】 某事业单位持有 5 年期长期国债，票面金额 1 000 000 元，票面年利率 3.6%，按年支付利息。收到本年支付的利息 36 000 元。

借：资金结存——货币资金　　　　　　　36 000
　　贷：投资预算收益　　　　　　　　　　　　　36 000

6-10 知识巩固

【例 6-11】 某事业单位将本年购入的 10 年期国债在二级市场上出售，取得价款 807 000 元。该国债的账面投资成本为 800 000 元。

借：资金结存——货币资金　　　　　　　807 000
　　贷：投资支出　　　　　　　　　　　　　　800 000
　　　　投资预算收益　　　　　　　　　　　　　7 000

6-11 知识巩固

3. 其他预算收入

其他预算收入在实际收到款项时，按照实际收到的金额确认。接受捐赠现金资产、收到银行存款利息、收到资产承租人支付的租金时，按照实际收到的金额，借记"资金结存——货币资金"科目，贷记"其他预算收入"科目。

【例 6-12】 事业单位某航空大学校庆 70 周年，通过学校的银行账户收到校友高远航捐赠款 700 000 元。

借：资金结存——货币资金　　　　　　　700 000
　　贷：其他预算收入——捐赠收入　　　　　　　700 000

6-12 知识巩固

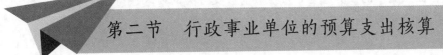

第二节　行政事业单位的预算支出核算

行政事业单位的预算支出是指行政事业单位在预算年度内依法发生并纳入预算管理的现金流出。预算支出与预算收入相对应。行政事业单位预算会计以收付实现制为会计基础，预算支出一般在实际支付时予以确认，以实际支付的金额计量。行政事业单位应当将各项支出全部纳入单位的预算管理，严格执行国家财政制度和财经纪律，建立健全支出的管理与控制制度，在保证业务活动需要的前提下，尽可能减少支出，以提高资金的使用效益。

行政事业单位的预算支出包括行政支出、事业支出、经营支出、上缴上级支出、对附属单位补助支出、投资支出、债务还本支出和其他支出等。行政事业单位的预算支出可按不同的分类标准进行分类。按照预算支出的内容不同，行政事业单位预算支出分为业务活动预算支出、补助与上缴预算支出、投资与偿债支出和其他预算支出。按照预算支出的资金性质不同，行政事业单位预算支出分为财政拨款支出和非财政拨款支出。财政拨款支出是行政事业单位使用财政部门拨入的款项安排的预算支出。非财政拨款支出是行政事业单位使用除财政拨款以外的款项安排的预算支出。按照预算支出的资金使用要求不同，非财政补助支出又分为非财政专项资金支出和其他资金支出。按部门预算管理的要求划分，行政事业单位预算支出分为基本支出和项目支出。基本支出是行政事业单位为了保障其正常运转、完成日常工作任务而发生的支出，包括人员经费支出和日常公用经费支出。项目支出是行政事业单位为了完成特定工作任务和发展目标，在基本支出之外所发生的支出。按政府预算收支分类的要求，行政事业单位预算支出需要按照《政府收支分类科目》的规定进行功能分类与经济分类。功能分类是按照行政事业单位的职能和支出所实现的功能目标对预算支出所作的分类，如一般公共服务、教育支出、农林水支出等。经济分类是按照支出的经济性质和具体用途对预算支出所作的分类。行政事业单位应当根据各项预算支出的经济性质和用途确定经济分类科目。行政事业单位经济分类的类别主要包括工资福利支出、商品和服务支出、对个人和家庭的补助、债务利息及费用支出、资本性支出、对企业补助、其他支出等。

一、业务活动预算支出的核算

业务活动预算支出是行政事业单位在履职或业务活动中发生的预算支出，包括行政支出、事业支出和经营支出。其中，行政支出是行政单位的预算支出项目，事业支出和经营支出是事业单位的预算支出项目。

（一）概念

1. 行政支出

行政支出是行政单位在履行其职责的过程中实际发生的预算支出，包括基本支出和项目支出。行政支出的资金性质主要是财政拨款资金，也有少部分非财政专项资金和其他资金。行政单位应当加强支出的预算管理，按照政府收支分类的要求进行功能分类和经济分类，按照支出的类别分项管理。

2. 事业支出

事业支出是事业单位开展专业业务活动及其辅助活动的过程中实际发生的预算支出，包括基本支出和项目支出。作为提供各种社会服务的公益性组织，事业单位在提供专业服务和辅助服务活动时，必然会发生一定的耗费，形成预算资金的流出。事业单位活动的领域不同，事业支出的内容也有所不同，如教育事业支出、科研事业支出、医疗事业支出、文化事业支出、展览事业支出、环境保护事业支出、福利事业支出等。按资金性质的不同，事业支出分为财政拨款资金支出、非财政专项资金支出和其他资金支出。事业单位应当将事业支出纳入单位预算管理，按照政府收支分类的要求进行功能分类和经济分类，按照支出的类别分项管理。

3. 经营支出

经营支出是事业单位在专业业务活动及其辅助活动之外开展非独立核算经营活动发生的预算支出。事业单位的业务活动主要是专业业务活动，但也可以开展一些非独立核算经营活动，以获取一定的收益，弥补事业经费的不足。

（二）账户设置

1. 行政支出

设置"行政支出"科目，核算行政单位履行其职责实际发生的各项现金流出。"行政支出"科目的明细科目设置的要求如下：按照资金性质分别"财政拨款支出""非财政专项资金支出"和"其他资金支出"进行明细核算；或按照部门预算管理的要求分别"基本支出"和"项目支出"等进行明细核算，并按照《政府收支分类科目》中"支出功能分类科目"的项级科目进行明细核算。"基本支出"和"项目支出"明细科目下应当按照《政府收支分类科目》中"部门预算支出经济分类科目"的款级科目进行明细核算，同时在"项目支出"明细科目下按照具体项目进行明细核算。有一般公共预算财政拨款、政府性基金预算财政拨款等两种或两种以上财政拨款的行政单位，还应当在"财政拨款支出"明细科目下先按照财政拨款的种类进行明细核算。对于预付款项，可通过在"行政支出"科目下设置"待处理"明细科目进行核算，待确认具体支出项目后再转入"行政支出"科目下相关明细科目。年末，应当将本科目本年发生额转入财政拨款结转、非财政拨款结转和其他结余，年末结转后，本科目应无余额。

2. 事业支出

设置"事业支出"科目，核算事业单位开展专业业务活动及其辅助活动实际发生的各项现金流出。本科目的明细科目设置、年末余额等与行政单位"行政支出"科目的基本相同。但是，事业单位的专业业务活动有其特点，事业单位可以根据管理的需要增设会计科目。对于事业单位发生的教育、科研、医疗、行政管理、后勤保障等活动，可以设置相应的明细科目进行核算。如果有必要，也可以将"教育支出""科研支出""医疗支出""行政管理支出""后勤保障支出"等设置为一级会计科目。

3. 经营支出

设置"经营支出"科目，核算事业单位在专业业务活动及其辅助活动之外开展非独立核算经营活动实际发生的各项现金流出。本科目应当按照经营活动类别、项目、《政府收支分类科目》中"支出功能分类科目"的项级科目和"部门预算支出经济分类科目"的款级科目等进行明细核算。对于预付款项，可通过在本科目下设置"待处理"明细科目进行明细核算，待确认具体支出项目后再转入本科目下相关明细科目。年末，应当将本科目本年发生额转入经营结余，年末结转后，本科目应无余额。

（三）主要账务处理

1. 行政支出

1）支付人员经费的核算

人员经费是行政单位用于人员方面的支出，包括支付行政单位职工的薪酬、外部人员的劳务费，以及代扣代缴的个人所得税、职工社会保险费、职业年金、住房公积金等。人员经费在支付时，按照实际支付的金额确认。支付职工个人薪酬、外部人员劳务费时，按照实际支付的金额，借记"行政支出"科目，贷记"财政拨款预算收入"（国库集中支付）、"资金结存"（货币资金）科目。按照规定代扣代缴个人所得税，以及代扣代缴或为职工缴纳职工社会保险费、住房公积金等时，按照实际缴纳的金额，借记"行政支出"科目，贷记"财政拨款预算收入""资金结存"科目。

【例6-13】某行政单位向职工个人支付本月的薪酬，缴纳代扣代缴的个人所得税、职工社会保险费和住房公积金，所用资金为当年度一般公共预算指标基本支出拨款。

(1) 工资发放日，收到国库支付执行机构委托代理银行转来的国库集中支付凭证及相关原始凭证，向职工个人支付本月工资、津贴补贴等薪酬575 000元，款项已经转入职工个人工资卡账户。

　　借：行政支出——财政拨款支出——基本支出　　575 000
　　　　贷：财政拨款预算收入——基本支出——人员经费　　575 000

6-13 知识巩固

(2) 收到国库支付执行机构委托代理银行转来的国库集中支付凭证及相关原始凭证，缴纳代扣代缴的个人所得税5 000元，缴纳职工社会保险费、住房公积金等共计232 000元。

　　借：行政支出——财政拨款支出——基本支出　　237 000
　　　　贷：财政拨款预算收入——基本支出——人员经费　　237 000

【例6-14】　某行政单位支付当月外部人员劳务费19 600元（含代扣代缴的个人所得税600元），以银行存款支付，所用资金为当年度一般公共预算指标基本支出拨款。

　　借：行政支出——财政拨款支出——基本支出　　19 600
　　　　贷：资金结存——货币资金　　19 600

6-14 知识巩固

2）日常费用支出的核算

日常费用支出是行政单位日常发生的各项预算支出，包括办公费、印刷费、咨询费、手续费、水费、电费、邮电费、取暖费、物业管理费、差旅费、因公出国（境）费用、维修（护）费、租赁费、会议费、培训费、公务接待费、公务用车运行维护费等。日常费用支出不形成资产项目，在发生时照实际支付的金额确认。发生其他各项日常费用支出时，按照实际支付的金额，借记"行政支出"科目，贷记"财政拨款预算收入""资金结存"科目。

【例6-15】　某行政单位收到国库支付执行机构委托代理银行转来的国库集中支付凭证及相关原始凭证，行政单位当月的新招聘公务员业务培训费39 000元已经支付给培训机构，所用资金为当年度一般公共预算指标基本支出拨款。

　　借：行政支出——财政拨款支出——基本支出　　39 000
　　　　贷：财政拨款预算收入——基本支出——日常公用经费　　39 000

6-15 知识巩固

【例6-16】　某行政单位收到国库支付执行机构委托代理银行转来的国库集中支付凭证及相关原始凭证，当月一项会议费172 000元已经支付，所用资金为当年度一般公共预算指标项目支出拨款。

　　借：行政支出——财政拨款支出——项目支出　　172 000
　　　　贷：财政拨款预算收入——项目支出　　172 000

6-16 知识巩固

【例6-17】　某行政单位收到国库支付执行机构委托代理银行转来的国库集中支付凭证及相关原始凭证，单位的当月供电设备维修费57 000元已经支付，所用资金为上年度一般公共预算指标项目支出拨款。

借：行政支出——财政拨款支出——项目支出　57 000
　　贷：资金结存——财政应返还额度　　　　　　　　57 000

6-17 知识巩固

【例6-18】　某行政单位报销当月一笔专家咨询费9 000元，款项已经通过单位的银行账户支付，所用资金为上级主管部门拨入的课题研究专项经费。

借：行政支出——非财政专项资金支出
　　　　　　——课题研究项目　　9 000
　　贷：资金结存——货币资金　　　　　　　　・9 000

6-18 知识巩固

3）购买资产与工程支出的核算

购买资产与工程支出是行政单位购买存货、固定资产、无形资产等及结算工程款项发生的预算支出。购买资产与工程支出在支付款项时，按照实际支付的金额确认。为购买资产与工程支付相关款项时，按照实际支付的金额，借记"行政支出"科目，贷记"财政拨款预算收入""资金结存"科目。

【例6-19】　某行政单位收到国库支付执行机构委托代理银行转来的国库集中支付凭证及相关原始凭证，以政府集中采购的方式当月购入专用设备一套，因不需要安装当月验收合格投入使用。设备价款、增值税、运输费、保险费共计558 000元，款项已经支付，所用资金为当年度一般公共预算指标项目支出拨款。

借：行政支出——财政拨款支出——项目支出　558 000
　　贷：财政拨款预算收入——项目支出
　　　　　　　　　　　　——设备采购项目　　558 000

6-19 知识巩固

【例6-20】　某行政单位当月购买办公用品一批，已经验收入库。办公用品价款、增值税共计6 300元，以银行存款支付，所用资金为当年度一般公共预算指标基本支出拨款。

借：行政支出——财政拨款支出——基本支出　6 300
　　贷：资金结存——货币资金　　　　　　　　6 300

6-20 知识巩固

4）预付款项支出的核算

预付款项支出是行政单位按照购货、服务合同的规定预付给供应单位（或个人）的款项而发生的预算支出。预付款项支出在实际支付预付款项时，按照实际预付的金额确认。发生预付账款时，按照实际支付的金额，借记"行政支出"科目，贷记"财政拨款预算收入""资金结存"科目。对于暂付款项，在支付款项时可不做预算会计处理，待结算或报销时，按照结算或报销的金额，借记"行政支出"科目，贷记"资金结存"科目。

【例6-21】　某行政单位预订某会议中心召开工作会议，根据合同规定预先支付款项，待会议结束后再按实际发生的费用结算。所用资金为当年度一般公共预算指标项目支出拨款。

(1) 按合同规定，支付预付款 100 000 元，收到国库支付执行机构委托代理银行转来的国库集中支付凭证及相关原始凭证。

借：行政支出——待处理　　　　　　　　　　100 000
　　贷：财政拨款预算收入——项目支出　　　　　　100 000

(2) 会计结束后，会议费用为 170 000 元，支付差额款 70 000 元，收到国库支付执行机构委托代理银行转来的国库集中支付凭证及相关原始凭证。

借：行政支出——财政拨款支出——项目支出　　170 000
　　贷：行政支出——待处理　　　　　　　　　　100 000
　　　　财政拨款预算收入——项目支出　　　　　 70 000

5）偿还应付款项支出的核算

偿还应付款项支出是行政单位因偿还购买物资或服务、工程建设等而发生的应付账款和长期应付款而发生的预算支出。偿还应付款项支出应当在偿付款项时，按照实际偿付的金额确认。偿还应付账款、长期应付款时，按照实际支付的金额，借记"行政支出"科目，贷记"财政拨款预算收入""资金结存"科目。

【例 6-22】　某行政单位收到国库支付执行机构委托代理银行转来的国库集中支付凭证及相关原始凭证，上季度所欠 A 供应商材料款 126 000 元已经完成支付，所用资金为当年度一般公共预算指标基本支出拨款。

借：行政支出——财政拨款支出——基本支出　　126 000
　　贷：财政拨款预算收入——基本支出——日常公用经费　　126 000

2. 事业支出

事业支出的账务处理，包括支付单位职工个人的薪酬和外部人员的劳务费、支付日常公用费用、支付购买资产及工程款项、支付预付款项、缴纳的相关税费等环节。实际支付属于事业支出的相关款项时，按照实际支付的金额，借记"事业支出"科目，贷记"财政拨款预算收入""资金结存"科目。

"事业支出"科目的账务处理方法与行政单位的"行政支出"科目类似，只是业务活动的内容有所不同。"行政支出"科目的业务举例，同样适用于"事业支出"科目。以下结合事业单位的专业业务的特点，再举几个例子进行说明。

【例 6-23】　事业单位某航空大学的财务部门审核后，以银行存款支付专任教师高飞报销当月参加教学研讨会持公务卡刷卡支付的差旅费 7 200 元，所用资金为当年度一般公共预算指标基本支出拨款。

借：事业支出——财政拨款支出——基本支出　　7 200
　　贷：资金结存——货币资金——财政拨款资金　　7 200

【例 6-24】　事业单位某航空大学以政府集中采购的方式购入计算机 200 台，每台价格 3 500 元，增值税税率为 13%，价税款项共计 791 000 元，已经验收投入实验教学使用。当月收到国库支付执行机构委托代理银行转来的国库集中支付凭证及相关原始凭证，款项已经由财政部门直接支付给 B 供应商，所用资金为当年度一般公共预算指标项目支出拨款。

借：事业支出——财政补助支出——项目支出　791 000
　　贷：财政拨款预算收入——项目支出
　　　　　　　　　　——实验设备项目　　　　791 000

6-24 知识巩固

【例 6-25】 事业单位某航空高科技研究所为 P 项目的研发购入一项专有技术，购买价款 500 000 元，增值税税率 6%，共计 530 000 元。所用资金为上级单位拨入的非财政资金专项经费，已经作为无形资产投入使用，全部款项当月以银行存款支付。

借：事业支出——非财政专项资金支出
　　　　　　——P 项目支出　　　530 000
　　贷：资金结存——货币资金　　　　　　530 000

6-25 知识巩固

【例 6-26】 事业单位某航空高科技研究所预订实验室专用材料一批，转账支付预付款 10 000 元，已经取得了发票，所用资金为非财政拨款其他资金。

借：事业支出——其他资金支出——基本支出　10 000
　　贷：资金结存——货币资金　　　　　　　　10 000

6-26 知识巩固

【例 6-27】 事业单位某疾病控制中心以银行存款支出 10 600 元，用于支付新冠肺炎预防项目工作人员当月的特殊岗位津贴，所用资金为当年度一般公共预算指标项目支出拨款。

借：事业支出——财政补助支出——项目支出　10 600
　　贷：资金结存——货币资金　　　　　　　　10 600

6-27 知识巩固

【例 6-28】 事业单位某会展中心提供会展服务应当缴纳增值税。本月通过银行转账缴纳当月增值税 77 000 元，所用资金为非财政拨款其他资金。

借：事业支出——其他资金支出——基本支出　77 000
　　贷：资金结存——货币资金　　　　　　　　77 000

6-28 知识巩固

3. 经营支出

经营支出的账务处理，主要包括支付经营部门职工的薪酬和外部人员的劳务费、支付日常经营费用、支付购买经营性资产与工程的款项、支付经营活动相关税费等环节。经营支出在实际支付时，按照实际支付的金额确认。实际支付属于经营支出的相关款项时，按照实际支付的金额，借记"经营支出"科目，贷记"资金结存"科目。

【例 6-29】 事业单位某博物馆，其非独立核算的经营业务为对外出租展览场地及相关设备。通过银行转账缴纳当月企业所得税 28 000 元。

借：经营支出——出租业务　　　　28 000
　　贷：资金结存——货币资金　　　　　　28 000

6-29 知识巩固

二、补助与上缴预算支出的核算

补助与上缴预算支出是事业单位与附属单位、上级单位之间发生的预算支出,包括对附属单位补助支出和上缴上级支出。行政单位没有补助与上缴预算支出。

(一) 概念

1. 对附属单位补助支出

对附属单位补助支出是事业单位向附属单位支付补助款所发生的预算支出。附属单位是事业单位设置的独立核算的下级单位,事业单位作为上级单位,可以使用财政拨款收入之外的资金对下属单位进行补助,支持所属单位事业的发展。

2. 上缴上级支出

上缴上级支出是事业单位因上缴上级单位款项而发生的预算支出。有上缴上级支出的事业单位是实行独立核算的附属单位,根据本单位与上级之间的体制安排,将所取得的收入按规定的标准或比例上缴上级单位

(二) 账户设置

1. 对附属单位补助支出

设置"对附属单位补助支出"科目,核算事业单位用财政拨款预算收入之外的收入对附属单位补助发生的现金流出。本科目应当按照接受补助单位、补助项目、《政府收支分类科目》中"支出功能分类科目"的项级科目和"部门预算支出经济分类科目"的款级科目等进行明细核算。年末,应当将本科目本年发生额转入其他结余,年末结转后,本科目应无余额。

2. 上缴上级支出

设置"上缴上级支出"科目,核算事业单位按照财政部门和主管部门的规定上缴上级单位款项发生的现金流出。本科目应当按照收缴款项单位、缴款项目、《政府收支分类科目》中"支出功能分类科目"的项级科目和"部门预算支出经济分类科目"的款级科目等进行明细核算。年末,应当将本科目本年发生额转入其他结余,年末结转后,本科目应无余额。

(三) 主要账务处理

1. 对附属单位补助支出

对附属单位补助支出在实际支付补助款时确认。发生对附属单位补助支出的,按照实际支付的补助金额,借记"对附属单位补助支出"科目,贷记"资金结存"科目。

【例 6-30】 事业单位某科学院作为上级单位用集中的非财政拨款结转结余资金对附属单位某研究所进行补助,通过银行转账支付补助款 88 000 元。

借:对附属单位补助支出——某研究所　　88 000
　　贷:资金结存——货币资金　　　　　　　　　88 000

6-30 知识巩固

2. 上缴上级支出

上缴上级支出在实际支付上缴款时确认。按照规定将款项上缴上级单位的,按照实际

上缴的金额,借记"上缴上级支出"科目,贷记"资金结存"科目。

【例 6-31】 事业单位某研究所作为独立核算的附属单位,本年应上缴上级单位科学院款项 168 000 元。现通过银行转账支付第一批上缴款 128 000 元。

借:上缴上级支出　　　　　　　　　　128 000
　　贷:资金结存——货币资金　　　　　　　　　128 000

6-31 知识巩固

三、投资与偿债预算支出的核算

投资与偿债预算支出是事业单位因对外投资、偿还债务而发生的预算支出,包括投资支出和债务还本支出。行政单位没有投资与偿债预算支出。

(一)概念

1. 投资支出

投资支出是事业单位因支付对外投资款项而发生的预算支出。按照财务制度的规定,事业单位经批准可以用货币资金、实物资产、无形资产等对外投资,包括债券投资和股权投资,以获取一定的投资收益。货币资金形式的对外投资是单位的预算资金流出,应当确认为预算支出。存货、固定资产、无形资产等非货币形式的对外投资不涉及单位的预算资金,不需要进行预算会计核算,应当在财务会计中确认为长期股权投资。

2. 债务还本支出

债务还本支出是事业单位因支付偿还债务本金的款项而发生的预算支出。按照财务制度的规定,事业单位经批准可以从银行或其他金融机构取得借款,包括短期借款和长期借款,以弥补预算资金的不足。债务还本支出应当是纳入部门预算管理的资金流出,不包括上缴财政的款项、偿付应付的款项等。债务预算支出只包括偿还的债务本金,不包括支付的借款利息,支付的借款利息计入其他支出。需要注意的是,财务会计并不确认债务还本支出,偿还债务本金应当冲销相应的负债。

(二)账户设置

1. 投资支出

设置"投资支出"科目,核算事业单位以货币资金对外投资发生的现金流出。本科目应当按照投资类型、投资对象、《政府收支分类科目》中"支出功能分类科目"的项级科目和"部门预算支出经济分类科目"的款级科目等进行明细核算。年末,应当将本科目本年发生额转入其他结余,年末结转后,本科目应无余额。

2. 债务还本支出

设置"债务还本支出"科目,核算事业单位偿还自身承担的纳入预算管理的从金融机构举借的债务本金的现金流出。本科目应当按照贷款单位、贷款种类、《政府收支分类科目》中"支出功能分类科目"的项级科目和"部门预算支出经济分类科目"的款级科目等进行明细核算。年末,应当将本科目本年发生额转入其他结余,年末结转后,本科目应无余额。

（三）主要账务处理

1. 投资支出

投资支出在实际支付投资款项时确认，按照实际支付的金额计量。

1）以货币资金对外投资的核算

以货币资金对外投资时，按照投资金额和所支付的相关税费金额的合计数，借记"投资支出"科目，贷记"资金结存"科目。

【例6-32】 某事业单位购买某公司发行的3年期债券，票面金额300 000元，票面年利率3.6%，分期付息，到期一次还本，含已到付息期但尚未领取的利息10 800元，相关税费1 200元，价款和相关税费共计312 000元通过银行转账支付。

借：投资支出——长期债券投资　　　　312 000
　　贷：资金结存——货币资金　　　　　　　　　312 000

6-32 知识巩固

2）出售、转让与收回投资

出售、对外转让或到期收回以货币资金取得的对外投资的，应当区分本年度的对外投资和以前年度的对外投资。对于本年度的对外投资，按照实际收到的金额，借记"资金结存"科目，按照取得投资时的成本，贷记"投资支出"科目，按照其差额，贷记或借记"投资预算收益"科目；对于以前年度的对外投资，按照实际收到的金额，借记"资金结存"科目，按照取得投资时的成本，贷记"其他结余"科目，按照其差额，贷记或借记"投资预算收益"科目。需要注意的是，如果按规定将投资收益上缴财政的，则不确认投资预算收益，按照取得投资时"投资支出"科目的发生额，借记"资金结存"科目，贷记"投资支出"（本年度的对外投资）或"其他结余"（以前年度的对外投资）科目。

【例6-33】 某事业单位5年前投资的5年期到期一次还本付息长期国债到期，票面年利率5%，收到债券本金600 000元，利息150 000元，已经存入银行。

借：资金结存——货币资金　　　　750 000
　　贷：其他结余　　　　　　　　　　　　　600 000
　　　　投资预算收益　　　　　　　　　　　150 000

6-33 知识巩固

2. 债务还本支出

债务还本支出在实际支付偿债款项时确认。偿还各项短期或长期借款时，按照偿还的借款本金，借记"债务还本支出"科目，贷记"资金结存"科目。

【例6-34】 某事业单位到期偿还当年短期借款的本金2 000 000元，假设短期借款的本金单独偿还，款项已经通过银行转账支付，所用资金为当年度一般公共预算指标基本支出拨款。

借：债务还本支出——短期借款　　　　2 000 000
　　贷：资金结存——货币资金　　　　　　　　　2 000 000

6-34 知识巩固

四、其他支出的核算

(一) 概念

其他支出是行政事业单位实际发生的除上述各项预算支出以外的预算支出。如果某一支出事项不在上述任何一个支出科目的核算范围之内,则可以确认其为其他支出。其他支出的内容主要包括借款利息支出、对外捐赠现金支出、现金盘亏损失、接受捐赠(调入)和对外捐赠(调出)非现金资产发生的税费支出、资产置换过程中发生的相关税费支出、罚没支出等。

(二) 账户设置

设置"其他支出"科目,核算行政事业单位除行政支出、事业支出、经营支出、上缴上级支出、对附属单位补助支出、投资支出、债务还本支出以外的各项现金流出。本科目的明细科目设置的要求如下:① 按照资金性质分别"财政拨款支出""非财政专项资金支出"和"其他资金支出"进行明细核算;② 按照《政府收支分类科目》中"支出功能分类科目"的项级科目和"部门预算支出经济分类科目"的款级科目等进行明细核算;③ 其他支出中如有专项资金支出,还应按照具体项目进行明细核算;④ 有一般公共预算财政拨款、政府性基金预算财政拨款等两种或两种以上财政拨款的事业单位,还应当在"财政拨款支出"明细科目下按照财政拨款的种类进行明细核算。年末,应当将本科目本年发生额转入财政拨款结转、非财政拨款结转和其他结余,年末结转后,本科目应无余额。

(三) 主要账务处理

其他支出在实际支付款项时确认。支付属于其他支出的款项时,按照实际支付金额,借记"其他支出"科目,贷记"资金结存"科目。

【例 6-35】 接【例 6-34】,某事业单位到期偿还当年短期借款的本金 2 000 000 元的同时偿还借款利息 30 000 元,款项已经通过银行转账支付,所用资金为当年度一般公共预算指标基本支出拨款。

借:债务还本支出——短期借款　　　　　2 000 000
　　其他支出——财政拨款支出——基本支出　30 000
　贷:资金结存——货币资金　　　　　　　　　　2 030 000

6-35 知识巩固

【例 6-36】 事业单位某航空大学接受校友捐赠实验教学用计算机 200 台,发生的运费支出 1 800 元,以银行存款支付,所用资金为非财政拨款其他资金。

借:其他支出——其他资金支出　　　　1 800
　贷:资金结存——货币资金　　　　　　　　1 800

6-36 知识巩固

第三节　行政事业单位的预算结余核算

行政事业单位的预算结余是指行政事业单位预算年度内预算收入扣除预算支出后的资金余额，以及历年滚存的资金余额。行政事业单位应当按年度编制预算，按照预算的要求组织预算收入、安排预算支出，力求实现年度预算的收入与支出的平衡。

预算结余可按不同分类标准进行分类管理。按资金性质不同，预算结余分为结转资金与结余资金。结转资金是指预算安排当年项目支出年终尚未执行完成或因故未执行，并且下年需按原用途继续使用的资金。结余资金是指结算后当年剩余的资金，是年度预算执行终了，预算收支相抵并扣除结转资金后造成的剩余资金。按时间不同，预算结余分为本年预算结余以及历年滚存的预算结余。本年预算结余是本年度预算收入扣除预算支出后的资金余额，历年滚存的预算结余是历年累计的预算结余与本年预算结余的合计。按内容不同，预算结余分为资金结存、财政拨款结转、财政拨款结余、非财政拨款结转、非财政拨款结余、专用结余、经营结余、非财政拨款结余分配和其他结余。其中，专用结余、经营结余和非财政拨款结余分配是事业单位才可能有的预算结余项目。

一、资金结存的核算

（一）概念

资金结存是指行政事业单位纳入部门预算管理资金的流入、流出、调整和滚存等情况及其所对应的资金形态。行政事业单位预算会计设置了预算收入、预算支出和预算结余三个会计要素，需要设置资金结存与纳入部门预算管理的资金相对应，以保持预算会计等式的平衡。

（二）账户设置

设置"资金结存"科目，核算行政事业单位纳入部门预算管理的资金的流入、流出、调整和滚存等情况。本科目应当按照预算资金的形态设置"货币资金"和"财政应返还额度"两个明细科目进行明细核算。"货币资金"明细科目核算行政事业单位以库存现金、银行存款、其他货币资金形态存在的资金，本明细科目年末借方余额，反映单位尚未使用的货币资金；行政事业单位在某些特定情况下按规定从本单位零余额账户向本单位实有资金账户划转资金用于后续相关支出的，可在"资金结存——货币资金"科目下设置"财政拨款资金"明细科目，或采用辅助核算等形式，核算反映按规定从本单位零余额账户转入实有资金账户的资金金额。"财政应返还额度"明细科目核算实行国库集中支付的行政事业单位根据财政部门批准的年度预算指标数大于同年度实际支付数的差额中允许结转使用预算指标的金额，本明细科目年末借方余额，反映行政事业单位允许结转使用预算指标的金额。"资金结存"科目年末借方余额，反映行政事业单位预算资金的累计滚存情况。

(三) 主要账务处理

1. 按规定向本单位实有资金账户划转财政资金的核算

从本单位零余额账户向实有资金账户划转资金时,应当根据收到的国库集中支付凭证及实有资金账户入账凭证,按照凭证入账金额,借记"资金结存——货币资金"科目,贷记"财政拨款预算收入"科目(使用本年度预算指标)或"资金结存——财政应返还额度"科目(使用以前年度预算指标)。

【例6-37】 事业单位某航空大学按规定从本单位零余额账户向实有资金账户划转资金时,收到的国库集中支付凭证及实有资金账户入账凭证,100 000元款项已经存入银行,使用的是本单位本年度一般公共预算指标基本支出拨款。

6-37 知识巩固

借:资金结存——货币资金——财政拨款资金　100 000
　　贷:财政拨款预算收入——基本支出　　　　　　　　　100 000

2. 发生日常预算支出的核算

日常发生各项预算支出时,按照实际支付的金额,借记"行政支出""事业支出"等科目,贷记"资金结存——货币资金"科目。将本单位实有资金账户中从零余额账户划转的资金用于相关支出时,按照实际支付的金额,借记"行政支出""事业支出"等支出科目下的"财政拨款支出"明细科目,贷记"资金结存——货币资金"科目。

【例6-38】 事业单位省属某航空大学报销一批课题咨询费76 800元,款项已经通过单位的银行账户支付,资金来源于省会城市NC市财政部门拨的专项经费。

6-38 知识巩固

借:事业支出——非财政专项资金支出　　76 800
　　贷:资金结存——货币资金　　　　　　　　　76 800

3. 财政应返还额度形成与使用的核算

年末,行政事业单位经财政部门批准的本年度预算指标数大于当年实际支付数的差额中允许结转使用预算指标的金额,形成财政应返还额度,在下一年度可以继续使用。年末,形成财政应返还额度时,借记"资金结存——财政应返还额度"科目,贷记"财政拨款预算收入"科目;下年度,使用以前年度允许结转使用预算指标支付发生支出时,按照实际支付金额,借记"行政支出""事业支出"等科目,贷记"资金结存——财政应返还额度"科目。

【例6-39】 某行政事业单位年末形成财政应返还额度,并于下年使用。

(1) 年末,本年度预算指标数为7 000 000元,当年实际支付数为6 730 000元,经财政部门批准,本年度预算指标数大于当年实际支付数的差额270 000元全部允许结转使用。

6-39 知识巩固

借:资金结存——财政应返还额度　　　　270 000
　　贷:财政拨款预算收入　　　　　　　　　　270 000

(2) 下年度，该单位使用上一年度的预算指标支付发生的业务活动专门会议费支出260 000元，收到国库集中支付凭证及相关原始凭证。

借：行政支出/事业支出——财政拨款支出　　　　260 000
　　贷：资金结存——财政应返还额度　　　　　　　　　　260 000

二、财政拨款结转结余的核算

财政拨款结转结余是同级财政拨款收支形成的结转结余资金，包括财政拨款结转和财政拨款结余。

（一）概念

1. 财政拨款结转

财政拨款结转是行政事业单位同级财政拨款收支所形成的结转资金，是行政事业单位当年预算已执行但尚未完成，或因故未执行，下一年度需要按照原用途继续使用的财政拨款滚存资金。按照部门预算管理的要求，财政拨款结转分为基本支出结转和项目支出结转。

2. 财政拨款结余

财政拨款结余是行政事业单位同级财政拨款收支所形成的结余资金。财政拨款结余即是项目支出结余，是行政事业单位已经完成项目或因故终止项目剩余的滚存资金。年末，行政事业单位应当对财政拨款项目的执行情况进行分析，将符合财政拨款结余资金性质的数额从财政拨款结转转到财政拨款结余，形成当年的财政拨款结余资金。项目支出结余资金应统筹用于编制以后年度部门预算，或按照同级财政部门的规定在单位内部、部门之间调剂使用。

（二）账户设置

1. 财政拨款结转

设置"财政拨款结转"科目，核算行政事业单位取得的同级财政拨款结转资金的调整、结转和滚存情况。本科目应当按以下要求设置明细科目。

（1）按照财政拨款结转资金的变动原因，设置三类明细科目。第1类：设置"年初余额调整"明细科目，核算因发生会计差错更正、以前年度支出收回等原因，需要调整财政拨款结转的金额。第2类：设置"归集调入""归集调出""归集上缴""单位内部调剂"明细科目，核算因发生资金调拨、调剂等原因，需要调整财政拨款结转的金额。"归集调入"明细科目核算按照规定从其他单位调入财政拨款结转资金时，实际调增的额度数额或调入的资金数额；"归集调出"明细科目核算按照规定向其他单位调出财政拨款结转资金时，实际调减的额度数额或调出的资金数额；"归集上缴"明细科目核算按照规定上缴财政拨款结转资金时，实际核销的额度数额或上缴的资金数额；"单位内部调剂"明细科目核算经财政部门批准对财政拨款结余资金改变用途，调整用于本单位其他未完成项目等的调整金额。第3类：设置"本年收支结转""累计结转"明细科目，分别核算单位本年度财政拨款收支相抵后的余额、滚存的财政拨款结转资金。

（2）按照部门预算管理的要求，设置"基本支出结转""项目支出结转"两个明细科目，并在"基本支出结转"明细科目下按照"人员经费""日常公用经费"进行明细核算，在

"项目支出结转"明细科目下按照具体项目进行明细核算;同时,本科目还应按照《政府收支分类科目》中"支出功能分类科目"的相关科目进行明细核算,或设置功能分类辅助账。

(3) 有两种或两种以上财政拨款的,还应当在本科目下按照财政拨款的种类进行明细核算。本科目年末贷方余额,反映单位滚存的财政拨款结转资金数额。

2. 财政拨款结余

设置"财政拨款结余"科目,核算单位取得的同级财政拨款项目支出结余资金的调整、结转和滚存情况。本科目应当按以下要求设置明细科目。

(1) 按照财政拨款结余资金的变动原因,设置三类明细科目。第1类:设置"年初余额调整"明细科目,核算因发生会计差错更正、以前年度支出收回等原因,需要调整财政拨款结余的金额。第2类:设置"归集上缴""单位内部调剂"明细科目,核算因发生资金调拨、调剂等原因,需要调整财政拨款结余的金额。第3类:设置"结转转入""累计结余"明细科目,分别核算单位按照规定转入财政拨款结余的财政拨款结转资金、滚存的财政拨款结余资金。

(2) 本科目还应当按照具体项目、《政府收支分类科目》中"支出功能分类科目"的相关科目等进行明细核算,或设置功能分类辅助账。

(3) 有两种或两种以上财政拨款的,还应当在本科目下按照财政拨款的种类进行明细核算。本科目年末贷方余额,反映单位滚存的财政拨款结余资金数额。

(三) 主要账务处理

1. 财政拨款结转

1) 年初余额调整

会计差错更正、以前年度支出收回等事项,属于以前年度财政拨款结转资金的,借记或贷记"资金结存——财政应返还额度/货币资金"科目,贷记或借记"财政拨款结转——年初余额调整"科目及其明细科目。

【例6-40】 某事业单位上一年度以国库集中支付方式购买业务活动所用材料多付款项28 000元,现按原渠道予以退回,资金性质为财政拨款基本支出拨款。

借:资金结存——财政应返还额度　　　　　28 000
　贷:财政拨款结转——年初余额调整
　　　　　　　　　——基本支出结转　　　　28 000

6-40 知识巩固

2) 财政拨款结转的调拨与调剂

政府单位应当按照同级财政部门规定加强财政拨款结转资金的管理,进行财政拨款结转资金的归集调入、归集调出、归集上缴和内部调剂。① 按照规定从其他单位调入财政拨款结转资金的,借记"资金结存"科目及其明细科目,贷记"财政拨款结转——归集调入"科目;② 按照规定向其他单位调出财政拨款结转资金的,借记"财政拨款结转——归集调出"科目,贷记"资金结存"科目及其明细科目;③ 按照规定上缴财政拨款结转资金或注销财政拨款结转资金额度的,借记"财政拨款结转——归集上缴"科目,贷记"资金结存"科目及其明细科目。

【例6-41】 某事业单位按照同级财政部门的要求，上缴财政拨款结转资金（项目支出结转）12 000元。

借：财政拨款结转——归集上缴
　　　　　　　——项目支出结转　　　12 000
　贷：资金结存——财政应返还额度　　　　　12 000

6-41知识巩固

3）本年收支结转

年末，应当将本年度取得的财政拨款预算收入和发生的财政拨款预算支出转入财政拨款结转中。财政拨款的结转包括基本支出结转和项目支出结转。① 年末，将财政拨款预算收入本年发生额转入财政拨款结转，借记"财政拨款预算收入"科目，贷记"财政拨款结转——本年收支结转"及其明细科目；② 将各项支出中财政拨款支出本年发生额转入财政拨款结转，借记"财政拨款结转——本年收支结转"及其明细科目，贷记"行政支出——财政拨款支出""事业支出——财政拨款支出""其他支出——财政拨款支出"等科目。

【例6-42】 年末，某事业单位20××年度预算收入、预算支出类科目的本年发生额见表6-1。根据表中的数据，进行本年财政拨款预算收入和支出的结转，包括基本支出结转和项目支出结转。

6-42知识巩固

表6-1 预算收入、预算支出类科目的本年发生额表　　　　　　单位：元

序号	科目名称	金额
1	行政支出	
2	事业支出	1 687 000
	（1）财政拨款支出	900 000
	基本支出	710 000
	项目支出	190 000
	（2）非财政专项资金支出	120 000
	（3）其他资金支出	667 000
3	经营支出	35 000
4	上缴上级支出	93 000
5	对附属单位补助支出	68 000
6	投资支出	
7	债务还本支出	
8	其他支出	16 000
	（1）财政拨款支出	
	基本支出	
	项目支出	
	（2）非财政专项资金支出	6 000

续表

序号	科目名称	金额
	（3）其他资金支出	10 000
	合计	1 899 000
1	财政拨款预算收入	960 000
	（1）基本支出	750 000
	（2）项目支出	210 000
2	事业预算收入	670 000
	（1）专项资金收入	80 000
	（2）非专项资金收入	590 000
3	上级补助预算收入	260 000
	（1）专项资金收入	50 000
	（2）非专项资金收入	210 000
4	附属单位上缴预算收入	38 000
	（1）专项资金收入	
	（2）非专项资金收入	38 000
5	经营预算收入	52 000
6	债务预算收入	
	（1）专项资金收入	
	（2）非专项资金收入	
7	非同级财政拨款预算收入	
	（1）专项资金收入	
	（2）非专项资金收入	
8	投资预算收益	
9	其他预算收入	23 000
	（1）专项资金收入	7 000
	（2）非专项资金收入	16 000
	合计	2 003 000

（1）基本支出结转。

借：财政拨款预算收入——基本支出　　　　　　　　　　750 000
　　贷：财政拨款结转——本年收支结转——基本支出结转　　　　　750 000

同时，

借：财政拨款结转——本年收支结转——基本支出结转　　710 000
　　贷：事业支出——财政拨款支出——基本支出　　　　　　　　710 000

(2) 项目支出结转。

借：财政拨款预算收入——项目支出　　　　　　　　　　210 000
　　贷：财政拨款结转——本年收支结转——项目支出结转　210 000

同时：

借：财政拨款结转——本年收支结转——项目支出结转　190 000
　　贷：事业支出——财政拨款支出——项目支出　　　　　190 000

年末，经过上述处理，本年收支形成的财政拨款结转资金共计 60 000 元，其中基本支出结转 40 000 元，项目支出结转 20 000 元。

4）冲销明细科目余额

年末，完成财政拨款结转的账务处理后，应当冲销有关明细科目余额，将除"累计结转"明细科目外的其他明细科目余额转到"累计结转"明细科目。除"累计结转"明细科目外，其他明细科目应无余额。

【例 6-43】 接【例 6-40】至【例 6-42】，年末，某事业单位在进行上述【例 6-40】至【例 6-42】账务处理前，"财政拨款结转——累计结转"期初贷方余额为 57 000 元，其中，基本支出结转的余额为 35 000 元，项目支出结转的余额为 22 000 元，其他明细科目没有余额。年末，冲销各明细科目余额。

6-43 知识巩固

借：财政拨款结转——本年收支结转——基本支出结转　　40 000
　　　　　　　　　——本年收支结转——项目支出结转　　20 000
　　　　　　　　　——年初余额调整——基本支出结转　　28 000
　　贷：财政拨款结转——归集上缴——项目支出结转　　　　12 000
　　　　　　　　　　——累计结转——基本支出结转　　　　68 000
　　　　　　　　　　——累计结转——项目支出结转　　　　 8 000

年末，经过明细科目的冲销，加上期初余额后，"财政拨款结转——累计结转"滚存的贷方余额为 133 000 元。其中，基本支出结转的余额为 103 000 元，项目支出结转的余额为 30 000 元。

2. 财政拨款结余

1）年初余额调整

会计差错更正、以前年度支出收回等事项，属于以前年度财政拨款结余资金的，借记或贷记"资金结存——财政应返还额度/货币资金"科目，贷记或借记"财政拨款结余——年初余额调整"科目及其明细科目。

【例 6-44】 某事业单位对财政拨款项目检查时发现，上一年度发生的信息化建设项目支出因会计差错少付了 2 000 元，现予以更正，通过银行转账予以支付。

借：财政拨款结余——年初余额调整　　　　　　　2 000
　　贷：资金结存——货币资金　　　　　　　　　　　2 000

6-44 知识巩固

2）财政拨款结余的归集上缴和内部调剂

政府单位应当按照同级财政部门规定加强财政拨款结余资金的管理，进行财政拨款结余资金的归集上缴和内部调剂。① 按照规定上缴财政拨款结余资金或注销财政拨款结余资金额度的，借记"财政拨款结余——归集上缴"科目，贷记"资金结存"科目及其明细科目；② 经财政部门批准对财政拨款结余资金改变用途，调整用于本单位基本支出或其他未完成项目支出的，借记"财政拨款结余——单位内部调剂"科目，贷记"财政拨款结转——单位内部调剂"科目。

【例6-45】 某事业单位按规定上缴财政拨款A项目结余资金3 000元，通过银行转账。

借：财政拨款结余——归集上缴　　　　　　3 000
　　贷：资金结存——货币资金　　　　　　　　　　　　3 000

3）结转转入

年末，对财政拨款结转各明细项目执行情况进行分析，按照有关规定将符合财政拨款结余性质的项目余额转入财政拨款结余，借记"财政拨款结转——累计结转"科目，贷记"财政拨款结余——结转转入"科目及其明细科目。

【例6-46】 接【例6-43】，某事业单位对财政拨款项目执行情况进行分析。本年度财政拨款项目中，B项目已经完成，项目当年剩余资金为2 000元；C项目因故终止，当年剩余资金为4 000元，即符合财政拨款结余资金性质的数额为6 000元，进行财政拨款结转资金的转出处理。

借：财政拨款结转——累计结转——项目支出结转
　　　　　　　　　　　　　　　　　　　　　　　　6 000
　　贷：财政拨款结余——结转转入　　　　　　　　　6 000

4）冲销明细科目余额

年末，完成财政拨款结余的账务处理后，应当冲销有关明细科目余额，将除"累计结余"明细科目外的其他明细科目余额转到"累计结余"明细科目。除"累计结余"明细科目外，其他明细科目应无余额。

【例6-47】 接【例6-44】至【例6-46】，年末，某事业单位在进行上述【例6-44】至【例6-46】账务处理前，"财政拨款结余——累计结余"期初贷方余额为16 000元。年末，冲销各明细科目余额。

借：财政拨款结余——结转转入　　　　　　6 000
　　贷：财政拨款结余——年初余额调整　　　　　　　2 000
　　　　　　　　　　　——归集上缴　　　　　　　　3 000
　　　　　　　　　　　——累计结余　　　　　　　　1 000

年末，经过明细科目的冲销，加上期初余额后，"财政拨款结余——累计结余"滚存的贷方余额为17 000元。"财政拨款结转——累计结转"的贷方余额为127 000元，其中，基本支出结转的余额为103 000元，项目支出结转的余额为24 000元。

三、非财政拨款结转结余的核算

非财政拨款结转结余是政府单位同级财政拨款以外的各项收支形成的结转结余资金，包括非财政拨款结转和非财政拨款结余。

（一）概念

1. 非财政拨款结转

非财政拨款结转是政府单位的非同级财政拨款专项资金收支所形成的结转资金。首先，非财政拨款结转是非同级财政拨款收支形成的结转资金，同级财政拨款收支形成的结转资金为财政拨款结转；其次，非财政拨款结转是专项资金收支所形成的结转资金，非专项资金收支形成非财政拨款结余，经营收支形成经营结余。政府单位应当按照非同级财政部门、主管部门或上级单位等拨款单位的要求管理专项资金。年末已完成项目，应当向原拨款单位报送项目资金使用情况，接受检查、验收，剩余的资金或缴回原拨款单位，或经批准留归本单位用于其他非项目用途。年末未完成项目的结转资金，结转下一年度继续用于该项目的支出，原则上不得用于其他方面。

2. 非财政拨款结余

非财政拨款结余是政府单位非同级财政拨款收支所形成的结余资金。非财政拨款结余资金主要来源于两个方面，一是留归本单位使用的非财政拨款结转资金，二是从非财政拨款结余分配（事业单位）和其他结余（行政单位）转入的资金。非财政拨款结余资金由单位统筹调配，用于单位的各项业务活动。有企业所得税缴纳义务的事业单位，可以用非财政拨款结余缴纳企业所得税。

（二）账户设置

1. 非财政拨款结转

设置"非财政拨款结转"科目，核算单位除财政拨款收支、经营收支以外各非同级财政拨款专项资金的调整、结转和滚存情况。本科目应当按以下要求设置明细科目。

（1）按照非财政拨款结转资金的变动原因，设置四类明细科目。第1类：设置"年初余额调整"明细科目，核算因发生会计差错更正、以前年度支出收回等原因，需要调整非财政拨款结转的资金。第2类：设置"缴回资金"明细科目，核算按照规定缴回原拨款单位的非财政拨款结转资金。第3类：设置"项目间接费用或管理费"明细科目，核算单位取得的科研项目预算收入中，按照规定计提项目间接费用或管理费的数额。第4类：设置"本年收支结转""累计结转"明细科目，分别核算单位本年度非同级财政拨款专项收支相抵后的余额、滚存的非同级财政拨款专项结转资金。

（2）本科目还应当按照具体项目、《政府收支分类科目》中"支出功能分类科目"的相关科目等进行明细核算，或设置功能分类辅助账。本科目年末贷方余额，反映单位滚存的非同级财政拨款专项结转资金数额。

2. 非财政拨款结余

设置"非财政拨款结余"科目，核算单位历年滚存的非限定用途的非同级财政拨款结余资金，主要为非财政拨款结余扣除结余分配后滚存的金额。本科目应当按以下要求设置明细科目。

(1) 按照非财政拨款结余资金的变动原因,设置三类明细科目。第1类:设置"年初余额调整"明细科目,核算因发生会计差错更正、以前年度支出收回等原因,需要调整非财政拨款结余的资金。第2类:设置"项目间接费用或管理费"明细科目核算单位取得的科研项目预算收入中,按照规定计提的项目间接费用或管理费数额。第3类:设置"结转转入""累计结余"明细科目,核算按照规定留归单位使用的非同级财政拨款专项剩余资金,以及历年滚存的非同级财政拨款、非专项结余资金。

(2) 本科目还应当按照《政府收支分类科目》中"支出功能分类科目"的相关科目进行明细核算,或设置功能分类辅助账。本科目年末贷方余额,反映单位非同级财政拨款结余资金的累计滚存数额。

(三) 主要账务处理

1. 非财政拨款结转

1) 年初余额调整

会计差错更正、以前年度支出收回等事项,属于以前年度非财政拨款结转资金的,借记或贷记"资金结存——货币资金"等科目,贷记或借记"非财政拨款结转——年初余额调整"科目。

【例 6-48】 某事业单位非独立核算招待所收回上年度多支付的物业管理费 10 000 元,存入银行。

  借:资金结存——货币资金   10 000
    贷:非财政拨款结转——年初余额调整   10 000

6-48 知识巩固

2) 缴回资金

按照规定缴回非财政拨款结转资金的,按照实际缴回资金数额,借记"非财政拨款结转——缴回资金"科目,贷记"资金结存——货币资金"科目。

【例 6-49】 某事业单位按照上级单位的规定,缴回上级单位拨入的 D 项目专项资金 1 000 元,通过银行账户转账支付。

  借:非财政拨款结转——缴回资金   1 000
    贷:资金结存——货币资金   1 000

6-49 知识巩固

3) 提取项目间接费用或管理费

按照规定从科研项目预算收入中提取项目间接费用或管理费时,借记"非财政拨款结转——项目间接费用或管理费"科目,贷记"非财政拨款结余——项目间接费用或管理费"科目。

【例 6-50】 某事业单位从科研项目预算收入中提取项目管理费 7 000 元。

  借:非财政拨款结转——项目间接费用或管理费 7 000
    贷:非财政拨款结余——项目间接费用或管理费   7 000

6-50 知识巩固

4) 本年收支结转

年末,应当将本年度取得的各项非财政拨款专项资金收入、支出转入非财政拨款结转中。①年末，将各预算收入本年发生额中的专项资金收入转入非财政拨款结转，借记"事业预算收入""其他预算收入"等科目下各专项资金收入明细科目，贷记"非财政拨款结转——本年收支结转"科目；②年末，将各预算支出本年发生额中的专项资金支出转入非财政拨款结转，借记"非财政拨款结转——本年收支结转"科目，贷记"行政支出""事业支出""其他支出"科目下各非财政拨款专项资金支出明细科目。

【例 6-51】 年末，某事业单位进行本年非财政拨款专项资金收支结转的账务处理。根据表 6-1 中的数据，专项资金收入分布在事业预算收入、上级补助预算收入和其他预算收入三项预算收入中，专项资金支出分布在事业支出、其他支出二项预算支出中。

6-51 知识巩固

(1) 非财政拨款专项资金收入。

借：事业预算收入——专项资金收入　　　　　　80 000
　　上级补助预算收入——专项资金收入　　　　50 000
　　其他预算收入——专项资金收入　　　　　　 7 000
　　贷：非财政拨款结转——本年收支结转　　　　　　　137 000

(2) 非财政拨款专项资金支出。

借：非财政拨款结转——本年收支结转　　　　 126 000
　　贷：事业支出——非财政专项资金支出　　　　　　　120 000
　　　　其他支出——非财政专项资金支出　　　　　　　 6 000

年末，经过上述处理，本年收支形成的非财政拨款结转资金共计 11 000 元。

5）冲销明细科目余额

年末，完成非财政拨款结转的账务处理后，应当冲销有关明细科目余额，将除"累计结转"明细科目外的其他明细科目余额转到"累计结转"明细科目。

【例 6-52】 接【例 6-48】至【例 6-51】，年末，某事业单位在进行上述【例 6-48】至【例 6-51】账务处理前，"非财政拨款结转——累计结转"期初贷方余额为 60 000 元。年末，冲销各明细科目余额。

6-52 知识巩固

借：非财政拨款结转——年初余额调整　　　　　10 000
　　　　　　　　　　——本年收支结转　　　　　11 000
　　贷：非财政拨款结转——缴回资金　　　　　　　　　 1 000
　　　　　　　　　　　——项目间接费用或管理费　　　 7 000
　　　　　　　　　　　——累计结转　　　　　　　　　13 000

年末，经过明细科目的冲销，加上期初余额后，"非财政拨款结转——累计结转"的贷方余额为 73 000 元。

2. 非财政拨款结余

1）年初余额调整

会计差错更正、以前年度支出收回等事项，属于以前年度非财政拨款结余资金的，借记或贷记"资金结存——货币资金"科目，贷记或借记"非财政拨款结余——年初余额调整"科目。

【例6-53】 某事业单位收回上年度与X研究所的合作资金90 000元，存入银行，该资金当初以自筹资金支付。

借：资金结存——货币资金　　　　　　　　　　90 000
　　贷：非财政拨款结余——年初余额调整　　　　　　　90 000

6-53 知识巩固

2）提取项目间接费用或管理费

按照规定从科研项目预算收入中提取项目间接费用或管理费时，借记"非财政拨款结转——项目间接费用或管理费"科目，贷记"非财政拨款结余——项目间接费用或管理费"科目。

6-54 知识扩展

【例6-54】 重复【例6-50】，某事业单位从科研项目预算收入中提取项目管理费7 000元。

借：非财政拨款结转——项目间接费用或管理费　7 000
　　贷：非财政拨款结余——项目间接费用或管理费　　　7 000

6-55 知识巩固

3）结转转入

年末，应当对非财政拨款专项资金各项目的执行情况进行分析，区分年末已完成项目和尚未完成项目。对于年末已经完成的项目，将留归本单位使用的非财政拨款专项剩余资金转入非财政拨款结余，借记"非财政拨款结转——累计结转"科目，贷记"非财政拨款结余——结转转入"科目。

【例6-55】 接【例6-52】，年末，某事业单位对非财政拨款专项结转资金项目的情况进行了分析，E项目已经完成，剩余资金5 000元按规定留归本单位使用。

借：非财政拨款结转——累计结转　　　　　　5 000
　　贷：非财政拨款结余——结转转入　　　　　　　5 000

6-56 知识巩固

4）冲销明细科目余额

年末，完成非财政拨款结余的账务处理后，应当冲销有关明细科目余额，将除"累计结余"明细科目外的其他明细科目余额转到"累计结余"明细科目。

【例6-56】 接【例6-53】至【例6-55】，年末，某事业单位在进行上述【例6-53】至【例6-55】账务处理前，"非财政拨款结余——累计结余"期初贷方余额为60 000元。年末，冲销各明细科目余额。

借：非财政拨款结余——年初余额调整　　　　90 000
　　　　　　　　　　——项目间接费用或管理费　7 000
　　　　　　　　　　——结转转入　　　　　　5 000
　　贷：非财政拨款结余——累计结余　　　　　　　102 000

6-57 知识巩固

年末，经过明细科目的冲销，加上期初余额后，"非财政拨款结余——累计结余"科目贷方余额为162 000元。"非财政拨款结转——累计结转"期末贷方余额为68 000元。"非财政拨款结余"科目的余额还包括事业单位的非财政拨款结余分配转入、行政单位的其他结余转入等事项，将在后面的科目中讲解。

四、其他各项结余的核算

其他各项结余包括专用结余、经营结余、其他结余和非财政拨款结余分配。其中，行政单位只有其他结余，其余三类结余是事业单位才可能有的结余。

（一）概念

1. 专用结余

专用结余是事业单位因从非财政拨款结余中提取专用基金而形成的结余资金。按照有关规定，事业单位可以本年度非财政拨款结余或经营结余中提取专用基金，如职工福利基金、科技成果转换基金等。

2. 经营结余

经营结余是事业单位一定期间经营收入与支出相抵后的余额。事业单位开展经营业务所取得的经营收入和发生的经营支出，应当转入经营结余中，以核算经营业务的成果。经营业务的盈余在弥补以前年度亏损后，应转入非财政补助结余分配。经营业务的亏损，留待以后年度的经营结余弥补。

3. 其他结余

其他结余是政府单位除财政拨款结转结余、非财政拨款结转结余、专用结余和经营结余以外的结余资金。财政拨款收支、非同级财政专项资金收支和经营收支已经转入了相应的结转结余中，其他各项收支形成其他结余，主要是各项非财政、非专项、非经营收支。

4. 非财政拨款结余分配

非财政拨款结余分配反映事业单位的结余资金分配过程及结果。可以转入分配的结余资金主要是事业单位的经营结余和其他结余，财政拨款资金、非财政专项资金形成的结余资金不得进行分配。行政单位的各项资金结余均不得转入分配。事业单位的非财政拨款结余分配是内部分配，按照规定提取专用基金。

（二）账户设置

1. 专用结余

设置"专用结余"科目，核算单位按照规定从非财政拨款结余中提取的具有专门用途的资金的变动和滚存情况。本科目应当按照专用结余的类别进行明细核算。本科目年末贷方余额，反映事业单位从非同级财政拨款结余中提取的专用基金的累计滚存数额。

2. 经营结余

设置"经营结余"科目，核算单位本年度经营活动收支相抵后余额弥补以前年度经营亏损后的余额。本科目可以按照经营活动类别进行明细核算。年末结账后，将本科目贷方余额转入分配后，一般无余额；如为借方余额，反映事业单位累计发生的经营亏损。

3. 其他结余

设置"其他结余"科目，核算单位本年度除财政拨款收支、非同级财政专项资金收支和经营收支以外各项收支相抵后的余额。年末，应当将本科目余额转入非财政拨款结余（行政单位）或非财政拨款结余分配（事业单位），年末结账后本科目应无余额。

4. 非财政拨款结余分配

设置"非财政拨款结余分配"科目,核算单位本年度非财政拨款结余分配的情况和结果。年末,应将本科目余额转入非财政拨款结余,年末结账后本科目应无余额。

(三) 主要账务处理

1. 专用结余

(1) 根据有关规定从本年度非财政拨款结余或经营结余中提取基金的,按照提取金额,借记"非财政拨款结余分配"科目,贷记"专用结余"科目。

(2) 按规定使用从非财政拨款结余或经营结余中提取的专用基金时,按照使用金额,借记"专用结余"科目,贷记"资金结存——货币资金"科目。

【例 6-57】 某事业单位按规定从非财政拨款结余中提取职工福利基金,用于改善单位职工的福利待遇。

(1) 按照规定的比例计算,提取职工福利基金 8 000 元。

借:非财政拨款结余分配　　　　　　　　8 000
　　贷:专用结余——职工福利基金　　　　　　　　8 000

6-58 知识巩固

(2) 用职工福利基金支付职工文体活动开支 3 000 元,款项以银行存款支付。

借:专用结余——职工福利基金　　　　　　　3 000
　　贷:资金结存——货币资金　　　　　　　　　　3 000

2. 经营结余

(1) 经营收支结转。年末,应当将本年度取得的经营预算收入、经营支出转入经营结余中。① 将经营预算收入本年发生额转入经营结余,借记"经营预算收入"科目,贷记"经营结余"科目;② 将经营支出本年发生额转入经营结余,借记"经营结余"科目,贷记"经营支出"科目。

(2) 转入结余分配。年末,完成上述结转后,如"经营结余"科目为贷方余额,借记"经营结余"科目,贷记"非财政拨款结余分配"科目;如"经营结余"科目为借方余额,为经营亏损,不予结转。

【例 6-58】 年末,某事业单位进行本年经营收支的账务处理。根据表 6-1 中的数据,本年经营预算收入 52 000 元,经营支出 35 000 元。

6-59 知识巩固

(1) 结转经营预算收入。

借:经营预算收入　　　　　　　　　52 000
　　贷:经营结余　　　　　　　　　　　　　　52 000

(2) 结转经营支出。

借:经营结余　　　　　　　　　　　35 000
　　贷:经营支出　　　　　　　　　　　　　　35 000

(3) 将本年经营结余贷方余额 17 000 元转入结余分配。

借:经营结余　　　　　　　　　　　17 000
　　贷:非财政拨款结余分配　　　　　　　　　17 000

3. 其他结余

(1) 其他收支结转。年末,应当将本年度取得的非财政、非专项、非经营收支转入其他结余。① 将事业预算收入、上级补助预算收入、附属单位上缴预算收入、非同级财政拨款预算收入、债务预算收入、其他预算收入本年发生额中的非专项资金收入以及投资预算收益本年发生额转入其他结余,借记各预算收入科目及其明细科目,贷记"其他结余"科目;② 将行政支出、事业支出、其他支出本年发生额中的非同级财政、非专项资金支出,以及上缴上级支出、对附属单位补助支出、投资支出、债务还本支出本年发生额转入其他结余,借记"其他结余"科目,贷记各预算支出科目及其明细科目。

(2) 其他结余的转出。年末,完成上述结转后,应区分单位类别将其他结余转出。① 行政单位将"其他结余"科目余额转入"非财政拨款结余——累计结余"科目;② 事业单位将"其他结余"科目余额转入"非财政拨款结余分配"科目。

【例 6-59】 年末,某事业单位进行本年其他收支结转的账务处理。根据表 6-1 中的数据,结转过程如下:

6-60 知识巩固

(1) 结转其他各项收入。

借:事业预算收入——非专项资金收入　　　　　590 000
　　上级补助预算收入——非专项资金收入　　　210 000
　　附属单位上缴预算收入——非专项资金收入　 38 000
　　其他预算收入——非专项资金收入　　　　　 16 000
　　贷:其他结余　　　　　　　　　　　　　　　　　854 000

(2) 结转其他各项支出。

借:其他结余　　　　　　　　　　　　　　　　838 000
　　贷:事业支出——其他资金支出　　　　　　　　 667 000
　　　　上缴上级支出　　　　　　　　　　　　　　　93 000
　　　　对附属单位补助支出　　　　　　　　　　　 68 000
　　　　其他支出——其他资金支出　　　　　　　　 10 000

(3) 将本年收支形成的其他结余 16 000 元转入非财政拨款结余分配。

借:其他结余　　　　　　　　　　　　　　　　 16 000
　　贷:非财政拨款结余分配　　　　　　　　　　　　16 000

4. 非财政拨款结余分配

(1) 可分配结余的转入。事业单位可分配结余包括经营结余和其他结余。① 年末,将"经营结余"科目贷方余额转入分配,借记"经营结余"科目,贷记"非财政拨款结余分配"科目;② 年末,将"其他结余"科目余额转入分配,借记或贷记"其他结余"科目,贷记或借记"非财政拨款结余分配"科目。

(2) 提取专用基金。根据有关规定提取专用基金的,按照提取的金额,借记"非财政拨款结余分配"科目,贷记"专用结余"科目。

(3) 分配后余额转出。年末,按照规定完成上述处理后,将"非财政拨款结余分配"科目余额转入非财政拨款结余。

【例6-60】 接【例6-56】至【例6-59】，年末，某事业单位完成结余分配后，"非财政拨款结余分配"科目贷方余额25 000元，将其转入非财政拨款结余。

借：非财政拨款结余分配　　　　　　　　　　　　25 000
　　贷：非财政拨款结余——累计结余　　　　　　　　　　25 000

至此，完成了各项结转结余的账务处理。经过非财政拨款结余分配后，加上非财政拨款结转转入的资金，"非财政拨款结余——累计结余"期末贷方余额为187 000元。

6-61 知识巩固

第四节　行政事业单位预算会计报表与部门决算报告

行政事业单位预算会计报表是行政事业单位以预算会计核算生成的数据为基础编制的，以表格形式概括反映行政事业单位年度预算执行情况和结果的书面文件。行政事业单位应当按照会计制度的规定，按年度编制预算会计报表，充分披露单位的预算收入、预算支出和预算结余的情况。预算会计报表是编制决算报表的重要依据，是部门决算报告的重要内容。

一、行政事业单位预算会计报表

行政事业单位的预算会计报表由预算收入支出表、预算结转结余变动表和财政拨款预算收入支出表三张报表构成。预算会计报表均为年度报表，要求在年末编制，反映行政事业单位年度的预算执行情况及结果。

（一）预算收入支出表

预算收入支出表是反映政府单位在某一会计年度内各项预算收入、预算支出和预算收支差额情况的会计报表。预算收入支出表反映单位预算执行的总体情况，可以提供本年预算收入的总额及构成情况、本年预算支出的总额及构成情况，以及本年预算收入与预算支出相抵后的差额。预算收入支出表由表首标题、编报项目、栏目及金额组成。

1. 表首标题

预算收入支出表的表首标题包括报表名称、编号（会政预01表）、编制单位、编报年度和金额单位等内容。预算收入支出反映政府单位在某一年度的预算收支情况，需要注明报表所属的会计期间，如××××年。预算收入支出表为年度报表，月末不需要编报。

2. 编报项目

预算收入支出表的编报项目包括本年预算收入、本年预算支出和本年预算收支差额。
（1）"本年预算收入"项目反映单位本年预算收入总额，以及预算收入的构成情况。
（2）"本年预算支出"项目反映单位本年预算支出总额，以及预算支出的构成情况。

（3）"本年预算收支差额"项目反映单位本年各项预算收支相抵后的差额，如本期预算收入与预算支出相减后金额为负数，以"－"号填列。

预算收入支出表的编报项目按照本年预算收入、本年预算支出和本年预算收支差额的顺序上下排列，编报项目之间的关系为：

本年预算收入－本年预算支出＝本年预算收支差额

3. 栏目及金额

预算收入支出表由"本年数"和"上年数"两栏组成。

（1）"本年数"栏反映各项目的本年实际发生数，应当根据各预算收入、预算支出科目的本年发生额填列，或计算后填列。

（2）"上年数"栏反映各项目上年度的实际发生数，应当根据上年度预算收入支出表中"本年数"栏内所列数字填列。

政府单位预算收入支出的格式见表6-2。

表6-2 预算收入支出表

会政预01表

编制单位：　　　　　　　　　　　年　　　　　　　　　　　单位：元

项　目	本年数	上年数
一、本年预算收入		
（一）财政拨款预算收入		
其中：政府性基金收入		
（二）事业预算收入		
（三）上级补助预算收入		
（四）附属单位上缴预算收入		
（五）经营预算收入		
（六）债务预算收入		
（七）非同级财政拨款预算收入		
（八）投资预算收益		
（九）其他预算收入		
其中：利息预算收入		
捐赠预算收入		
租金预算收入		
二、本年预算支出		
（一）行政支出		
（二）事业支出		
（三）经营支出		
（四）上缴上级支出		

续表

项　　目	本年数	上年数
（五）对附属单位补助支出		
（六）投资支出		
（七）债务还本支出		
（八）其他支出		
其中：利息支出		
捐赠支出		
三、本年预算收支差额		

（二）预算结转结余变动表

预算结转结余变动表是反映政府单位在某一会计年度内预算结转结余的变动情况的会计报表。预算结转结余变动表以预算结转结余为主线，按照时序反映预算结转结余的变动过程及结果。预算结转结余变动表由表首标题、编报项目、栏目及金额组成。

1. 表首标题

预算结转结余变动表的表首标题包括报表名称、编号（会政预 02 表）、编制单位、编报年度和金额单位等内容。预算结转结余变动表反映年度的结转结余变动情况，月末不需要编制。年末编制预算结转结余变动表时，应当注明报表所属的年份，如××××年。

2. 编报项目

预算结转结余变动表的编报项目包括年初预算结转结余、年初余额调整、本年变动金额和年末预算结转结余。

（1）"年初预算结转结余"项目反映单位本年预算结转结余的年初余额，包括财政拨款结转结余资金的年初余额和其他资金结转结余资金的年初余额。

（2）"年初余额调整"项目反映单位本年预算结转结余年初余额调整的金额，包括财政拨款结转结余资金的年初余额调整金额和其他资金结转结余资金的年初余额调整金额。如果年初余额调减，以"—"号填列。

（3）"本年变动金额"项目反映单位本年预算结转结余变动的金额，包括财政拨款结转结余资金变动的金额和其他资金结转结余资金变动的金额，要求列出变动的具体原因。如果本年变动结果为减少，以"—"号填列。事业单位"三、本年变动金额"中"其他资金结转结余"项目下的"本年收支差额"项目，应当根据"非财政拨款结转"科目下"本年收支结转"明细科目、"其他结余"科目、"经营结余"科目、"专用结余"科目本年转入的预算收入与预算支出的差额的合计数填列。

（4）"年末预算结转结余"项目反映单位本年预算结转结余的年末余额，包括财政拨款结转结余资金的年末余额和其他资金结转结余资金的年末余额。

预算结转结余变动表的编报项目按照预算结转结余的形成时序排列，编报项目之间的关系为：

年初预算结转结余＋年初余额调整＋本年变动金额＝年末预算结转结余

3. 栏目及金额

预算结转结余变动表由"本年数"和"上年数"两栏组成。

（1）"本年数"栏反映各项目的本年实际发生数，"年初预算结转结余""年末预算结转结余"项目应当根据相关会计科目的本年年初余额、本年年末余额填列，或计算后以合计数填列。"年初余额调整""本年变动金额"项目应当根据相关会计科目及其明细科目的本年发生额填列，或计算后以合计数填列。

（2）"上年数"栏反映各项目的上年实际发生数，应当根据上年度预算结转结余变动表中"本年数"栏内所列数字填列。

政府单位预算结转结余变动表的格式见表 6-3。

表 6-3　预算结转结余变动表

会政预 02 表

编制单位：　　　　　　　　　　　年　　　　　　　　　　　　单位：元

项　　目	本年数	上年数
一、年初预算结转结余		
（一）财政拨款结转结余		
（二）其他资金结转结余		
二、年初余额调整（减少以"－"号填列）		
（一）财政拨款结转结余		
（二）其他资金结转结余		
三、本年变动金额（减少以"－"号填列）		
（一）财政拨款结转结余		
1. 本年收支差额		
2. 归集调入		
3. 归集上缴或调出		
（二）其他资金结转结余		
1. 本年收支差额		
2. 缴回资金		
3. 使用专用结余		
4. 支付所得税		
四、年末预算结转结余		
（一）财政拨款结转结余		
1. 财政拨款结转		
2. 财政拨款结余		
（二）其他资金结转结余		
1. 非财政拨款结转		

续表

项　目	本年数	上年数
2. 非财政拨款结余		
3. 专用结余		
4. 经营结余（如有余额，以"－"号填列）		

（三）财政拨款预算收入支出表

财政拨款预算收入支出表是反映政府单位本年财政拨款预算资金收入、支出及相关变动的具体情况的会计报表。财政拨款预算资金是政府单位的重要资金来源，政府单位应当按照预算管理的要求单独编制报表，反映各项财政拨款预算资金收入支出的明细情况。财政拨款预算收入支出表由表首标题、编报项目、栏目及金额组成。

1. 表首标题

财政拨款预算收入支出表的表首标题包括报表名称、编号（会政预 03 表）、编制单位、编报年度和金额单位等内容。财政拨款预算收入支出表反映年度财政拨款预算资金的变动情况，月末不需要编制。年末编制财政拨款预算收入支出表时，应当注明报表所属的年份，如××××年。

2. 编报项目

财政拨款预算收入支出表的编报项目应当根据单位取得的财政拨款种类分项设置，主要包括一般公共财政预算拨款和政府性基金预算拨款。如果单位取得了其他类型的财政拨款，应当按照财政拨款种类增加相应的资金项目。在各类财政拨款中，分别设置"基本支出"和"项目支出"两个具体项目。在"基本支出"项目下按照"人员经费"和"日常公用经费"填列，在"项目支出"项目下按照具体项目填列。

3. 栏目及金额

财政拨款预算收入支出表采用多栏式结构，按财政拨款预算资金的变动过程设置栏目，栏目包括"年初财政拨款结转结余""调整年初财政拨款结转结余""本年归集调入""本年归集上缴或调出""单位内部调剂""本年财政拨款收入""本年财政拨款支出""年末财政拨款结转结余"。其中，"调整年初财政拨款结转结余""单位内部调剂"如为减少，以"－"号填列；"本年归集上缴或调出"，以"－"号填列。财政拨款预算收入支出表按栏目横向平衡，基本关系式为：

年初财政拨款结转结余＋调整年初财政拨款结转结余＋本年归集调入＋本年归集上缴或调出＋单位内部调剂＋本年财政拨款收入－本年财政拨款支出＝年末财政拨款结转结余

政府单位财政拨款预算收入支出表的格式见表 6-4。

二、部门决算报告

部门决算报告是指政府部门（单位）编制的，反映政府部门（单位）年度预算收支执行结果的总结性文件。各行政事业单位应当按年度编制单位的决算报告，反映本年度单位

表 6-4　财政拨款预算收入支出表

编制单位：　　　　　　　　　　　　　　　　　年　　　　　　　　　　　　　　　　　会政预 03 表
单位：元

项　目	年初财政拨款结转结余		调整年初财政拨款结转结余	本年归集调入	本年归集上缴或调出	单位内部调剂		本年财政拨款收入	本年财政拨款支出	年末财政拨款结转结余	
	结转	结余				结转	结余			结转	结余
一、一般公共预算财政拨款											
（一）基本支出											
1. 人员经费											
2. 日常公用经费											
（二）项目支出											
1. ××项目											
2. ××项目											
……											
二、政府性基金预算财政拨款											
（一）基本支出											
1. 人员经费											
2. 日常公用经费											
（二）项目支出											
1. ××项目											
2. ××项目											
……											
总　计											

的预算收支执行结果。各部门应当对所属单位上报的决算报表和部门本级决算报表进行汇总，形成本部门的决算报告。编制决算报告的目的，是向决算报告使用者提供与政府预算执行情况有关的信息，为预算监督和管理，以及后续年度预算的编制提供参考和依据。部门决算报告以收付实现制为基础，主要反映政府部门、行政事业单位的各项预算收入、预算支出的执行情况，以及所形成的预算结余等预算执行结果等信息。

部门决算报告包括决算报表和其他应当在决算报告中反映的相关信息和资料，通常由部门决算报表和部门决算说明与分析组成。

（一）部门决算报表

部门决算报表是以表格形式反映的各政府部门、行政事业单位年度预算执行情况的信息，由主表和附表组成。

主表包括：收入支出决算总表、收入支出决算表、收入决算表、支出决算表、支出决算明细表、项目收入支出决算表、预算财政拨款收入支出决算表、一般公共预算财政拨款支出决算明细表、政府性基金预算财政拨款收入支出决算表、政府性基金预算财政拨款支出决算明细表、国有资本经营预算财政拨款收入支出决算表、国有资本经营预算财政拨款支出决算明细表等。

附表包括：预算支出相关信息表、基本数字表、机构运行信息表、非税收入征缴情况表等。财政部负责制定全国统一的部门决算报表体系及部门决算软件，明确报表格式要求和填报口径。

（二）部门决算说明与分析

部门决算说明是以文字形式对部门决算报表的基础数据所做的说明，包括部门基本情况、数据审核情况、年度主要收支指标增减变动情况以及因重大事项或特殊事项影响决算数据的情况说明等。部门决算分析是对部门年度预算执行情况进行的分析，总结经验与教训进行预算绩效考核与评价，为下期预算管理工作奠定良好的基础。部门决算报告采取自下而上方式逐级编制与报送。年度终了，各行政事业单位应当按照部门决算编审要求，在全面清理核实收入、支出并办理年终结账的基础上，根据登记完整、核对无误的预算会计账簿记录和其他有关会计核算资料编制决算报告，做到数据真实正确、内容完整，账证相符、账实相符、账表相符、表表相符。各部门应当对所属行政事业单位上报的决算报表和部门本级决算报表进行汇总，并对有关收入支出、内部往来等重复项目进行调整和剔除后，形成本部门汇总决算报表。汇总后部门决算草案应当在规定时间内逐级上报财政部门。各级财政部门应当在本级人民代表大会常务委员会审查批准决算后 30 日内，向本级各部门批复决算。财政部门批复后的部门决算报告应当向社会公开。部门决算报告要使用预算管理一体化系统进行编报，加强数据报送管理，确保数据真实、完整、准确。

6-62 知识巩固

本章小结

　　行政事业单位预算会计要素包括预算收入、预算支出和预算结余。行政事业单位的预算收入是指行政事业单位在预算年度内依法取得的并纳入预算管理的现金流入。行政事业单位预算会计以收付实现制为会计基础，预算收入一般在实际收到时予以确认，以实际收到的金额计量。行政事业单位的预算收入包括财政拨款预算收入、事业预算收入、经营预算收入、上级补助预算收入、附属单位上缴预算收入、投资预算收益、债务预算收入和其他预算收入等。

　　行政事业单位预算会计的预算支出是指行政事业单位在预算年度内依法发生并纳入预算管理的现金流出。预算支出一般在实际支付时予以确认，以实际支付的金额计量。行政事业单位的预算支出包括行政支出、事业支出、经营支出、上缴上级支出、对附属单位补助支出、投资支出、债务还本支出和其他支出等。

　　行政事业单位的预算结余是指行政事业单位预算年度内预算收入扣除预算支出后的资金余额，以及历年滚存的资金余额。预算结余包括资金结存、财政拨款结转、财政拨款结余、非财政拨款结转、非财政拨款结余、专用结余、经营结余、非财政拨款结余分配和其他结余等。各项结转结余应每年结算一次。年末，各项预算收入与预算支出科目的发生额分别转入相对应的预算结余。

　　行政事业单位预算会计报表是行政事业单位以预算会计核算生成的数据为基础编制的，以表格形式概括反映行政事业单位年度预算执行情况和结果的书面文件。行政事业单位的预算会计报表由预算收入支出表、预算结转结余变动表和财政拨款预算收入支出表三张报表构成。部门决算报告是指政府部门（单位）编制的，反映政府部门（单位）年度预算收支执行结果的总结性文件。部门决算报告包括决算报表和其他应当在决算报告中反映的相关信息和资料，通常由部门决算报表和部门决算说明与分析组成。

关键名词

　　财政拨款预算收入；事业预算收入；经营预算收入；上级补助预算收入；附属单位上缴预算收入；投资预算收益；债务预算收入；行政支出；事业支出；经营支出；上缴上级支出；对附属单位补助支出；投资支出；债务还本支出；资金结存；财政拨款结转；财政

拨款结余；非财政拨款结转；非财政拨款结余；专用结余；经营结余；非财政拨款结余分配；其他结余

一、简述题

1. 行政事业单位的预算收入有哪些种类？如何进行账务处理？
2. 行政事业单位的预算支出有哪些种类？如何进行账务处理？
3. 行政事业单位的预算结余有哪些种类？如何进行账务处理？
4. 行政事业单位预算会计报表与部门决算报告包括哪些组成部分？

二、单项选择题

1. 下列会计科目中，属于行政事业单位预算会计预算结余类的是（   ）。
   A. 资金结存   B. 累计盈余
   C. 专用基金   D. 权益法调整

2. 事业单位预算会计核算的投资预算收益年终转入的账户是（   ）。
   A. 其他结余   B. 非财政拨款结余
   C. 专用结余   D. 资金结存

3. 对外捐赠固定资产支付的由捐助方承担的相关费用记入（   ）政府单位预算会计账户。
   A. 资产处置费用   B. 其他费用
   C. 其他支出   D. 行政支出

4. 下列项目中属于"资金结存"总账户下设置的明细账户的是（   ）。
   A. 年初余额调整   B. 财政应返还额度
   C. 累计结转   D. 单位内部调剂

5. 下列各账户的期末余额，年终有可能转入"财政拨款结余"账户的是（   ）。
   A. 财政拨款预算收入   B. 事业预算收入
   C. 财政拨款结转   D. 非财政拨款结转

6. "经营预算收入"账户期末余额年终转入的账户是（   ）。
   A. 经营结余   B. 非财政拨款结余分配
   C. 其他结余   D. 专用结余

7. "非财政拨款结余分配"账户期末余额应结转的账户是（   ）。
   A. 财政拨款结余   B. 非财政拨款结余
   C. 专用结余   D. 其他资金结余

8. 反映年度财政拨款预算收入、支出及相关变动情况的报表是（   ）。

A. 财政拨款预算收入支出表　　　B. 预算结转结余变动表

C. 净资产变动表　　　　　　　　D. 收入费用表

9. "财政拨款结转"账户的下列明细账户中年终有余额的是（　　　）。

A. 本年收支结转　　　　　　　　B. 单位内部调剂

C. 累计结转　　　　　　　　　　D. 年初余额调整

10. 下列科目，行政单位也可能有的是（　　　）。

A. 事业支出　　　　　　　　　　B. 经营支出

C. 债务还本支出　　　　　　　　D. 其他支出

三、多项选择题

1. 下列各项中，属于行政事业单位预算收入类会计科目的有（　　　）。

A. 财政拨款预算收入　　　　　　B. 捐赠收入

C. 事业预算收入　　　　　　　　D. 利息收入

E. 经营收入

2. 下列账户余额年终可能直接转入其他结余账户的有（　　　）。

A. 经营预算收入　　　　　　　　B. 非同级财政拨款收入

C. 债务预算收入　　　　　　　　D. 投资预算收益

E. 其他预算收入

3. 行政事业单位预算会计确认为预算收入而财务会计确认为负债的有（　　　）。

A. 借入短期借款　　　　　　　　B. 借入长期借款

C. 政府同级部门拨款　　　　　　D. 上级政府财政拨款

E. 同级财政专项拨款

4. 属于行政事业单位预算会计核算的"行政支出"账户的明细账户的有（　　　）。

A. 财政拨款支出　　　　　　　　B. 非财政专项资金支出

C. 其他资金支出　　　　　　　　D. 行政管理支出

E. 事业管理支出

5. "非财政拨款结余"总账户下设置的明细账户有（　　　）。

A. 年初余额调整　　　　　　　　B. 结转转入

C. 累计结余　　　　　　　　　　D. 项目间接费用或管理费

E. 单位内部调剂

四、判断题

1. 事业单位"经营费用"账户余额年终结转"本期盈余"账户，"经营支出"账户余额年终结转"经营结余"账户。（　　　）

2. 行政事业单位预算会计核算的其他预算收入包括捐赠预算收入、租金预算收入、利息预算收入、现金盘盈收入等。（　　　）

3. "资金结存"总账户下需要设置银行存款、库存资金、其他货币资金等明细账户。
（　　）

4. 行政事业单位的全部预算收入账户期末余额和预算支出账户期末余额，年终应首先结转"财政拨款结转"账户。
（　　）

5. "非财政拨款结转"账户期末余额年终应该全部结转到非财政拨款结余账户。
（　　）

6. 事业单位"经营结余"和"其他结余"账户，期末余额年终全部结转到"非财政拨款结余分配"账户。
（　　）

7. 以前年度会计差错的调整，全部在"财政拨款结转——年初余额调整"账户进行核算。
（　　）

8. 政府性基金预算财政拨款是财政拨款预算收入支出表编报的内容。（　　）

9. 资金结存是财政部门为预算单位在商业银行开设的银行存款账户。（　　）

10. 行政事业单位财务会计按照权责发生制确认相关费用，行政事业单位预算会计按照收付实现制确认相关支出。
（　　）

五、编制会计分录

1. 某事业单位发生以下预算收入相关的经济业务，编制事业单位预算会计分录及对应的事业单位财务会计分录，不需要编制会计分录的请注明。

（1）收取一项专利转让收入 900 000 元，款项已经存入单位的银行账户。

（2）下属的非独立核算招待所收到食宿收入 21 200 元，款项已经存入单位的银行账户。

（3）收到上级拨来的补助款 300 000 元，款项已经存入银行。此款项为专项资金，要求用于单位的信息化建设项目。

（4）下属的 X 单位为独立核算的单位，按规定本年应上缴分成收入 750 000 元，实际收到上缴款 720 000 元。

（5）报经批准从中国农业银行××支行借入 4 000 000 元，借款期限 36 个月，年利率 3.6%，到期一次还本付息。

（6）自身为省财政所属预算单位，但收到开户银行转来的"到账通知书"，省属 GZ 市财政拨来的科研经费补助款 680 000 元已经到账，用于科研攻关项目 P 的项目支出。

（7）持有 5 年期长期国债，票面金额 200 000 元，票面年利率 3.6%，按年支付利息。收到本年支付的利息。

（8）通过单位的银行账户收到捐赠款 500 000 元。

2. 某行政单位发生以下预算支出相关的经济业务，编制行政单位预算会计分录及对应的行政单位财务会计分录，不需要编制会计分录的请注明。

（1）工资发放日，收到国库支付执行机构委托代理银行转来的国库集中支付凭证及相关原始凭证，向职工个人支付本月工资、津贴补贴等薪酬 258 000 元，款项已经转入职工个人工资卡账户，所用资金为当年度一般公共预算指标基本支出拨款。

(2) 收到国库支付执行机构委托代理银行转来的国库集中支付凭证及相关原始凭证，缴纳代扣代缴的个人所得税4 000元，缴纳职工社会保险费、住房公积金等共计95 000元，所用资金为当年度一般公共预算指标基本支出拨款。

(3) 收到国库支付执行机构委托代理银行转来的国库集中支付凭证及相关原始凭证，职工业务培训费16 000元已经支付给培训机构，所用资金为当年度一般公共预算指标基本支出拨款。

(4) 收到国库支付执行机构委托代理银行转来的国库集中支付凭证及相关原始凭证，单位的当月网络设备维修费7 000元已经支付，所用资金为上年度一般公共预算指标项目支出拨款。

(5) 收到国库支付执行机构委托代理银行转来的国库集中支付凭证及相关原始凭证，以政府集中采购的方式当月购入专用设备一套，因不需要安装当月验收合格投入使用，设备价款、增值税、运输费、保险费共计169 000元，款项已经支付，所用资金为当年度一般公共预算指标项目支出拨款。

(6) 当月购买办公用品一批，已经验收入库。办公用品价款、增值税共计3 500元，以银行存款支付，所用资金为当年度一般公共预算指标基本支出拨款。

3. 某事业单位发生以下预算结余收入相关的经济业务，编制事业单位预算会计分录及对应的事业单位财务会计分录，不需要编制会计分录的请注明。

(1) 按规定从本单位零余额账户向实有资金账户划转资金时，收到的国库集中支付凭证及实有资金账户入账凭证，30 000元款项已经存入银行，使用的是本单位本年度一般公共预算指标基本支出拨款。

(2) 自身为省财政所属预算单位，报销一批课题咨询费7 500元，款项已经通过单位的银行账户支付，资金来源于GZ市财政部门拨的专项经费。

(3) 年末，本年度预算指标数为1 600 000元，当年实际支付数为1 550 000元，经财政部门批准，本年度预算指标数大于当年实际支付数的差额50 000元全部允许结转使用。

(4) 上一年度以国库集中支付方式购买业务活动需用材料的多付款项5 000元，现按原渠道予以退回，资金性质为财政拨款基本支出拨款。

(5) 按照同级财政部门的要求，上缴财政拨款结转资金（项目支出结转）9 000元。

(6) 年末，部分预算收入、预算支出类科目的本年发生额如下："财政拨款预算收入——基本支出"科目950 000元，"事业支出——财政拨款支出——基本支出"科目920 000元，"财政拨款预算收入——项目支出"科目250 000元，"事业支出——财政拨款支出——项目支出"科目230 000元。进行本年财政拨款预算收入和支出的结转，包括基本支出结转和项目支出结转，计算本年收支形成的财政拨款结转资金数额。

(7) 年末，在进行上述(4)至(6)账务处理前，"财政拨款结转——累计结转"期初贷方余额为28 000元，其中，基本支出结转的余额为15 000元，项目支出结转的余额为13 000元，其他明细科目没有余额。年末，冲销各明细科目余额。之后，计算出"财政拨款结转——累计结转"滚存的余额。

第七章
民间非营利组织会计实务

学习目标

1. 了解民间非营利组织会计的含义与适用范围。
2. 理解民间非营利组织的会计要素与会计科目。
3. 理解民间非营利组织财务报告的编制。
4. 掌握民间非营利组织会计的收入与费用核算。
5. 掌握民间非营利组织会计的资产、负债与净资产核算。

情景导入

财政部印发《〈民间非营利组织会计制度〉若干问题的解释》

为了进一步明确民间非营利组织有关经济业务或事项的会计处理，提高会计信息质量，根据《民间非营利组织会计制度》（财会〔2004〕7号）的规定，财政部制定了《〈民间非营利组织会计制度〉若干问题的解释》。

根据《民间非营利组织会计制度》（财会〔2004〕7号，以下简称《民非制度》）第二条规定，同时具备《民非制度》第二条第二款所列三项特征的非营利性民办学校、医疗机构等社会服务机构，境外非政府组织在中国境内依法登记设立的代表机构应当按照《民非制度》进行会计核算。

思考：《民间非营利组织会计制度》进一步修订的必要性。

资料来源：财政部关于印发《〈民间非营利组织会计制度〉若干问题的解释》的通知（财会〔2020〕9号）。

第一节　民间非营利组织会计概述

民间非营利组织作为公益性社会组织，在社会发展中起着越来越重要的作用。本节主要介绍我国民间非营利组织会计的概念、特点、目标、会计要素，阐述民间非营利组织会计的基本理论和基本方法，为学习民间非营利组织会计实务奠定基础。

一、民间非营利组织会计的含义与对象

（一）民间非营利组织会计的概念

民间非营利组织会计是以民间非营利组织的基本业务活动和其他业务活动为核算对象的专业会计。民间非营利组织会计有助于资源提供者、服务对象、债权人、政府和社会监管部门了解民间非营利组织财务资源的运用情况和业务的运营情况，对于加强民间非营利组织管理有着重要的作用。由于公立的非营利组织（事业单位）纳入预算会计范畴，所以，我国的民间非营利组织会计即是非营利组织会计。

作为民间非营利组织会计的会计主体，民间非营利组织有着特定的范围。民间非营利组织是指企事业单位、社会团体和其他社会力量以及公民个人利用非国有资产举办的，从事非营利性社会服务活动的社会组织。非营利组织按所有权性质划分，包括公立非营利组织和民间非营利组织。公立非营利组织也称为事业单位，是国家出资举办的社会公益性组织。民间非营利组织是其他组织或个人出资举办的社会公益性组织。民间非营利组织主要分布在社会救济、扶贫、教育、助学、养老保健、医疗服务等领域。

（二）民间非营利组织会计核算的对象

民间非营利组织会计的核算对象，是民间非营利组织的业务活动资金。民间非营利组织开展社会服务业务活动的资金，主要来源于社会捐赠、政府补助，以及提供服务、销售商品所取得的收入。

为加强民间非营利组织的管理，规范民间非营利组织的会计行为，财政部于2004年8月颁布了《民间非营利组织会计制度》，自2005年1月1日起施行。近年来，我国的民间非营利组织发展迅速。为适应民间非营利组织发展的需要，促进社会事业健康发展，提高会计信息质量，《民间非营利组织会计制度》需要修订完善。

二、民间非营利组织会计的确认基础与适用范围

（一）民间非营利组织会计的确认基础

现行《民间非营利组织会计制度》规定，"会计核算应当以权责发生制为基础"。民间非营利组织会计以外部信息使用者为主要服务对象，需要反映其受托责任履行情况，对非

营利组织的运营业绩进行评价与考核。所以，民间非营利组织会计要求以权责发生制为确认基础。

民间非营利组织的收入需要区分为交换交易形成的收入和非交换交易形成的收入，分别界定其确认标准。民间非营利组织应当加强成本核算，其费用需要区分业务活动成本和期间费用。

（二）民间非营利组织会计的适用范围

依法设立符合规定特征的民间非营利组织执行《民间非营利组织会计制度》。民间非营利组织包括依照国家法律、行政法规登记的社会团体、基金会、民办非企业单位和寺院、宫观、清真寺、教堂等。

1. 社会团体

社会团体是依照《社会团体登记管理条例》的规定设立的，为实现共同意愿而由公民自愿组成的社会组织，包括各种学会、协会、联合会、研究会等。

2. 民办非企业单位

民办非企业单位是依照《民办非企业单位登记管理暂行条例》的规定设立的，从事非营利性社会服务活动的非公立社会组织，包括民办学校、医院、福利院、养老院、研究所、文化中心及宗教组织等。

3. 基金会

基金会是依照《基金会管理条例》的规定设立的，利用社会捐赠的财产从事社会公益活动的社会组织，包括各类教育基金会、慈善基金会、奖励基金会、扶贫基金会等。

7-1 知识扩展

4. 宗教组织

宗教组织是指经依法登记，拥有礼拜设施，组织信教公民开展集体宗教活动，为信教群众信仰生活提供服务的寺院、宫观、清真寺、教堂及其他固定宗教活动处所等。

三、民间非营利组织的会计要素与会计科目

（一）民间非营利组织的会计要素

会计要素是对会计对象的基本分类，是进行会计确认、计量、记录和报告的基础。现行《民间非营利组织会计制度》规定，民间非营利组织设置资产、负债、净资产、收入和费用 5 个会计要素。

（二）民间非营利组织的会计科目

现行《民间非营利组织会计制度》规定，民间非营利组织会计共设置会计科目 48 个。其中，资产类 23 个，负债类 12 个，净资产类 2 个，收入类 7 个，费用类 4 个。各民间非营利组织，要根据《民间非营利组织会计制度》设置一级会计科目，根据具体的业务核算要求设置各级明细科目。民间非营利组织会计科目见表 7-1。

表 7-1　民间非营利组织会计科目表

序号	编号	科目名称
		一、资产
1	1001	现金
2	1002	银行存款
3	1009	其他货币资金
4	1101	短期投资
5	1102	短期投资跌价准备
6	1111	应收票据
7	1121	应收账款
8	1122	其他应收款
9	1131	坏账准备
10	1141	预付账款
11	1201	存货
12	1202	存货跌价准备
13	1301	待摊费用
14	1401	长期股权投资
15	1402	长期债权投资
16	1421	长期投资减值准备
17	1501	固定资产
18	1502	累计折旧
19	1505	在建工程
20	1506	文物文化资产
21	1509	固定资产清理
22	1601	无形资产
23	1701	受托代理资产
		二、负债
24	2101	短期借款
25	2201	应付票据
26	2202	应付账款
27	2203	预收账款
28	2204	应付工资
29	2206	应交税金

续表

序号	编号	科目名称
30	2209	其他应付款
31	2301	预提费用
32	2401	预计负债
33	2501	长期借款
34	2502	长期应付款
35	2601	受托代理负债
		三、净资产
36	3101	非限定性净资产
37	3102	限定性净资产
		四、收入
38	4101	捐赠收入
39	4201	会费收入
40	4301	提供服务收入
41	4401	政府补助收入
42	4501	商品销售收入
43	4601	投资收益
44	4901	其他收入
		五、费用
45	5101	业务活动成本
46	5201	管理费用
47	5301	筹资费用
48	5401	其他费用

第二节 民间非营利组织的收入核算

收入是指民间非营利组织开展业务活动取得的、导致本期净资产增加的经济利益或者服务潜力的流入。民间非营利组织的收入包括捐赠收入、政府补助收入、提供服务收入、会费收入、商品销售收入、投资收益和其他收入。民间非营利组织的收入有多种分类，按是否存在时间限制或者（和）用途限制区分为限定性收入和非限定性收入；按其交易的性质不同，分为非交换交易收入和交换交易收入。

一、非交换交易收入的核算

（一）概念

非交换交易是民间非营利组织通过非交换交易取得的收入。在非交换交易中，某一主体取得资产、获得服务或解除债务时，不必向交易对方支付等值或者大致等值的现金，或者提供等值或大致等值的货物、服务等，或者某一主体在对外提供货物、服务等时，没有收到等值或大致等值的现金、货物等。非交换交易收入主要包括捐赠收入和政府补助收入。会费收入通常也属于非交换交易收入，因为会员交纳的会费并不要求与会员服务完全相对应。

1. 捐赠收入

捐赠收入是民间非营利组织接受其他单位或者个人捐赠所取得的收入。社会上许多组织或个人，是以向非营利组织捐赠现款、财物等形式，支持社会公益事业的发展，实现其从事公益事业的愿望的。捐赠收入是民间非营利组织的一项重要收入，占总收入的较大比重。慈善机构、基金会等机构，以捐赠收入为主要收入来源。

民间非营利组织的捐赠收入，需要区分为限定性捐赠收入和非限定性捐赠收入。如果资产捐赠者对所捐赠资产设置了用途限制和（或）时间限制，则确认为限定性捐赠收入；否则，确认为非限定性捐赠收入。限定性捐赠收入要求设立专户进行专项核算，按捐赠的限制条件使用。

民间非营利组织接受捐赠，应当在满足规定的收入确认条件时确认捐赠收入。一般情况下，应当在收到捐赠资产或取得资产的控制权时确认收入。捐赠收入的确认，应当注意以下三个问题。第一，受托代理业务收到的资产不确认为捐赠收入。民间非营利组织因接受委托代为管理的资产，并不能导致净资产的增加，不能满足收入的确认条件。第二，捐赠承诺不确认为捐赠收入。民间非营利组织收到捐赠承诺时，并不能确信经济资源能够流入组织，数额也不能可靠地计量，不能满足收入的确认条件。第三，劳务捐赠不确认为捐赠收入。志愿者向民间非营利组织提供的无偿劳务，可以减少费用支出，但其数额无法可靠计量，也不符合收入的确认条件。劳务捐赠应当在会计报表附注中披露。

2. 政府补助收入

政府补助收入是民间非营利组织因政府拨款或者政府机构给予补助而取得的收入。政府为支持社会公益事业的发展，通过财政拨款补助的方式，向民间非营利组织提供资助。例如，有些地方政府对非政府举办的养老院按床位数量提供定额补助，有些地方政府对民营研究机构提供专项科研资助。

3. 会费收入

会费收入是民间非营利组织根据章程等的规定向会员收取会费而取得的收入。一些社会团体，如各种协会、学会、联合会、研究会、联谊会、促进会、商会等，以会员的形式发展成员，以收取会费的形式取得收入，为会员提供相应的服务。

(二) 账户设置

1. 捐赠收入

设置"捐赠收入"科目，核算民间非营利组织接受其他单位或者个人捐赠所取得的收入。

2. 政府补助收入

设置"政府补助收入"科目，核算民间非营利组织因政府拨款或者政府机构给予补助而取得的收入。

3. 会费收入

设置"会费收入"科目，核算民间非营利组织根据章程等的规定向会员收取的会费收入。

(三) 主要账务处理

1. 捐赠收入

民间非营利组织因接受捐赠所得的现金资产，应当按照实际收到的金额入账。对于民间非营利组织因接受捐赠所得的非现金资产，如接受捐赠的短期投资、存货、长期投资、固定资产和无形资产等，应当按照以下方法确定其入账价值。第一，如果捐赠方提供了有关凭据（如发票、报关单、有关协议等），应当按照凭据上标明的金额作为入账价值。如果凭据上标明的金额与受赠资产公允价值相差较大，受赠资产应当以其公允价值作为入账价值。第二，如果捐赠方没有提供有关凭据，受赠资产应当以其公允价值作为入账价值。

7-2 知识扩展

【例 7-1】 20××年1月6日，某民间非营利组织收到慈善捐赠款 200 000 元，其中 90 000 元为限定用途的捐赠，捐赠款项已经到银行存款账户上。

借：银行存款　　　　　　　　　　　　　　　　　200 000
　　贷：捐赠收入——非限定性收入　　　　　　　　　　　　110 000
　　　　捐赠收入——限定性收入　　　　　　　　　　　　　 90 000

【例 7-2】 20××年2月1日，某民间非营利组织收到一批捐赠扫地机器人，发票标明其价值为 70 000 元，限制在6个月内用于指定的公益性用途，期满后可自行处理。

借：固定资产　　　　　　　　　　　　　　　　　 70 000
　　贷：捐赠收入——限定性收入　　　　　　　　　　　　　 70 000

【例 7-3】 接【例 7-2】，20××年8月1日，某民间非营利组织收到捐赠的扫地机器人的约定限定时间6个月已经期满，其折余价值为 63 000 元，转为非限定性收入。

借：捐赠收入——限定性收入　　　　　　　　　　 63 000
　　贷：捐赠收入——非限定性收入　　　　　　　　　　　　 63 000

【例 7-4】 20××年9月1日，某民间非营利组织与某公司达成协议，该公司承诺出资 1 000 000 元，用于资助一项学前教育发展项目，款项分两次支付。现收到该公司支付的第一笔款项 500 000 元。

收到的第一笔款项 500 000 元确认为捐赠收入，另 500 000 元暂不确认。

借：银行存款　　　　　　　　　　　　　　　　500 000
　　贷：捐赠收入——限定性收入　　　　　　　　　　　　500 000

【例 7-5】 20××年 11 月 1 日，某民间非营利组织招募志愿者 10 人，协助公益项目工作。由于志愿者工作无需支付劳动报酬，每月可节省人工费用估计为 30 000 元。

此为劳务捐赠，不确认为捐赠收入，应当在会计报表附注中做好相关披露。

2. 政府补助收入

民间非营利组织的政府补助收入，需要区分为限定性补助收入和非限定性补助收入。如果政府对其所提供的补助设置了用途限制和（或）时间限制，应确认为限定性补助收入；否则，确认为非限定性补助收入。限定性补助收入要求设立专户进行专项核算，按政府的限制条件使用。

【例 7-6】 民间非营利组织某养老院收到政府提供养老床位补助款 160 000 元，款项已经到银行存款账户上。

借：银行存款　　　　　　　　　　　　　　　　160 000
　　贷：政府补助收入——非限定性收入　　　　　　　　　　160 000

【例 7-7】 民间非营利组织某教育研究院收到政府提供的补助款 80 000 元，资助其开展学前教育课题研究，款项已经到银行存款账户上。

借：银行存款　　　　　　　　　　　　　　　　80 000
　　贷：政府补助收入——非限定性收入　　　　　　　　　　80 000

3. 会费收入

由于收取的会费与提供的服务不直接对应，所以会费收入一般认为是非交换交易收入。一般情况下，民间非营利组织的会费收入为非限定性收入，相关资产提供者对资产的使用设置了限制的除外。

【例 7-8】 民间非营利组织某学会的章程规定，每年 10 月份会员应交纳会费。到截止日，已经收到会费 170 000 元，存入银行存款账户。经查明，会员欠交会费 30 000 元。

借：银行存款　　　　　　　　　　　　　　　　170 000
　　应收账款　　　　　　　　　　　　　　　　　30 000
　　贷：会费收入——非限定性收入　　　　　　　　　　　200 000

二、交换交易收入的核算

（一）概念

交换交易收入是民间非营利组织通过交换交易取得的收入。交换交易是指按照等价交换原则所从事的交易，即当某一主体取得资产、获得服务或者解除债务时，需要向交易对方支付等值或大致等值的现金，或者提供等值或大致等值的货物、服务等的交易。民间非营利组织的交换交易收入主要包括商品销售收入、提供服务收入和投资收益。

1. 商品销售收入

商品销售收入是民间非营利组织销售商品所形成的收入。有些民间非营利组织以生产、销售商品的形式向社会提供公益性服务。例如，杂志社、报社、出版社等出版单位发行的报纸、刊物、图书等，医院、保健站等医疗单位提供的药品、器械等，研究所、检测所提供的仪器、设备等，均属于商品销售行为。为弥补生产或制作的成本，这些商品需要有偿提供，取得一定的商品销售收入。一般情况下，民间非营利组织的商品销售收入为非限定性收入，相关资产的提供者对资产的使用设置了限制的除外。

2. 提供服务收入

提供服务收入是民间非营利组织因向服务对象提供服务取得的收入。提供服务收入主要包括学费收入、医疗费收入、培训收入等。一般情况下，民间非营利组织的提供服务收入为非限定性收入，相关资产提供者对资产的使用设置了限制的除外。

3. 投资收益

投资收益是民间非营利组织因对外投资取得的投资净损益。民间非营利组织可以货币资产、存货、固定资产、无形资产等形式对外投资，在投资中取得一定的投资收益，扩大资金来源，满足公益事业的资金需要。一般情况下，民间非营利组织的投资收益为非限定性收入，相关资产提供者对资产的使用设置了限制的除外。

（二）账户设置

1. 商品销售收入

设置"商品销售收入"科目，核算民间非营利组织销售商品所形成的收入。

2. 提供服务收入

设置"提供服务收入"科目，核算民间非营利组织因向服务对象提供服务取得的收入。

3. 投资收益

设置"投资收益"科目，核算民间非营利组织因对外投资取得的投资净损益。

（三）主要账务处理

1. 商品销售收入

民间非营利组织应当在其收入满足了规定的收入确认条件时确认其商品销售收入，按实际收到或应当收到的金额计量。商品销售收入应当在下列条件同时满足时予以确认：① 已将商品所有权上的主要风险和报酬转移给购货方；② 既没有保留通常与所有权相联系的继续管理权，也没有对已售出的商品实施控制；③ 与交易相关的经济利益能够流入民间非营利组织；④ 相关的收入和成本能够可靠地计量。

【例7-9】民间非营利组织某民营航空科技研究院出售航模价值50 000元，存入银行存款账户。

借：银行存款　　　　　　　　　　　　　　　　　　　　　50 000
　　贷：商品销售收入——非限定性收入　　　　　　　　　　　　50 000

2. 提供服务收入

民间非营利组织应当在收入满足规定的确认条件时确认提供服务收入，按实际收到或应当收到的金额计量。对于因交换交易所形成的提供服务收入，应当按以下规定予以确认：① 在同一会计年度内开始并完成的劳务，应当在完成劳务时确认收入；② 如果劳务的开始和完成分属不同的会计年度，可以按完工进度或完成的工作量确认收入。

7-3 知识扩展

【例 7-10】 民间非营利组织某科技咨询机构收取科技咨询服务费收入 9 000 元，存入银行存款账户。

借：银行存款　　　　　　　　　　　　　　　　　9 000
　　贷：提供服务收入——非限定性收入　　　　　　　　　　　9 000

【例 7-11】 民间非营利组织某培训机构，20××年 5 月 1 日与某单位签订培训协议，为该单位举办两期业务人员培训班，每期培训时间为 1 个月，每期培训费用 75 000 元，共计 150 000 元。同时，收到预付的培训费 100 000 元。

借：银行存款　　　　　　　　　　　　　　　　　100 000
　　贷：预收账款　　　　　　　　　　　　　　　　　　　100 000

【例 7-12】 接【例 7-11】，20××年 6 月 15 日，该培训机构完成上述培训协议中规定的第一期培训。

借：预收账款　　　　　　　　　　　　　　　　　75 000
　　贷：提供服务收入——非限定性收入　　　　　　　　　　　75 000

【例 7-13】 接【例 7-11】和【例 7-12】，20××年 7 月 15 日，该培训机构完成上述培训协议中规定的第二期培训。所欠的 50 000 元培训费用尚未收到。

借：预收账款　　　　　　　　　　　　　　　　　25 000
　　应收账款　　　　　　　　　　　　　　　　　50 000
　　贷：提供服务收入——非限定性收入　　　　　　　　　　　75 000

3. 投资收益

民间非营利组织应当在满足规定的收入确认条件时确认投资收益，并区分短期投资、长期股权投资和长期债权投资三种情况进行核算。

（1）短期投资收益在实际取得时确认。

（2）长期股权投资收益的确认方法包括成本法和权益法两种。采用成本法核算的，被投资单位宣告发放现金股利或利润时，将宣告发放的现金股利或利润中属于民间非营利组织应享有的部分，确认为当期的投资收益。采用权益法核算的，在会计期末按照应当享有或应当分担的被投资单位当年实现的净利润或发生的净亏损的份额，调整长期股权投资账面价值。

（3）长期债权投资的收益应当在其持有期间和处置时确认。长期债权投资的持有期间，应当按照票面价值与票面利率按期计算并确认利息收入。

【例 7-14】 某民间非营利组织出售其持有的短期债券，债券的账面余额为 170 000元，已计提的减值准备为 20 000 元，出售价格为 198 000 元，存入银行存款账户。

借：银行存款 198 000
　　短期投资跌价准备 20 000
　　贷：短期投资 170 000
　　　　投资收益 48 000

【例 7-15】 某民间非营利组织对某企业投资，采用成本法核算。被投资企业宣告股利分配方案，民间非营利组织分得的股利为 90 000 元，款项尚未收到。

借：其他应收款 90 000
　　贷：投资收益 90 000

【例 7-16】 某民间非营利组织对某公司投资，占其股份的 40%，采用权益法核算投资收益。该公司报表显示本年实现净利润 1 500 000 元，民间非营利组织应享有的收益份额为 600 000 元。

借：长期股权投资 600 000
　　贷：投资收益 600 000

【例 7-17】 某民间非营利组织对某公司投资，"长期股权投资"账面余额为 200 000 元，未提跌价准备。现转让投资，取得转让款 240 000 元。

借：银行存款 240 000
　　贷：投资收益 40 000
　　　　长期股权投资 200 000

【例 7-18】 某民间非营利组织持有期限为 4 年，年利率为 5%，票面价值为 300 000 元的债券，该债券到期一次还本付息。经过计算，本年应计利息为 15 000 元。

借：长期债权投资——债券投资——应收利息 15 000
　　贷：投资收益 15 000

【例 7-19】 接【例 7-18】，2 年后，该民间非营利组织转让上述债券。转让时，债券的账面价值为 300 000 元，应收利息 30 000 元。收到转让价款 341 000 元。

借：银行存款 341 000
　　贷：投资收益 11 000
　　　　长期债权投资——债券投资——面值 300 000
　　　　　　　　　　——债券投资——应收利息 30 000

三、其他收入的核算

（一）概念

其他收入是民间非营利组织在主要业务活动以外从其他方面取得的收入。民间非营利组织的主要业务活动收入包括捐赠收入、会费收入、提供服务收入、商品销售收入、政府补助收入、投资收益等，主要业务活动收入以外的收入确认为其他收入。民间非营利组织会计的其他收入主要包括确实无法支付的应付款项、存货盘盈收入、固定资产盘盈收入、固定资产处置净收入、无形资产处置净收入等。一般情况下，民间非营利组织的其他收入为非限定性收入，相关资产的提供者对资产的使用设置了限制的除外。

（二）账户设置

设置"其他收入"科目，核算民间非营利组织主要业务活动收入以外的收入。

（三）主要账务处理

其他收入在确信经济利益能够流入民间非营利组织，且收入的金额能够可靠地计量的条件下确认。

【例7-20】　民间非营利组织某民营航空科技研究院，航模存货盘盈金额3 900元，转为其他收入。

借：存货——航模　　　　　　　　　　　　　　　　　　　　　3 900
　　贷：其他收入——非限定性收入　　　　　　　　　　　　　　　　3 900

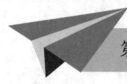

第二节　民间非营利组织的费用核算

费用是指民间非营利组织为开展业务活动所发生的、能够导致本期净资产减少的经济利益或者服务潜力的流出。民间非营利组织会计应当严格按照费用的定义确认各项费用，费用具有以下两项主要特征：第一，费用是民间非营利组织经济利益或者服务潜力的流出；第二，费用会导致民间非营利组织本期净资产的减少。

民间非营利组织的费用包括业务活动成本、管理费用、筹资费用和其他费用。

一、业务活动成本的核算

（一）概念

业务活动成本，是指民间非营利组织为了实现其业务活动目标、开展其项目活动或者提供服务所发生的费用。业务活动成本可以分为提供服务成本和商品销售成本。教学成本、医疗成本等为提供服务成本，刊物发行成本、药品成本为商品销售成本。业务活动成本的构成内容，主要包括业务活动中发生的人工费用、材料费用和其他费用。

（二）账户设置

设置"业务活动成本"科目，核算民间非营利组织为了实现其业务活动目标、开展其

项目活动或者提供服务所发生的费用。民间非营利组织应当根据单位的业务实际情况和管理的要求，设置业务活动成本项目。

（三）主要账务处理

业务活动成本是民间非营利组织的一个成本核算类科目，民间非营利组织主要业务活动发生的各项耗费均需要计入业务活动成本，以便考核各活动项目的耗费情况。民间非营利组织可以根据业务的开展情况和管理的要求设置成本项目。如果民间非营利组织从事的项目、提供的服务或者开展的业务比较单一，可以将相关费用全部归集在"业务活动成本"项目下进行核算和列报。如果民间非营利组织从事的项目、提供的服务或者开展的业务种类较多，民间非营利组织应当在"业务活动成本"项目下分别项目、服务或者业务大类进行核算和列报。如果民间非营利组织既从事提供服务活动，又从事商品销售活动，需要分"提供服务成本"和"商品销售成本"两个成本项目类别核算。如果各种活动项目下又设置了许多具体项目，则需要按具体项目进行成本核算。

【例7-21】 民间非营利组织某培训学校举办会计初级资格考试的考前培训班，发生业务费用6 000元，以存款支付。

  借：业务活动成本——会计初级资格考试培训项目 6 000
    贷：银行存款 6 000

【例7-22】 民间非营利组织某行业协会为会员提供服务发生费用6 000元，款项尚未支付。

  借：业务活动成本——提供服务成本 6 000
    贷：应付账款 6 000

【例7-23】 民间非营利组织某民营航空科技研究院，月末结转已销航模制造成本29 000元。

  借：业务活动成本——航模制造成本 29 000
    贷：存货 29 000

 ## 二、管理费用的核算

（一）概念

管理费用是指民间非营利组织为组织和管理其业务活动所发生的各项费用。管理费用是主要业务活动以外的耗费，主要发生在民间非营利组织的管理活动中，在发生时作为期间费用计入当期费用，不要求进行成本核算。

管理费用的内容包括民间非营利组织的董事会（理事会或者类似权力机构）经费和行政管理人员的工资、奖金、福利费、住房公积金、住房补贴、社会保障费、离退休人员工资及补助，以及办公费、水电费、邮电费、物业管理费、差旅费、折旧费、修理费、租赁费、无形资产摊销费、资产盘亏损失、资产减值损失、因预计负债所产生的损失、聘请中介机构费和应偿还的受赠资产等。工资、奖金、办公费、水电费等费用应当按实际支出的数额列支，折旧费、无形资产摊销费、资产减值损失等在按规定的标准提取时列支，福利费应当按照董事会、理事会或类似权力机构规定的标准列支。

（二）账户设置

设置"管理费用"科目，核算民间非营利组织为组织和管理其业务活动所发生的各项费用。"管理费用"科目应当按照管理费用的种类设置明细账，进行明细核算。民间非营利组织可以根据具体情况编制管理费用明细表，以满足内部管理等有关方面的信息需要。

（三）主要账务处理

管理费用应当在发生时按其发生额计入当期费用。

【例 7-24】 民间非营利组织某民办学校，经计算本月应付工资为 900 000 元，其中管理人员工资为 23 000 元，会计初级资格考试项目培训教师工资为 67 000 元。

借：管理费用——工资　　　　　　　　　　　　　　　23 000
　　业务活动成本——会计初级资格考试培训项目　　　67 000
　　贷：应付工资　　　　　　　　　　　　　　　　　　　　　90 000

【例 7-25】 民间非营利组织某民营航空科技研究院，其管理部门发生办公费用 3 000 元，以银行存款支付。

借：管理费用——办公费用　　　　　　　　　　　　　3 000
　　贷：银行存款　　　　　　　　　　　　　　　　　　　　　3 000

【例 7-26】 民间非营利组织某民营航空科技研究院，月末根据应收账款的余额，按规定比率计提坏账准备 5 000 元。

借：管理费用——坏账准备　　　　　　　　　　　　　5 000
　　贷：坏账准备　　　　　　　　　　　　　　　　　　　　　5 000

三、筹资费用的核算

（一）概念

筹资费用，是指民间非营利组织为筹集业务活动所需资金而发生的费用。民间非营利组织从事公益服务活动，需要通过一定方式筹集资金，在筹集资金的过程中会发生一定的费用支出。筹资费用是民间非营利组织的一项重要的费用，特别是慈善机构、基金会、扶贫组织等一些社会公益组织，其筹资费用所占的比例较大。筹资费用是民间非营利组织的一项期间费用，在发生时计入当期费用。

民间非营利组织的筹资费用，包括在筹资过程中发生的各种耗费。

1. 为了获得捐赠资产而发生的费用

这部分费用包括举办募款活动费，准备、印刷和发放募款宣传资料费，以及其他与募款或者争取捐赠资产有关的费用。民间非营利组织取得代理资产所发生的费用不计入筹资费用。

2. 应当计入当期费用的借款费用

借款费用是民间非营利组织因借款而发生的利息费用、手续费等。筹资费用仅包括计入当期费用的借款费用。与购建固定资产有关的借款费用，在办理竣工决算之前发生的应当计入资产价值，不计入筹资费用。银行存款产生的利息收入，冲减筹资费用。

3. 汇兑损失

如果民间非营利组织有外币业务，购入或出售外汇因汇率不同所产生的价差，以及期末按规定汇率折算外币账户余额所产生的价差，为汇兑损失或汇兑收益。若为汇兑收益，冲减筹资费用。

（二）账户设置

设置"筹资费用"科目，核算民间非营利组织为筹集业务活动所需资金而发生的费用。"筹资费用"科目应当按照筹资费用的种类设置明细账，进行明细核算。

（三）主要账务处理

筹资费用应当在发生时按其发生额计入当期费用。

【例7-27】 民间非营利组织某环保基金会为募集环保资金进行宣传活动，发生费用3 000元，以银行存款支付。

  借：筹资费用——宣传费用   3 000
    贷：银行存款   3 000

【例7-28】 某民间非营利组织月末按银行公布的外币汇率调整外币存款账户余额，产生汇兑收益3 000元。

  借：银行存款——外币   3 000
    贷：筹资费用——汇兑收益   3 000

【例7-29】 某民间非营利组织长期借款本期应计利息7 200元，进行预提。

  借：筹资费用——利息费用   7 200
    贷：预提费用   7 200

四、其他费用的核算

（一）概念

其他费用是指民间非营利组织发生的、无法归属到上述费用的其他各项费用。民间非营利组织发生的有些费用，无法归属到上述的业务活动成本、管理费用或者筹资费用中，需要纳入其他费用。民间非营利组织其他费用的内容，主要包括固定资产处置净损失、无形资产处置净损失等。

(二) 账户设置

设置"其他费用"科目，核算民间非营利组织发生的各项其他费用。其他费用应当在发生时按其发生额计入当期费用。

7-4 知识扩展

(三) 主要账务处理

其他费用是民间非营利组织的一项期间费用，在发生时计入当期费用。

【例 7-30】 民间非营利组织某民营航空科技研究院进行某项无形资产处置，无形资产账面余额 170 000 元，处置收入 150 000 元收存银行，无形资产处置净损失为 20 000 元。

借：银行存款　　　　　　　　　　　　　　　　　　150 000
　　其他费用——无形资产处置净损失　　　　　　　 20 000
　　贷：无形资产　　　　　　　　　　　　　　　　　　　　170 000

第三节　民间非营利组织的资产核算

资产是指过去的交易或者事项形成的并由民间非营利组织拥有或者控制的资源，该资源预期会给民间非营利组织带来经济利益或者服务潜力。民间非营利组织会计的资产，应当具有以下特征：第一，资产是由过去的交易或事项形成的；第二，资产是民间非营利组织拥有或控制的；第三，资产预期能够给民间非营利组织带来经济利益和服务潜力。

民间非营利组织的资产按其流动性分为流动资产、非流动资产和受托代理资产。流动资产是指预期可在 1 年内（含 1 年）变现或者耗用的资产，包括货币资产、短期投资、应收及预付款项、存货等。非流动资产是指变现或者耗用周期在 1 年以上（不含 1 年）的资产，包括长期投资、固定资产、文物文化资产、在建工程、无形资产等。受托代理资产是指民间非营利组织接受委托方委托从事受托代理业务而收到的资产。

一、货币资金的核算

(一) 概念

货币资金是指民间非营利组织的现金、银行存款和其他货币资金等货币资产。

(二) 账户设置

设置"现金"科目，核算民间非营利组织的库存现金。设置"银行存款"科目，核算民间非营利组织存入银行或其他金融机构的存款。设置"其他货币资金"科目，核算民间非营利组织的外埠存款、银行汇票存款、银行本票存款、信用卡存款等各种其他货币资金。

(三) 主要账务处理

【例 7-31】 某民间非营利组织收到一笔捐赠,金额 18 000 元,存入开户银行。

借:银行存款　　　　　　　　　　　　　　　18 000
　　贷:捐赠收入　　　　　　　　　　　　　　　　　　18 000

二、对外投资的核算

(一) 概念

对外投资是民间非营利组织采用货币资金、实物资产、无形资产等向其他单位的投资,包括短期投资、长期债权投资和长期股权投资。

1. 短期投资

民间非营利组织持有的能够随时变现并且持有时间不准备超过 1 年(含 1 年)的投资,包括股票、债券投资等。

2. 长期债权投资

民间非营利组织购入的在 1 年内(不含 1 年)不能变现或不准备随时变现的债券和其他债权投资。

3. 长期股权投资

民间非营利组织持有时间准备超过 1 年(不含 1 年)的各种股权性质的投资,包括长期股票投资和其他长期股权投资。

(二) 账户设置

1. 短期投资

设置"短期投资"科目,核算民间非营利组织持有的能够随时变现并且持有时间不准备超过 1 年(含 1 年)的投资,包括股票、债券投资等。

2. 长期债权投资

设置"长期债权投资"科目,核算民间非营利组织购入的在 1 年内(不含 1 年)不能变现或不准备随时变现的债券和其他债权投资。

3. 长期股权投资

设置"长期股权投资"科目,核算民间非营利组织持有时间准备超过 1 年(不含 1 年)的各种股权性质的投资,包括长期股票投资和其他长期股权投资。

(三) 主要账务处理

1. 短期投资

短期投资在取得时应当按照投资成本计量。短期投资的利息或现金股利应当于实际收到时冲减投资的账面价值。期末应当对短期投资是否发生了减值进行检查,如果短期投资的市价低于其账面价值,应当计提短期投资跌价准备。

【例 7-32】 某民间非营利组织利用闲置资金当年 10 月份购买 ABC 公司股票 10 000 股作短期投资，每股成本 7 元，相关税费 100 元，以银行存款支付。年底，在编制年度财务报告时发现，ABC 公司股票市价为每股 6 元。

购买 ABC 公司股票作短期投资时，

借：短期投资　　　　　　　　　　　　　　　　　　70 100
　　贷：银行存款　　　　　　　　　　　　　　　　　　　　70 100

年底时，

借：投资收益——短期投资跌价准备　　　　　　　　10 100
　　贷：短期投资跌价准备　　　　　　　　　　　　　　　　10 100

2. 长期债权投资

长期债权投资在取得时，应当按取得时的实际成本作为初始投资成本。长期债权投资应当按照票面价值与票面利率按期计算确认利息收入。长期债券投资的初始投资成本与债券面值之间的差额，应当在债券存续期间，按照直线法于确认相关债券利息收入时予以摊销。期末，民间非营利组织应当对长期债权投资是否发生了减值进行检查。如果长期债权投资的可收回金额低于其账面价值，应当按照可收回金额低于账面价值的差额计提长期投资减值准备。

【例 7-33】 某民间非营利组织以 575 000 元的价格购入国债作长期投资，该国债 10 年期，3 年前发行，面值 500 000 元，票面利率 5%，到期一次还本付息。

借：长期债权投资——债券投资——债券面值　　　　500 000
　　　　　　　　　——债券投资——应收利息　　　　75 000
　　贷：银行存款　　　　　　　　　　　　　　　　　　　575 000

3. 长期股权投资

长期股权投资在取得时，应当按取得时的实际成本作为初始投资成本。长期股权投资应当区别不同情况，分别采用成本法或者权益法核算。期末，民间非营利组织应当对长期股权投资是否发生了减值进行检查。如果长期股权投资的可收回金额低于其账面价值，应当按照可收回金额低于账面价值的差额计提长期投资减值准备。

7-5 知识扩展

【例 7-34】 某民间非营利组织与某企业签订长期投资协议，以银行存款 1 000 000 元对该企业进行股权投资，取得该企业 20% 的股权。

借：长期股权投资——某企业　　　　　　　　　　　1 000 000
　　贷：银行存款　　　　　　　　　　　　　　　　　　　1 000 000

三、应收及预付款项的核算

（一）概念

应收及预付款项是指民间非营利组织的应收票据、应收账款、其他应收款和预付账款等债权资产。

(二)账户设置

设置"应收票据"科目,核算民间非营利组织因销售商品、提供服务等而收到的商业汇票。设置"应收账款"科目,核算民间非营利组织因销售商品、提供服务等主要业务活动,应当向会员、购买单位或接受服务单位等收取的但尚未实际收到的款项。设置"其他应收款"科目,核算民间非营利组织除应收票据、应收账款以外的其他各项应收、暂付款项。设置"预付账款"科目,核算民间非营利组织预付给商品供应单位或者服务提供单位的款项。

(三)主要账务处理

【例 7-35】 某民间非营利组织月中向某单位提供一项科技咨询服务,价款为 7 700 元。咨询服务已经于当月完成,但款项月底尚未收到。

借:应收账款——某单位　　　　　　　　　　　　7 700
　　贷:提供服务收入——科技咨询服务　　　　　　　　　7 700

四、存货的核算

(一)概念

存货是民间非营利组织在日常业务活动中持有以备出售或捐赠的,或者为了出售或捐赠仍处在生产过程中的,或者将在生产、提供服务或日常管理过程中耗用的材料、物资、商品等,包括材料、库存商品、委托加工材料,以及达不到固定资产标准的工具、器具等。

(二)账户设置

设置"存货"科目,核算民间非营利组织在日常业务活动中持有的材料、物资、商品等存货。

(三)主要账务处理

存货在取得时,应当以其实际成本入账。存货成本包括采购成本、加工成本和其他成本。存货在发出时,应当根据实际情况采用个别计价法、先进先出法或者加权平均法,确定发出存货的实际成本。期末,应当对存货是否发生了减值进行检查。如果存货的可变现净值低于其账面价值,应当按照可变现净值低于账面价值的差额计提存货跌价准备,确认存货跌价损失并计入当期费用。

【例 7-36】 民间非营利组织某航空博物馆收到捐赠航模一批,捐赠方提供的发票表明该批物资价值为 68 000 元。取得捐赠物资时,发生运输费用 800 元,以库存现金支付。

借:存货　　　　　　　　　　　　　　　　　　68 800
　　贷:捐赠收入　　　　　　　　　　　　　　　　68 000
　　　　现金　　　　　　　　　　　　　　　　　　　800

五、固定资产的核算

（一）概念

固定资产是指民间非营利组织中同时具有以下特征的有形资产：① 为行政管理、提供服务、生产商品或者出租目的而持有的；② 预计使用年限超过 1 年；③ 单位价值较高。

（二）账户设置

设置"固定资产"科目，核算民间非营利组织固定资产的原价。设置"固定资产折旧"科目核算民间非营利组织应当按期计提固定资产折旧。设置"固定资产减值准备"科目核算民间非营利组织应当计提固定资产减值准备。

（三）主要账务处理

固定资产在取得时，应当按取得时的实际成本入账。取得时的实际成本包括买价、包装费、运输费、交纳的有关税金等相关费用，以及为使固定资产达到预定可使用状态前必要的支出。固定资产在使用期间，应当按期计提固定资产折旧。期末，如果固定资产发生了重大的减值，应当使用"固定资产减值准备"科目，计提固定资产减值准备。

【例 7-37】 某民间非营利组织购入一台网络设备，价款 51 500 元，该设备不需要安装，已经验收合格并投入使用，货款已经以银行存款支付。

借：固定资产——网络设备　　　　　　　　　　51 500
　　贷：银行存款　　　　　　　　　　　　　　　　　51 500

除上述主要资产外，民间非营利组织的资产还有在建工程、文物文化资产、无形资产、受托代理资产等其他资产，需要分别设置"在建工程""文物文化资产""无形资产""受托代理资产"科目进行核算，这些资产的核算与行政事业单位相应资产的核算类似，不再赘述。

第四节　民间非营利组织的负债核算

民间非营利组织的负债按其流动性分为流动负债、非流动负债和受托代理负债等。流动负债是指将在 1 年内（含 1 年）偿还的负债，包括短期借款、应付款项、应付工资、应交税金、预收账款、预提费用和预计负债等。非流动负债是指偿还期限在 1 年以上（不含 1 年）的负债，包括长期借款、长期应付款和其他长期负债。受托代理负债是指民间非营利组织因从事受托代理交易、接受受托代理资产而产生的负债。

一、借入款项的核算

（一）概念

借入款项是指民间非营利组织向银行或其他金融机构等借入的各种借款。借入款项按期限不同，分为短期借款和长期借款。

1. 短期借款

短期借款是指借入的期限在1年以下（含1年）的各种借款。

2. 长期借款

长期借款是指借入的期限在1年以上（不含1年）的各种借款。

（二）账户设置

1. 短期借款

设置"短期借款"科目，核算民间非营利组织向银行或其他金融机构等借入的期限在1年以下（含1年）的各种借款。

2. 长期借款

设置"长期借款"科目，核算民间非营利组织向银行或其他金融机构借入的期限在1年以上（不含1年）的各项借款。

（三）主要账务处理

1. 短期借款

短期借款在借入时，按照实际借得的金额入账。短期借款在归还时，按照还款的金额冲销。短期借款应当按照借款本金和确定的利率按期计提利息，计入当期筹资费用。

【例7-38】 某民间非营利组织从中国建设银行××分行取得借款260 000元，期限9个月，年利率5%。

借：银行存款　　　　　　　　　　　　　　　　　　260 000
　　贷：短期借款——中国建设银行××分行　　　　　　　　260 000

2. 长期借款

长期借款在借入时，按照实际借得的金额入账。长期借款在归还时，按照还款的金额冲销。长期借款的借款费用应当在发生时计入当期费用，但为购建固定资产而发生的专门借款的借款费用在规定的允许资本化的期间内，应当按照专门借款的借款费用的实际发生额予以资本化，计入在建工程成本。

【例7-39】 某民间非营利组织因业务发展的需要，从工商银行××分行借款800 000元，期限5年，年利率6%。

借：银行存款　　　　　　　　　　　　　　　　　　800 000
　　贷：长期借款——工商银行××分行　　　　　　　　　　800 000

二、应付及预收款项的核算

（一）概念

民间非营利组织的应付及预收款项包括应付票据、应付账款、预收账款、应付工资、应交税金、其他应付款等。

（二）账户设置

设置"应付票据"科目，核算民间非营利组织购买材料、商品和接受服务供应等而开出、承兑商业汇票。设置"应付账款"科目，核算民间非营利组织因购买材料、商品和接受服务供应等而应付给供应单位的款项。设置"预收账款"科目，核算民间非营利组织向服务和商品购买单位预收的各种款项。设置"应付工资"科目，核算民间非营利组织应付给职工的工资总额，包括各种工资、奖金、津贴等。设置"应交税金"科目，核算民间非营利组织按照有关国家税法规定应当缴纳的各种税费。设置"其他应付款"科目，核算民间非营利组织应付、暂收其他单位或个人的款项。

（三）主要账务处理

应付及预收款项发生时，借记有关科目，贷记"应付票据""应付账款""预收账款""应付工资""应交税金"等有关科目；偿还应付及预收款项发生时，借记"应付票据""应付账款""预收账款""应付工资""应交税金"等有关科目，贷记有关科目。

【例 7-40】 某民间非营利组织向立海公司提供科技咨询服务，预先收取款项 9 600 元，科技咨询服务尚未开始。

借：银行存款　　　　　　　　　　　　　　　　　　　　　　　9 600
　　贷：预收账款——立海公司　　　　　　　　　　　　　　　　　9 600

三、预提费用与预计负债的核算

（一）概念

1. 预提费用

预提费用是民间非营利组织应由受益期分担计入业务活动成本或期间费用，而在以后月份才实际支付的费用，如预提的租金、保险费、借款利息等。

2. 预计负债

预计负债是民间非营利组织对因或有事项所产生的现时义务而确认的负债，包括因对外提供担保、商业承兑票据贴现、未决诉讼等确认的负债。

（二）账户设置

1. 预提费用

设置"预提费用"科目，核算民间非营利组织按照规定预先提取的已经发生但尚未支付的预提费用。

2. 预计负债

设置"预计负债"科目,核算民间非营利组织对因或有事项所产生的现时义务而确认的预计负债。

(三) 主要账务处理

1. 预提费用

预提费用时,借记有关科目,贷记"预提费用"科目;费用支付时,借记"预提费用"科目,贷记有关科目。期末贷方余额,表示已预提尚未支付的费用。

【例 7-41】 某民间非营利组织因开展 A 慈善项目租用房屋,租房协议规定,租房期限 3 年,到期一次性通过银行转账支付房租 36 000 元。

每月预提费用时,

借:业务活动成本——A 慈善项目　　　　　　　　　1 000
　　贷:预提费用　　　　　　　　　　　　　　　　　　　　1 000

到期一次性支付房租时,

借:预提费用　　　　　　　　　　　　　　　　　　36 000
　　贷:银行存款　　　　　　　　　　　　　　　　　　　　36 000

2. 预计负债

预计负债发生时,借记有关科目,贷记"预计负债"科目;偿还预计负债时,借记"预计负债"科目,贷记有关科目。期末贷方余额,表示已预计尚未偿还的预计负债。

【例 7-42】 某民间非营利组织因捐赠款项未能完全按捐赠方意愿使用而与捐赠方发生纠纷,捐赠方向法院提起诉讼,要求的赔偿金额为 66 000 元。法律顾问认为,该民间非营利组织败诉的可能性较大。

借:管理费用　　　　　　　　　　　　　　　　　　66 000
　　贷:预计负债——未决诉讼　　　　　　　　　　　　　　66 000

除上述主要负债外,民间非营利组织的资产还有其他应付款、长期应付款、受托代理负债等其他负债,需要分别设置"其他应付款""长期应付款""受托代理负债"科目进行核算,这些负债的核算与行政事业单位相应资产的核算类似,不再赘述。

第五节　民间非营利组织的净资产核算

净资产是指民间非营利组织的资产减去负债后的余额,是民间非营利组织拥有的资产净值。净资产的确认依赖于资产、负债的确认,净资产的数额取决于资产和负债的计量结果。民间非营利组织的净资产应当按照其是否受到限制,分为限定性净资产和非限定性净资产。

一、限定性净资产的核算

（一）概念

限定性净资产是指民间非营利组织的资产或者资产所产生的经济利益的使用受到资产提供者或者国家有关法律、行政法规所设置的时间限制或（和）用途限制的净资产。

限定性净资产的限定条件包括时间限定、用途限定和时间与用途双重限定三种情况。① 时间限定，是指资产提供者或者国家有关法律、行政法规要求民间非营利组织在收到资产后的特定时期之内或特定日期之后使用该项资产，或者对该项资产的使用设置了永久限制。② 用途限定，是指资产提供者或者国家有关法律、行政法规要求民间非营利组织将收到的资产用于某一特定的用途。③ 时间与用途双重限定，是指一项净资产同时存在用途和时间两项限制条件，要求该项资产在规定的时间内用于特定的用途。

（二）账户设置

设置"限定性净资产"科目，核算民间非营利组织限定性净资产的增减变化情况。期末贷方余额反映民间非营利组织最终形成的限定性净资产数额。

（三）主要账务处理

首先，期末，将各收入类科目所属"限定性收入"明细科目的余额转入"限定性净资产"科目，借记"捐赠收入——限定性收入""政府补助收入——限定性收入"等科目，贷记"限定性净资产"科目。

其次，如果限定性净资产的限制已经解除，应当对净资产进行重新分类，将限定性净资产转为非限定性净资产，按照实际使用的相关资产金额或者实际发生的相关费用金额，借记"限定性净资产"科目，贷记"非限定性净资产"科目。

最后，如果因调整以前会计期间收入、费用项目而涉及调整限定性净资产，应当就需要调整的金额，借记或贷记有关科目，贷记或借记"限定性净资产"科目。

7-6 知识扩展

二、非限定性净资产的核算

（一）概念

非限定性净资产是指民间非营利组织的资产或者资产所产生的经济利益的使用没有受到资产提供者或者国家有关法律、行政法规所设置的时间限制或（和）用途限制的净资产。限定性净资产的限制已经解除的，应当将限定性净资产转为非限定性净资产。特别要注意，限定性净资产受到两项或两项以上的限制，应当在最后一项限制解除时，才能认为该项限定性净资产的限制已经解除。

(二)账户设置

设置"非限定性净资产"科目,核算民间非营利组织非限定性净资产的增减变化情况。期末贷方余额反映民间非营利组织最终形成的非限定性净资产数额。

(三)主要账务处理

首先,期末,将各收入类科目所属"非限定性收入"明细科目的余额转入"非限定性净资产"科目,借记"捐赠收入——非限定性收入""会费收入——非限定性收入""提供服务收入——非限定性收入""政府补助收入——非限定性收入""商品销售收入——非限定性收入""投资收益——非限定性收入""其他收入——非限定性收入"等科目,贷记"非限定性净资产"科目。同时,将各费用类科目的余额转入"非限定性净资产"科目,借记"非限定性净资产"科目,贷记"业务活动成本""管理费用""筹资费用""其他费用"等科目。

其次,如果限定性净资产的限制已经解除,应当对净资产进行重新分类,将限定性净资产转为非限定性净资产,借记"限定性净资产"科目,贷记"非限定性净资产"科目。

最后,如果因调整以前会计期间的收入、费用类项目而涉及调整非限定性净资产,应当就需要调整的金额,借记或贷记有关科目,贷记或借记"非限定性净资产"科目。

【例7-43】 某民间非营利组织20××年12月结账前,各收入、费用类账户余额见表7-2。表中没有区分限定性和非限定性的各项收入,均为非限定性收入。

表7-2 收入、费用类账户余额 (单位:万元)

费用	金额	收入	金额
1. 业务活动成本	1 500	1. 捐赠收入	500
2. 管理费用	130	限定性	100
3. 筹资费用	70	非限定性	400
4. 其他费用	60	2. 政府补助收入	400
		限定性	320
		非限定性	80
		3. 提供服务收入	520
		4. 商品销售收入	360
		5. 投资收益	80
		6. 其他收入	20
合计	1 760	合计	1 880

民间非营利组织会计一般按月结转各项净资产,以便编制月份会计报表。结转的程序如下。

1)将本期限定性收入结转至净资产项下的"限定性净资产"科目

将"捐赠收入"和"政府补助收入"科目中属于限定性收入的余额转入"限定性净资

产"科目的贷方，如果其他各收入类账户也存在限定性收入的余额，也需要一并转入。

借：捐赠收入——限定性收入　　　　　　　　　　　1 000 000
　　政府补助收入——限定性收入　　　　　　　　　3 200 000
　　贷：限定性净资产　　　　　　　　　　　　　　　　　　　4 200 000

2) 将本期非限定性收入结转至净资产项下的"非限定性净资产"科目

将"会费收入""商品销售收入""提供服务收入""投资收益""其他收入"等科目的余额转入"非限定性净资产"科目的贷方。如果上述各科目中存在限定性收入，则需要剔除。

借：捐赠收入——非限定性收入　　　　　　　　　　4 000 000
　　政府补助收入——非限定性收入　　　　　　　　　　800 000
　　提供服务收入　　　　　　　　　　　　　　　　　5 200 000
　　商品销售收入　　　　　　　　　　　　　　　　　3 600 000
　　投资收益　　　　　　　　　　　　　　　　　　　　800 000
　　其他收入　　　　　　　　　　　　　　　　　　　　200 000
　　贷：非限定性净资产　　　　　　　　　　　　　　　　　　14 600 000

3) 将本期发生的各项费用结转至净资产项下的"非限定性净资产"科目

将"业务活动成本""管理费用""筹资费用""其他费用"的科目余额转入"非限定性净资产"科目的借方。需要注意的是，民间非营利组织会计的费用不需要区分为限定性费用和非限定性费用，全部费用均转入"非限定性净资产"科目。

借：非限定性净资产　　　　　　　　　　　　　　　17 600 000
　　贷：业务活动成本　　　　　　　　　　　　　　　　　　15 000 000
　　　　管理费用　　　　　　　　　　　　　　　　　　　　1 300 000
　　　　筹资费用　　　　　　　　　　　　　　　　　　　　　700 000
　　　　其他费用　　　　　　　　　　　　　　　　　　　　　600 000

4) 将本期已经解除限制的限定性净资产转为非限定性净资产

对本期的净资产进行重新分类，确定限定性净资产中已经解除限定的数额。限定性解除包括限制时间已经到期、用途或目的已经实现、法规已经撤销等几种情况。把本期已经解除限定的限定性净资产数额转到"非限定性净资产"科目中。

经过分析，确认该民间非营利组织本期限定性净资产中，时间已经到期的和用途已经实现的限定性项目，实际使用的相关资产金额及实际发生的相关费用金额分别为500 000元和200 000元。将已经解除限制的限定性净资产700 000元，转为非限定性净资产。

借：限定性净资产　　　　　　　　　　　　　　　　　　700 000
　　贷：非限定性净资产　　　　　　　　　　　　　　　　　　　700 000

5) 调整以前会计期间收入、费用涉及的净资产项目

如果发现上一会计期间的收入、费用因差错或政策变化需要调整的，如果涉及净资产的变化，应当相应增加或减少净资产的数额，有些调整事项影响限定性净资产，有些事项影响非限定性净资产。

该民间非营利组织经审查后发现，因发生计算错误，上一会计期间少计提坏账准备费用 2 000 元，应予以调整所涉及的非限定性净资产。

借：非限定性净资产　　　　　　　　　　　　　　2 000
　　贷：坏账准备　　　　　　　　　　　　　　　　　　2 000

第六节　民间非营利组织的财务报告

民间非营利组织财务报告是反映民间非营利组织某一特定日期的财务状况和某一会计期间的运行情况和现金流量等信息的文件。民间非营利组织的财务报告由会计报表、会计报表附注和财务情况说明书三部分组成。会计报表主要包括资产负债表、业务活动表和现金流量表及附表。

一、资产负债表

资产负债表是反映民间非营利组织会计期末财务状况的报表。通过资产负债表，可以了解民间非营利组织的资产总额及构成情况，分析资产的变化趋势；可以了解民间非营利组织的负债总额及构成情况，分析其偿债能力；可以了解民间非营利组织的净资产总额及构成情况，分析净资产的来源渠道。资产负债表由表首标题、编报项目、栏目及金额组成。

（一）表首标题

资产负债表的表首标题包括报表名称、编号（会民非 01 表）、编制单位、编表时间和金额单位等内容。资产负债表反映民间非营利组织在某一时点的财务状况，属于静态报表，需要注明是××××年××月××日的报表。按编报时间的不同，资产负债表分为月报资产负债表和年报资产负债表。

（二）编报项目

资产负债表的编报项目包括资产、负债和净资产三个会计要素，按资产（左侧）和负债与净资产（右侧）排列，按资产等于负债加净资产平衡。资产项目按其流动性分别流动资产、长期投资、固定资产、无形资产和受托代理资产排列；负债项目按其流动性分别流动负债、长期负债和受托代理负债排列；净资产项目分别非限定性净资产、限定性净资产排列。

（三）栏目及金额

资产负债表包括"期末数"和"年初数"两栏数字。"期末数"栏的数额根据本期各账户的期末余额直接填列，或经过分析、计算后填列；"年初数"栏的数额根据上年年末资产负债表"期末余额"栏内的数字填列。

民间非营利组织的资产负债表的格式见表 7-3。

表 7-3 资产负债表

会民非 01 表

编制单位：　　　　　　　　　　　　　年　月　日　　　　　　　　　　　　　单位：元

资产	行次	年初数	期末数	负债和净资产	行次	年初数	期末数
流动资产：				流动负债：			
货币资金	1			短期借款	61		
短期投资	2			应付款项	62		
应收款项	3			应付工资	63		
预付账款	4			应交税金	65		
存货	8			预收账款	66		
待摊费用	9			预提费用	71		
一年内到期的长期债权投资	15			预计负债	72		
其他流动资产	18			一年内到期的长期负债	74		
流动资产合计	20			其他流动负债	78		
				流动负债合计	80		
长期投资：							
长期股权投资	21			长期负债：			
长期债券投资	24			长期借款	81		
长期投资合计	30			长期应付款	84		
				其他长期负债	88		
固定资产：				长期负债合计	90		
固定资产原价	31						
减：累计折旧	32			受托代理负债：			
固定资产净值	33			受托代理负债	91		
在建工程	34						
文物文化资产	35			负债合计	100		
固定资产清理	38						
固定资产合计	40						
无形资产：							
无形资产	41			净资产：			
				非限定性净资产	101		
受托代理资产：				限定性净资产	105		

续表

资产	行次	年初数	期末数	负债和净资产	行次	年初数	期末数
受托代理资产	51			净资产合计	110		
资产总计	60			负债和净资产总计	120		

二、业务活动表

业务活动表是反映民间非营利组织某一时期业务活动情况的报表。业务活动表可以全面反映业务活动收入、费用的总额及构成，以及限定性净资产和非限定性净资产的增减变化数额，是评价民间非营利组织运营业绩的重要依据。业务活动表由表首标题、编报项目、栏目及金额组成。

（一）表首标题

业务活动表的表首标题包括报表名称、编号（会民非02表）、编制单位、编表时间和金额单位等内容。由于业务活动表反映事业单位在某一时期的业务活动情况，属于动态报表，因此需要注明报表所属的期间，如××××年××月、××××年度。按编报时间的不同，业务活动表分为月报业务活动表和年报业务活动表。

（二）编报项目

业务活动表采用上下分步列示结构，按照"收入""费用""限定性净资产转为非限定性净资产""调整净资产"和"净资产变动额"顺序上下排列，分为"限定性""非限定性"和"合计"三列。基本关系式为：

$$净资产变动额合计 = 收入总额 - 费用总额 \pm 调整净资产$$
$$= 限定性净资产变动额 + 非限定性净资产变动额$$

$$限定性净资产变动额 = 限定性收入总额 - 限定性净资产转为非限定性净资产数额 \pm 调整限定性净资产$$

$$非限定性净资产变动额 = 非限定性收入总额 - 费用总额 + 限定性净资产转为调整非限定性净资产数额 \pm 调整非限定性净资产$$

（三）栏目及金额

业务活动表包括"本年累计数"和"本月数"两列数字。"本年累计数"反映各项目自年初开始到报告期的累计数额，根据"本月数"和上期"本年累计数"计算填列。本月数反映各项目本月实际发生的数额，根据各收入和费用项目的本月发生额填列。在编制季度、半年度等中期财务报告时，应当将"本月数"改为"本季度数""本半年度数"。

民间非营利组织的业务活动表的格式见表7-4。

表 7-4　业务活动表

会民非 02 表

编制单位：　　　　　　　　　　　　年　　月　　　　　　　　　　　　　单位：元

项　　目	行次	本月数			本年累计数		
		非限定性	限定性	合计	非限定性	限定性	合计
一、收入							
其中：捐赠收入	1						
会费收入	2						
提供服务收入	3						
商品销售收入	4						
政府补助收入	5						
投资收益	6						
其他收入	9						
收入合计	11						
二、费用							
（一）业务活动成本	12						
其中：	13						
	14						
	15						
（二）管理费用	21						
（三）筹资费用	24						
（四）其他费用	28						
费用合计	35						
三、限定性净资产转为非限定性净资产	40						
四、净资产变动额（若为净资产减少额，以"—"号填列）	45						

三、现金流量表

现金流量表是反映民间非营利组织某一时期现金和现金等价物的流入、流出情况的报表。民间非营利组织会计以权责发生制为确认基础，需要编制现金流量表反映一定时期的现金流量情况。现金流量表由表首标题、编报项目、栏目及金额组成。

（一）表首标题

现金流量表的表首标题包括报表名称、编号（会民非 03 表）、编制单位、编表时间和金额单位等内容。现金流量表按年编制,月末不需要编报,报表中需要注明报表所属的年份,如××××年度。

(二) 编报项目

现金流量表包括"业务活动产生的现金流量""投资活动产生的现金流量""筹资活动产生的现金流量""汇率变动对现金的影响额""现金及现金等价物净增加额"等项目,每项内容按现金流入量、现金流出量和现金流量净额填列。

$$现金流量净额 = 现金流入量 - 现金流出量$$

$$现金及现金等价物净增加额 = 业务活动产生的现金流量净额 + 投资活动产生的现金流量净额 + 筹资活动产生的现金流量净额 + 汇率变动对现金的影响额$$

(三) 栏目及金额

现金流量表设置"金额"一栏数据。民间非营利组织会计应当采用直接法编制业务活动产生的现金流量。直接法是通过现金收入和现金支出的主要类别,直接反映业务活动产生的现金流量。民间非营利组织采用直接法编制业务活动产生的现金流量时,有关现金流量的信息可以从会计记录中直接获得,也可以在业务活动表中收入和费用数据基础上,通过调整存货和与业务活动有关的应收应付款项的变动、投资以及固定资产折旧、无形资产摊销等项目获得。

民间非营利组织现金流量表的格式见表7-5。

表 7-5 现金流量表

会民非03表

编制单位:　　　　　　　　　年度　　　　　　　　　单位:元

项　　目	行次	金额
一、业务活动产生的现金流量:		
接受捐赠收到的现金	1	
收取会费收到的现金	2	
提供服务收到的现金	3	
销售商品收到的现金	4	
政府补助收到的现金	5	
收到的其他与业务活动有关的现金	8	
现金流入小计	13	
提供捐赠或者资助支付的现金	14	
支付给员工以及为员工支付的现金	15	
购买商品、接受服务支付的现金	16	
支付的其他与业务活动有关的现金	19	

续表

项　　目	行次	金额
现金流出小计	23	
业务活动产生的现金流量净额	24	
二、投资活动产生的现金流量：		
收回投资所收到的现金	25	
取得投资收益所收到的现金	26	
处置固定资产和无形资产所收回的现金	27	
收到的其他与投资活动有关的现金	30	
现金流入小计	34	
购建固定资产和无形资产所支付的现金	35	
对外投资所支付的现金	36	
支付的其他与投资活动有关的现金	39	
现金流出小计	43	
投资活动产生的现金流量净额	44	
三、筹资活动产生的现金流量：		
借款所收到的现金	45	
收到的其他与筹资活动有关的现金	48	
现金流入小计	50	
偿还借款所支付的现金	51	
偿付利息所支付的现金	52	
支付的其他与筹资活动有关的现金	55	
现金流出小计	58	
筹资活动产生的现金流量净额	59	
四、汇率变动对现金的影响额	60	
五、现金及现金等价物净增加额	61	

四、会计报表附注及财务情况说明书

（一）会计报表附注

会计报表附注是对民间非营利组织会计报表的编制基础、编制依据、编制原则和方法及主要项目所作的补充说明与详细解释，目的是便于会计报表使用者理解会计报表的内容。

根据《民间非营利组织会计制度》的规定，民间非营利组织会计的报表附注，至少应当包括下列内容：重要会计政策及其变更情况的说明；董事会（理事会或者类似权力机构）成员和员工的数量、变动情况以及获得的薪金等报酬情况的说明；会计报表重要项目及其增减变动情况的说明；资产提供者设置了时间或用途限制的相关资产情况的说明；受托代理交易情况的说明，包括受托代理资产的构成、计价基础和依据、用途等；重大资产减值情况的说明；公允价值无法可靠取得的受赠资产和其他资产的名称、数量、来源和用途等情况的说明；对外承诺和或有事项情况的说明；接受劳务捐赠情况的说明；资产负债表日后非调整事项的说明；有助于理解和分析会计报表需要说明的其他事项。

（二）财务情况说明书

财务情况说明书是对一定会计期间民间非营利组织的财务状况和业务情况进行总结的书面报告。财务情况说明书是财务报告的重要组成部分，是对一定会计期间内民间非营利组织财务状况和业务情况进行分析总结的书面文字报告。

根据《民间非营利组织会计制度》的规定，民间非营利组织财务情况说明书至少应当对下列情况做出说明：民间非营利组织的宗旨、组织结构以及人员配备等情况；民间非营利组织的业务活动的基本情况，年度计划和预算完成情况，产生差异的原因分析，下一会计期间的业务活动计划和预算等；对民间非营利组织业务活动有重大影响的其他事项。

7-7 知识扩展

必须注意的是，民间非营利组织对外投资，当其投资总额占被投资单位50%以上（不含50%），或者虽然占该单位投资总额不足50%，但具有实质上的控制权的，或者对被投资单位具有控制权的，应将被投资单位与民间非营利组织视为一个整体，将其财务报表与民间非营利组织的财务报表合并而编制合并财务报表。

本章小结

民间非营利组织包括依照国家法律、行政法规登记的社会团体、基金会、民办非企业单位和宗教活动场所等。民间非营利组织会计是以民间非营利组织的基本业务活动和其他业务活动为核算对象的专业会计，会计核算以权责发生制为基础。民间非营利组织的会计要素为收入、费用、资产、负债和净资产。

民间非营利组织的资产按流动性可以分为流动资产、长期投资、固定资产、无形资产和受托代理资产等。负债应当按其流动性分为流动负债、长期负债和受托代理负债等。净资产按是否受到限制，分为限定性净资产和非限定性净资产。收入按来源可分为捐赠收入、会费收入、提供服务收入、政府补助收入、投资收益、商品销售收入和其他收入等。费用应当按其功能分为业务活动成本、管理费用、筹资费用和其他费用等。民间非营利组织的财务会计报告包括会计报表、会计报表附注和财务情况说明书。会计报表又分为资产负债表、业务活动表和现金流量表。

关键名词

民间非营利组织；社会团体；基金会；民办非企业单位；捐赠收入；会费收入；提供服务收入；政府补助收入；投资收益；商品销售收入；业务活动成本；管理费用；筹资费用；流动资产；长期投资；固定资产；无形资产；受托代理资产；流动负债；长期负债；受托代理负债；限定性净资产；非限定性净资产；民间非营利组织财务报告

思考与练习题

一、简述题

1. 民间非营利组织会计的确认基础与适用范围是什么？
2. 民间非营利组织会计的收入包括哪些内容？应当如何进行分类？
3. 民间非营利组织的费用包括哪些内容？
4. 民间非营利组织的资产包括哪些种类？
5. 民间非营利组织的负债包括哪些种类？
6. 民间非营利组织的净资产如何进行分类？
7. 什么是限定性净资产？其解除的前提条件是什么？
8. 民间非营利组织的财务报告包括哪些内容？

二、单项选择题

1. 慈善组织通常属于民间非营利组织中的（　　）。
   A. 民办非企业单位　　　　　　　　B. 基金会或民办非企业单位
   C. 基金会　　　　　　　　　　　　D. 社会团体
2. 民间非营利组织的固定资产（　　）。
   A. 应当区分自有和融资租入确定是否需要计提折旧
   B. 应当区分房屋和设备确定是否需要计提折旧
   C. 应当区分管理部门用或业务部门用确定是否需要计提折旧
   D. 应当计提折旧

第七章 民间非营利组织会计实务

3. 民间非营利组织如果发生个人所得税纳税义务时，按照规定计算应代扣代缴的个人所得税，（   ）。
   A. 借记"应付工资"科目，贷记"银行存款"科目
   B. 借记"其他费用"科目，贷记"应交税金"科目
   C. 借记"管理费用"科目，贷记"应付工资"科目
   D. 借记"应付工资"科目，贷记"应交税金"科目

4. 民间非营利组织限定性捐赠收入的限制条件，在确认收入的当期得到解除时，应当（   ）。
   A. 借记"捐赠收入——非限定性捐赠收入"科目，贷记"捐赠收入——限定性捐赠收入"科目
   B. 借记"捐赠收入——非限定性捐赠收入"科目，贷记"非限定性净资产"科目
   C. 借记"限定性净资产"科目，贷记"非限定性净资产"科目
   D. 借记"捐赠收入——限定性捐赠收入"科目，贷记"捐赠收入——非限定性捐赠收入"科目

5. 民间非营利组织为管理活动、业务活动而共同发生的费用应当（   ）。
   A. 全部计入管理费用
   B. 全部计入业务活动成本
   C. 采用合理的方法分配计入管理费用和业务活动成本
   D. 全部计入其他费用

6. 民间非营利组织的净资产是指（   ）。
   A. 资产减去负债后的余额   B. 收入减去费用后的余额
   C. 收入减去支出后的余额   D. 固定资产原值减去累计折旧后的余额

7. 在民间非营利组织的资产负债表中，资产、负债或净资产项目中不包括（   ）。
   A. 受托代理负债   B. 累计盈余或结余
   C. 文物文化资产   D. 限定性净资产

8. 民间非营利组织为公益项目募集善款进行宣传而发生的宣传费用为（   ）。
   A. 财务费用   B. 销售费用
   C. 管理费用   D. 筹资费用

9. 民间非营利组织会计中，所拥有的用于展览、教育或研究等目的的历史文物、艺术品确认为（   ）。
   A. 固定资产   B. 无形资产
   C. 文物文化资产   D. 受托代理资产

10. 民间非营利组织会计的确认基础是（   ）。
    A. 权责发生制   B. 收付实现制
    C. 以权责发生制为主   D. 以收付实现制为主

三、多项选择题

1. 民间非营利组织的特征包括（   ）。
   A. 组织不以营利为目的   B. 组织不得收取服务服用

C. 资源提供者不享有所有权 D. 管理者不得收取劳动报酬
E. 资源提供者不取得经济回报

2. 民间非营利组织的下列收入中，属于非交换交易收入的有（   ）。
A. 捐赠收入 B. 投资收益
C. 政府补助收入 D. 商品销售收入
E. 提供服务收入

3. 民间非营利组织的费用分为成本费用和期间费用，下列属于期间费用的有（   ）。
A. 管理费用 B. 筹资费用
C. 其他费用 D. 销售费用
E. 营业费用

4. 民间非营利组织会计中的限定性净资产的限定条件包括（   ）。
A. 时间限定 B. 用途限定
C. 金额限定 D. 数量限定
E. 时间与用途双重限定

5. 民间非营利组织接受捐赠的非现金资产，确定其入账价值的方法有（   ）。
A. 捐赠方提供了有关凭据，按其公允价值入账
B. 捐赠方提供了有关凭据，按其重置价值入账
C. 捐赠方提供了有关凭据，按标明的金额入账
D. 捐赠方没有提供有关凭据，按其公允价值入账
E. 捐赠方没有提供有关凭据，按其重置价值入账

四、判断题

1. 民间非营利组织包括依照国家法律、行政法规登记的社会团体、基金会、民办非企业单位和公立学校等种类。（   ）
2. 民间非营利组织的资产按照流动性可以分为流动资产、长期投资、固定资产、无形资产和受托代理资产等种类。（   ）
3. 民间非营利组织在确认一项受托代理资产时，按照确认一项捐赠资产的方法，确认一项受托代理收入。（   ）
4. 民间非营利组织的流动负债中不存在应交税金这一种类。（   ）
5. 按照捐赠人是否对捐赠资产附带时间或者用途限制条件，捐赠收入可以区分成限定性捐赠收入和非限定性捐赠收入。（   ）
6. 一般情况下，提供服务收入是民间非营利组织中非企业组织的重要收入来源。（   ）
7. 民间非营利组织应交纳的所得税计入管理费用。（   ）
8. 民间非营利组织只要解除了有关限定条件中的任何一个限定条件，就可以将限定性净资产转入非限定性净资产。（   ）
9. 民间非营利组织的会计报表应当包括资产负债表和利润表两张报表。（   ）
10. 民间非营利组织对于接受的劳务捐赠不需要进行任何会计记录。（   ）

五、编制会计分录

某慈善机构20××年发生如下经济业务，编制会计分录：

1. 收到政府部门的补助款60 000元，款项存入银行。
2. 收到一华侨捐赠的汽车一辆，发票价值为150 000元，承担运杂费3 000元，用银行存款支付。
3. 收到一企业家捐赠的一笔款项300 000元，款项已存入银行。
4. 接受一爱心人士一笔捐赠款200 000元，该笔款项注明只能用来救助孤寡老人，项目明年开始。
5. A慈善项目发生项目费用320 000元，用银行存款支付。
6. 本月计提固定资产折旧5 000元，购买办公用品2 000元，用银行存款支付。
7. 经计算本月应付A慈善项目人员的工资20 000元，行政管理人员的工资18 000元。
8. 用银行存款支付上述应付工资38 000元。
9. 期末，将"捐赠收入——限定性收入"200 000元，"捐赠收入——非限定性收入"450 000元，"政府补助收入——非限定性收入"60 000元，转入"限定性净资产"和"非限定性净资产"。
10. 期末将以上各项业务活动成本、管理费用转入净资产。

7-8参考答案

主要参考文献

[1] 常丽，何东平．政府与非营利组织会计［M］．6 版．大连：东北财经大学出版社，2021．

[2] 赵建勇．政府与非营利组织会计［M］．5 版．北京：中国人民大学出版社，2021．

[3] 王俊霞，胡克刚．预算会计［M］．3 版．西安：西安交通大学出版社，2018．

[4] 刘京平，尉敏，齐军，等．《政府会计制度》核算指南——事业单位会计实务案例精讲［M］．北京：中国财政经济出版社，2018．

[5] 许娟，齐军，刘京平，等．《政府会计制度》核算指南——行政单位会计实务案例精讲［M］．北京：中国财政经济出版社，2018．

[6] 张庆龙，王彦．政府会计制度解读与操作实务指南［M］．北京：中国财政经济出版社，2018．

[7] 李春友．新编政府会计［M］．北京：中国财政经济出版社，2018．

[8] 李海波，刘学华．新编预算会计［M］．10 版．上海：立信会计出版社，2016．

[9] 王名，王超．非营利组织管理［M］．北京：中国人民大学出版社，2016．

[10] 杨洪．政府与非营利组织会计［M］．北京：机械工业出版社，2014．